FOTOREALISTISCH ZEICHNEN

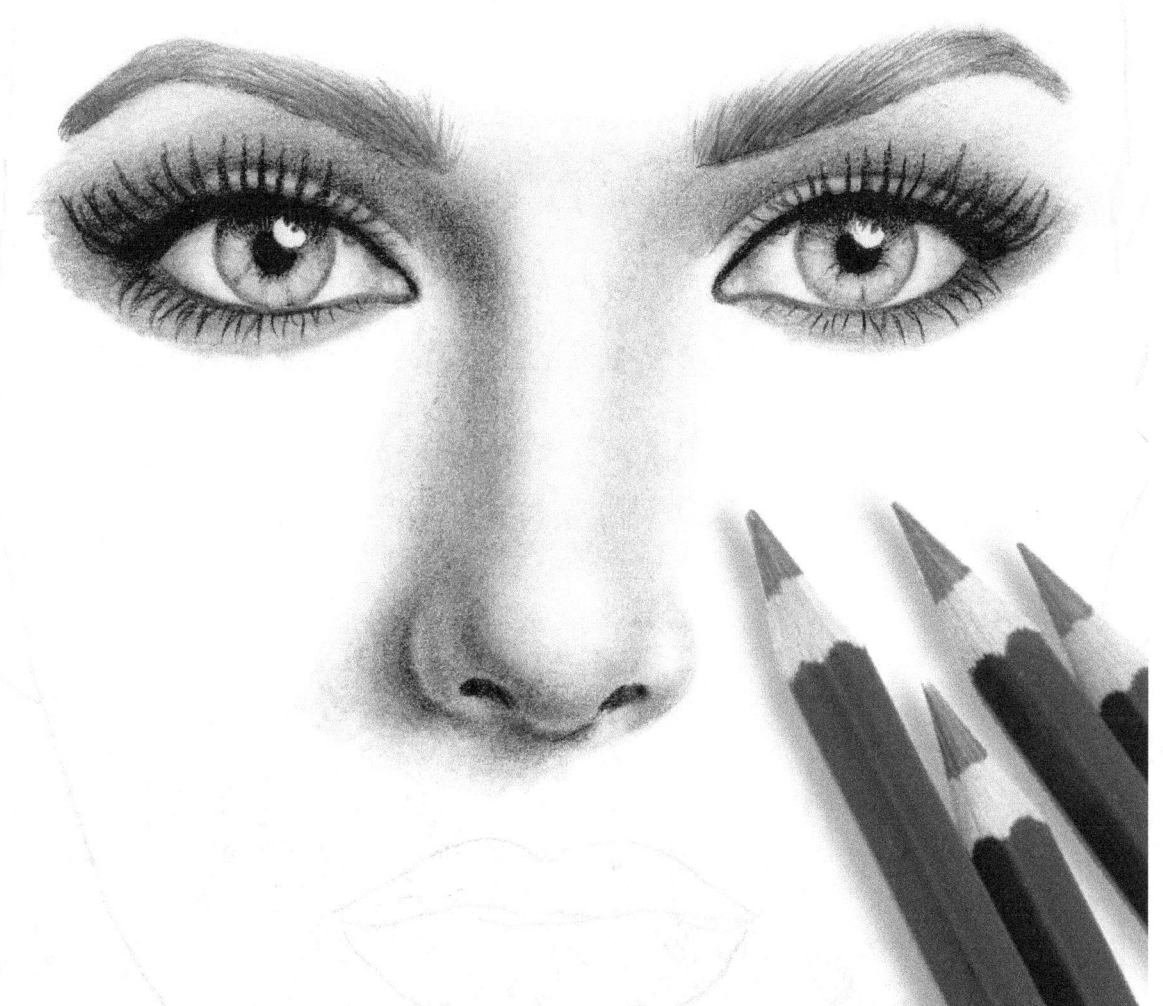

ZEICHEN- UND SCHATTIERUNGSTECHNIKEN – FÜR ANFÄNGER UND FORTGESCHRITTENE

von *Jasmina Susak*

Copyright © 2019 von Jasmina Susak

www.jasminasusak.com

Text und Illustrationen © Jasmina Susak
Seitenlayout und Covergestaltung von Jasmina Susak

Alle Rechte vorbehalten. Kein Teil dieser Publikation darf in irgendeiner Form oder auf irgendeine Weise, einschließlich Fotokopieren, Aufzeichnen oder anderer elektronischer oder mechanischer Verfahren, ohne die vorherige schriftliche Genehmigung der Autorin reproduziert, verbreitet oder übertragen werden. Für Erlaubnisanfragen kontaktieren Sie die Autorin per E-Mail: jasminasusak00@gmail.com

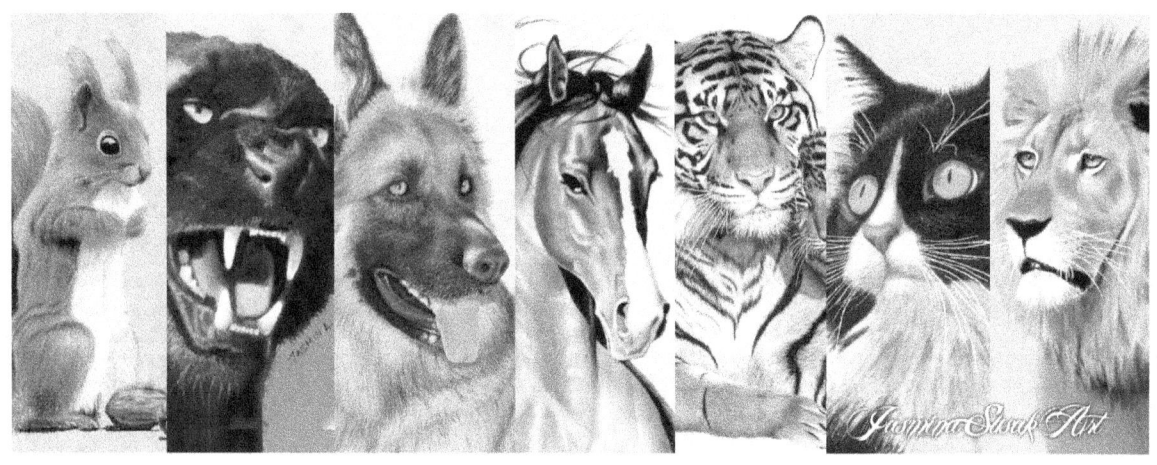

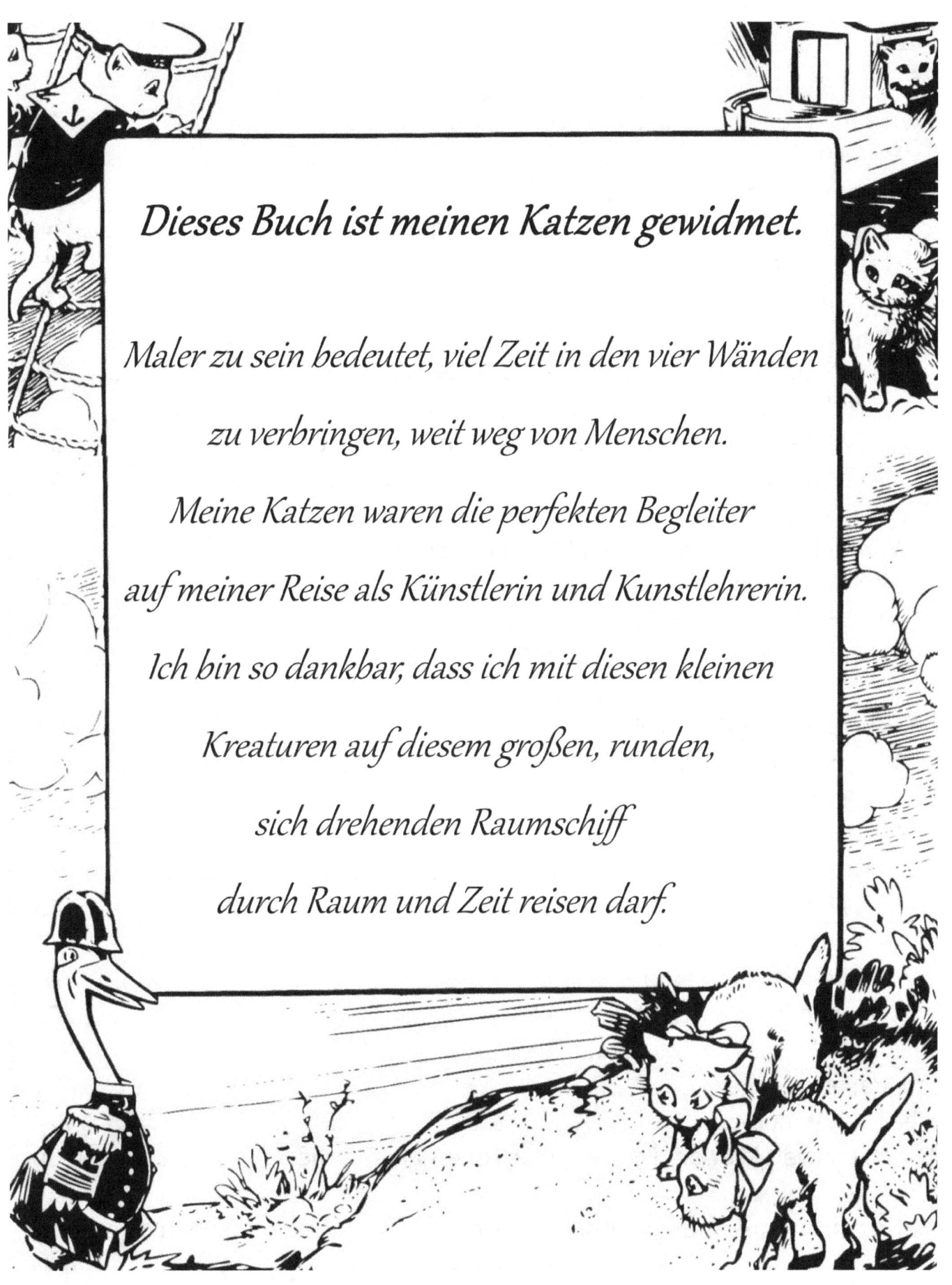

Dieses Buch ist meinen Katzen gewidmet.

Maler zu sein bedeutet, viel Zeit in den vier Wänden

zu verbringen, weit weg von Menschen.

Meine Katzen waren die perfekten Begleiter

auf meiner Reise als Künstlerin und Kunstlehrerin.

Ich bin so dankbar, dass ich mit diesen kleinen

Kreaturen auf diesem großen, runden,

sich drehenden Raumschiff

durch Raum und Zeit reisen darf.

Inhaltsverzeichnis:

Werkzeug 11

  Bleistifte 11

  Wertebereich von Bleistiften 13

  Welche Stifte benötigen Sie, um loszulegen? 14

  Das Papier 15

Schattierungstechniken 19

  Verlaufsübergan 19

    Verlaufsübergang erstellen – die erste Methode 20

    Verlaufsübergang erstellen – die zweite Methode 27

    Erstellen des Verlaufsübergangs – die dritte Methode 33

  Die Zirkel-Schraffur 42

Zeichen-Tutorials 45

  Wie man eine Katzenaugen-Murmel zeichnet 45

  Wie man Kusslippen zeichnet 59

  Wie man realistische Kirschen zeichnet 67

  Wie man Wassertropfen auf ein Blatt zeichnet 75

  Wie man eine Kokosnuss zeichnet 84

  Wie man eine Rose zeichnet 98

  Wie man ein Porträt zeichnet 112

    Skizzieren 112

    Wie man ein Auge zeichnet 126

    Wie man eine Nase zeichnet 142

    Wie man Lippen zeichnet 148

    Schattieren der Haut 157

    Wie man die Haare zeichnet 179

  Wie man lockiges Haar zeichnet 200

Epilog 215

Inspirationsgalerie 216

Über die Autorin 228

Graphittonwert-Viewer (The Graphite Tone Value Viewer) 230

Auf meiner Patreon-Seite können Sie lernen, einfacher und schneller zu zeichnen: https://www.patreon.com/jasminasusak

VORWORT

„Warum sehen meine Zeichnungen so flach aus?"

Diese Frage wurde mir immer wieder gestellt. Viele Anfängerkünstler können die Umrisse der Referenzfotos entfernen, aber wenn es um Farben und Schattierungen geht, können sie es einfach nicht realistisch erscheinen lassen. Nach vielen Monaten und Jahren der Übung können Künstler die Formen und Töne erkennen, die Nicht-Künstler nicht sehen können. Und wenn wir etwas bemerken, können wir es mit mehr oder weniger Erfolg zeichnen. Mit der Zeit, Übung und Geduld werden die Schattierung und Färbung immer besser. Die Tutorials in diesem Buch helfen Ihnen dabei, die Formen und Töne so zu sehen, wie Sie sie zuvor nicht gesehen haben.

Eine Skizze kann auf einfache Weise mit der Rastermethode erstellt werden, wobei Umrisse, Markierungen usw. übertragen werden. Die Skizze ist jedoch nicht alles. Sie ist wichtig, aber auch nicht. Sie können eine perfekte proportionale Skizze erstellen und am Ende eine Zeichnung erhalten, die nicht wie Ihr Referenzfoto aussieht. Sie können auch eine nicht so genaue Skizze erstellen und eine realistische Zeichnung davon erstellen. Denken Sie nur an die Visagisten und daran, wie sie die Nase dünner aussehen, die Wangen stärker hervortreten und das Gesicht schmaler lassen. Es geht nur um Schattierung. Es geht darum, den Verlaufsübergang zwischen den Tönen und Farben zu erstellen. Und alles dreht sich um das Mischen und Hervorheben. Und ich habe gerade beantwortet, was Sie brauchen, um Ihre flache Zeichnung in eine realistische zu verwandeln. In diesem Buch zeige ich Ihnen, wie Sie das erreichen können, indem Sie eine Menge Aufgaben erledigen, um diese Techniken zu erlernen. Wir werden alles von Grund auf neu zeichnen, da ich möchte, dass Sie sich auf das Schattieren und Erstellen der Texturen konzentrieren, die Sie in Zukunft beim Zeichnen von Referenzfotos anwenden können.

Ich war immer davon überzeugt, dass jeder zeichnen kann. Einige brauchen mehr Zeit, um diese Fähigkeit zu erlernen, andere lernen schneller. Jeder ist in der Lage zu zeichnen, aber Zeichnen ist nicht jedermanns Sache. Ich habe Leute sagen hören: „Es geht mir auf die Nerven.", „Ich kann nicht so lange an einem Ort sitzen.", „Ich wünschte, ich hätte mehr Zeit zum Zeichnen." Und jeder beginnt mit einem Strichmännchen. Schämen Sie sich nicht für Ihre Fehler und Irrtümer. Sie werden Sie lernen und wachsen lassen. Das einzige Geheimnis, das die guten Zeichner haben, ist, dass sie nicht aufgegeben haben, als die Dinge nicht wie erwartet liefen, und dass sie ihre Zeit und Energie diesem Beruf gewidmet haben.

Es ist mir eine große Ehre, viele zu inspirieren, die zu Stiften gegriffen und mit dem Zeichnen begonnen haben oder nach einigen meiner Zeichnungen wieder mit dem Zeichnen begonnen haben. Andere finden meine Zeichenanleitungen als Sprungbrett, um bessere Künstler zu werden. Wenn sie mich darüber informieren, inspirieren sie mich, meine Erfahrungen weiter zu zeichnen und zu teilen. Aber ich kann nicht für Sie zeichnen. Sie müssen sitzen und üben, unzählige Stunden allein mit Ihren Stiften verbringen, um Ihre Fähigkeiten zu verbessern. Das ist keine Teamarbeit und alles hängt von Ihnen ab. Sind Sie dafür bereit? Einer meiner Anhänger hat diesen Kommentar unter einer meiner Zeichnungen in den sozialen Medien hinterlassen: „Wenn ich wie du zeichnen könnte, würde ich den ganzen Tag und die ganze Nacht zeichnen." Ein anderer Anhänger antwortete auf diesen Kommentar mit: „Wenn du Tag und Nacht gezeichnet hättest, dann könntest du so zeichnen."

In diesem Buch lernen Sie, realistische Haare zu zeichnen:

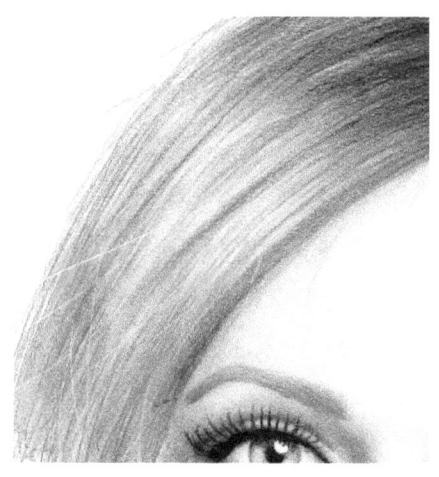

So geben Sie Ihren Zeichnungen Tiefe und eine dritte Dimension:

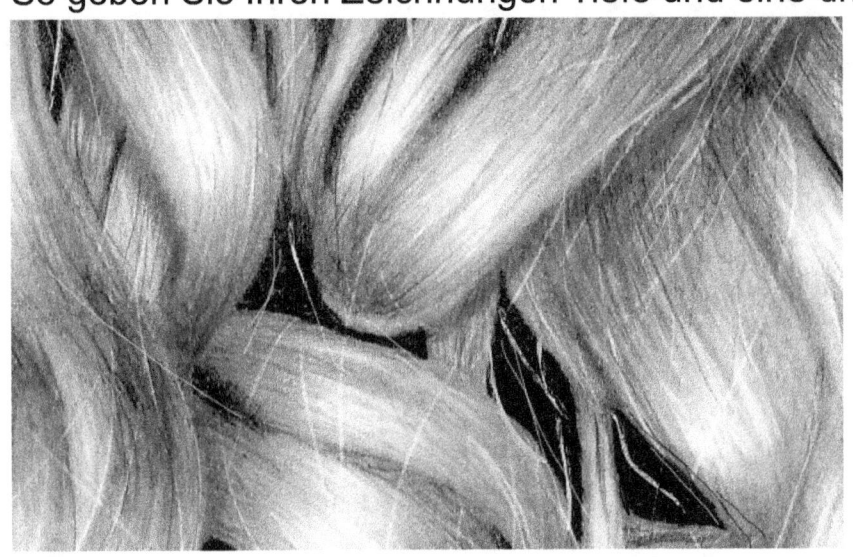

So erstellen Sie glänzende Objekte:

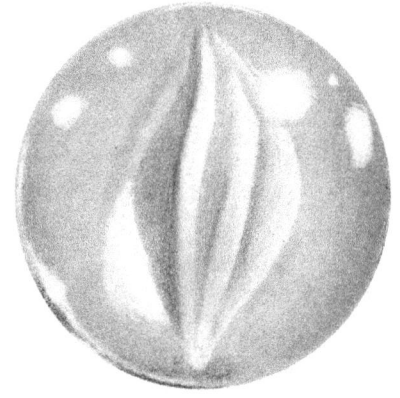

So zeichnen Sie realistische Texturen:

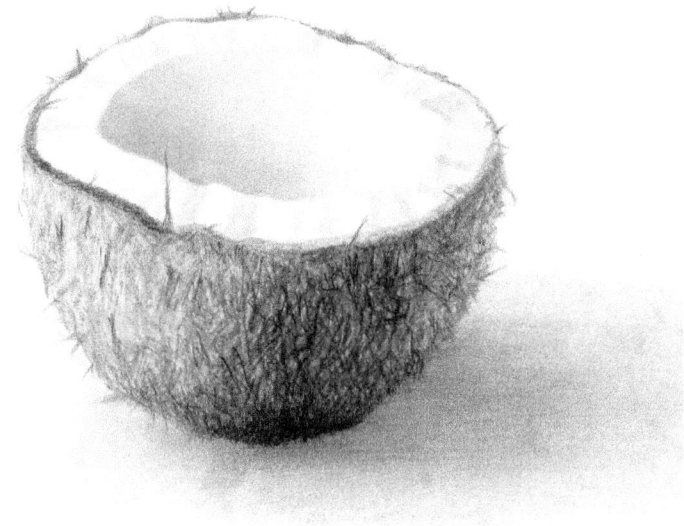

So bringen Sie die Objekte zum Leuchten:

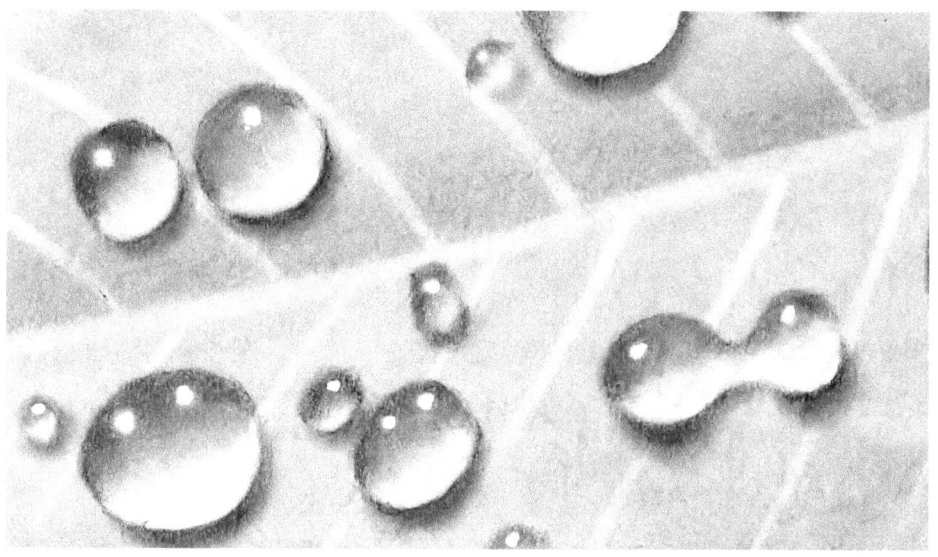

So erstellen Sie samtige Texturen:

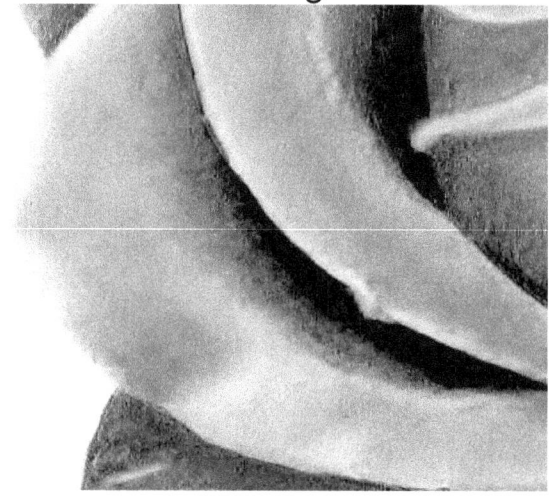

So lassen Sie die Objekte rund erscheinen:

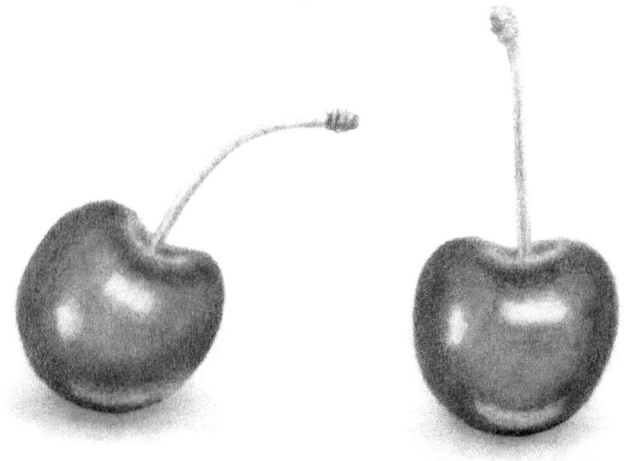

So zeichnen Sie Gesichtszüge wie Augen:

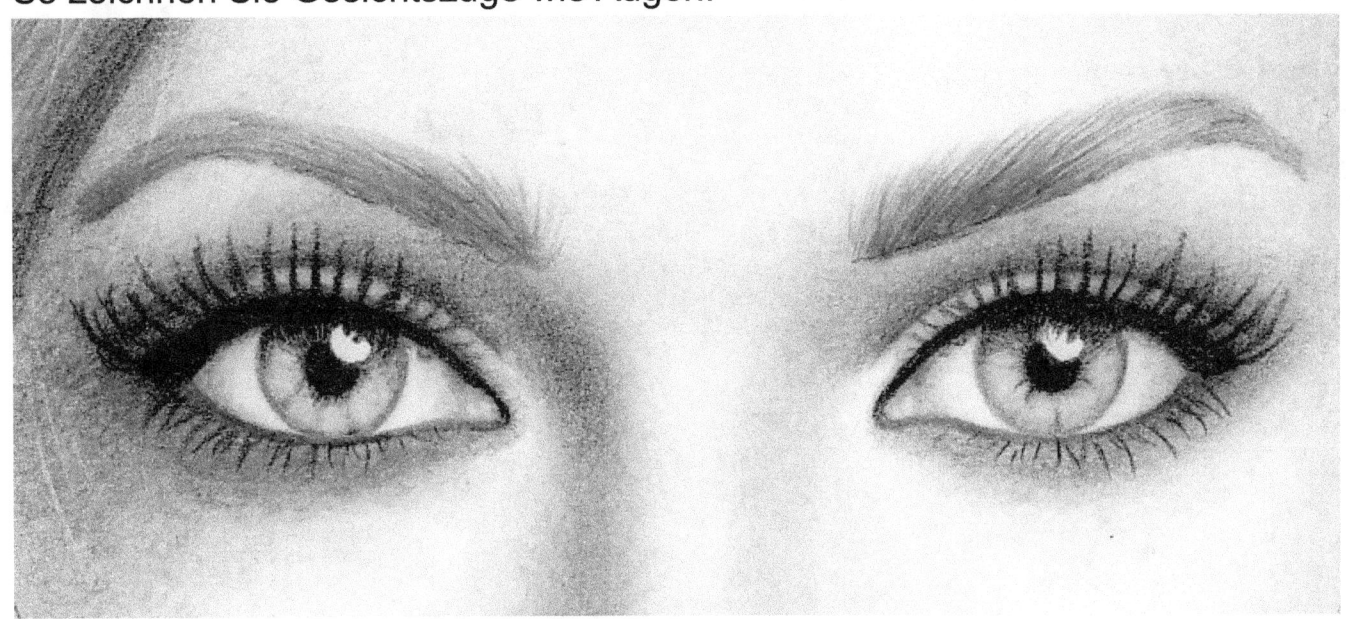

Lippen:

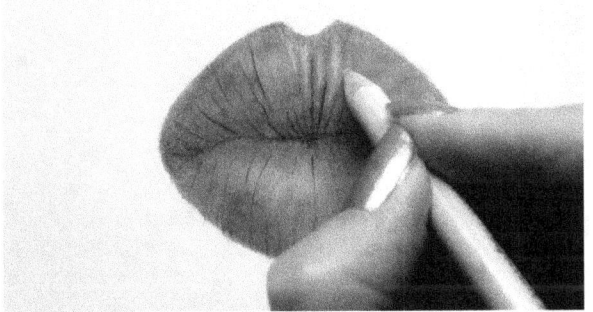

Nase:

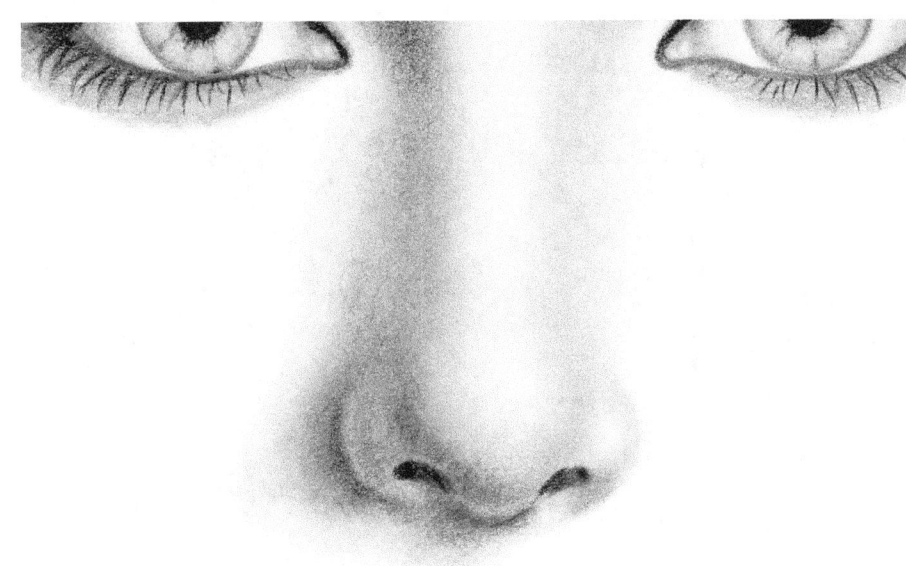

Und Sie werden lernen, wie man die glatte Textur der Haut zeichnet:

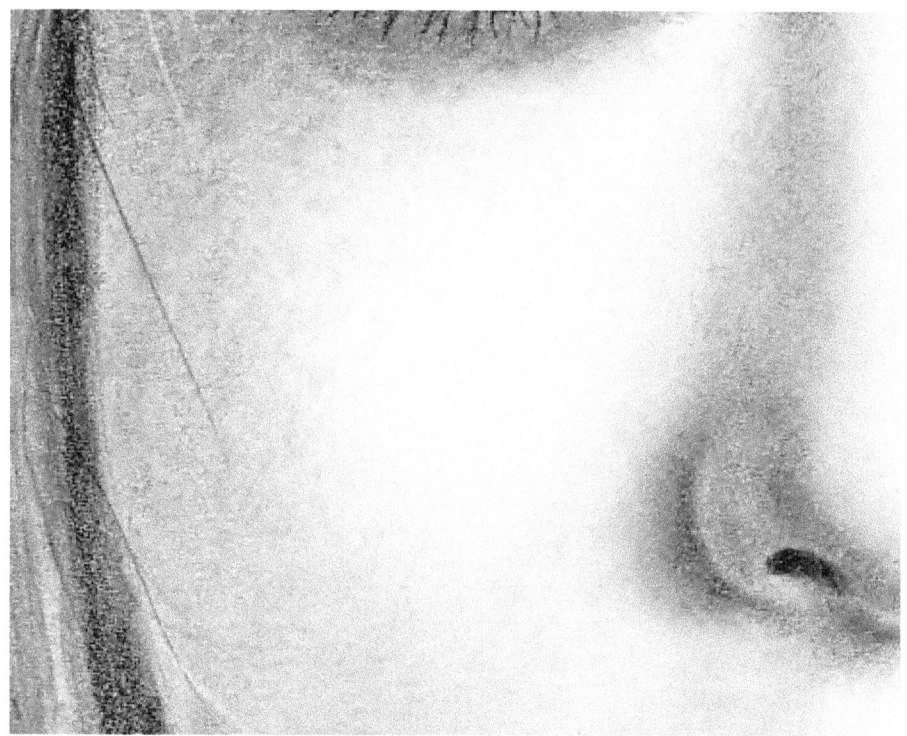

Im nächsten Bild sehen Sie:
Links: Was Sie in diesem Buch nicht lernen werden.
Rechs: Was Sie in diesem Buch lernen werden.

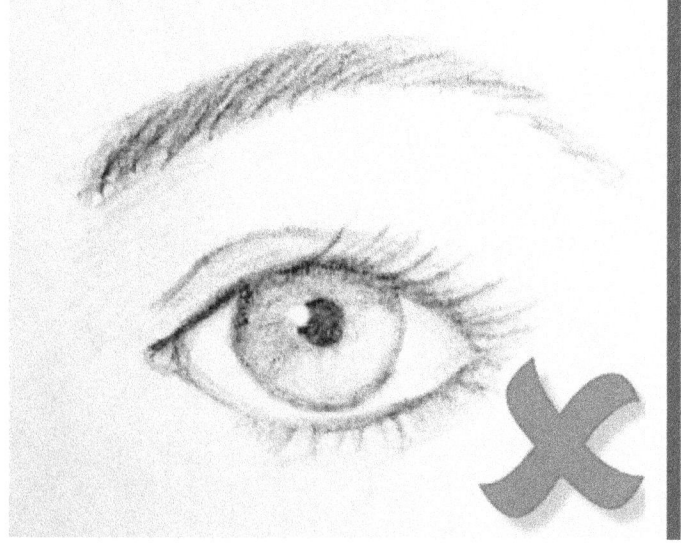 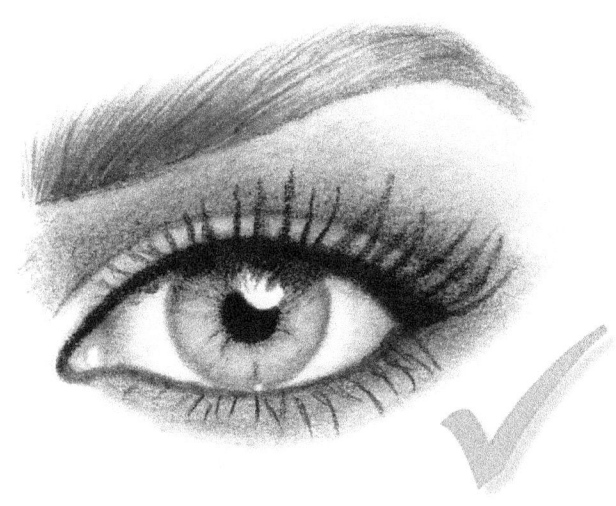

Wenn Sie dazu bereit sind, dann fangen wir an!

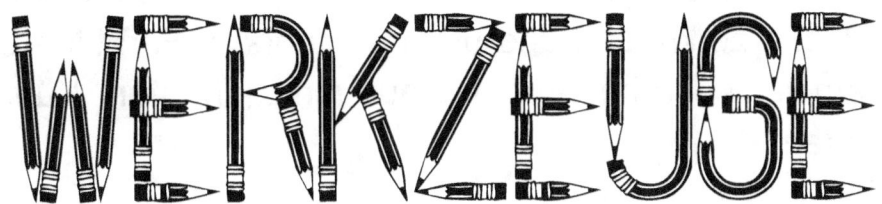

WERKZEUGE

Der Einsatz von Qualitätswerkzeugen erleichtert die Erstellung erheblich und macht den Arbeitsprozess angenehmer. Wir dürften oft enttäuscht werden, wenn wir glauben, dass wir eine bessere Qualität erzielen, wenn wir mehr für etwas bezahlen. Ich denke jedoch, dass Kunstprodukte die Ausnahme sind. Der Preis für Qualitätsprodukte ist wirklich höher, aber in diesem Fall bedeutet das auch eine Qualitätsverbesserung und nicht nur einen Markennamen. Daher sind die Werkzeuge zum Zeichnen nicht so teuer wie Ölfarben, Airbrush und ähnliche Werkzeuge, selbst wenn Sie Werkzeuge von bester Qualität kaufen. Zum Glück können Sie aus einer Vielzahl hervorragender Zeichenprodukte auswählen, je nach Geschmack, Produkt und warum. Es gibt keine allgemeine Wahrheit, dass nur der eine oder andere Bleistift der Marke gut ist, aber wenn wir uns unter den Top-Marken entscheiden, können wir nicht enttäuscht werden. Wenn Sie einen bestimmten Geldbetrag haben, den Sie für Künstlerbedarf ausgeben möchten / können, dann empfehle ich Ihnen, lieber zwei hochwertige Bleistifte als 10 billige Bleistifte zu kaufen.

Ich kann nur die Produkte empfehlen, die ich verwende und mit denen ich Erfahrung habe, und ich kann nichts über die Materialien sagen, die ich noch nicht ausprobiert habe. Ich empfehle immer die Werkzeuge, die ich täglich benutze, sowohl für Blei- als auch für Buntstiftzeichnungen, aber das bedeutet nicht, dass die von mir empfohlenen Werkzeuge jedem gefallen werden. Wenn Sie es sich leisten können, sollten Sie mehrere Marken von Stiften, Papieren, Radiergummis usw. kaufen und herausfinden, welche für Sie am besten geeignet sind.

Bleistifte

Bleistifte sind ein sehr beliebtes und billiges Zeichenwerkzeug. Jeder hat sie in seinem Haushalt. Sogar die Stifte der beliebtesten Marken sind für alle erschwinglich, die ernsthaft ins Zeichnen einsteigen wollen. Ein minderwertiger Stift kann das Papier zerkratzen und unvorhersehbare Farbtöne erzeugen. Aus diesem Grund empfehle ich immer den Kauf von „geprüften" Künstlerstiften der beliebtesten Marken.

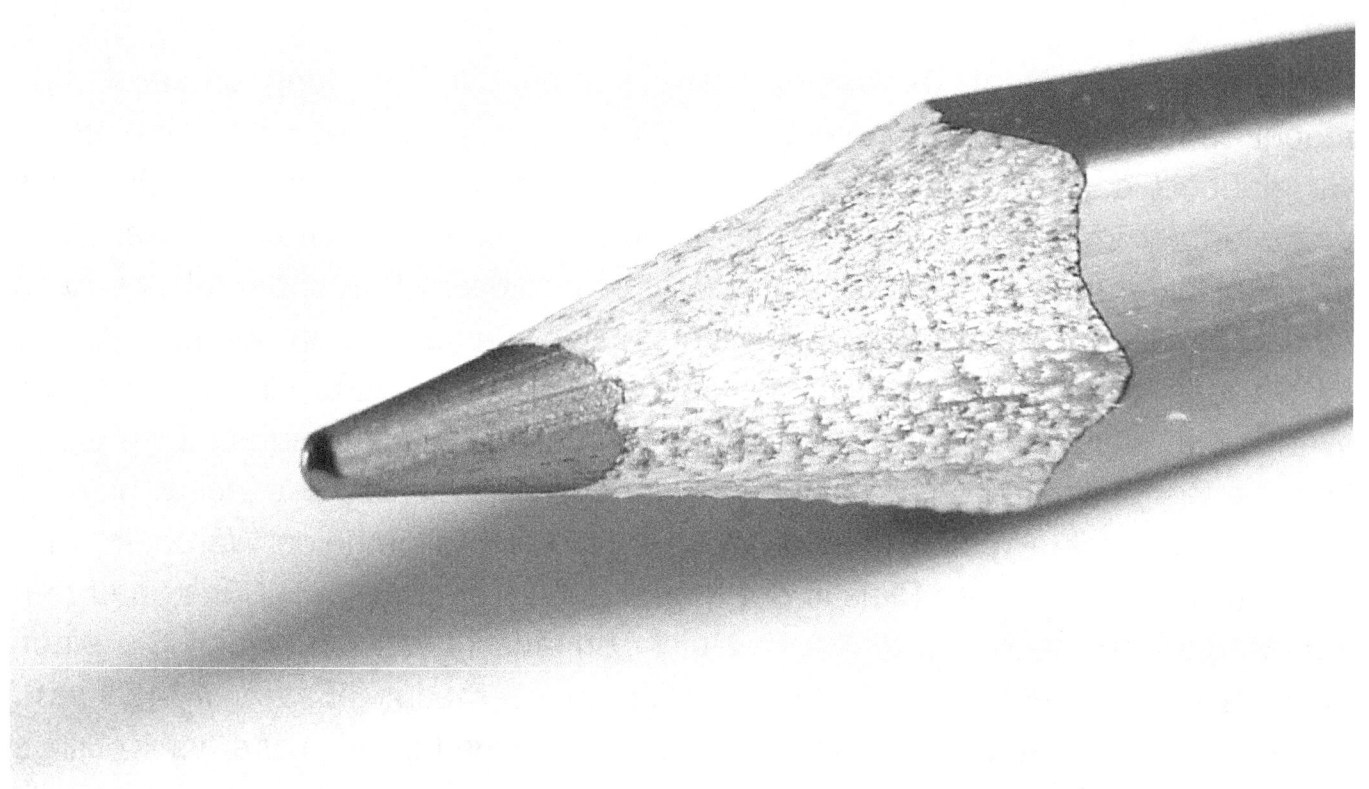

Einige der beliebtesten hochwertigen Bleistifte:
- Castell 9000 von Faber-Castell (benutze ich)
- Tombow Mono Professional
- Staedtler Mars Lumograph
- Derwent Graphic
- Prismacolor Premier Graphite Zeichenstifte
- Caran D'ache Graphite Line
- Faber-Castell Pitt
- Koh-I-Noor Hardtmooth
- Lyra Rembrandt Art Design

Wertebereich von Bleistiften

Aber die Stifte sind nicht alle gleich. Zwischen den Farbtönen (Härten) des Graphits besteht ein großer Unterschied. Am Ende der Bleistifte befinden sich verschiedene Zahlen und Buchstaben, die die Härte angeben. Die H-Stifte sind harte Stifte. Je größer die Zahl neben ihnen ist, desto härter ist der Bleistift. Die B-Stifte sind weich. Je größer die Zahl, desto weicher die Bleistiftmine. Der F-Stift befindet sich zwischen den beiden Härten.

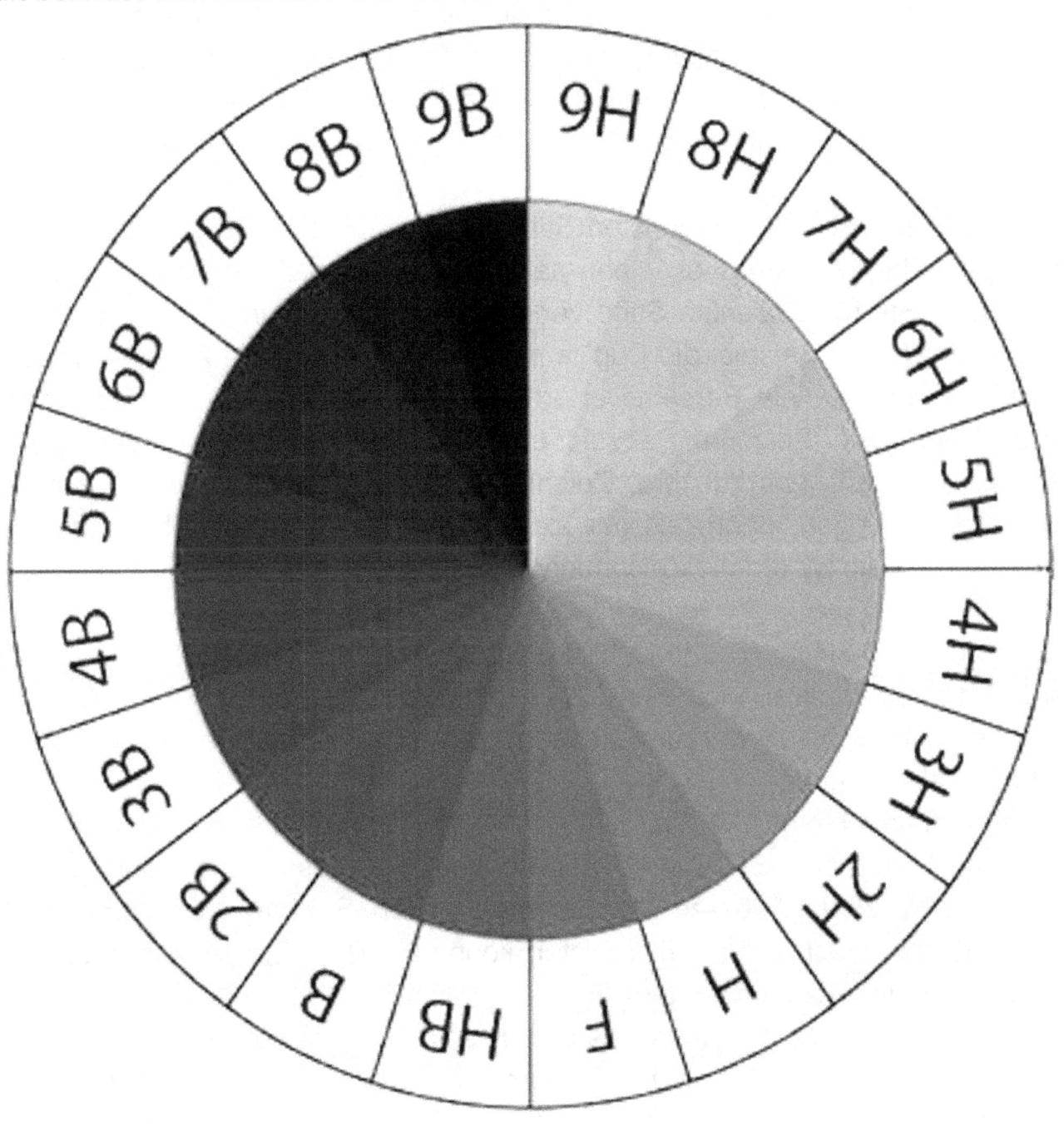

Das Grundmaterial des Bleistifts ist Graphit, dem bei der Herstellung verschiedene Additive zur Kontrolle der Härte beigemischt werden.

Welche Stifte benötigen Sie, um loszulegen?

Es stehen 20 Graphitgrade zur Verfügung. Meiner Meinung nach ist der wichtigste Bleistift ein HB. Wenn Sie die verschiedenen Drücke mit einem HB anwenden, können Sie die Farbtöne von 5H bis 2B erzeugen. Dieser Bleistift eignet sich auch sehr gut zum Anlegen der Grundskizzen. Es zerkratzt nicht Ihr Papier (wie ein 5H oder härter), und er ist ziemlich dunkel, nur damit Sie ihn unter der Beschichtung des Graphits sehen können, die Sie darauf auftragen werden.

Ich empfehle, einen der dunkelsten Stifte wie 7B, 8B oder 9B zu kaufen. Viele Anfänger haben Angst davor, einen sehr dunklen Bleistift zu verwenden, aber das sollten Sie nicht. Dunkle Stifte verleihen Ihrer Zeichnung Tiefe und Leben. So kann man zum Beispiel die Pupille nicht wirklich mit einem 2H oder härteren Bleistift zeichnen. Viele Bereiche erfordern einen sehr dunklen Farbton, daher sollten Sie in jeder Zeichnung absolut schwarze Stifte verwenden. Wenn Leute, die mich fragen, warum ihre Zeichnungen so flach aussehen, mir ihre Zeichnungen zeigen, dann fällt mir als Erstes auf, dass es an Schwarztönen mangelt. Deshalb wirken die Zeichnungen zweidimensional und karikaturistisch.

Ich werde einen 2H für die menschliche Haut verwenden, aber Sie müssen nicht genau den haben. Wenn ich einen 2H verwende, bedeutet das, dass Sie einen 3H oder einen H verwenden können, die sich neben dem 2H auf der Farbtonskala befinden.
Ich empfehle auch einen B-Stift.
Grundsätzlich können Sie 4 bis 5 Stifte haben. Sie müssen nicht das gesamte Sortiment von 20 verfügbaren Graphitfarben kaufen. Sie brauchen sie nicht alle. Aber natürlich, wenn Sie es sich leisten können, sollten Sie sie alle kaufen; es würde Ihnen die Arbeit erleichtern.
Ich benutze nie Stifte, die härter als ein 6H sind, weil sie sehr hart sind und nur das Papier zerkratzen. Für die hellen Bereiche trage ich lieber Graphit mit einem Taschentuch auf, oder ich trage einen 6H sehr leicht auf, wobei ich das Papier

kaum berühre.

Ich empfehle, Farbfelder aus den vorhandenen Stiften zu erstellen. Sie müssen das nur einmal tun und können es später verwenden, wenn Sie die richtigen Schattierungen für Ihre Zeichnung auswählen. Auf diese Weise haben Sie alle an einem Ort und können sie miteinander vergleichen.

Das Papier

Eine andere sehr wichtige Sache ist das Papier.

Ich verwende das Fabriano Bristol-Papier für jede einzelne Zeichnung in diesem Buch und auch für meine Buntstiftzeichnungen. Daher kann ich dieses Papier sehr empfehlen. 20 Blatt kosten etwa 10 US-Dollar und wiegen 250 g/m². Dieses Papier ist beständig gegen lösungsmittelbasierte Markierungen und hält wiederholten Löschvorgängen stand. Es ist ideal für Tinte, Aquarell, Airbrush, Kugelschreiber, Bleistifte.

Dieses Papier ist so dick und haltbar, dass Sie es drücken und viele Schichten erzeugen können und es keine Falten bildet. Das Papier ist auch sehr hell. Ich habe andere Marken ausprobiert und mochte sie nicht. Einige der Papiere, die ich ausprobiert habe, haben einen gelblichen und bläulichen Farbton und ich suchte nach dem absolut weißen Papier, das nicht heller sein kann. Ich war so glücklich, als ich Fabriano Bristol

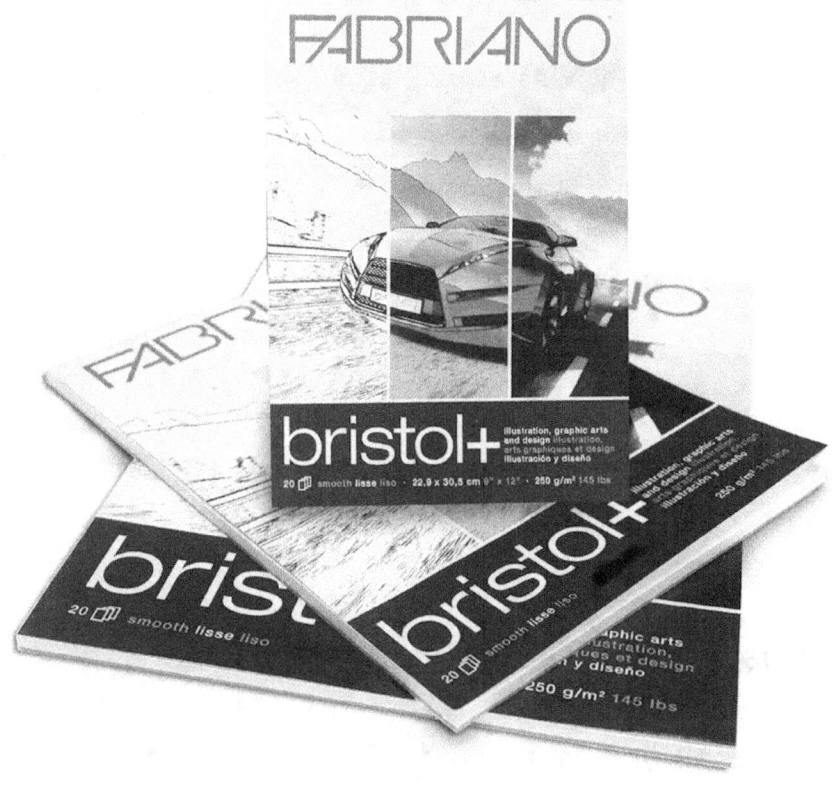

kaufte, als ich nach dem richtigen Papier für meine Zeichnungen suchte.

Sie sollten auch mit Papieren experimentieren und verschiedene Marken ausprobieren, um Ihren Favoriten zu finden. Nur bitte kein gewöhnliches Druckerpapier verwenden. Es ist sehr dünn, knittert und reißt selbst unter leichtem Druck, was Ihren Zeichenprozess nervig und frustrierend macht.

Sie benötigen außerdem einen Radierer, einen Anspitzer und etwas zum Vermischen. Die anderen Werkzeuge, die ich verwende, sind optional.

Aber lassen Sie mich Ihnen zeigen, was ich habe und was ich in diesen Tutorials verwenden werde.

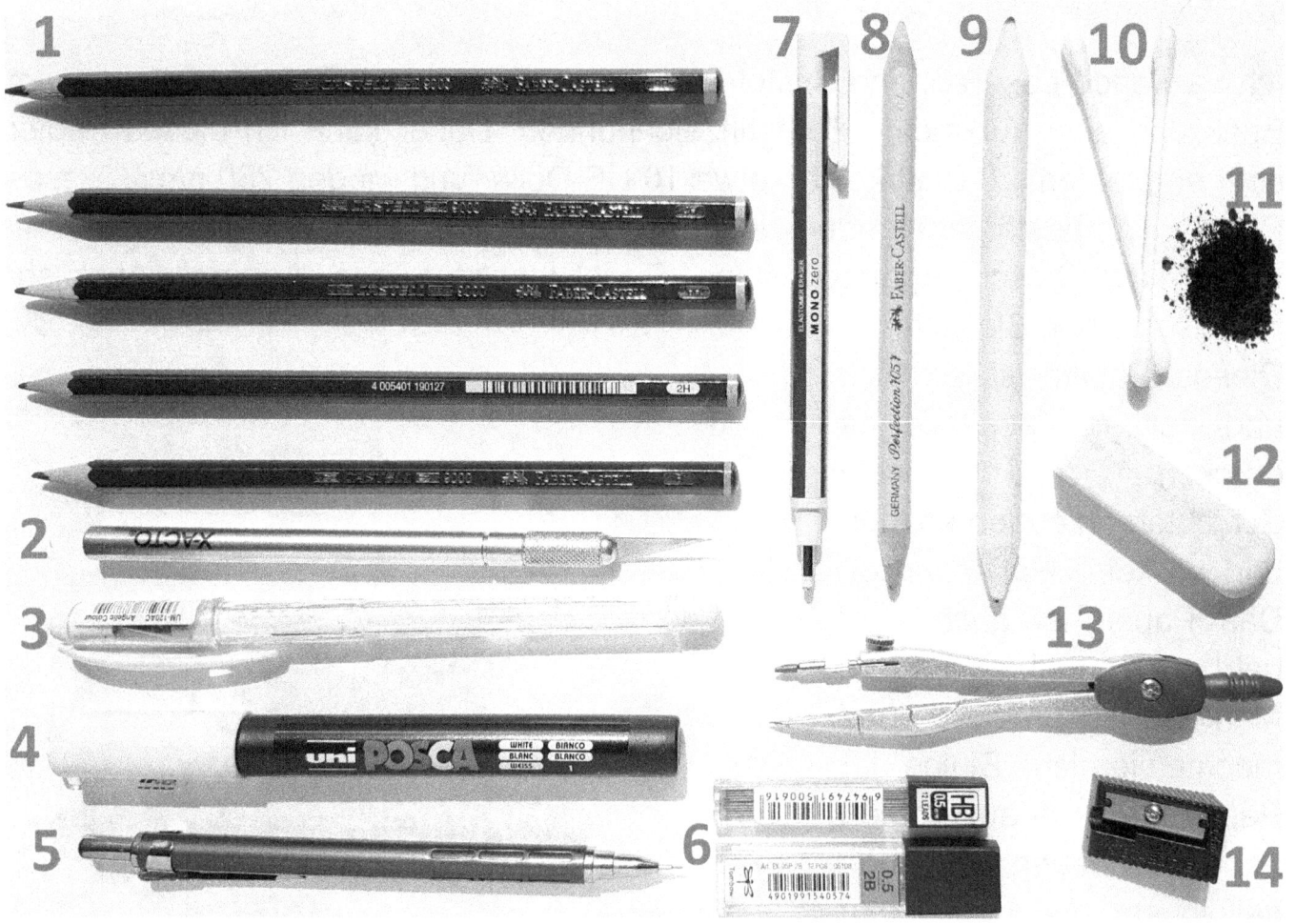

1. Castell 9000 Bleistifte von Faber-Castel
2. Ein X-Acto-Messer
3. Ein weißer Tintengelstift. Ein sehr gutes Werkzeug, um winzige Highlights auf der fertigen Zeichnung anzubringen.
4. Ein weißer undurchsichtiger Marker von Uni Posca. Eine große Hilfe bei der

Erzeugung von Highlights auf Graphit, Buntstift und anderen Medien.

5. Ein Druckbleistift, 0,5 mm dick.

6. HB und 2B führen für den Druckbleistift, 0,5 mm dick.

7. Ein mechanischer Radierer Mono Zero von Tombow

8. Ein Radiergummi von Faber-Castell

9. Ein Papierwischer

10. Q-Tips zum Verwischen

11. Graphitpulver

12. Ein Radiergummi aus Kunststoff

13. Ein Zirkel

14. Ein Anspitzer

Aber es geht nicht wirklich darum, viele Werkzeuge zu haben. Sie sollten lernen, sie richtig anzuwenden und das Beste aus ihnen herauszuholen.

Wenn Sie einen H-Stift und weichere Stifte kaufen, haben Sie sie auch jahrelang. Ich spitze diese Stifte sehr selten an. Da sie hart sind, kann man davon nicht viel verbrauchen. Bei einem 4B und weicher ist das natürlich nicht der Fall. Sie sind sehr weich, cremig und sind schneller aufgebraucht. Da wir sie jedoch in unseren Zeichnungen nicht häufig anwenden, können sie auch Monate oder Jahre halten, insbesondere wenn Sie die gesamte Skala von 2B bis 9B haben. Ich empfehle daher, Castell 9000 von Faber-Castell oder Bleistifte mit ähnlicher Qualität zu kaufen.

Ich werde in den Tutorials viel darüber sprechen, wo, wann und wie all diese Werkzeuge verwendet werden sollen und deshalb möchte ich in diesem Kapitel nicht weiter darauf eingehen.

Also, lassen Sie uns an die Arbeit gehen!

SCHATTIERUNGSTECHNIKEN

Schattierung ist das Wichtigste in einer realistischen Zeichnung. Durch Schattierung erhalten Ihre Zeichnungen das Volumen und die dritte Dimension, sodass sie nicht flach erscheinen. Wie ich bereits im Kapitel „Vorwort" erwähnt habe, ist meiner Meinung nach die Schattierung viel wichtiger als das Skizzieren. Die beiden Schattierungstechniken, die ich in den folgenden Tutorials anwenden werde, sind der glatte Farbverlauf und die Zirkelmethode.
Üben wir also zuerst diese Techniken.

VERLAUFSÜBERGANG

Kurz gesagt: Der Verlaufsübergang oder der glatte Verlauf zwischen den Grautönen bedeutet, dass die verschiedenen Töne nicht nur mit einem sauberen Rand dazwischen von einem zum anderen springen, sondern es gibt einen glatten Übergang zwischen ihnen.

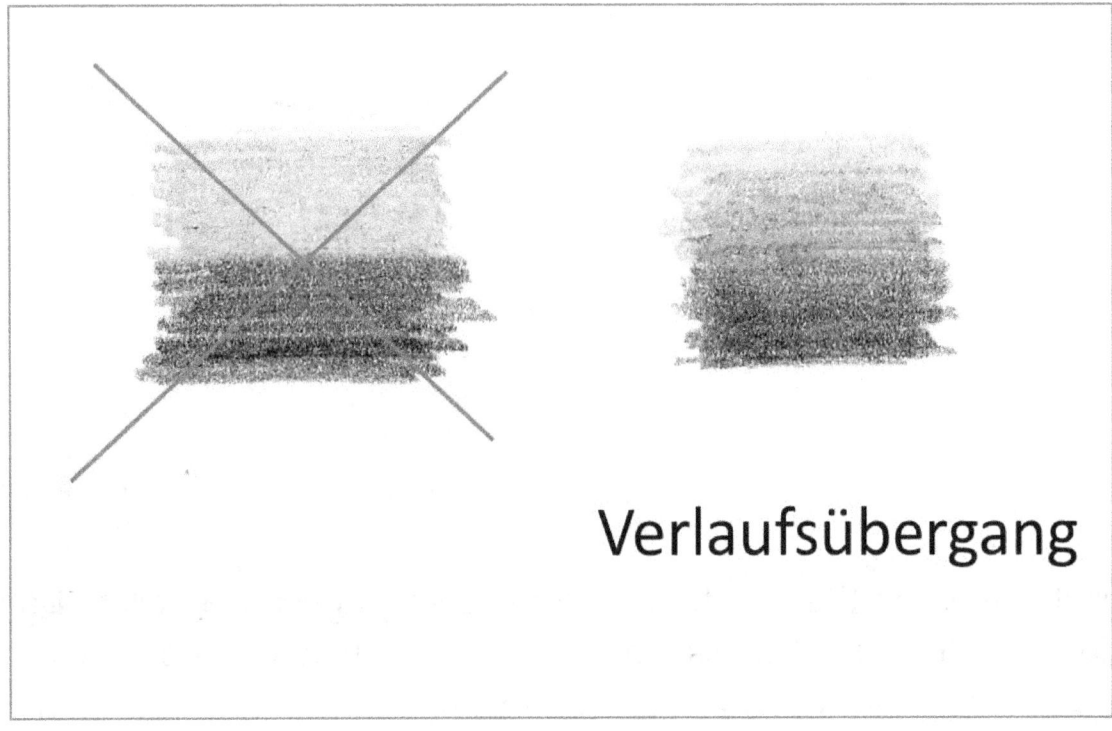

Verlaufsübergang

In den folgenden drei Übungen werde ich Ihnen zeigen, wie Sie die Ebenen schrittweise aufbauen und mit dem Überblenden auf drei verschiedene Arten einen reibungslosen Übergang erzielen.

Verlaufsübergang erstellen – die erste Methode

Erstellen wir also ein einfaches Objekt wie z. B. einen Zylinder. Wenn Sie wissen, wie Sie einen Zylinder schattieren, können Sie den Verlaufsübergang problemlos erstellen. Ich möchte, dass Sie drei Arten der Schattierung üben, die von der Lichtquelle erzeugt werden und die Auswirkung darauf haben, wie Objekte schattiert und hervorgehoben werden.

Im nächsten Bild sehen Sie, wie ich mit dem Zeichnen von drei Zylindern begonnen habe: Ein Seitenlicht, ein Zweiseitenlicht und ein Frontlicht. Ich habe mit parallelen vertikalen Linien begonnen.

Licht von einer Seite   Licht von zwei Seiten   Licht von vorn

Als Nächstes müssen Sie die oberen und unteren Bereiche erstellen. Das heißt, dass Sie nur elliptische Umrisse an den oberen und kurvige Linien an den unteren Bereichen zeichnen müssen. Diese Umrisse müssen nicht perfekt sein, da sie hier nicht wichtig sind.

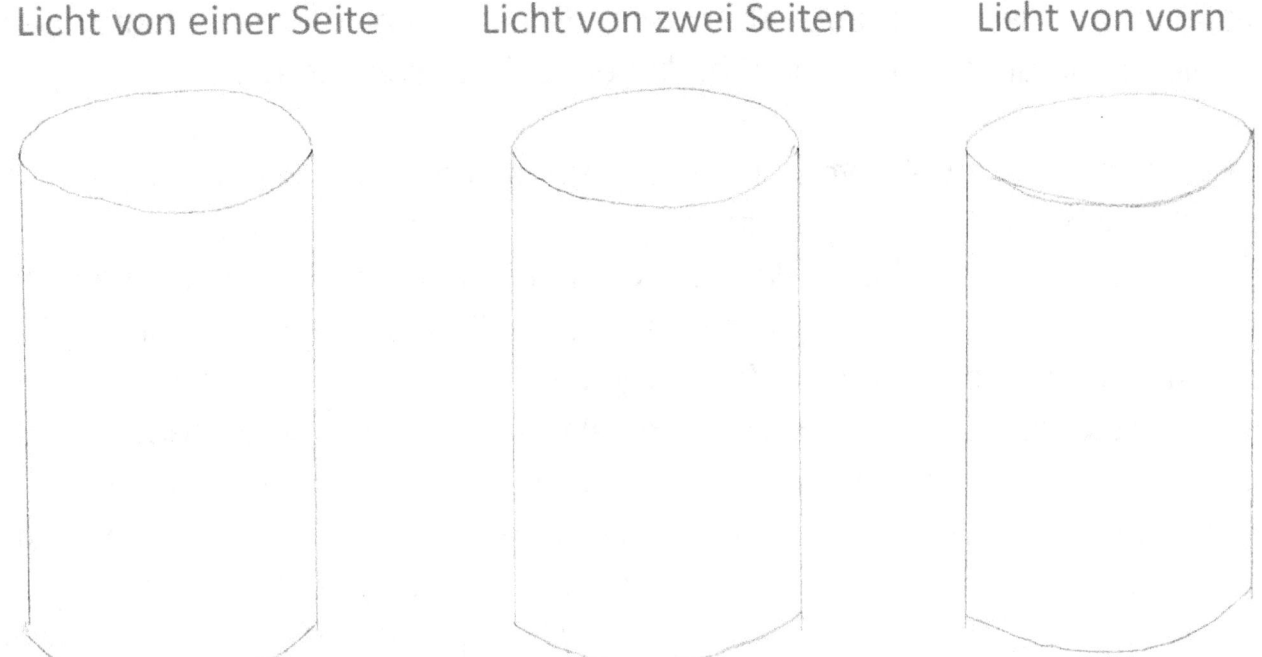

Licht von einer Seite   Licht von zwei Seiten   Licht von vorn

Wir werden keine Zylinder zeichnen, die das obere und das untere Licht darstellen, da sich die Verlaufsübergänge nicht unterscheiden würden. Nur die Oberseite des Zylinders wäre anders. Sie würde beleuchtet sein, wenn sie von einem oberen Licht beeinflusst wird, und sie würde dunkel sein, wenn das Licht vom unteren Bereich kommt. Ich wollte nur ihre Oberseiten mit einem HB schattieren, um die runde Form der Zylinder zu suggerieren.

Licht von einer Seite   Licht von zwei Seiten   Licht von vorn

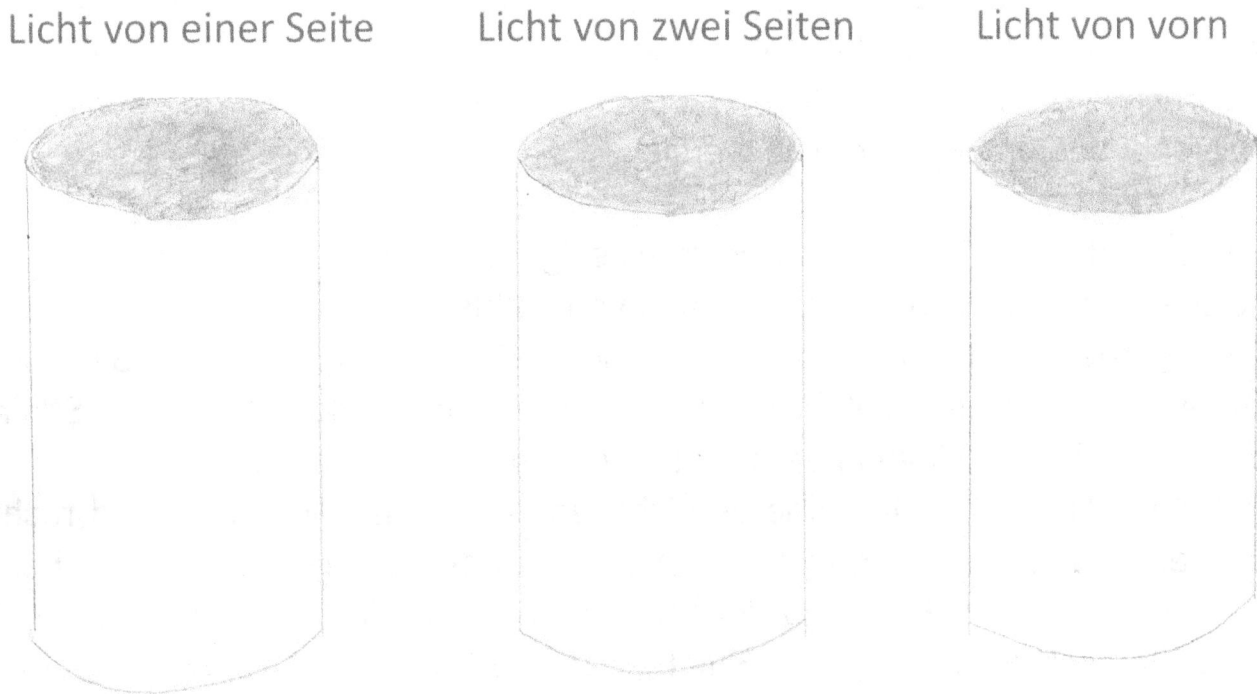

Jetzt lassen Sie uns alle schattieren. Im ersten Beispiel möchte ich, dass meine Lichtquelle von links kommt, aber Sie können sich für die rechte Seite entscheiden und die meiner gegenüberliegende Seite schattieren.

Wenn also die Lichtquelle von links kommt, ist die rechte Seite dunkel. Also fange ich rechts mit einem B-Stift an. Ich schattiere den im nächsten Bild gezeigten Bereich. Ich habe für das reflektierte Licht einen Rand von etwa einem Millimeter gelassen, weil der etwas heller sein sollte als dieser Farbton, und ich werde dafür einen helleren Bleistift verwenden. Ich gehe in Richtung der linken Seite und lasse den Druck auf meinen Bleistift nach. Ich werde weiterhin hellere Töne verwenden, die immer heller werden, um diesen Verlaufsübergang oder den gleichmäßigen Verlauf zu erzielen. Wenn also meine Lichtquelle von der linken Seite kommt, wird die rechte Seite nicht viel Licht bekommen, deshalb schattiere ich sie mit einem dunklen Stift. Als Nächstes können Sie entweder die Farbe verwenden, die die nächste neben B ist, nämlich HB, oder Sie können den Druck auf denselben Stift nachlassen und ihn die ganze Zeit verwenden. Ich mache das oft, aber es erfordert eine erfahrene Hand, die Sie auch nach viel Übung haben können.

Ich möchte die drei Zylinder gleichzeitig zeichnen, aber Sie sollten jeweils an einem Zylinder arbeiten. Ich wende für die drei Beispiele immer nur vertikale Linien an, aber die Schattierung kann mit der Zirkelmethode durchgeführt werden, die ich beim Schattieren der menschlichen Haut im Tutorial zum Porträt ausführen werde. In diesem Schritt möchte ich meinen B-Stift für den dunkelsten Bereich auf den drei Zylindern verwenden.

Im zweiten Beispiel haben wir eine zweiseitige Lichtquelle, was bedeutet, dass die Lichtquelle sowohl von links als auch von rechts kommt. Das heißt, dass sich der dunkelste Bereich in der Mitte befindet. Die linke und rechte Seite des Zylinders werden beleuchtet. Deshalb fangen wir in der Mitte mit einem B-Stift an und müssen den Druck verringern, wenn wir von der Mitte wegarbeiten.
Der dritte Zylinder hat ein vorderes Licht, das heißt, dass die linke und rechte Seite neben dem Rand am dunkelsten sind und der Schatten heller und heller wird, wenn wir zur Mitte hin zeichnen, da die Lichtquelle aus unserer Sicht kommt. Drücken Sie mit einem B-Stift fest auf die Ränder auf. Drücken Sie dann

immer weniger auf, während Sie nach innen schattieren. Auf dem nächsten Bild können Sie sehen, wie viele Zylinder ich mit einem B-Stift schattiert habe.

Licht von einer Seite   Licht von zwei Seiten   Licht von vorn

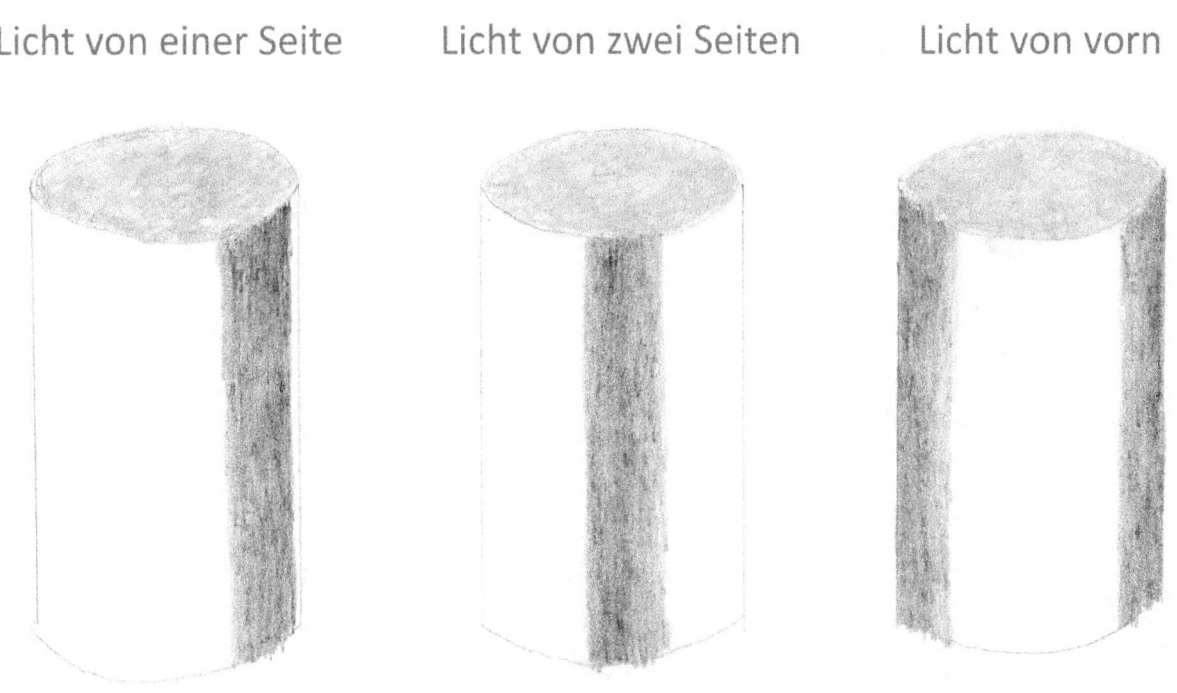

Der Stift, den wir daneben auftragen, sollte heller sein als ein B-Stift. Sie können also einen HB- oder einen F-Stift verwenden. Ich werde einen HB neben dem B-Farbton als Fortsetzung verwenden.

In jedem Beispiel sollten Sie anfangen, über den Rand des B-Bereichs zu schattieren und dann den Druck nachlassen, während Sie von ihm weg schattieren, um den Schatten heller und heller zu machen. Machen Sie sich keine Sorgen, wenn es jetzt nicht glatt aussieht. Wir werden alles vermischen und dann wird es glatter aussehen. Im Moment konzentrieren wir uns darauf, immer hellere Töne zu erzeugen. Sie können sogar mit einem H-Stift beginnen oder mit einem HB leicht aufdrücken. Sie können jederzeit zurückgehen und bei Bedarf mehr Schatten geben. Es ist besser, die Schattierungen in Etappen hinzuzufügen, als zu übertreiben, da es schwierig ist, sie auszuradieren.

Versuchen Sie, die vertikalen Hälften der beiden Zylinder „zwei Seitenlichter" und „ein Frontlicht" symmetrisch zu gestalten.

Licht von einer Seite   Licht von zwei Seiten   Licht von vorn

Als Fortsetzung zum HB können Sie einen H-, 2H- oder 3H-Stift verwenden. Ich benutze einen 2H. Drücken Sie etwas mehr neben dem HB auf und lassen Sie den Druck nach, wenn Sie sich entfernen. Ich habe den Rest jedes Zylinders mit diesem Bleistift ausgefüllt, weil ich keine weißen Bereiche hinterlassen möchte.
Im ersten Beispiel „A side light" drückte ich zum Rand auf der linken Seite immer weniger auf. Ich möchte auch das reflektierte Licht auf der rechten Seite, die ich unberührt gelassen habe, mit einem 2H abdecken. Sie können die reflektierten Lichter auch im dritten Beispiel erstellen, aber in diesem ist das reflektierte Licht nicht sehr gut sichtbar. Reflektiertes Licht ist sehr nützlich, wenn sich ein dunklerer Schatten daneben befindet. Wenn Sie also den gesamten Hintergrund mit einem sehr dunklen Stift schattieren, wird das reflektierte Licht stärker hervorgehoben. Wie ich bereits erwähnt habe, sollten Sie H-Stifte wie H und heller, oder besser gesagt härter, nicht anspitzen, da sie Ihr Papier zerkratzen

können, da sie eben sehr hart sind. Auch wenn Sie sie anspitzen, machen Sie die Spitze mithilfe eines Schleifpapiers einfach wieder stumpf.

Den Zylinder in der Mitte links und rechts mit einem 2H-Bleistift abdecken. Im dritten Beispiel, „ein Frontlicht", müssen Sie nur den hellsten Schatten in der Mitte verbinden, wobei Sie für den Schatten der linken und rechten Seite einen 2H verwenden.

Licht von einer Seite   Licht von zwei Seiten   Licht von vorn

Jetzt können wir sie alle mit einem Papiertaschentuch vermischen. Beginnen Sie über den hervorgehobenen Bereichen und drücken Sie mit kreisenden Bewegungen fest auf Ihr Taschentuch. Verwenden Sie beim Überblenden der dunklen Bereiche diesen Teil eines Taschentuchs nicht zum Überblenden hellerer Bereiche, da Sie möglicherweise zu viel Graphit auf hervorgehobene Bereiche auftragen.

Die Farbtöne ändern sich normalerweise durch Mischen. Dunkle Farbtöne werden also etwas heller, weil wir etwas Graphit mit dem Taschentuch entfernen, und hellere Farbtöne werden dunkler, weil wir den Graphit in den Zahn des Papiers eindrücken.

Licht von einer Seite   Licht von zwei Seiten   Licht von vorn

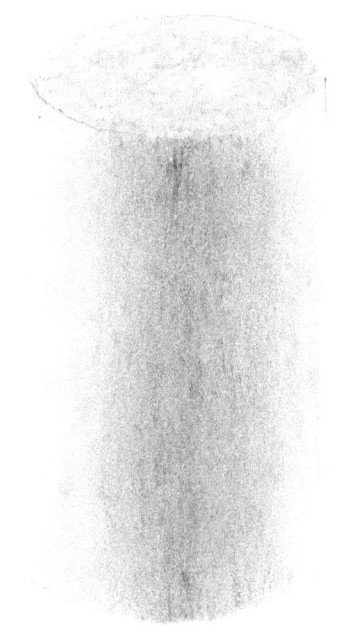

Wenn Sie glänzende Objekte zeichnen möchten, sollten Ihre Highlights viel heller sein als die Highlights auf diesen Zylindern.
Wenn Sie nach dem Mischen noch sichtbare Ränder zwischen den Tönen haben, ist das normal. Sie möchten nur mit dem gleichen Stift über die helleren Bereiche gehen, den Sie dort verwendet haben, und bei Bedarf härter aufdrücken.

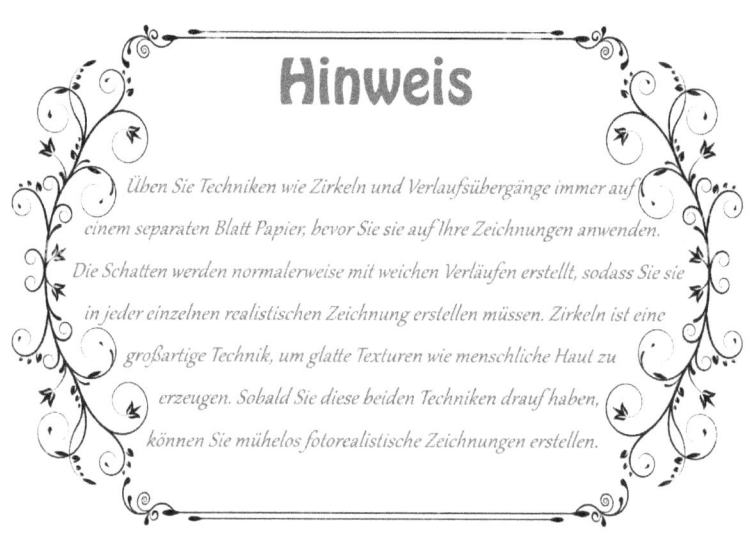

Hinweis

Üben Sie Techniken wie Zirkeln und Verlaufsübergänge immer auf einem separaten Blatt Papier, bevor Sie sie auf Ihre Zeichnungen anwenden. Die Schatten werden normalerweise mit weichen Verläufen erstellt, sodass Sie sie in jeder einzelnen realistischen Zeichnung erstellen müssen. Zirkeln ist eine großartige Technik, um glatte Texturen wie menschliche Haut zu erzeugen. Sobald Sie diese beiden Techniken drauf haben, können Sie mühelos fotorealistische Zeichnungen erstellen.

Oder Sie können sogar tupfen, was bedeutet, dass Sie zahlreiche Punkte machen, um die winzigen Teile des Papiers auszufüllen. Auf diese Weise wird Ihr Verlaufsübergang fehlerfreier. Aber es muss vorerst nicht perfekt sein. Dies ist nur eine Übung. Je mehr Sie üben, desto besser wird es. Jedes Mal, wenn Sie es tun, wird es besser und besser.

Verlaufsübergang erstellen – die zweite Methode

Lassen Sie mich Ihnen einen anderen Weg zeigen, um einen Übergang mit Farbverlauf zu erstellen.
Zeichnen Sie zunächst den Umriss einer Blume, wie im nächsten Bild gezeigt. Es muss sich jedoch nicht um eine perfekte Blume handeln. Einige der Blütenblätter können größer sein, andere kleiner, es spielt keine Rolle.
Ich möchte einen glatten Verlauf auf andere Weise erstellen, indem ich die Striche oben auf den Blütenblättern zeichne.

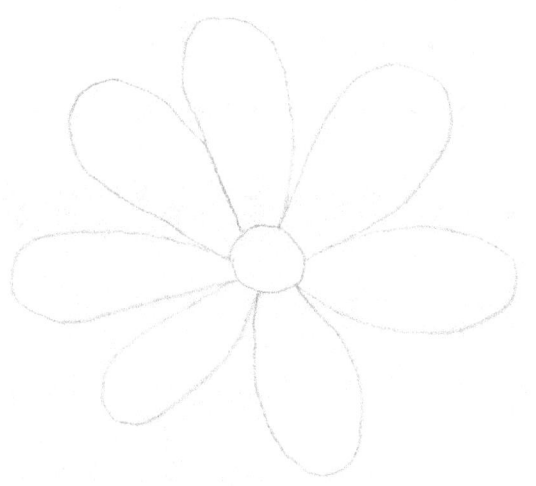

Ich benutze einen HB-Stift und drücke fest auf die Oberseite. Ich lasse den Druck nach und hebe langsam die Spitze meines Stifts an, um hellere Enden in der Mitte des Blütenblatts zu erzielen. Sie können sogar einige kürzere Linien neben dem oberen Rand erstellen, wodurch dieser Bereich noch dunkler wird. Aber wir werden später nach dem Mischen einen etwas dunkleren Bleistift verwenden.

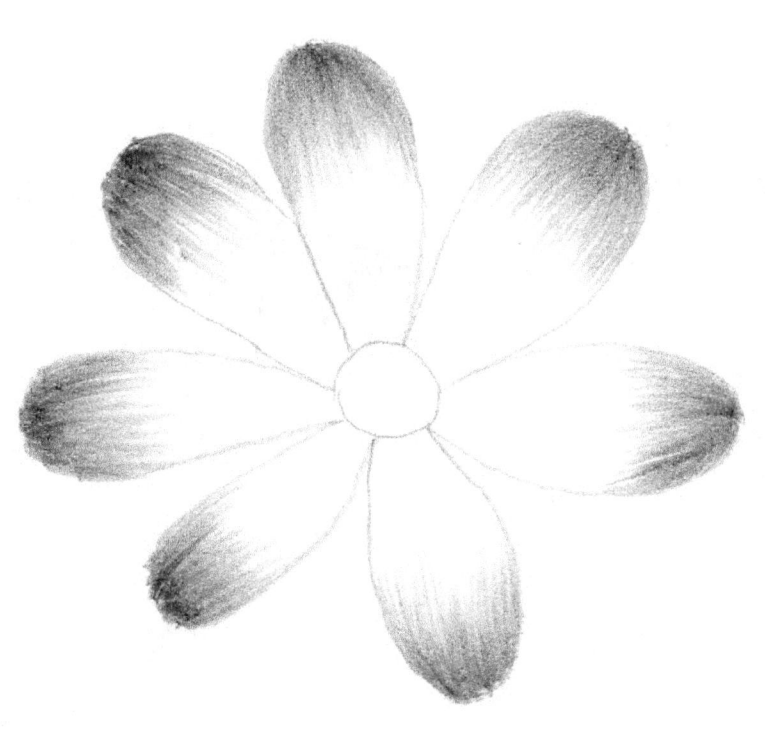

Machen Sie dasselbe mit jedem Blütenblatt.

Drücken Sie also erneut stärker oben auf und heben Sie die Spitze ab, während Sie die Linien beenden und sich der Mitte des Blütenblatts nähern.
In der folgenden Abbildung sehen Sie, wie ich die Striche aus einem anderen Winkel gezeichnet habe. Im oberen Bild zeichnete ich die Oberseite des Blütenblatts und die Spitze ist auf das Papier gedrückt. Im unteren Bild sehen Sie, dass ich meine Bleistiftspitze angehoben habe, als ich die Linie beendete.

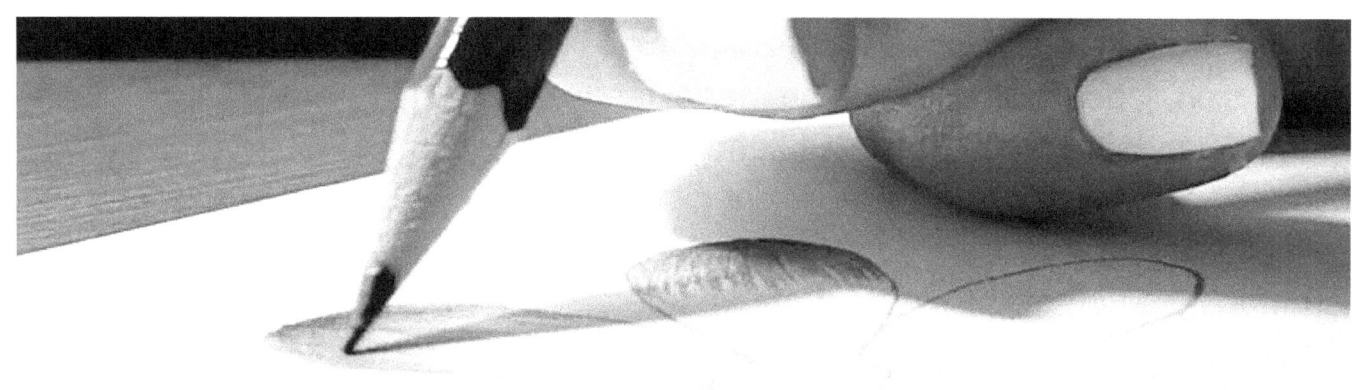

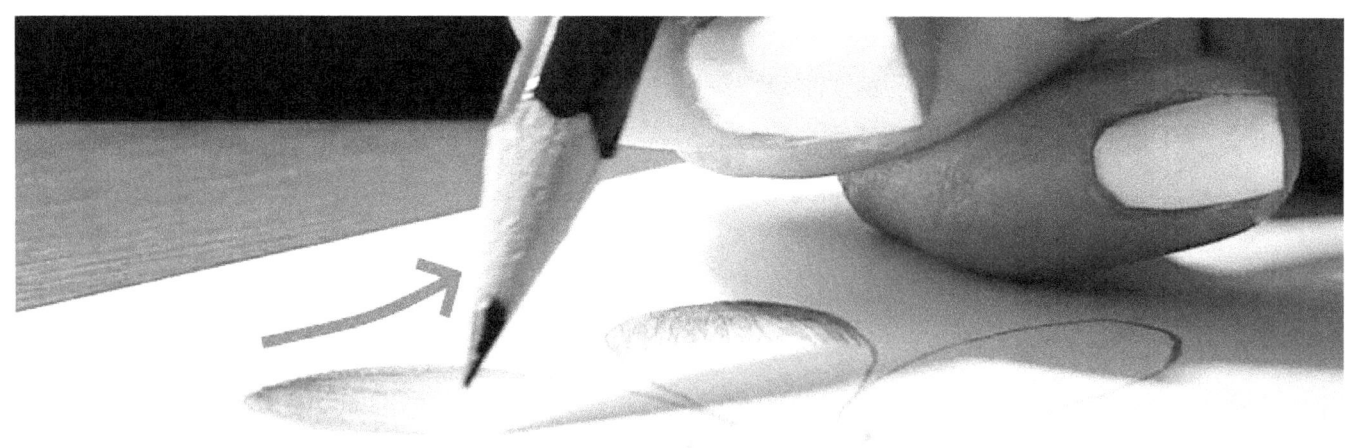

Jetzt machen Sie dasselbe, aber ausgehend von der entgegengesetzten Richtung, vom inneren Bereich der Blume. Hier das Gleiche: Drücken Sie fest auf, wenn Sie mit dem Zeichnen der Striche beginnen und heben Sie dann die Bleistiftspitze ab. In der folgenden Abbildung können Sie sehen, wie Sie die Striche zeichnen sollten. Sie können auch sehen, dass die Blütenblätter danach glänzend erscheinen, weil ich den mittleren Bereich unberührt gelassen habe und weil die Striche neben dem Highlight heller sind. Eigentlich verschwinden die Striche allmählich im Highlight, aber noch nicht einwandfrei genug. Auch sind die Blütenblätter der Blumen normalerweise nicht glänzend, doch einige Texturen (z. B. Metall) erfordern möglicherweise einen solchen glatten Farbverlauf. Die Blütenblätter haben normalerweise eine samtige Textur, und natürlich muss Ihre Blume nicht perfekt sein, da wir sie nur schattieren, um die Schattierungstechniken zu üben. Sie sollten jedoch versuchen, Ihre Blume so realistisch wie möglich zu gestalten, auch wenn Sie nur üben, da Sie sie auf die Art und Weise, wie Sie üben, für Ihre Zeichnung verwenden werden.

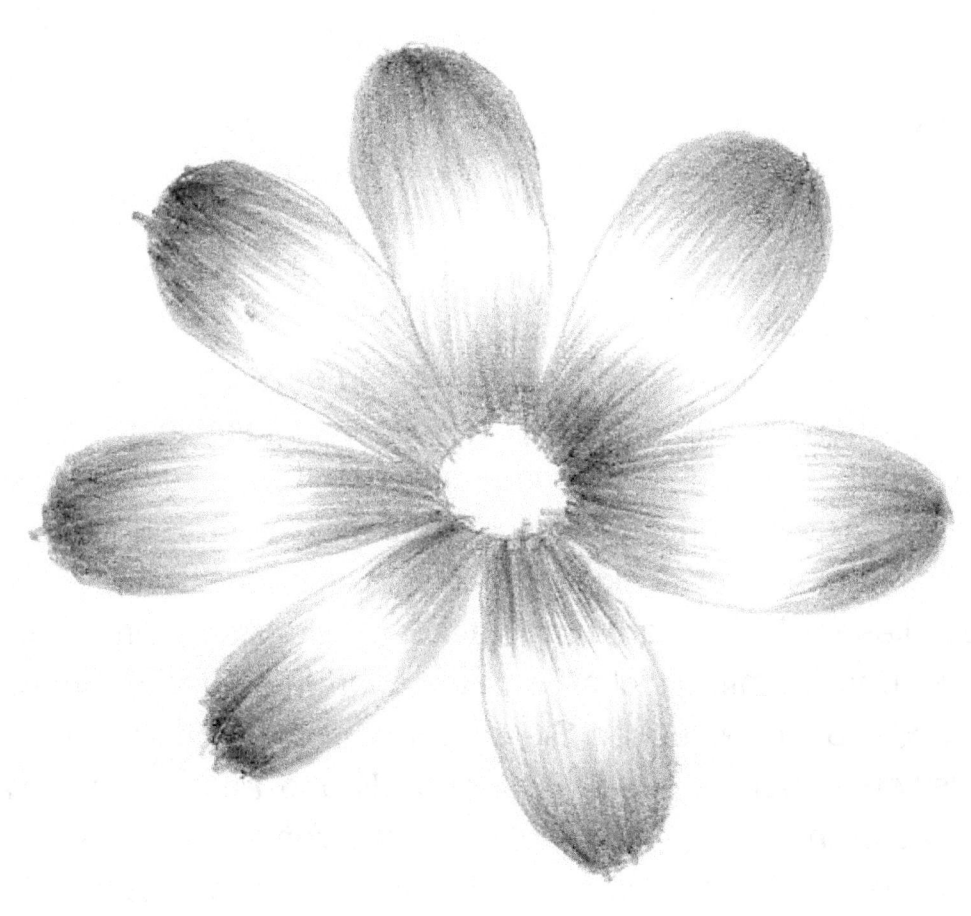

Da wir die Highlights nicht weiß lassen und eine samtige Textur erzeugen möchten, schattieren wir die gesamten Blütenblätter. Ich benutzte einen 2H als Fortsetzung zum HB und begann mit Linien auf dem HB. Sie können einen 2H, 3H oder höher verwenden. Wenn Sie im vorherigen Schritt keinen HB, sondern einen helleren Farbton verwendet haben, müssen Sie jetzt einen noch helleren Farbton verwenden. Was auch immer Sie im vorherigen Schritt verwendet haben, verwenden Sie in diesem Schritt einen 2 bis 3 Farben, helleren Bleistift.

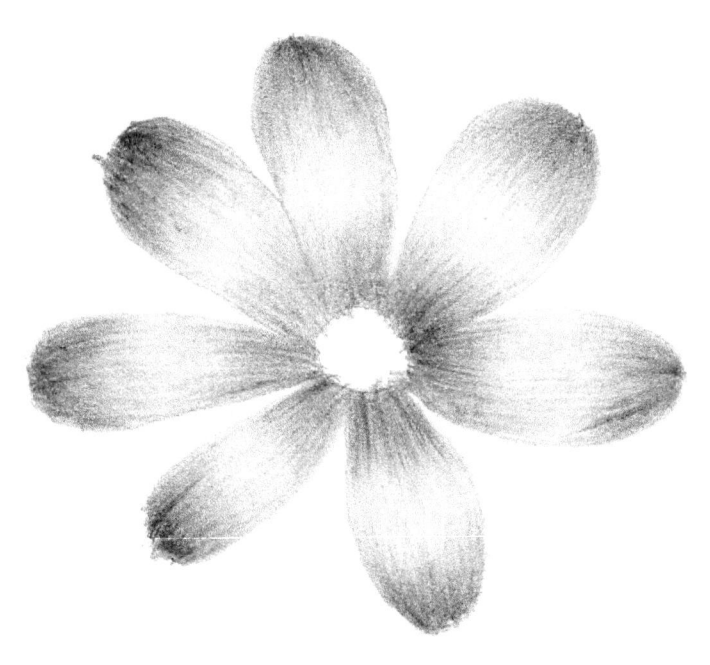

Gehen Sie auch hier in Richtung des Highlights, aber zeichnen Sie diesmal auch über die Highlights und heben Sie die Spitze des Bleistifts ab, wenn Sie die Striche beendet haben. Machen Sie dasselbe aus beiden Richtungen, beginnend auf den HB-Bereichen, mit demselben 2H-Bleistift. Wenn Sie über den HB gehen, um den Rand zwischen HB und 2H abzudecken, drücken Sie den HB-Graphit tatsächlich in die Faser des Papiers (polieren).

Wie Sie auf dem Bild sehen können, sind sie immer noch ziemlich hell, aber jetzt sind sie nicht mehr weiß und es bildet sich allmählich ein Übergang.

Dies ist im Grunde die gleiche Methode, die ich im Lernprogramm zum Zeichnen von lockigem Haar verwendet habe. Ich empfehle, diese Blume zu üben, bevor Sie mit dem Zeichnen des lockigen Haares beginnen. Befolgen Sie dazu die Schritte aus diesem Lernprogramm. Nachdem Sie diese eine Übung beendet haben, verwenden Sie die gleiche Form der Blume (oder eine ähnliche) und die gleiche Methode, aber versuchen Sie es mit verschiedenen Farben. Verwenden Sie beispielsweise anstelle eines HB einen 4B und anstelle eines 2H (den wir nur zum Schattieren der hervorgehobenen Teile verwendet haben) einen B. Sie erhalten eine viel dunklere Blume, können aber auch sehen, wie es aussehen würde, wenn Sie diese Stifte für das lockige Haar verwenden.

Lassen Sie uns alles mit einem Q-Tip vermischen. Verwenden Sie immer eine saubere Q-Tip-Spitze, wenn Sie die Highlights überblenden, wenn Sie sie nicht dunkler machen möchten. Auf jeden Fall werden die Highlights durch das Mischen dunkler, sodass Sie sie nicht noch dunkler machen wollen, wenn Sie einen Q-Tip mit Graphit verwenden. Es ist schwierig, diese Highlights aufzuhellen, weil wir möchten, dass sie glatt bleiben. Ich verwende kein Taschentuch zum Vermischen dieser Blütenblätter, weil mein in ein Taschentuch gewickelter Finger es mir nicht erlaubt, kleine Bereiche zu schattieren, und die Spitze eines Papierwischers ist dafür zu klein. Ein Q-Tip ist also genau das Richtige für diese Zeichengröße. Mischen Sie auch die dunklen Bereiche.

Manchmal können wir beim Mischen die Ebenheit unseres Verlaufsübergangs zerstören, aber das Mischen ist wichtig, und nach dem Mischen können Sie immer mehr Schattierungen vornehmen. Es ist auch wichtig, das Papier nicht mit den Fingern zu berühren. Möglicherweise können Sie Ihre Fingerabdrücke nicht auf dem weißen

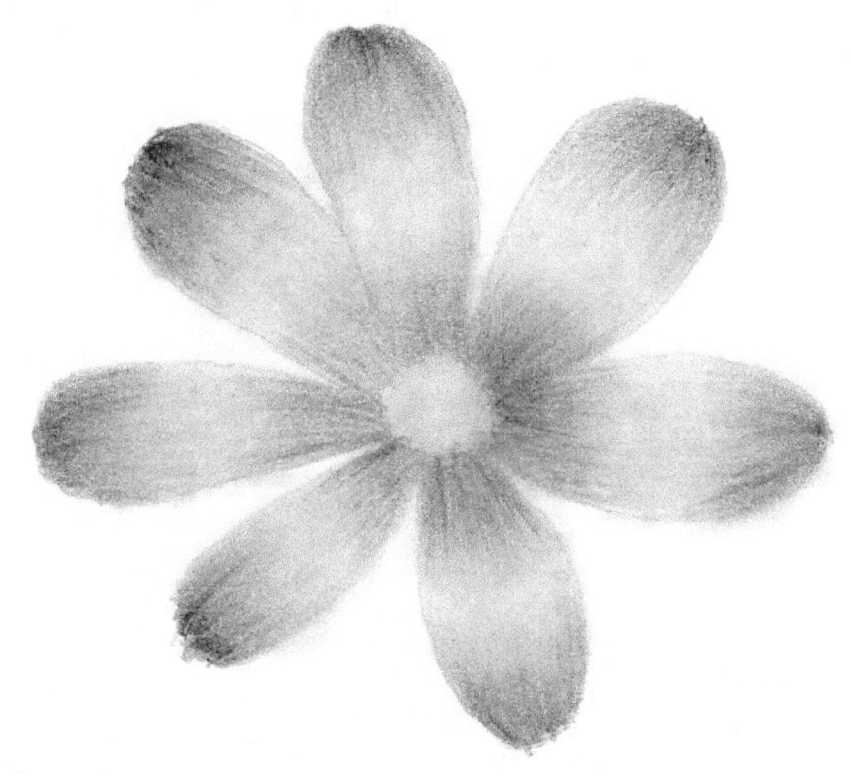

Papier sehen. Wenn Sie jedoch Graphit oder Graphitpulver auf die Fingerabdrücke auftragen, werden sie sichtbar und Sie können sie nicht beseitigen.

Halten Sie Ihre Hand immer auf einem separaten Stück Papier (oder einem Papiertaschentuch) und entfernen Sie den Staub von Ihrem Papier mit einer großen Bürste. Machen Sie das niemals mit Ihren Händen, egal wie sauber sie sind.

Jetzt können Sie den Graphit wegradieren, den Sie möglicherweise um den Rand der Blütenblätter aufgetragen haben, um den Rand zwischen der Blume und dem Hintergrund sauber zu machen.

Wie ich bereits erwähnte, werden wir die Bereiche immer mit dem Mischen aufhellen, also tragen Sie einen B-Stift ganz oben und unten auf die Blütenblätter auf.Sie sollten diese Methode nach Möglichkeit anwenden, da Sie auf diese Weise einen Verlaufsübergang erstellen können, der für einen realistischen Zeichenstil von großer Bedeutung ist. Außerdem erfahren Sie, wie Sie den Druck auf Ihren Stift steuern. Das ist auch sehr wichtig, insbesondere, wenn Sie nur mit 2 bis 3 Stiften arbeiten. Sie können verschiedene Formen von Blumen oder andere Objekte ausprobieren.

Erstellen des Verlaufsübergangs – die dritte Methode

Lassen Sie mich Ihnen meine einzigartige Art der Schattierung zeigen, die ich vor 15 bis 20 Jahren herausgefunden habe, als ich zum ersten Mal mit dem Zeichnen angefangen habe und mit Zeichen- und Schattierungstechniken experimentiert habe. Der Punkt ist, ein separates Stück Papier zu verwenden, um den Bereich zu isolieren, den Sie nicht schattieren möchten. Und wenn Sie beide, dieses Blatt Papier und Ihr Blatt Papier, überblenden, wird ein Verlaufsübergang erzeugt. Aber lassen Sie sich von mir anhand der Bilder Schritt für Schritt zeigen, wie das geht.

Als Erstes zeichnen Sie einen Kreis auf ein separates Blatt Papier.

Schneiden Sie dann diesen Kreis mit einer Schere aus. Sein innerer Bereich ist nicht wichtig, Sie können ihn durchschneiden – wie ich es getan habe, können Sie auf dem nächsten Bild sehen. Gehen Sie vorsichtig vor, um die perfekt runde Form des Kreises zu erhalten. Werfen Sie dieses runde Stück Papier nicht weg, weil wir es später brauchen werden.

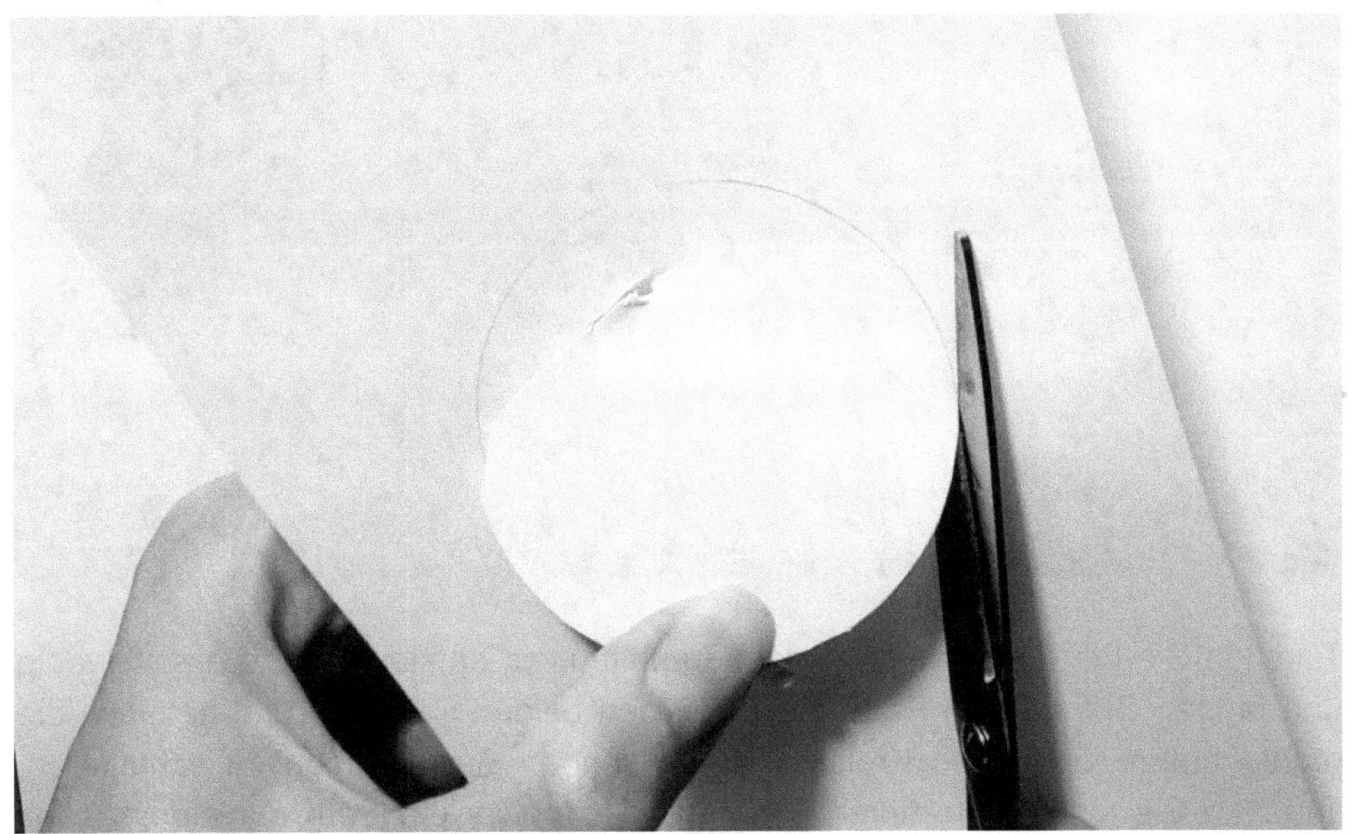

Bereiten Sie Ihr Graphitpulver und ein Papiertaschentuch vor. Sie können das Graphitpulver selbst herstellen, indem Sie Ihre Stifte zerkleinern, oder Sie können es kaufen. Ich habe ein Glas mit 30 ml, es kostete weniger als 2 Euro. Sobald Sie ein Glas kaufen, hält es für immer. Sie können also viel Zeit und sogar Geld sparen, wenn Sie das Graphitpulver kaufen, ganz zu schweigen davon, dass das hergestellte Pulver sehr fein ist, was für Sie sehr schwierig wäre, wenn Sie die Stifte zerkleinerten.

Als Nächstes möchte ich, dass Sie das Blatt Papier so platzieren, dass Sie den Kreis über Ihrem Blatt Papier ausgeschnitten haben. Überlegen Sie sich auch, woher Ihre Lichtquelle kommen soll. Ich möchte, dass meine von der oberen linken Ecke kommt und ich werde dementsprechend schattieren. Ich schlage vor, dass Sie beim ersten Mal dasselbe tun. Später können Sie mit Lichtquellen experimentieren, die aus verschiedenen Richtungen kommen.

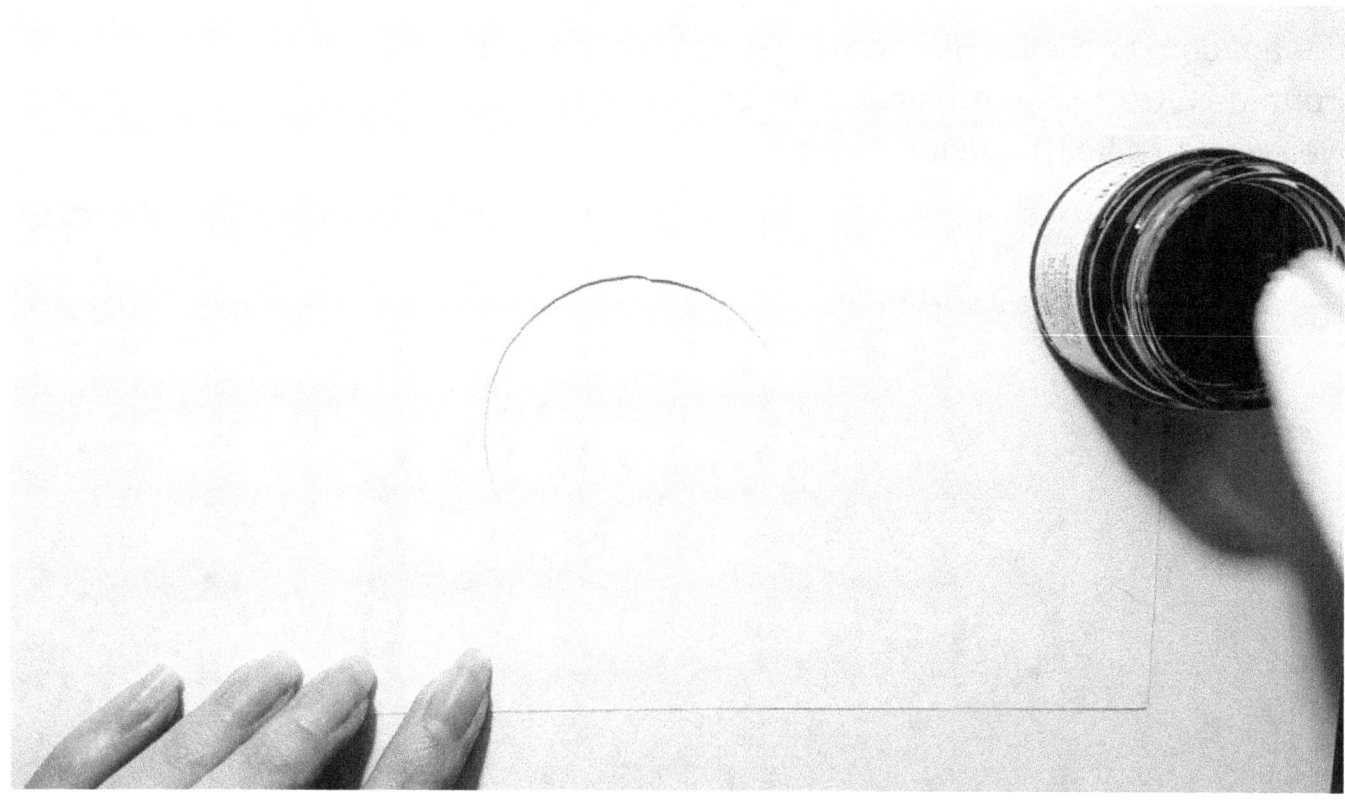

Tauchen Sie Ihr Taschentuch in das Graphitpulver, entstauben Sie es ein wenig und fangen Sie an, den Rand zwischen den beiden Papieren und natürlich die rechte untere Seite des Kreises mit kreisenden Bewegungen zu schattieren. Tauchen Sie nicht noch einmal in das Graphitpulver, sondern nur einmal ganz am Anfang. Studieren Sie das nächste Bild, um zu sehen, wie ich es mache und wo ich bisher schattiert habe. Ich hoffe, diese Bilder werden Ihnen helfen, Ihre Ergebnisse mit meinen zu vergleichen.

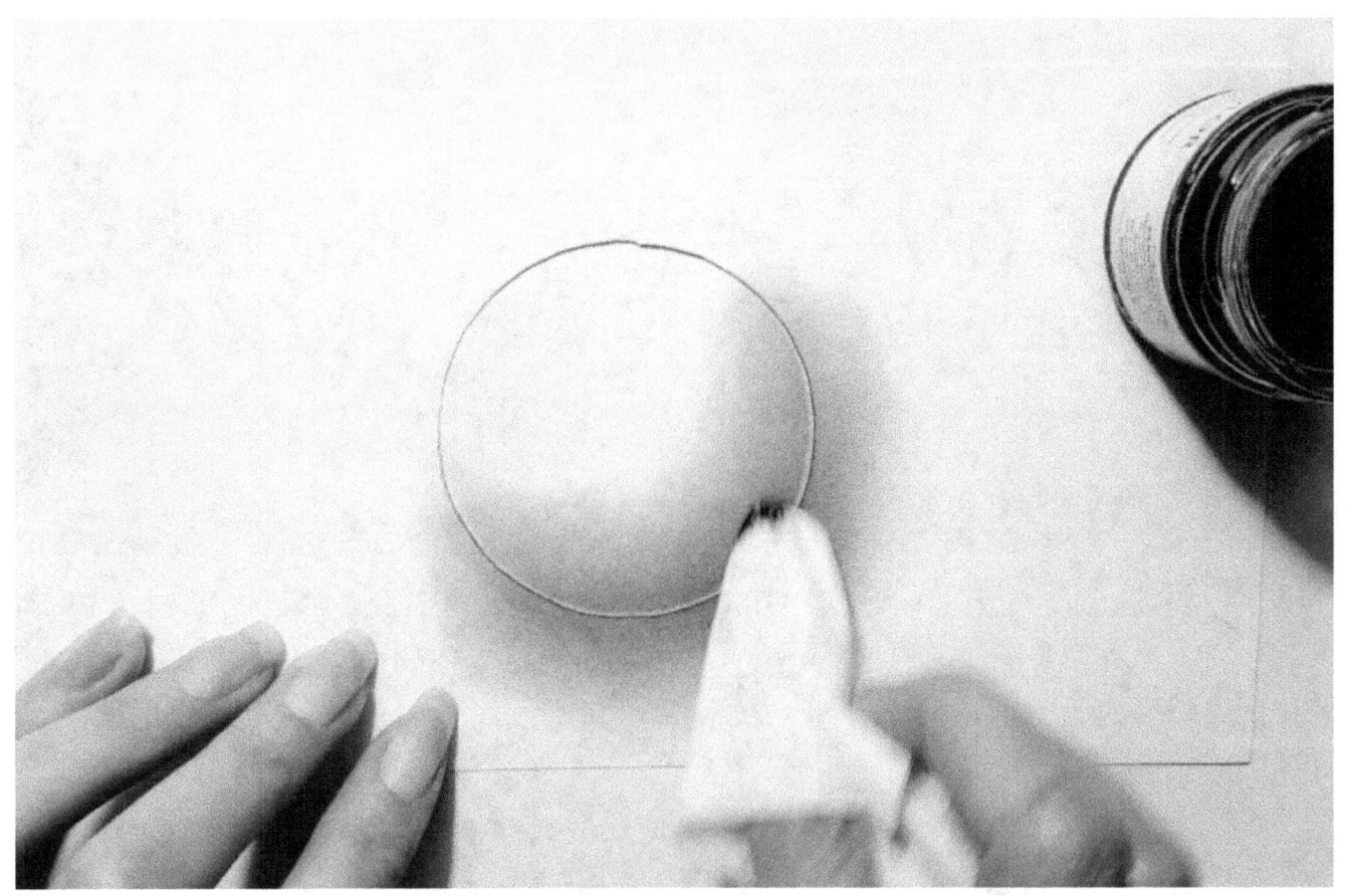

Wenn Sie den Graphit verbraucht und weniger davon auf Ihrem Taschentuch haben, beginnen Sie nach und nach, mit kreisenden Bewegungen in Richtung der oberen linken Seite des Kreises zu schattieren.

Sie können in meinem Bild sehen, wie die obere linke Seite viel heller erscheint, weil ich nicht mehr Graphitpulver auf mein Taschentuch aufgetragen habe, sondern nur die Menge davon, die nach dem Schattieren des dunkelsten Bereichs auf meinem Taschentuch verblieben ist. Wenn unsere Lichtquelle von der linken oberen Ecke kommt, ist die untere rechte Ecke die dunkelste. Drücken Sie nicht zu fest auf, denn Sie möchten nicht plötzlich voranschreiten und zu viel Schatten einbringen. Sie können immer zusätzlich schattieren. Drücken Sie leicht auf, wenn Sie die Bereiche zum ersten Mal schattieren.

Umrunden Sie den Rand des Kreises, indem Sie leicht darauf drücken, um den hellen Ton der Kugel zu erzeugen.

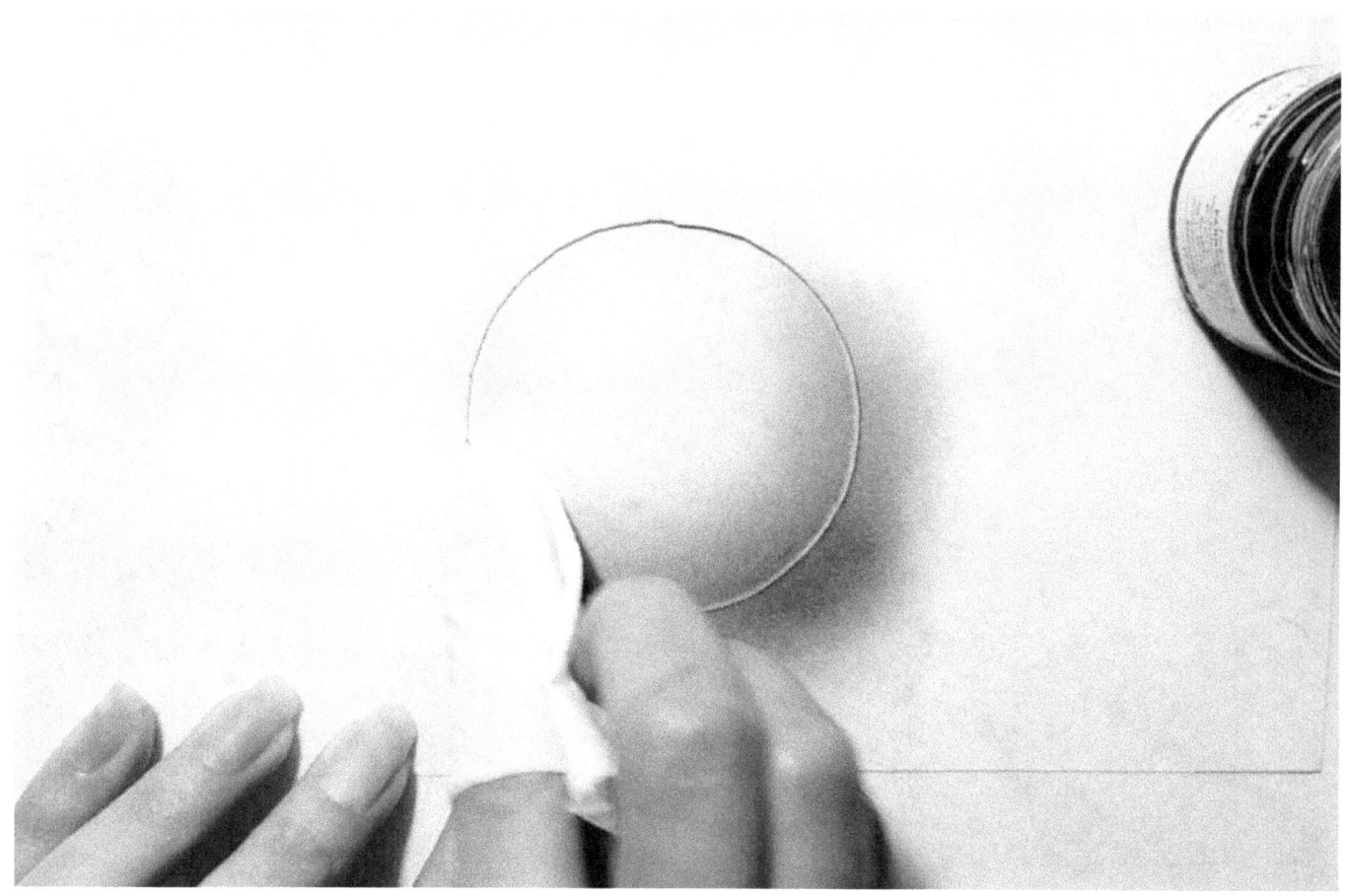

Jetzt können wir uns immer wieder neu orientieren und immer mehr Druck ausüben, um die Werte immer weiter auszubauen.

Wir müssen einen Punkt sozusagen freilassen, damit er glänzend aussieht. In der folgenden Abbildung sehen Sie, dass ich diesen Teil mit einem gestrichelten Kreis markiert habe. Wenn Sie auf diesen Punkt hinarbeiten, lassen Sie den Druck auf Ihr Taschentuch nach und versuchen Sie, diesen Teil nicht zu überschreiten. Er wird sowieso etwas Graphit abbekommen, egal wie sorgfältig Sie schattieren, und es wird gerade genug sein.

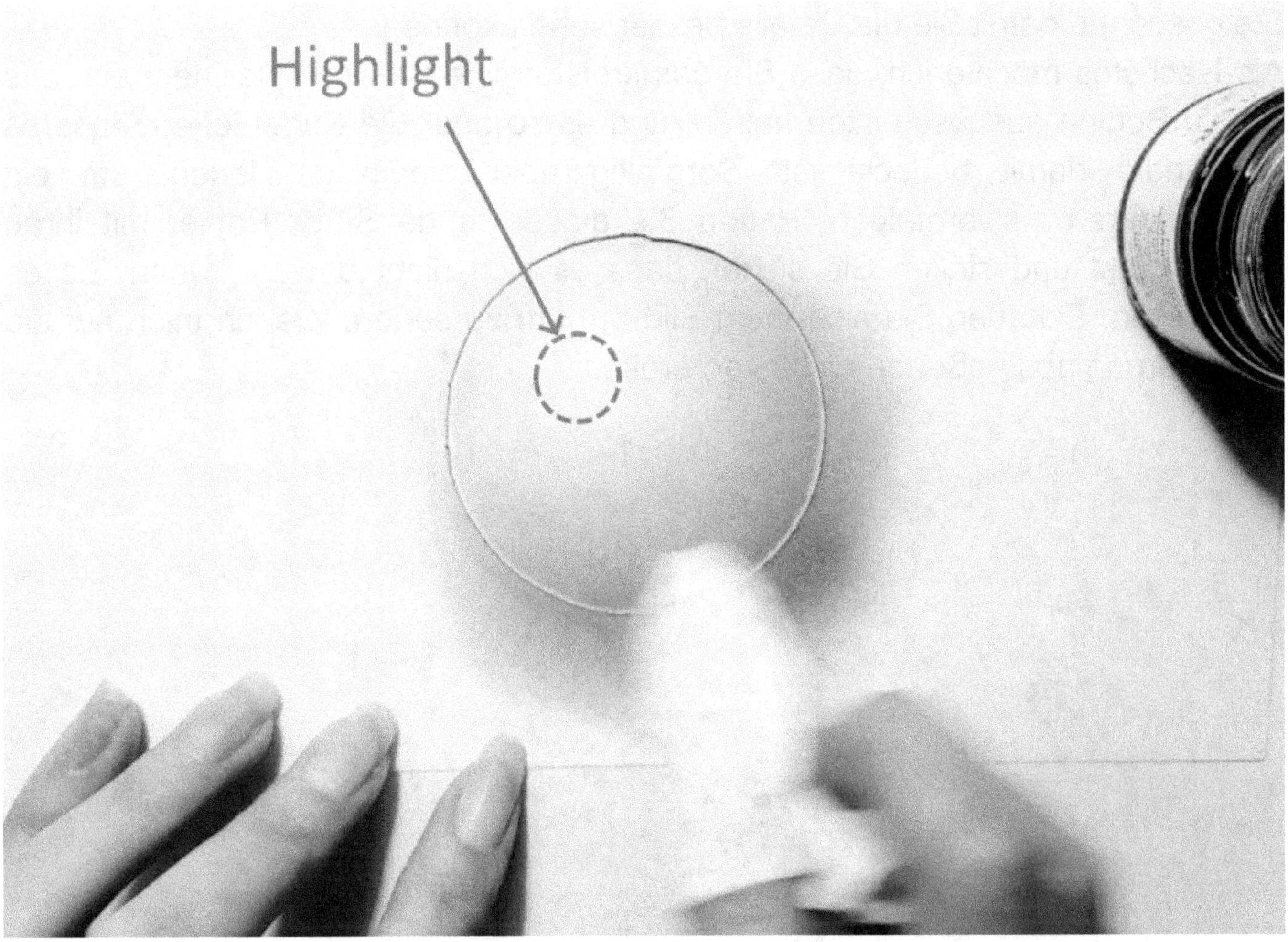

Highlight

Hier müssen Sie also keine Bleistiftstriche anwenden, auch nicht die Zirkelmethode, die ich immer empfehle, um glatte Texturen zu erzeugen. Nur das Graphitpulver, das Taschentuch und lernen, den Druck darauf zu kontrollieren. Dies ist eine sehr gute Möglichkeit, beispielsweise menschliche Haut zu schattieren. Außerdem ist es besser, die Bereiche abzudecken, die Sie nicht schattieren möchten als den Graphit später von ihnen zu entfernen. Wenn Sie Ihr Blatt Papier entfernen, sollten Sie etwas wie ich erhalten, und ich habe das Bild für

Sie gescannt, damit Sie die Details besser sehen können.

Als Nächstes möchte ich, dass Sie das kreisförmige Stück Papier nehmen, das Sie zu Beginn ausgeschnitten haben, und es so über die Kugel legen, dass es vollständig damit bedeckt ist. Sorgfältig über die Kugel legen, um ein Verschmieren zu vermeiden. Halten Sie dieses runde Stück Papier mit Ihren Fingern fest und stellen Sie sicher, dass es sich nicht bewegt, wenn Sie es schattieren. Schauen Sie sich mein Bild an, um zu sehen, wie ich mich auf die Schattierung des Außenbereichs vorbereite.

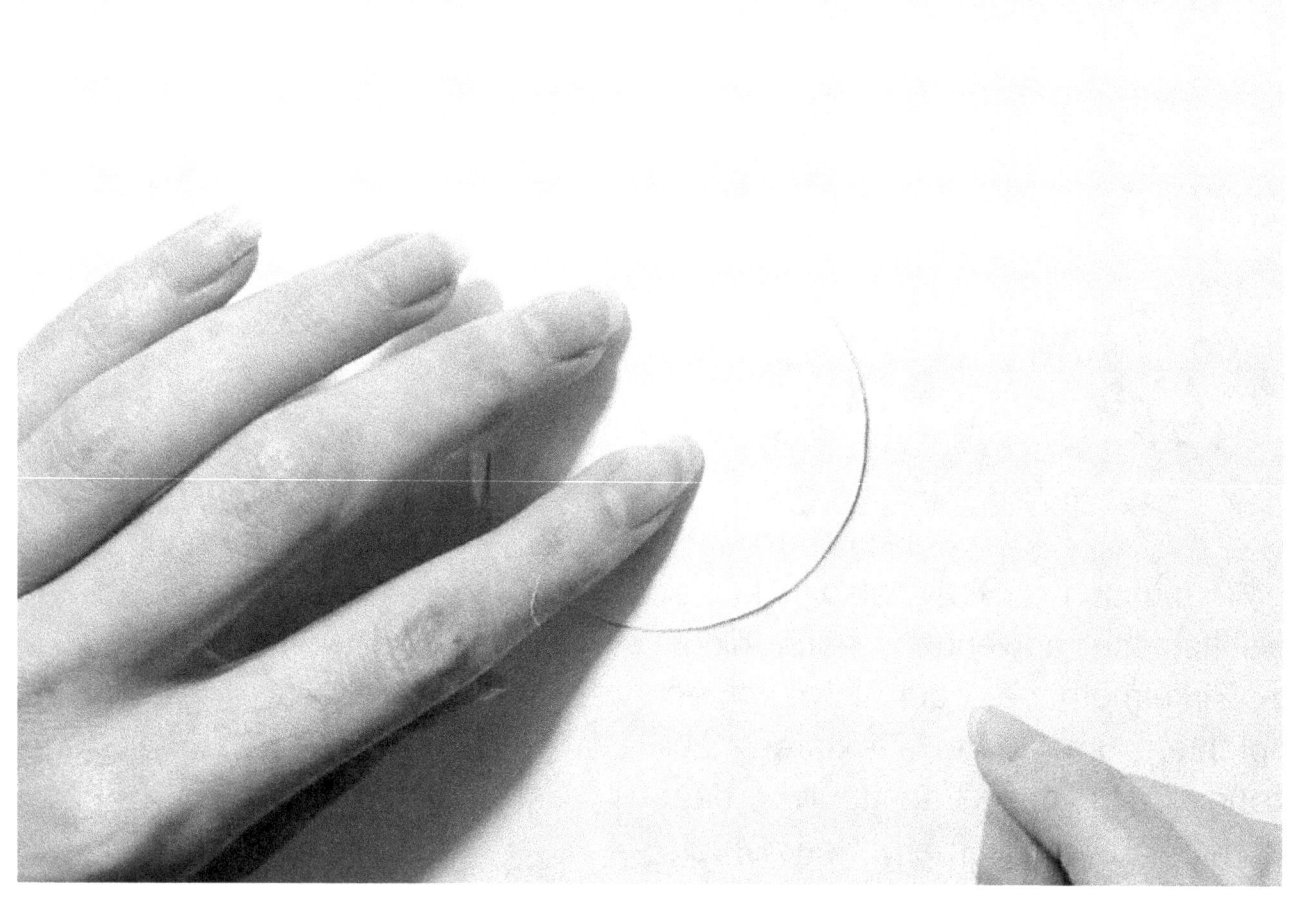

Nehmen Sie ein weiteres Stück Taschentuch und tauchen Sie es in das Graphitpulver. Gehen Sie über den Rand zwischen dem runden Papier und dem äußeren Bereich der Kugel.

Grundsätzlich erzeugen wir auf diese Weise den Schattenwurf, der ebenfalls ein sanfter Verlauf sein muss und allmählich im Hintergrund verschwinden soll.

Wenn unsere Lichtquelle aus der oberen linken Ecke kommt, wirft unsere Kugel den Schatten unter ihren unteren rechten Rand, wenn sie auf den Tisch oder eine andere Fläche gelegt wird.

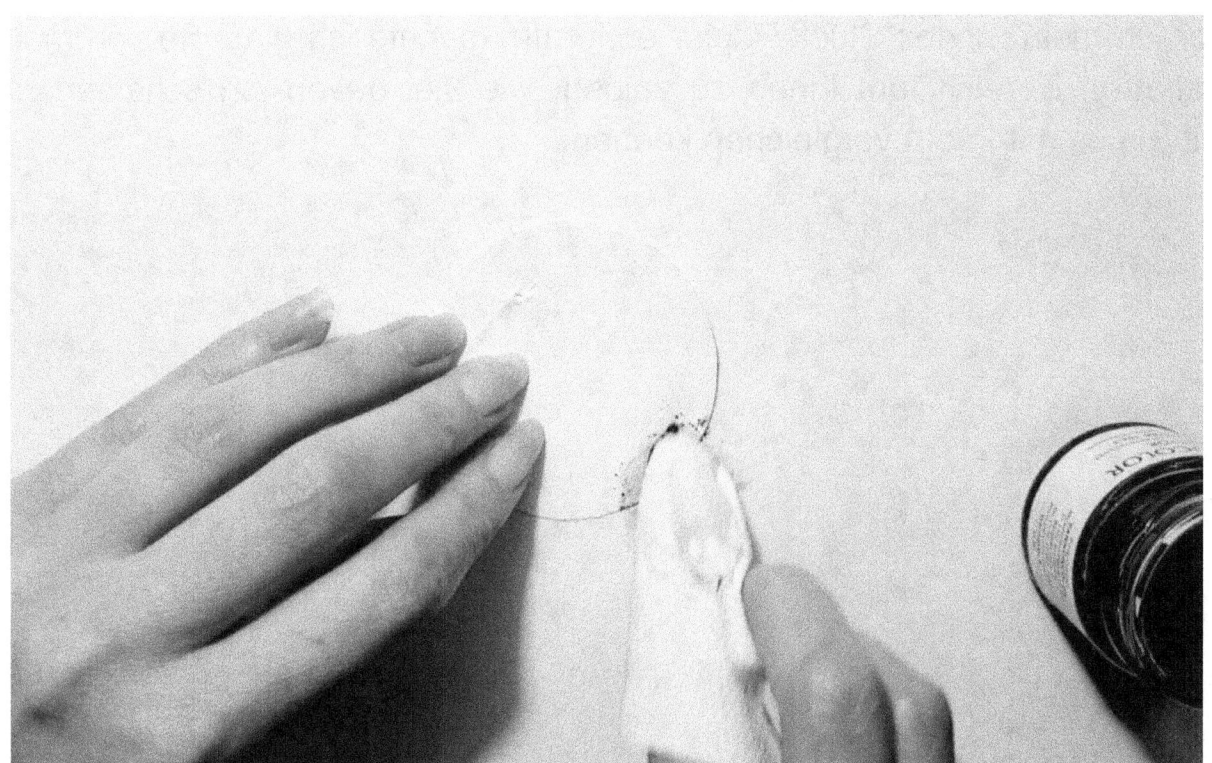

Also hier das Gleiche. Beginnen Sie, über dem kreisförmigen Stück Papier zu schattieren, und gehen Sie dann nach und nach über den Hintergrund, sodass der Schatten neben der Kugel am dunkelsten ist.

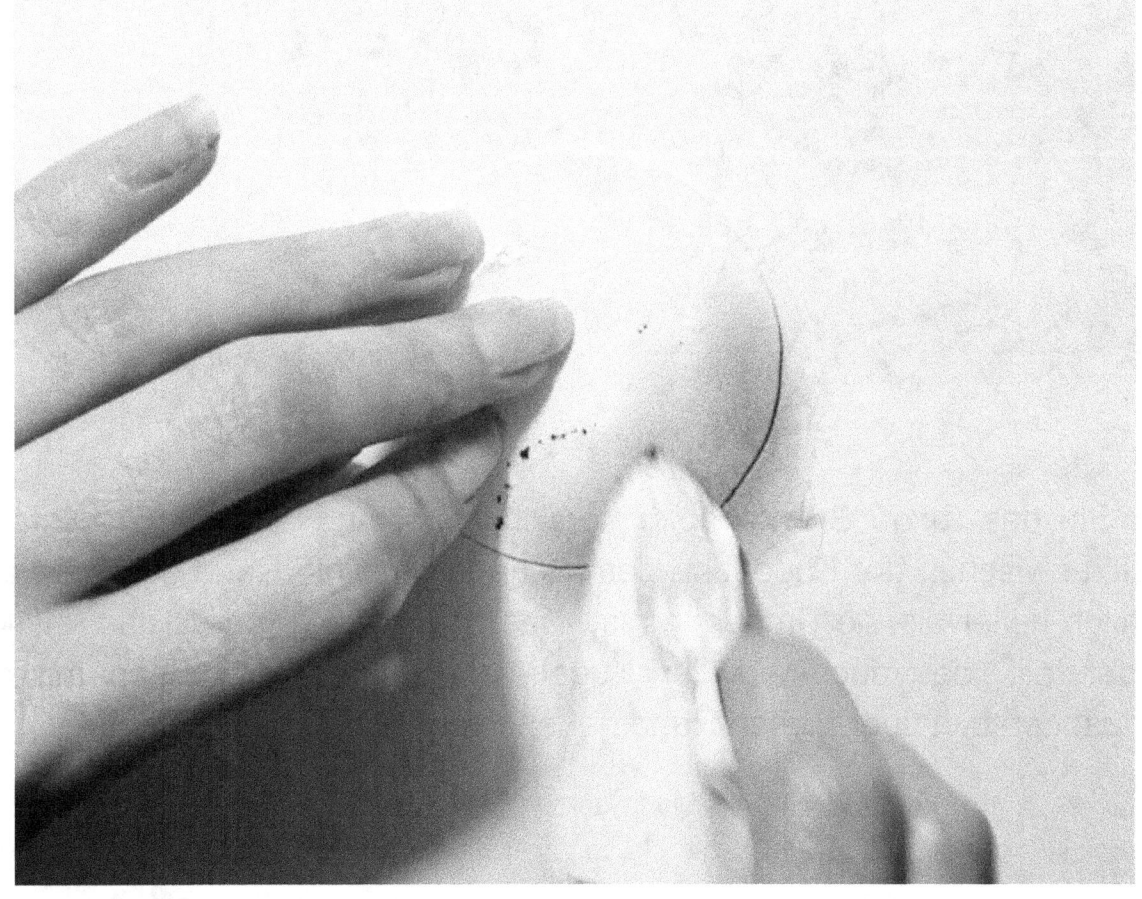

Bevor ich mein rundes Stück Papier entfernte, machte ich ein Foto von meinem schattierten Bereich, um Ihnen zu zeigen, wie viel davon ich schattiert habe, damit Sie es mit Ihrem vergleichen können.

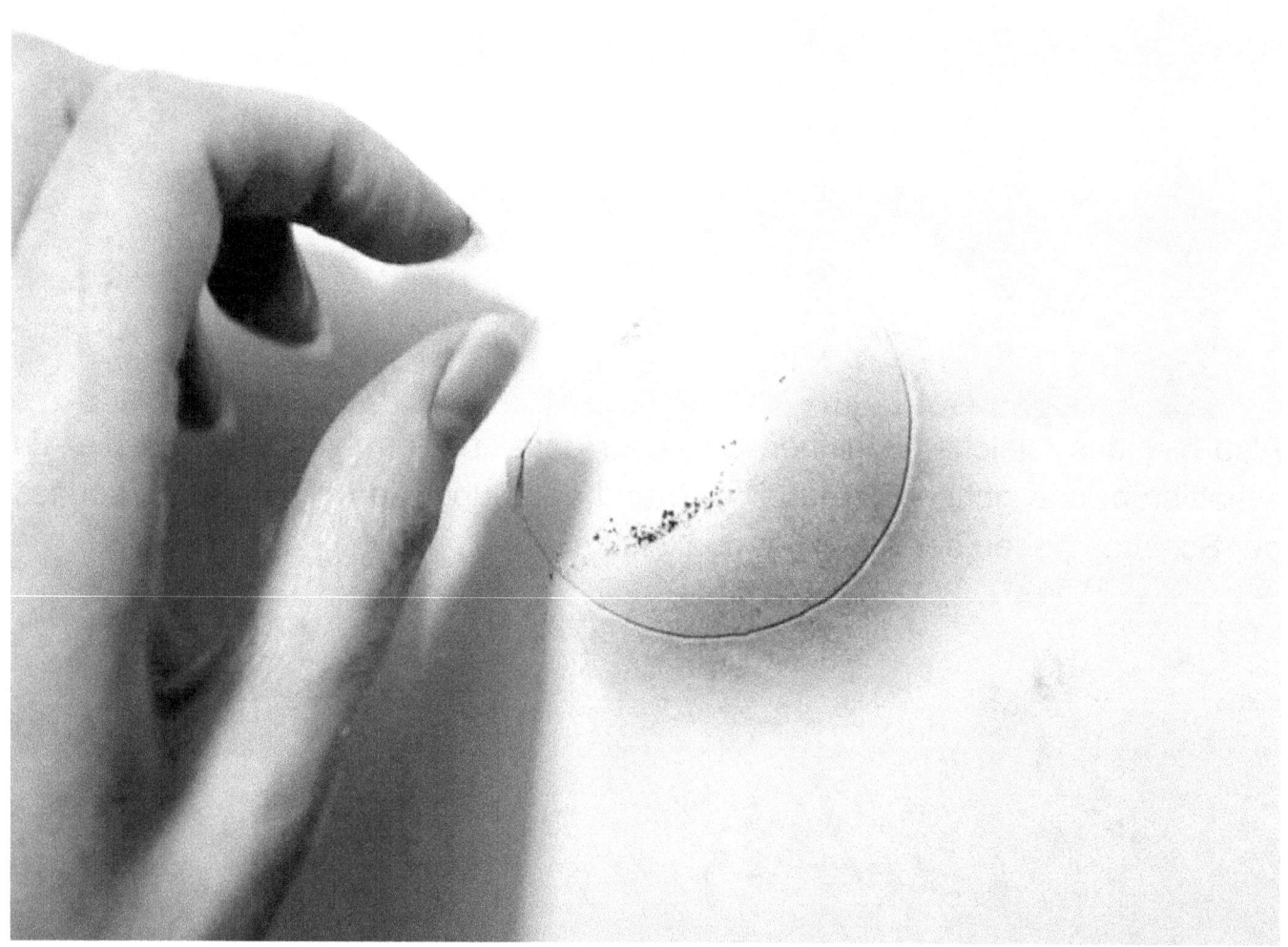

Heben Sie das runde Stück Papier vorsichtig ab, und Sie werden feststellen, dass sich zwischen der Kugel und dem Schattenwurf ein Rand gebildet hat, der tatsächlich heller als die Umgebung ist. Das ist großartig, da es das reflektierte Licht darstellt, das auch auf der Kugel sein sollte. Sie können mit einem Papiertaschentuch über diesen Rand gehen, wenn Sie ihn zu hell finden.

Im folgenden Bild sehen Sie die gescannte Zeichnung meiner Kugel. Ich bin mir nicht sicher, ob wir es Zeichnung nennen können, da wir keine einzige Linie gezeichnet haben.

DIE ZIRKEL- SCHRAFFUR

Das Zirkeln bedeutet im Grunde, winzige überlappende Kreise zu machen.

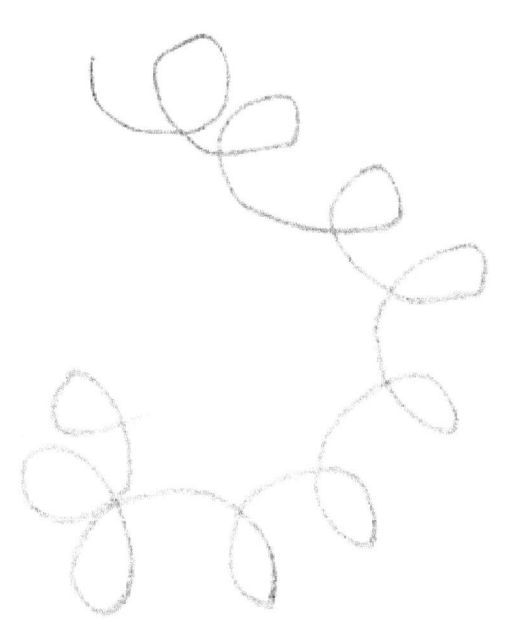

In diesem Bild sehen Sie das vereinfachte Beispiel, damit Sie besser verstehen, wie die Kreise erstellt werden sollten. Üben Sie dies also zuerst.

Machen Sie jetzt dasselbe, aber lassen Sie sie etwas dichter kreisen, um viel mehr übereinander zu gehen als im ersten, vereinfachten Beispiel.

Üben Sie es, bis Sie mit den Bewegungen vertraut sind. Versuchen Sie, immer den gleichen Druck auszuüben.

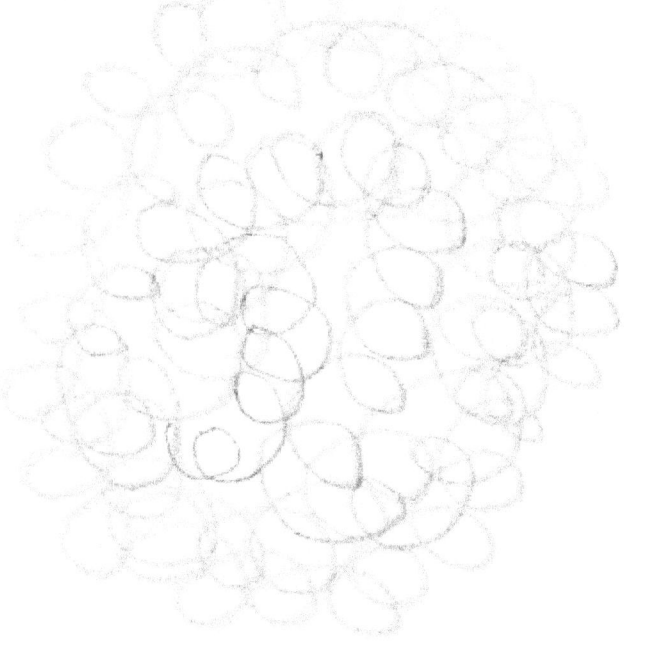

42

Zeichnen Sie nach dem Üben sehr kleine überlappende Kreise, bis Sie das Papier vollständig bedeckt haben und die weißen Punkte des Papiers verschwinden. Verwenden Sie eine abgerundete Bleistiftspitze oder einen flachen Teil einer Meißelspitze. Eine gut angespitzte Spitze ist nicht gut, um eine glatte Textur zu erzielen, insbesondere wenn Sie einen H-Stift oder einen helleren Stift verwenden. Sie können die Spitze abgerunden oder mit einem Schleifpapier schleifen. Um eine Meißelspitze zu erstellen, reiben Sie sie auf einem Schleifpapier, ohne den Stift zwischen Ihren Fingern zu drehen. Mit der Rund- und Meißelspitze können Sie nicht nur eine glattere Textur erstellen, sondern den Bereich auch schneller abdecken.

Üben Sie immer den gleichen Druck aus, es sei denn, Sie möchten mit Zirkeln einen Verlaufsübergang erstellen, das ebenfalls möglich ist. Sie müssen nur fest aufdrücken und dann immer weniger und dabei kontinuierlich eine kreisende Bewegung ausführen

Im folgenden Bild sehen Sie meine Beispiele für das Zirkeln. Ich habe 4 Farbfelder mit einem B, einem HB, einem 2H und einem 6H erstellt. Sie können auch andere Stifte nehmen. Machen Sie so viele Abstufungen wie möglich, um zu sehen, welche Abstufungen erstellt werden können, und verwenden Sie dann Ihre Palette mit den breiten Streifen, wenn Sie die Abstufungen für Ihre Zeichnung auswählen.

Mischen Sie diese Farbfelder jetzt einfach mit einem Papiertaschentuch. Gehen Sie einfach darüber und drücken Sie sehr fest auf und machen Sie auch eine kreisende Bewegung. Jetzt können Sie sehen, wie die Farbfelder glatt aussehen. Drücken Sie fest auf den Graphit, um ihn in das Papier zu drücken.

ZEICHEN TUTORIALS

WIE MAN EINE KATZENAUGEN-MURMEL ZEICHNET

In diesem Tutorial möchte ich Ihnen zeigen, wie man eine Katzenauge-Murmel zeichnet. Ich zeichne sie auf A5-Papier (148 x 210 mm).
Zuerst müssen wir das Papier vollständig mit Graphitpulver bedecken. Ich tauche mit einem Wattepad in das Graphitpulver ein und beginne, das Papier mit horizontalen Bewegungen zu schattieren (wie in der folgenden Abbildung mit Pfeillinien gezeigt).

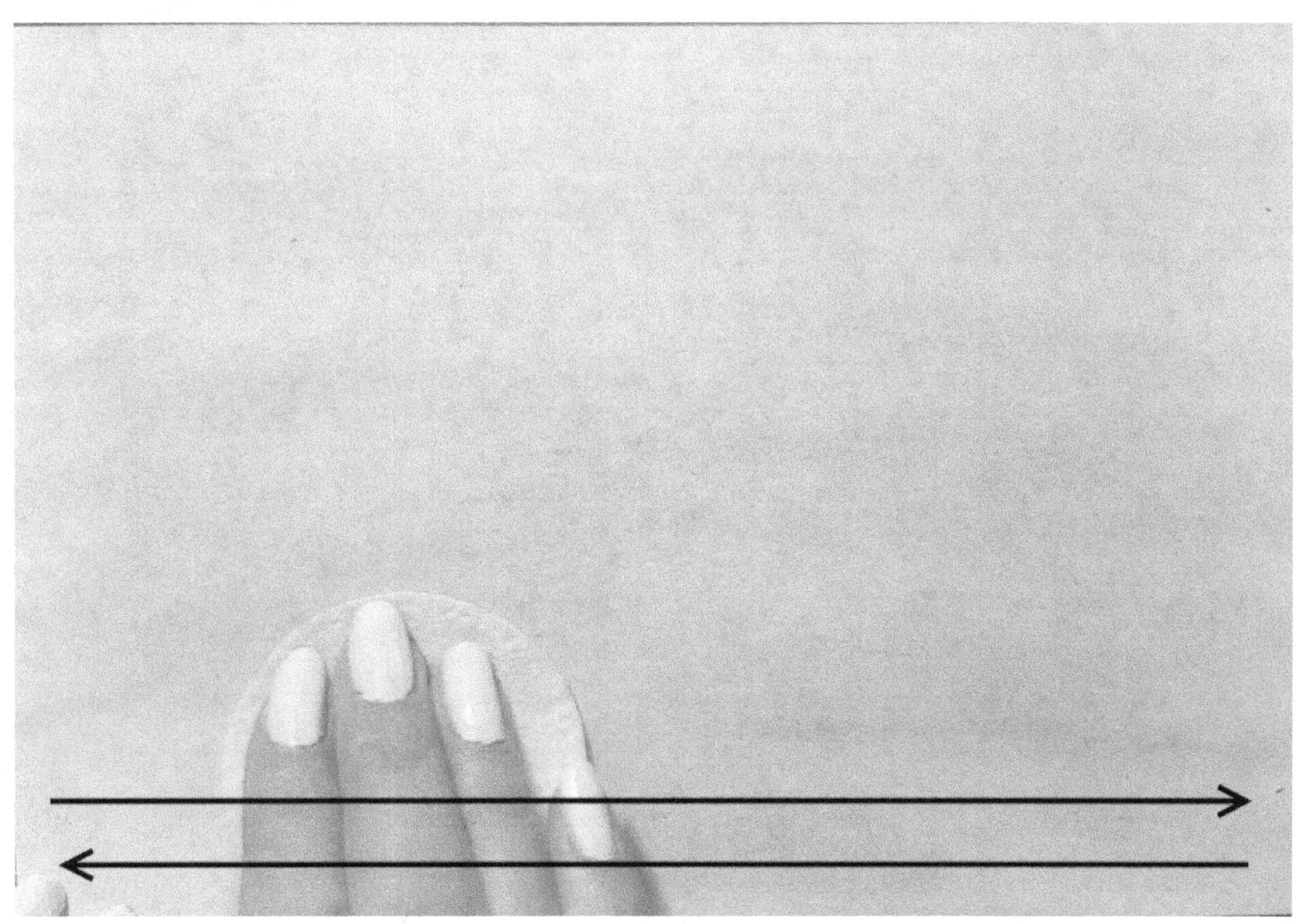

Ziel ist es, das Papier mit dem Graphitpulver vollständig abzudunkeln, damit die Highlights verstärkt werden.

Wenn Sie graues Papier haben, ist das auch sehr gut. Sie können sie auch auf weißes Papier zeichnen, ohne den Hintergrund zu schattieren. Ich möchte nur meine Highlights auf diese Weise mehr hervorheben. Sie können das Papier leicht wie ich oder viel stärker schattieren, um es viel dunkler zu machen, es liegt bei Ihnen. Je dunkler das Papier ist, desto deutlicher werden die Highlights.

Im nächsten Bild können Sie sehen, wie mein schattiertes Papier beim Scannen aussieht.

Das Nächste ist, die Hauptkontur unserer Murmel zu erstellen. Sie können ein Lineal mit Kreisen wie dieses verwenden:

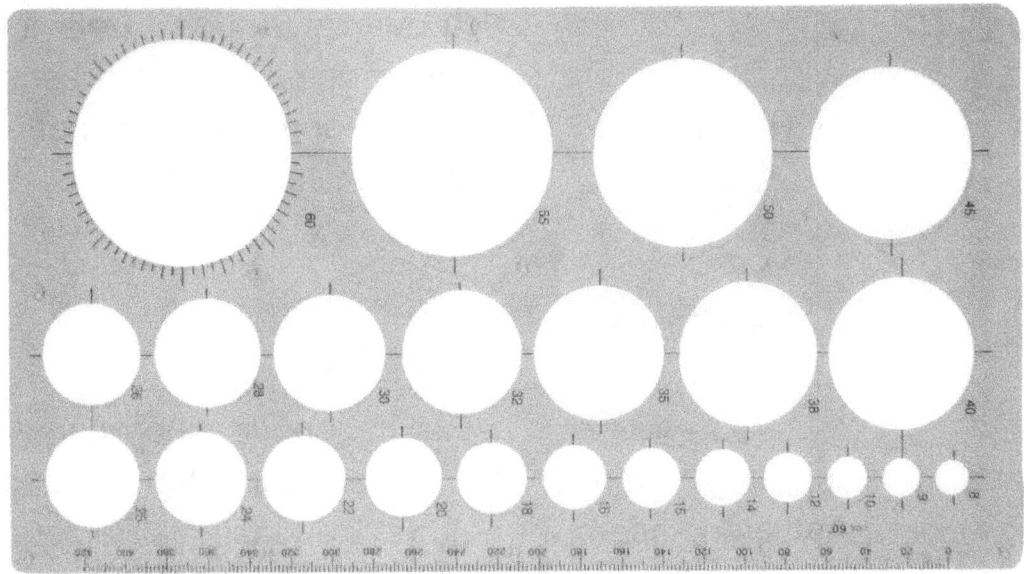

Ich finde diese Löcher zu klein für meine Murmel, deshalb verwende ich ein Zirkel. Aber ich werde nicht direkt auf dieses schattierte Papier zeichnen. Ich werde einen Kreis auf ein anderes Blatt Papier zeichnen. Der Durchmesser meiner Murmel beträgt ca. 7 Zentimeter.

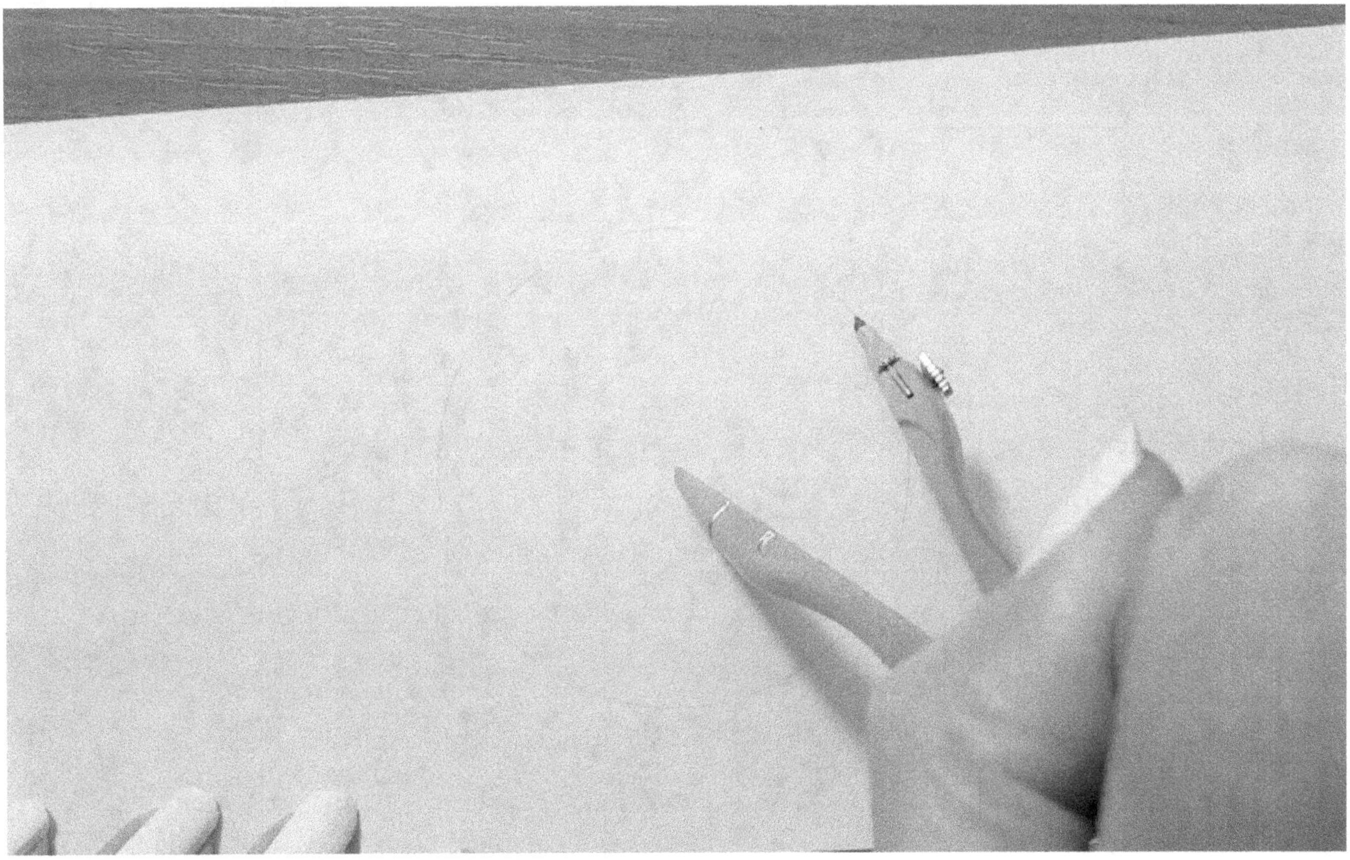

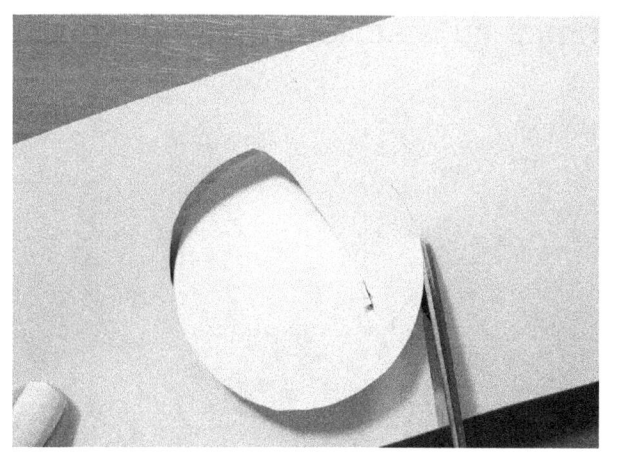

Ich schneide den Kreis mit meiner Schere aus. Sie sollten sehr sorgfältig zuschneiden, um die perfekte Form eines Kreises zu erhalten.

Jetzt haben wir einen perfekten Kreis, den wir über das Papier legen können. Mit diesem perfekten Kreis können wir das Papier weiter schattieren, indem wir auf den Rand dieses Papierausschnitts drücken, wie im nächsten Bild gezeigt.

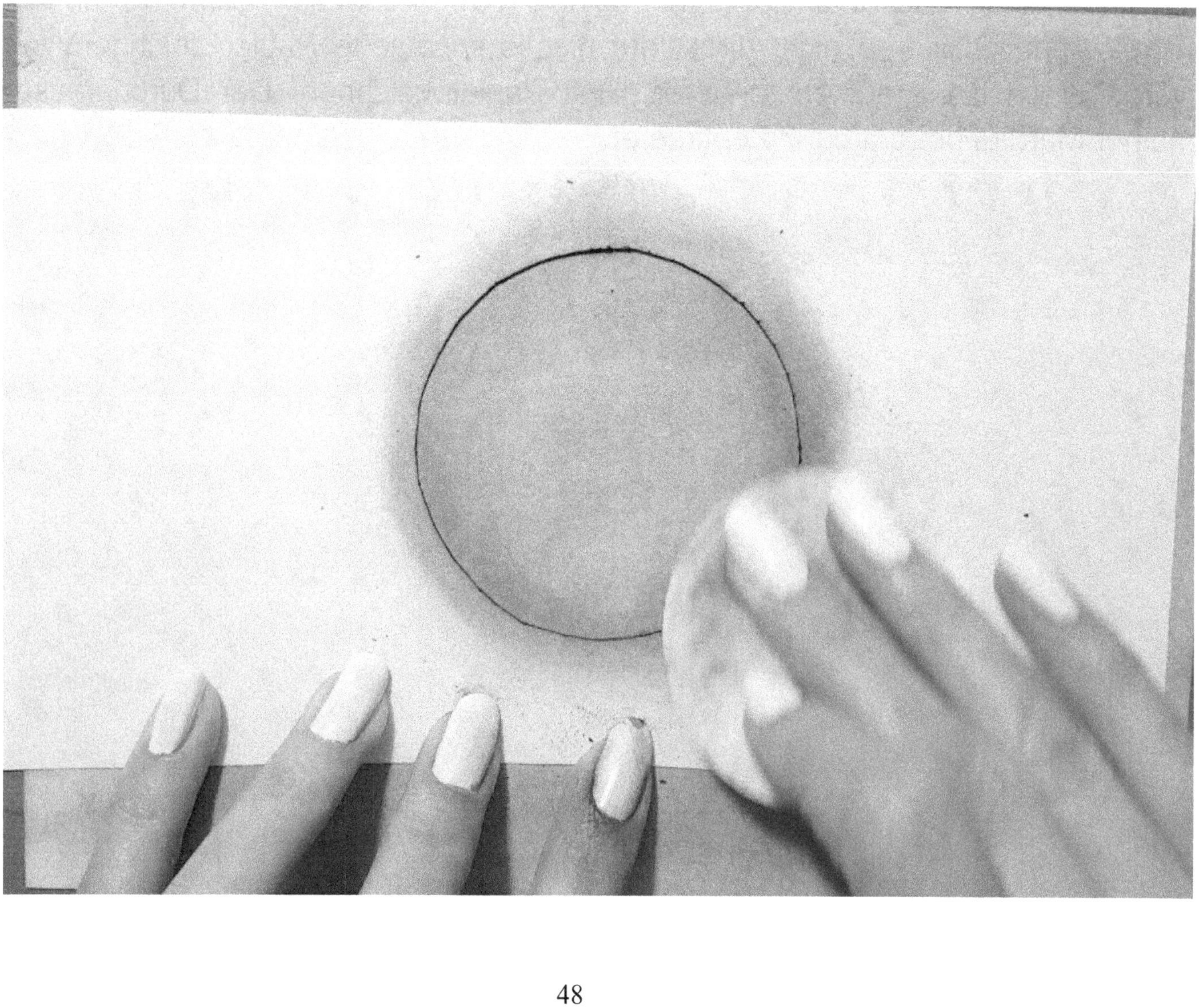

Ich drücke sehr fest auf, wenn ich die Ränder schattiere. Ich lasse den Druck nach, während ich vom Rand wegarbeite. Ziel ist es, einen Verlaufsübergang zu erzeugen. Diese Art der Schattierung wird dazu beitragen, die Illusion einer runden Murmel zu erzeugen. Verwenden Sie daher mehr Druck auf dem Rand des abgeschnittenen Stücks Papier aus und lassen Sie den Druck vorsichtig nach, während Sie zur Mitte der Murmel schattieren.

Wenn Sie das Blatt Papier abheben, sollten Sie so etwas wie diesen schattierten Ball erhalten, den Sie auf dem folgenden Bild sehen können. Das ist erst mal genug. Wir haben keine starken Linien und das ist eine gute Basis für das Zeichnen unserer Murmel. Objekte wie dieses sollten nicht viele Linien enthalten und größtenteils aus Schattierungen bestehen.

Jetzt können wir mit dem Zeichnen der Muster in der Katzenaugen-Murmel beginnen, die sich innerhalb des Glases befinden. Sie können einige

Referenzfotos nachschlagen oder meine verwenden. Nehmen Sie im ersten Schritt einen HB, da dieser Stift ausreichend dunkler als der Hintergrund ist. Drücken Sie jedoch nicht zu fest auf. Indem Sie langsam arbeiten, geben Sie sich genügend Zeit, um Fehler zu vermeiden.

Der Bereich, den wir in diesem Schritt zeichnen, muss so glatt wie möglich sein. Zeichnen Sie ähnliche vertikale Muster, wie im nächsten Bild gezeigt. Sie können dicker oder dünner sein, ein kleiner Unterschied spielt keine Rolle. Einige von ihnen sollten etwas dunkler sein, um die Ebenheit der dunkleren Teile des Musters zu vermeiden. Sie können sogar horizontal oder diagonal platzierte Muster zeichnen. Es hängt alles davon ab, an welcher Position Ihre Murmel erscheinen soll. Sie können Referenzfotos nachschlagen und sie studieren, wenn Sie sich nicht vorstellen können, wie sie aussehen.

Jetzt sieht es wirklich aus wie ein Katzenauge. Deshalb erhielt diese Murmel diesen Namen.

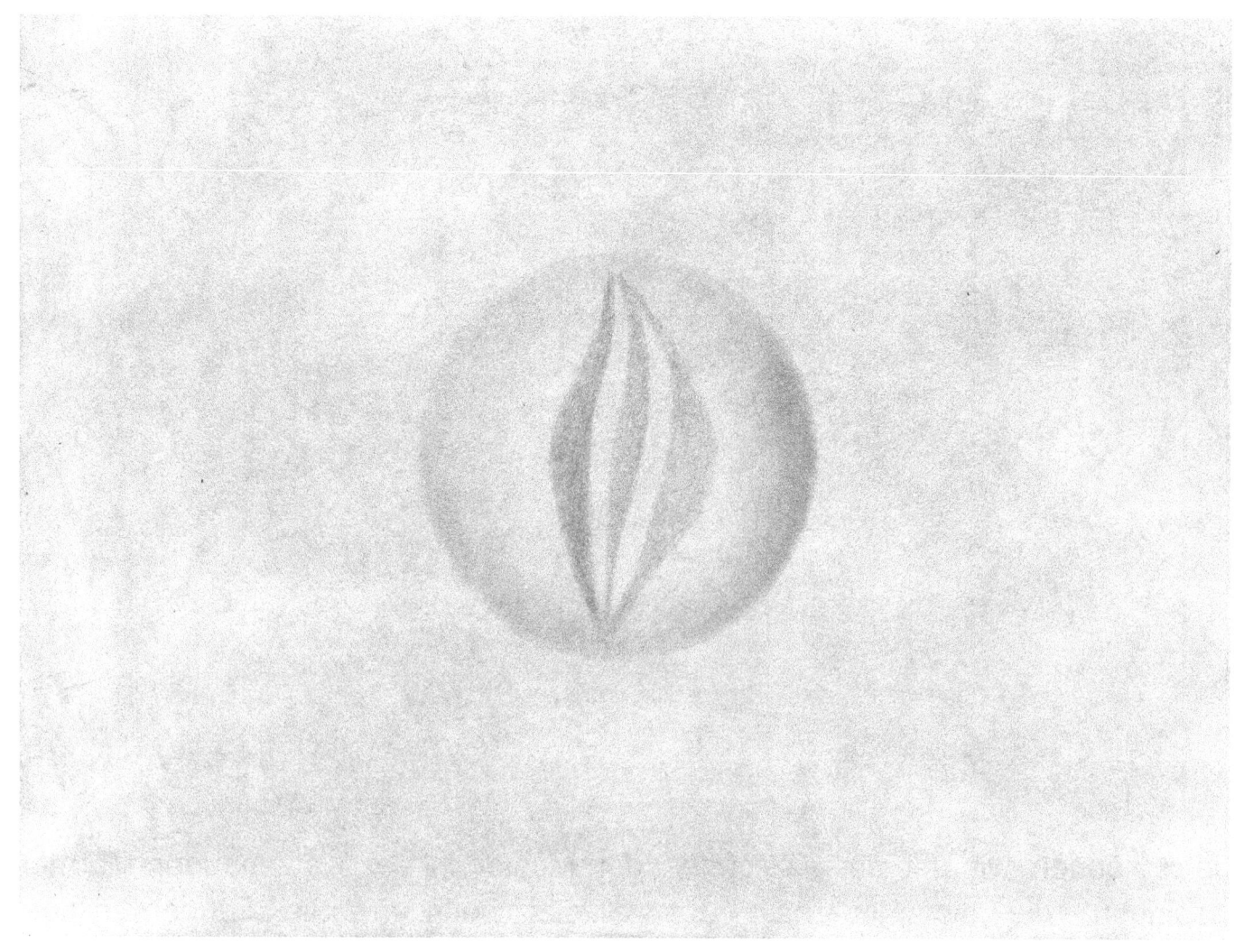

Der nächste Schritt ist ziemlich interessant, da wir die Teile, die wir am Anfang schattiert haben, ausradieren müssen.

Hierfür können Sie einen gekneteten Radiergummi oder einen anderen verwenden, mit dem Sie gerne arbeiten. Ich benutzte dafür einen weichen Radierstift. Radieren Sie Bereiche zwischen den zuvor gezeichneten Mustern aus, um Highlights zu erzielen.

Der obere Bereich kann viel heller sein als der untere Bereich. Ein weicher Radierstift ist ein sehr gutes Werkzeug. Sie machen nur die gleiche Bewegung wie beim Zeichnen mit einem normalen Bleistift. Im nächsten Bild können Sie sehen, wie die hervorgehobenen Teile der Muster jetzt sehr hervorgehoben sind. Sie können diesen Schritt nach Belieben ausführen. Es muss nicht dasselbe sein wie meins. Mischen Sie die Ränder zwischen den Highlights und den mit einem HB gezeichneten Bereichen mit einem Papierwischer oder einem Q-Tip.

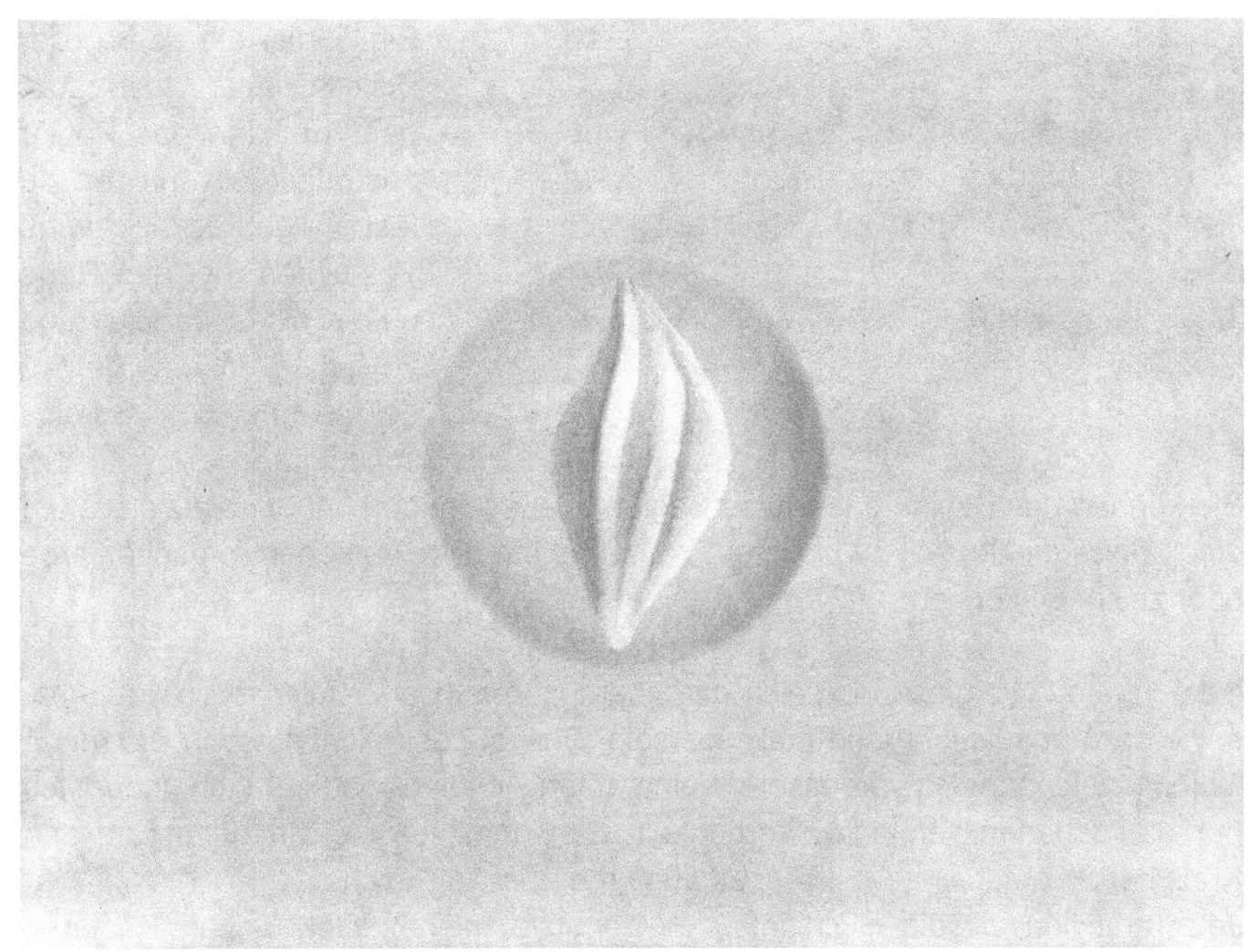

Jetzt können wir den Rand der Murmel leicht abdunkeln, damit sie sich stärker vom Papier abhebt. Wie bereits erwähnt, können Sie immer mehr Schatten hinzufügen. Das ist einfacher als das Ausradieren, wenn Sie die Schattierung versehentlich übertrieben haben. Deshalb sollte Ihr Fortschritt immer langsam sein. Fügen Sie eine kleine Menge Graphitpulver hinzu oder drücken Sie leicht auf, wenn Sie mit einem Bleistift zeichnen, und fügen Sie bei Bedarf mehr hinzu. Oft können wir erst nach dem Hervorheben sehen, ob wir stärkere oder hellere Schatten brauchen. Sie sollten immer die Werte vergleichen.

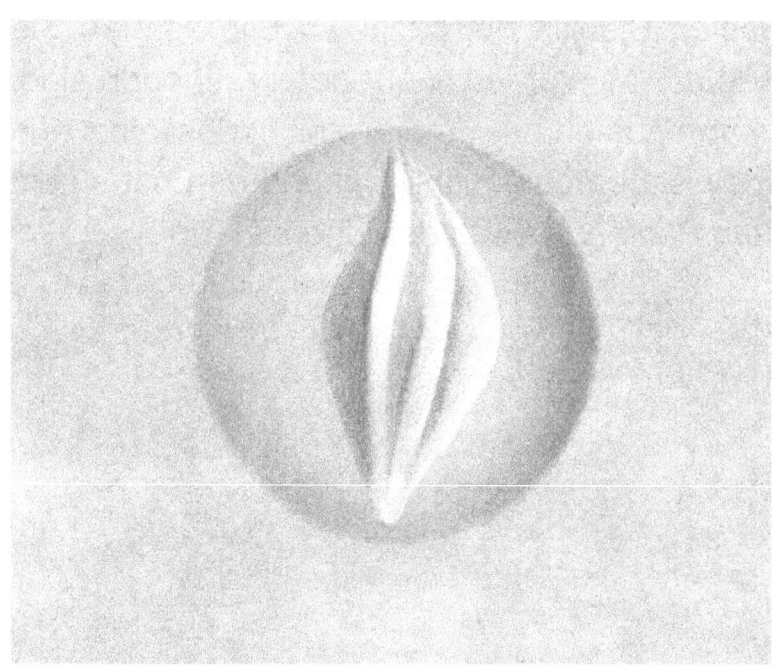

Verwenden Sie einen 5H-Stift, um den Rand der Murmel abzudunkeln, und drücken Sie ihn vorsichtig auf, um zu vermeiden, dass es zu dunkel wird. Ein 5H ist ein sehr heller Bleistift, aber auch sehr hart. Er kann das Papier zerkratzen, wenn er zu fest gedrückt wird. Versuchen Sie, den Rand des Kreises perfekt rund zu halten, indem Sie nur den inneren Bereich schattieren.

Sie können das Papier, das Sie zu Beginn ausgeschnitten haben, platzieren, um einen äußeren Bereich zu isolieren, damit Sie ihn nicht versehentlich schattieren oder zeichnen können.

Jetzt können Sie diesen Bereich mit einem Papierwischer mischen. Wie immer sollte der Verlaufsübergang makellos sein. Das ist sehr wichtig, wenn Sie runde Objekte zeichnen. Ich verbessere meine anfänglichen Schattierungen, indem ich nur die Schatten verstärke. Verdunkeln Sie, damit es gleichmäßiger um den Kreis herum erscheint. Das lässt es auch realistischer erscheinen.

Jetzt erstellen wir die Highlights. Ich benutzte meinen elektrischen Radierer,

Helix, um winzige Highlights zu erzeugen. Sie können jeden anderen Radierer verwenden, aber dieser Radierer löscht mehr mit weniger Aufwand.

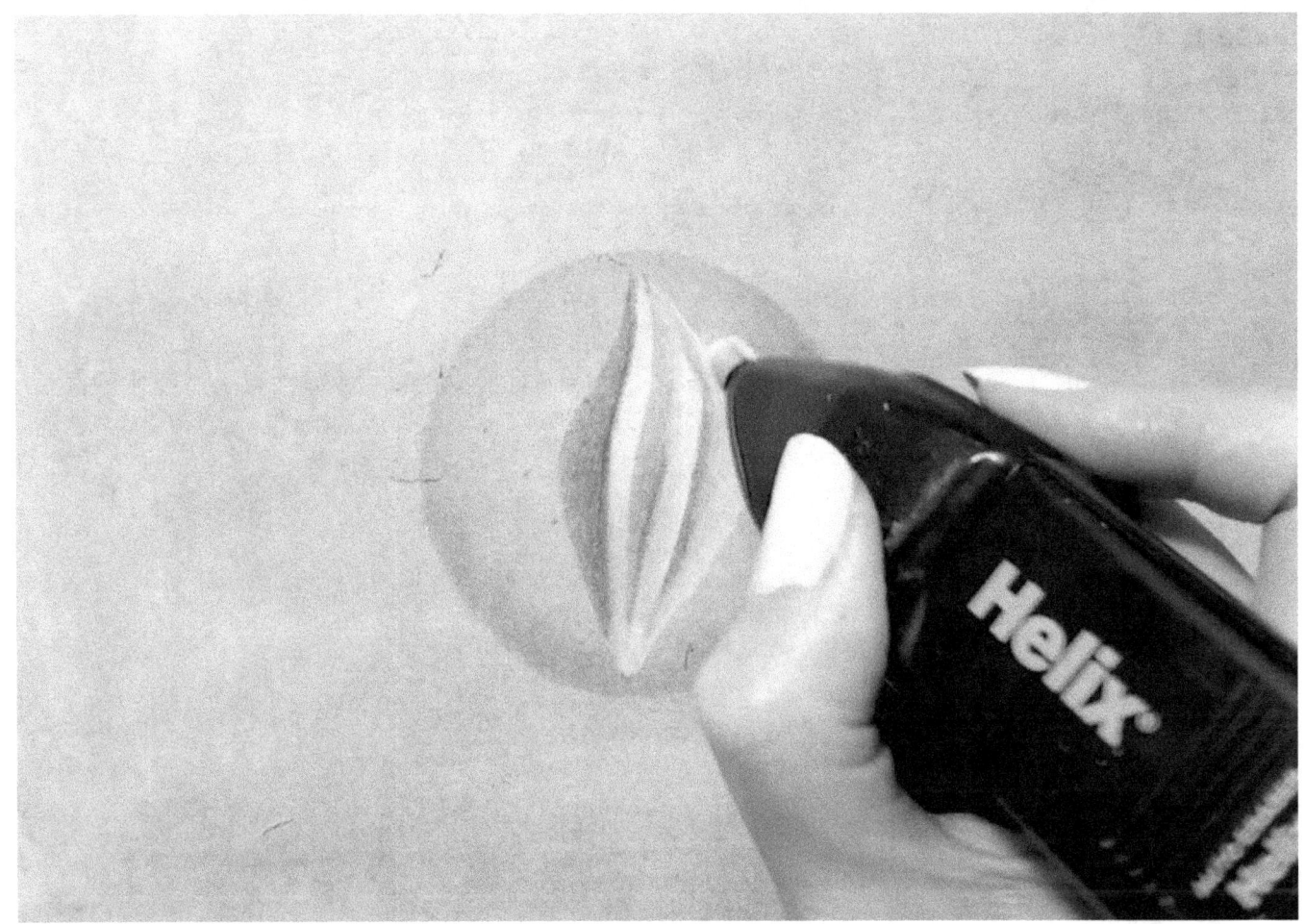

Sie müssen nicht nur einen winzigen Bereich ausradieren. Sie können viele kleine Bereiche radieren, um die Murmel glänzender zu machen. Die Murmel kann abhängig von der Anzahl der Lichtquellen einen oder mehrere Highlights aufweisen. Wenn Sie drei Glühbirnen in Ihrem Zimmer haben, erscheinen alle drei auf der Murmel. Wenn Sie einige Murmeln zu Hause haben, ist es eine sehr gute Idee, sie zu untersuchen, um zu sehen, wie sich die Lichtquellen darauf auswirken und wie sie unter bestimmten Arten von Lichtquellen aussehen. Wenn Sie sie direkter Sonneneinstrahlung aussetzen, hat sie nur ein großes Highlight, das sehr hell ist. Sie sollten also experimentieren und nach Ihren Wünschen gestalten.
Verwenden Sie einen Radiergummi oder eine andere Art von Radiergummi, um die Highlights zu mischen. Dadurch werden die Highlights strahlender. Versuchen Sie außerdem, einen Verlaufsübergang zwischen den Highlights und

dem Hintergrundton herzustellen. Um diese Highlights zu verstärken, können wir die Umgebung abdunkeln. Im nächsten Bild sehen Sie alle Highlights, die ich in diesem Schritt erstellt habe, und wie sie die Murmel jetzt glänzender erscheinen lassen.

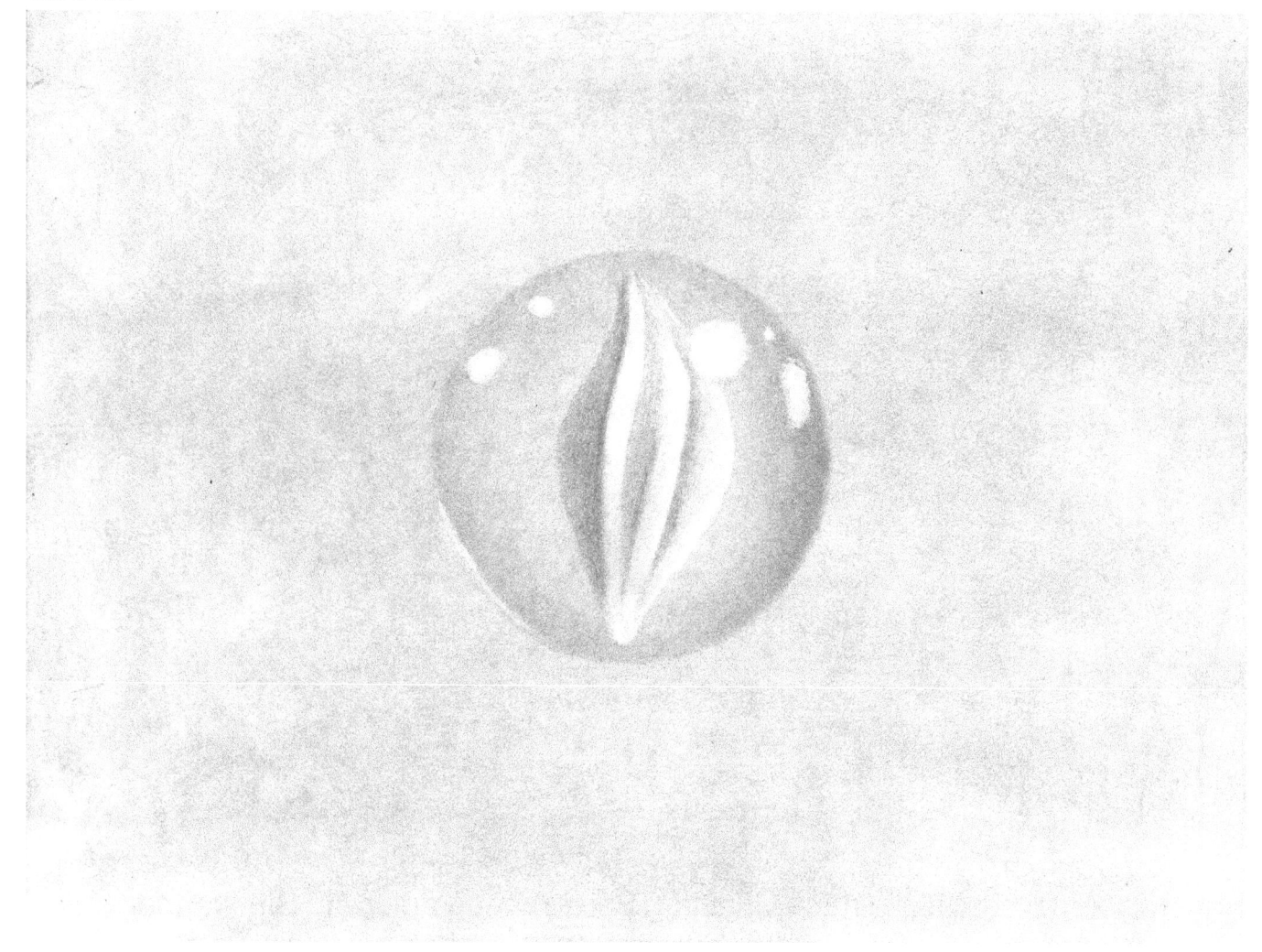

Es ist Zeit für einen Schlagschatten. Stellen Sie sich vor, unsere Lichtquelle kommt aus der oberen rechten Ecke. Daher wirft die Lichtquelle einen Schatten, der auf den unteren linken Bereich fällt. Verwenden Sie für diesen Schritt einen 2B und zeichnen Sie den Schlagschatten neben der Murmel, wie im nächsten Bild gezeigt. Lassen Sie, wie im folgenden Bild, den Bereich in der Mitte des Schattens für die Highlights weg. Dieses Highlight ist die ungehinderte Lichtquelle, die auf der Oberfläche erscheint. Sie sollte sehr hell sein. Lassen Sie es jedoch für die nächsten Schritte.
Überspringen Sie fürs Erste einfach diesen winzigen Bereich und zeichnen Sie um ihn herum.

Wenn Sie mit dem Schattieren eines kleinen Bereichs fertig sind, mischen Sie ihn mit einem Papierwischer.

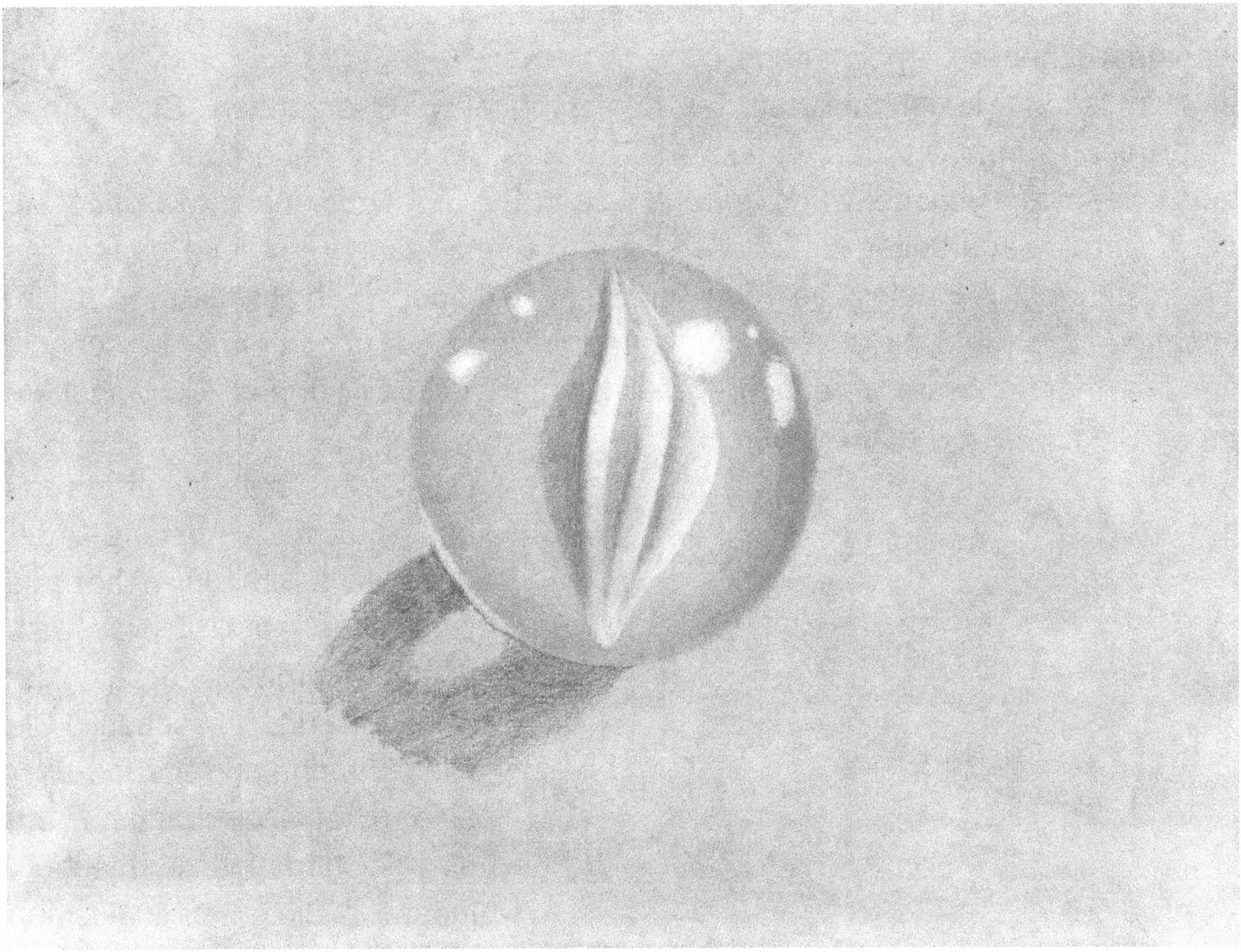

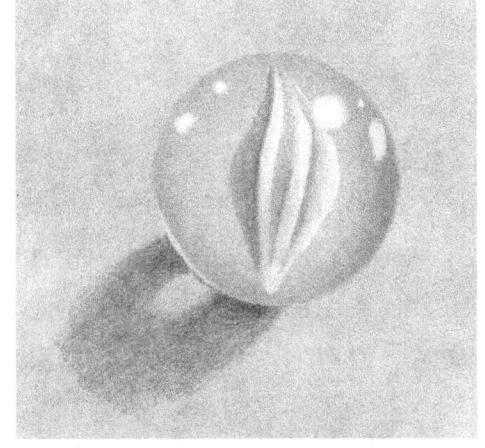

Der Bereich neben der Murmel sollte der dunkelste Teil des Schattenwurfs sein. Daher können Sie mit einem 2B fester aufdrücken. In diesem Bild können Sie sehen, wie ich es abgedunkelt habe und wie ich mehr Schlagschatten entlang des zuvor gezeichneten Schlagschattens hinzugefügt habe. Verwenden Sie während dieses Schritts einen 2B und mischen Sie es mit einem Papierwischer. Es wird sehr kleine Bereiche geben, die noch hell sind. Versuchen Sie, sie mit mehr Graphit zu bedecken, um die Oberfläche zu ebnen.

Der Schlagschatten selbst ist sehr wichtig, da er die Form der Murmel (oder eines anderen Objekts, das Sie zeichnen) vorgibt. Beginnen Sie also wieder mit einem kleineren Bereich, um einen richtigen Schattenwurf zu erzielen. Sie können bei Bedarf immer mehr hinzufügen, um zu sehen, wie ich es in diesen wenigen Schritten gemacht habe.

Jetzt müssen wir den helleren Teil des Schattenwurfs erzeugen. Sie können dafür einen Papierwischer verwenden. Drücken Sie fester neben den Rand des zuvor erstellten Schattenwurfs auf und lassen Sie den Druck nach, während Sie von ihm wegarbeiten. Erstellen Sie einen längeren und runderen Schlagschatten, indem Sie den dunklen Teil des Schlagschattens leicht schattieren. Drücken Sie nicht zu fest auf, denn Sie möchten nicht schnell, sondern nur langsam voranschreiten. Auf diese Weise können Sie anhalten, bevor Sie zu viel Schatten geben.

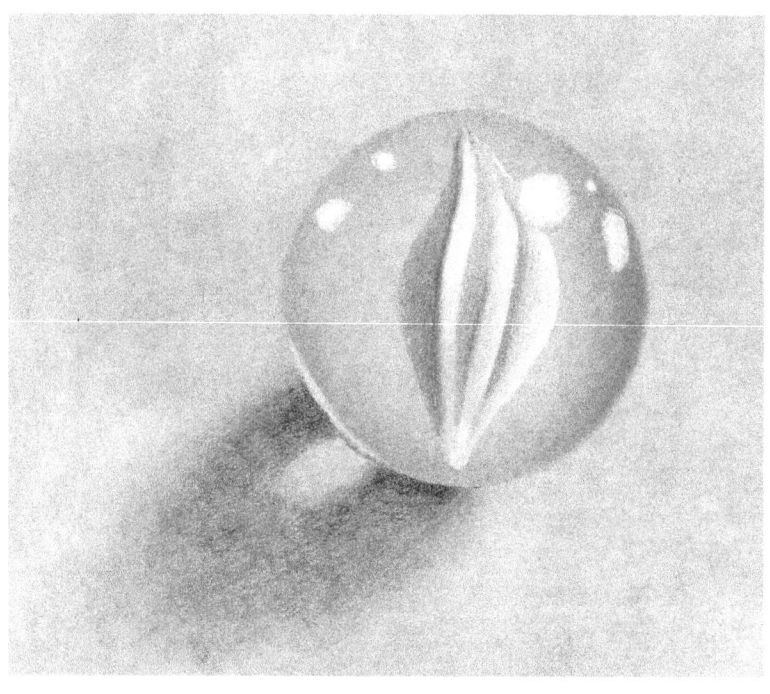

Die Größe des Schattenwurfs hängt vom Abstand der Lichtquelle ab. Je näher die Lichtquelle am Objekt ist, desto größer ist der Schattenwurf. Mischen Sie alles mit einem Wattepad oder einem Papiertaschentuch, um es gleichmäßig zu machen, indem Sie mit kleinen kreisenden Bewegungen über den gesamten Schlagschatten gehen. Ziel ist es, den Rand des Schattenwurfs allmählich in den Hintergrund zu rücken.

Jetzt können Sie sehen, wie dieser Schatten die Murmel tatsächlich vom Papier abheben lässt und wie er die runde Form der Murmel noch deutlicher macht. Der Schlagschatten sind sehr wichtig für die Erstellung von Zeichnungen, bei denen wir eine dreidimensionale Illusion erzeugen möchten.

Jetzt können wir das von mir erwähnte Highlight erstellen, als wir mit dem Zeichnen des Schlagschattens begonnen haben, dem winzigen, nicht schattierten Bereich in der Mitte des Schlagschattens.

Die Mitte ist also tatsächlich ein Licht, das durch das Glas kommt und auf den Tisch trifft. Dieses Licht vermittelt den Eindruck, dass diese Murmel aus Glas besteht. Das ungehinderte Licht, das auf der Oberfläche erscheint, kann absolut unterschiedliche Formen haben und überall anders sein. Alles hängt von den Mustern in der Murmel ab und davon, wie sie Licht durchlassen. Ich entschied mich für die Lichtquelle in der Mitte, weil ich beim Studium von Murmeln und ähnlichen Objekten sah, wie das Licht durch die Objekte aus Glas gebrochen wird. Um diesen natürlichen Stil nachzuahmen, behalte ich die Quelle in der Mitte.

In diesem Schritt müssen wir also nur den kleinen Bereich in der Mitte radieren und den Rand zwischen diesem sehr starken Highlight und dem umgebenden Schlagschatten mit einem Papierwischer verwischen. Ich habe einen elektrischen Radierer verwendet, der es mir ermöglicht, mehr zu radieren und hellere Highlights zu erzeugen.

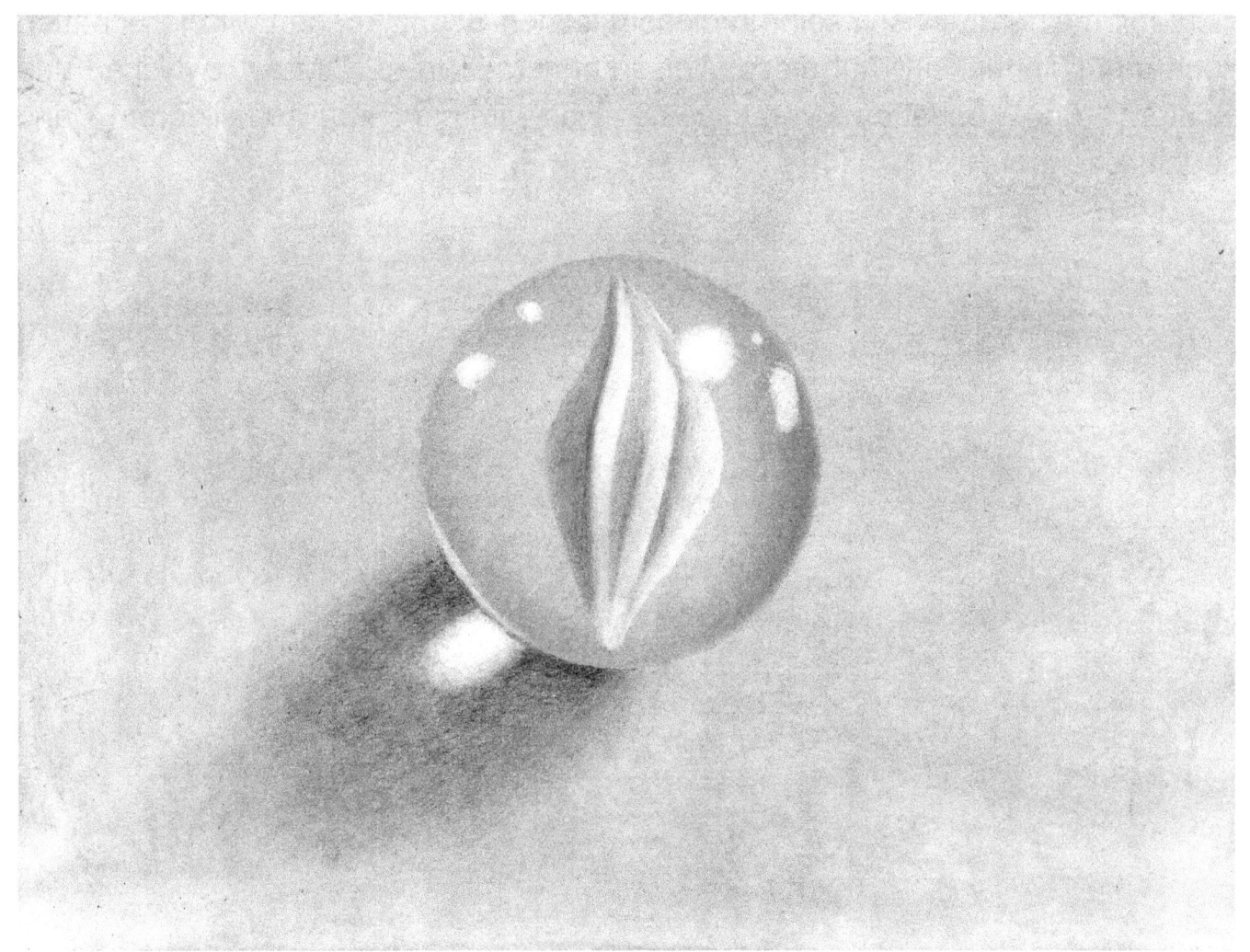

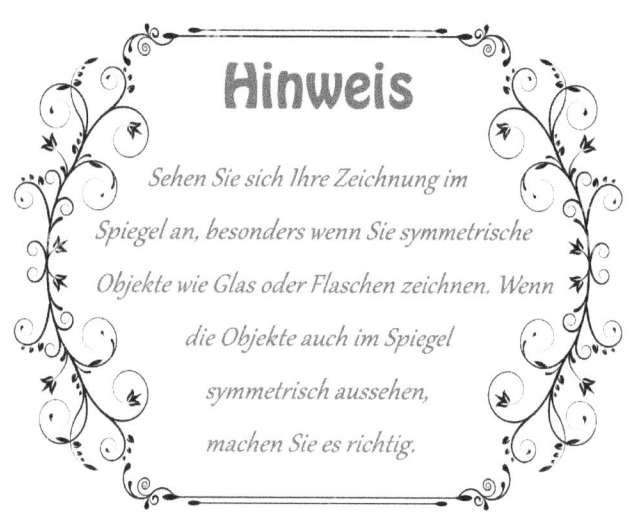

Hinweis

Sehen Sie sich Ihre Zeichnung im Spiegel an, besonders wenn Sie symmetrische Objekte wie Glas oder Flaschen zeichnen. Wenn die Objekte auch im Spiegel symmetrisch aussehen, machen Sie es richtig.

Wenn Sie diese Murmel auf graues Papier zeichnen, können Sie einfach einen weißen Marker verwenden, um dieses Highlight, die Gouache oder ein ähnlich undurchsichtiges Medium zu zeichnen..

Jetzt können Sie weitere Details hinzufügen. Sie können beispielsweise über dieses Muster hinaus weitere Highlights erstellen. Stellen Sie einfach sicher, dass Sie den Rand wie immer verwischen.

Sie können also weitere Highlights erstellen, um den Glanz der Murmel zu veranschaulichen. Sie können es zeichnen, wie Sie wollen. Ihre Arbeit muss nicht mit meiner identisch sein. In diesem letzten Schritt können wir die Schatten noch mehr abdunkeln. Auf diese Weise können wir den Kontrast zwischen den Lichtern und Schatten verbessern, was immer zu auffälligerem und beachtlicherem Zeichnen führt.

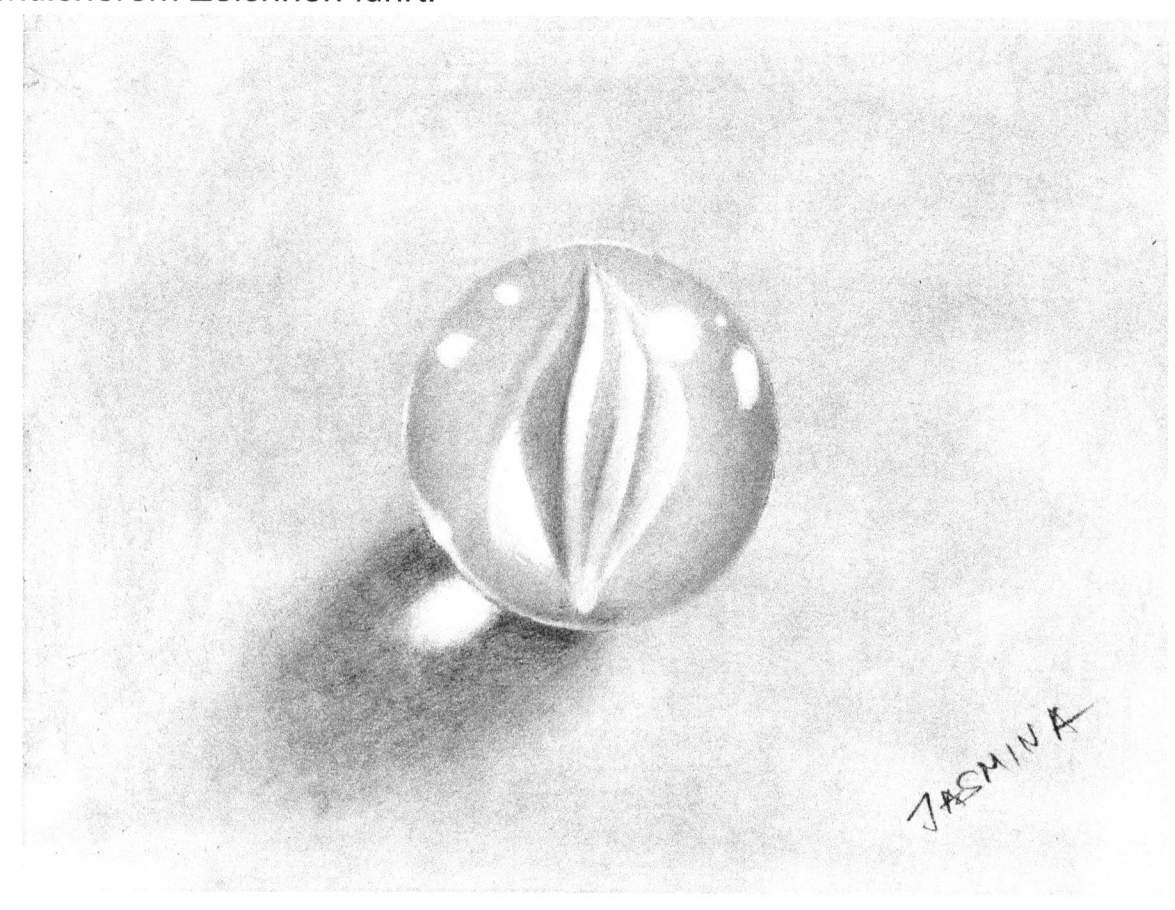

WIE MAN KUSSLIPPEN ZEICHNET

Zeichnen wir Kusslippen. Für diese Zeichnung können Sie ein kleineres Papier nehmen, z. B. A5 (148 x 210 mm).

Verwenden Sie einen Zirkel, um einen Kreis in der Mitte Ihres Blattes zu zeichnen. Der Abstand zwischen der Nadel und der Bleistiftmine beträgt bei meinem Zirkel 2,5 Zentimeter. Platzieren Sie die Nadel genau in die Mitte des Papiers und zeichnen Sie einen Kreis. Es muss kein perfekter Kreis sein. Wir verwenden ihn nur zur Orientierung.

Fügen Sie dann, wie im diesem Bild gezeigt, gekrümmte Linien auf der linken und rechten Seite Ihres Kreises hinzu. Dies schafft die Ecken für die Lippen. Diese Form der Kusslippen ähnelt also eher einer Ellipse als einem Kreis. Zeichnen Sie nun den Amorbogen genau unter der oberen gekrümmten Linie in der Mitte. Zeichnen Sie einfach eine winzige kurvige Linie. Sie können ein Referenzfoto nachschlagen oder einen Blick in den Spiegel werfen, um zu sehen, wie Ihre Lippen in einer Kussposition aussehen.

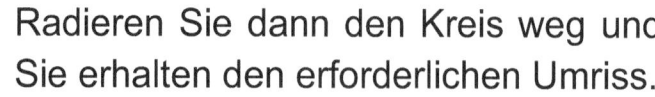

Radieren Sie dann den Kreis weg und Sie erhalten den erforderlichen Umriss.

Sie können jetzt alle gewünschten Änderungen vornehmen, bevor Sie den inneren Bereich der Lippen zeichnen.

Als Nächstes bestimmen Sie den Rand zwischen den Lippen. Stellen Sie sicher, dass Sie auf das folgende Bild achten.

Beginnen Sie an der Stelle, an der Sie die Nadel mit einem Zirkel platziert haben und zeichnen Sie eine horizontale Linie in Richtung der Ecken. Machen Sie es neben den Ecken ein bisschen kurvig.

Wenn Sie sich den Ecken nähern, zeichnen Sie zuerst etwas nach unten. Zeichnen Sie dann sehr kurze horizontale Linien und drehen Sie dann nach oben in Richtung der Ecke.

Denken Sie an den Buchstaben S, aber gestreckt und auf die Seite gelegt.

Markieren wir die Falten mit einem B-Stift. Die Falten sollten von der Mitte der Lippen ausstrahlen. Beginnen Sie mit den vertikalen Falten in der Mitte. Im nächsten Bild sehen Sie die Falten, die ich erstellt habe. Studieren Sie dieses Bild und versuchen Sie, dasselbe zu erstellen. Zeichnen Sie die Falten in Richtung der Lippenwinkel. Ihre Anfangsenden sollten immer weiter voneinander entfernt sein. Versuchen Sie auch, einen noch größeren Abstand zwischen ihren Enden am Umriss der Lippen zu schaffen. Außerdem strahlt nicht jede Falte von der Mitte aus, sondern nur die vertikalen Falten. Zeichnen Sie beim Arbeiten in Richtung der Ecken den Anfang der Falten etwas weiter entfernt von den zuvor gezeichneten Falten. Die Falten sollten nicht gleich sein, versuchen Sie immer, eine gewisse Zufälligkeit zu erzeugen. Einige Falten sollten sich bis zum Umriss erstrecken, andere sollten kürzer sein. Andere Falten sollten die Kontur berühren, aber nicht die Linie zwischen den Lippen. Wenn Sie sie in Richtung der Ecke zeichnen, sollten Sie sie stärker krümmen. Erstellen Sie in den Ecken entweder weniger Falten, fast keine Falten oder weniger sichtbare und sehr kleine Falten.

Zufälligkeit ist sehr wichtig, um ein realistisches Aussehen zu erzielen. Sie können im nächsten Bild sehen, wie die Lippen bereits rund erscheinen. Das liegt an den gekrümmten Linien auf der linken und rechten Seite der Lippen sowie an den horizontalen Linien in der Mitte. Mit diesem Schritt erweitern wir nun die dritte Dimension unserer Zeichnung.

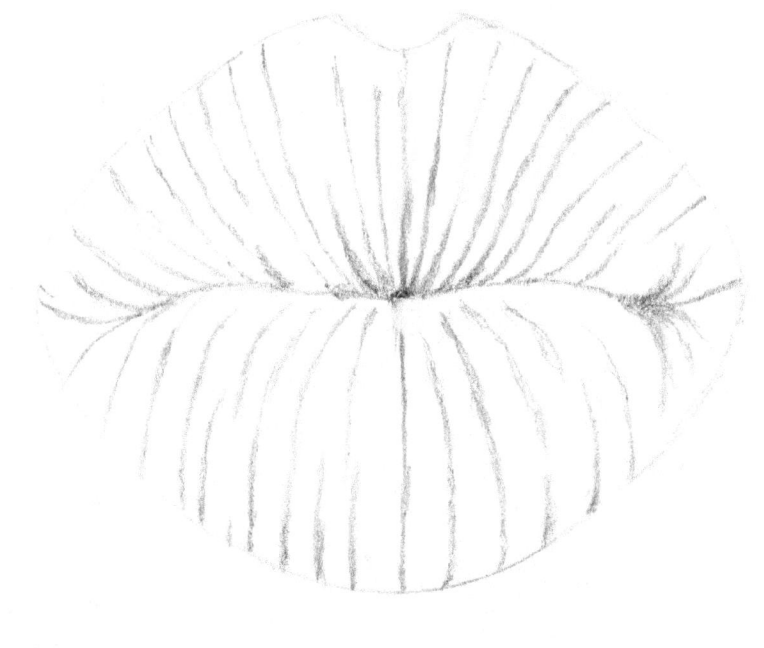

Wenn Sie mit der Position der Falten zufrieden sind, können Sie sie mit einem 4B oder weicheren Stift abdunkeln, da wir schließlich den gesamten Bereich schattieren, diese Linien jedoch unter der Graphitschicht sichtbar machen möchten.

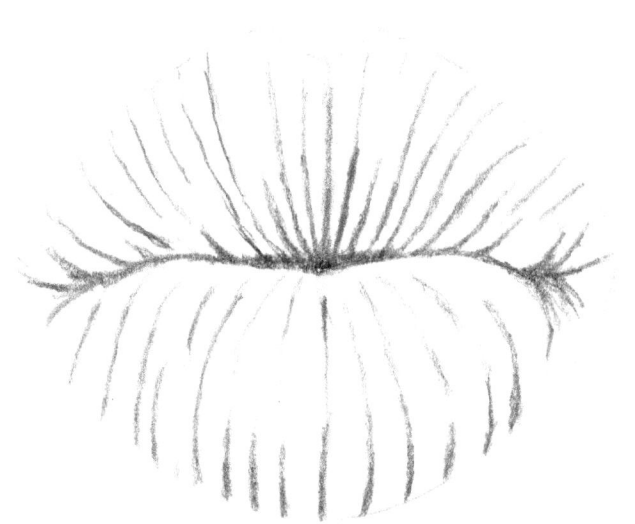

Die untere Hälfte beider Lippen sollte dunklere Falten aufweisen, da die Falten in beleuchteten Bereichen heller sind.

Aus diesem Grund variieren wir, wie viel Druck wir beim Zeichnen dieser Linien ausüben. Wie Sie sehen, hat dies auch zur Illusion der Rundheit der Lippen beigetragen.

Lassen Sie uns die gesamte Fläche mit einem HB-Stift schattieren. Drücken Sie leicht auf und zeichnen Sie die Striche über beide Lippen. Sehen Sie sich das

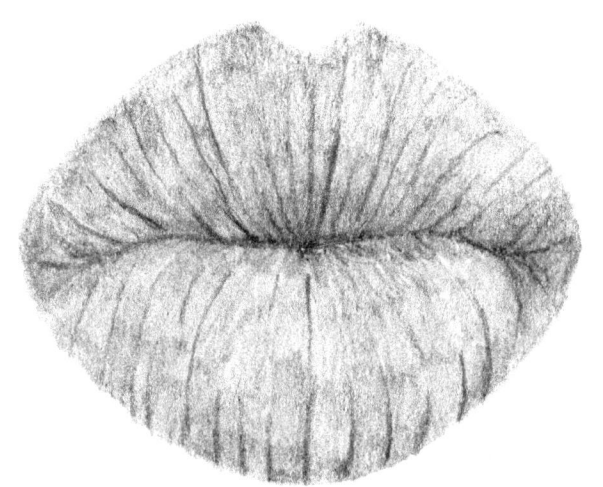

nächste Bild an, um zu sehen, was ich zu erklären versuche. Ein HB ist dafür ein sehr guter Bleistift, da er ziemlich dunkle Linien erzeugen kann, aber nicht zu dunkle. Im unteren Teil der Oberlippe können wir fester aufdrücken, da dieser Bereich immer stärker abgeschattet ist als der obere Teil. Genau wie bei normalen Lippen erhalten diese Bereiche weniger Licht. So werden auch die Falten hier dunkler. Drücken Sie sehr fest in den Ecken und zwischen den Lippen auf, um den Schatten anzudeuten, den das hervorstehende Fleisch von der Oberlippe wirft. Folgen Sie weiterhin der Richtung der Falten und füllen Sie beide Lippen aus.

Okay, jetzt können wir alles mit einem Q-Tip vermischen. Mischen Sie die Striche, die Sie im vorherigen Schritt gezeichnet haben, durch kreisende Bewegungen um die Lippen. Drücken Sie fest auf das Papier auf, um die weißen Punkte auszufüllen und den Graphit in den Zahn des Papiers zu drücken. Auf diese Weise sieht die Textur der Lippen glatt aus.

Aus diesem Grund ist es sehr wichtig, qualitativ hochwertiges Papier zu verwenden, das viel Druck aushält und keine Falten wirft. .

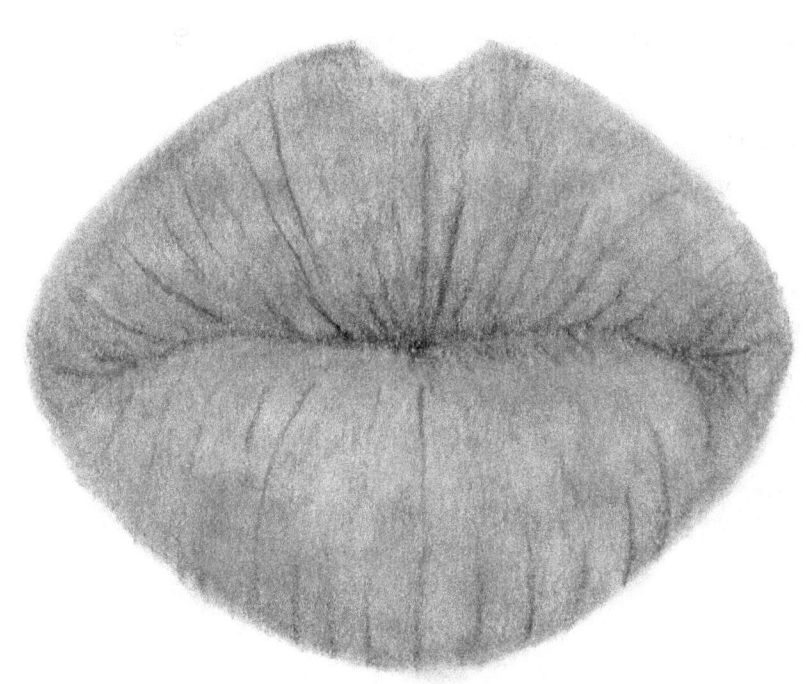

Drücken Sie stärker in den schattierten Bereichen auf, nämlich die unteren Teile der Lippen, und drücken Sie in den Ecken noch stärker auf. Verwenden Sie einen Papierwischer, um die Außenkanten zu verwischen. Dadurch können Sie präziser mischen, da Sie nicht außerhalb der Lippen schattieren wollen.
Sie sehen hier, dass wir diesen Kreis dazu verwendet haben, eine proportionale realistische Form für die Kusslippen zu erstellen. Ich habe mit vielen Methoden experimentiert und festgestellt, dass diese für Anfänger am einfachsten ist. Sie brauchen also kein Gitter oder Ähnliches. Verlängern Sie einfach die linke und rechte Seite des Kreises ein wenig.

Beginnen wir zuerst mit den Highlights. Dann müssen wir nur noch etwas Schattierung hinzufügen, um mehr Dimension zu erzeugen. Sie können diesen

Schritt jederzeit umdrehen und Ihre Schattierung vor den Highlights hinzufügen. Machen Sie das, was für Sie am besten funktioniert.

Um ein Highlight zu erstellen, verwende ich einen einfachen Radiergummi in einem Stift. Sie können diesen Radiergummi durch einen beliebigen Radiergummi, wie einen gekneteten, ersetzen. Entfernen Sie den Graphit vorsichtig, indem Sie sich auf die obere horizontale Hälfte der Oberlippe konzentrieren. Entfernen Sie zwischen den Falten, um die hervorstehenden Teile der Lippen zu verbessern. Zwischen diesen schwarzen Linien, die Sie am Anfang erstellt haben, sollten Sie sie also immer noch unter der Schicht des HB sehen können. Vermeiden Sie es, im unteren Teil der Oberlippe Highlights zwischen den Falten zu erzeugen. Nicht einmal in den Lippenwinkeln. Für diese Bereiche ist kein Highlight erforderlich. Ich empfehle, sich in einem Spiegel oder ein Referenzfoto anzuschauen, um zu sehen, wie Kusslippen aussehen und wo die Highlights und Schatten zu finden sind.

Konzentrieren Sie sich nun auf die Unterlippe und üben Sie mehr Druck auf die Mitte der Unterlippe aus. Legen Sie besonderen Wert auf den mittleren Bereich des oberen Teils der Unterlippe, da dieser Bereich am hellsten ist.

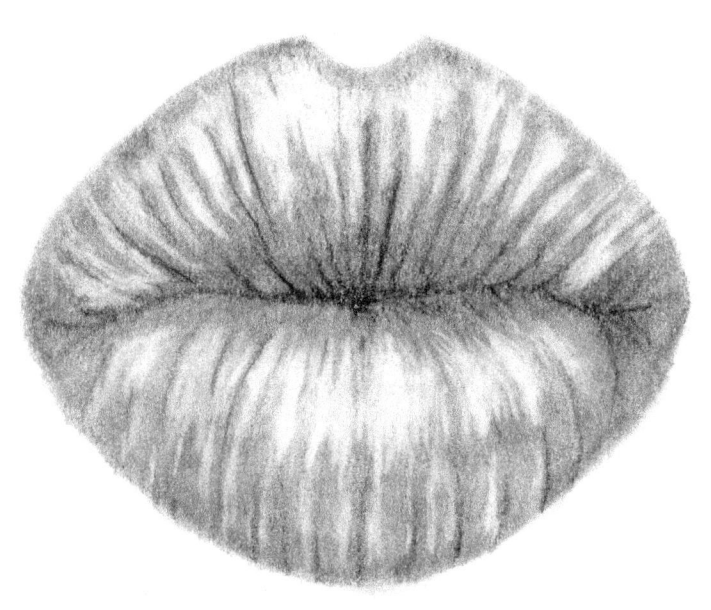

Es gibt viele Arten von Highlights. Das erforderliche Highlight hängt davon ab, was Sie erreichen möchten.

Beispielsweise können Sie Glanzlichter von dunkel bis weiß verwenden. Die Größe der Glanzlichter kann auch variieren, wie dies bei den Falten der Lippen der Fall ist. Es ist wichtig, die Arten und Stile der Highlights zu variieren,

damit Ihr Bild realistisch aussieht.

Hier können Sie sogar eine Art weißes Tintengel, weißes Pastell oder Gouache über den am stärksten beleuchteten Stellen verwenden. Wenn Sie einen Fehler machen und zu viel Highlights hinzufügen, gehen Sie einfach mit einem Mischstumpf über den Bereich, und die Highlights verschwindet einfach. Sehr einfach zu reparieren. Üben Sie im unteren Bereich beider Lippen nicht zu viel Druck aus. Es reicht aus, das Papier nur leicht mit einem Radiergummi zu berühren. Dadurch werden die Highlights leicht erzeugt, ohne zu hell zu sein.

Mischen Sie nun die Ränder der Highlights mit einem Papierwischer. Wenn die Lippen nass sind oder eine Person glänzenden Lippenstift trägt, erscheinen die Lippen glänzender. Dort sollte es keinen Farbverlauf zwischen den Highlights und dem Grundton der Lippen geben. Aber wenn die Lippen normal und ohne irgendetwas darauf aussehen sollen, müssen wir die Ränder der Highlights verwischen.

Der nächste Schritt ist das Hinzufügen von Schattierungen. Verwenden Sie einen B-Stift und schattieren Sie den gesamten Bereich zwischen den Lippen. Dieser Farbton sollte allmählich in der Grundfarbe der Lippen verschwinden. Wenn Sie diesen Farbton hinzufügen, erscheinen die Lippen rund. Versuchen Sie, nicht zu nah an den Highlights zu schattieren. Üben Sie mehr Druck aus, wenn Sie über die Falten streichen, oder verwenden Sie einen Bleistift, der dunkler als B ist. Schattieren Sie auch die Ecken etwas mehr, indem Sie mit einem B kreisende Bewegungen ausführen. Gehen Sie mit einem Papierwischer über die Schattierungen und drücken Sie den Graphit in das Papier. Möglicherweise müssen Sie den Bereich erneut schattieren, da durch einen Papierwischer ein Teil des Graphits entfernt werden kann.

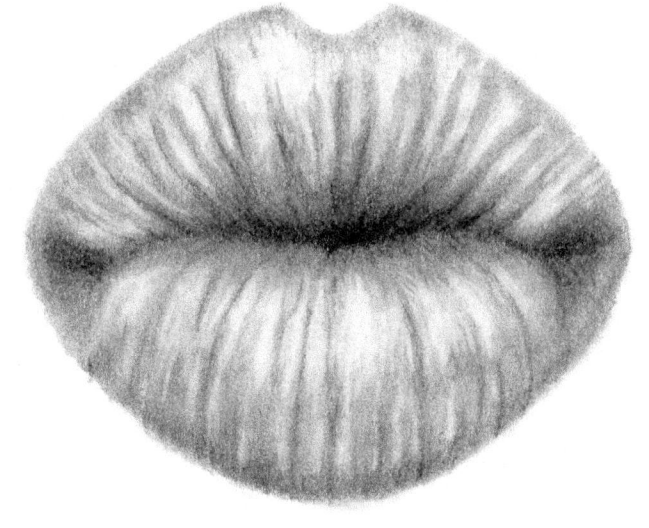

Schattieren Sie auch die untere Linie der Unterlippe. In diesem Bereich sollten keine Highlights vorhanden sein, insbesondere in der Mitte, da sie unten nach innen gewölbt ist. Stärken Sie die Falten besonders in der Mitte der Lippen. Denken Sie daran, sie so zufällig wie möglich zu wählen und sie beim Durchlaufen der Schritte zu vermischen.

Sie können beim Fortschreiten jederzeit Änderungen vornehmen.

Jetzt können wir mit einem Q-Tip einen Schlagschatten unter die Unterlippe legen.

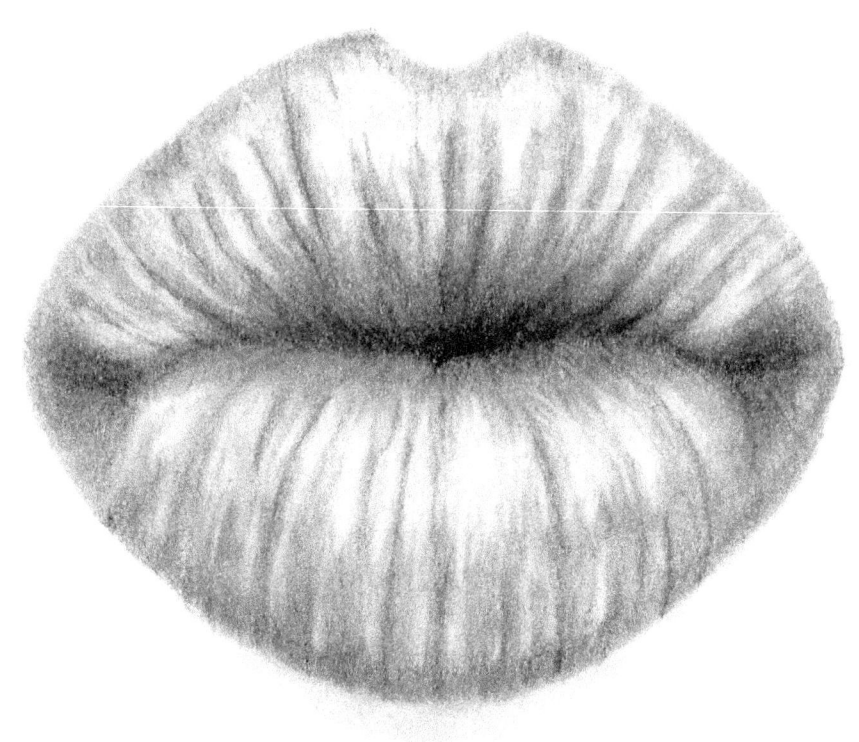

WIE MAN REALISTISCHE KIRSCHEN ZEICHNET

Beginnen wir wie immer mit der Gliederung. Als Erstes zeichnen Sie zwei Kreise. Ich möchte zwei Kirschen zeichnen, aber Sie können nur eine zeichnen, wenn Sie wollen. Der Abstand zwischen Nadel und Stiftspitze beträgt bei meinem Zirkel etwa zwei Zentimeter. Der Durchmesser der Kirsche beträgt also fast vier Zentimeter, wenn Sie die gleiche Größe wie ich zeichnen möchten.

Da die Form der Kirsche kein perfekter Kreis ist, muss ihr oberer Bereich ein wenig geändert werden, und die Form hängt davon ab, wo sich der Stiel befinden soll. Ich möchte, dass meine Stiele im oberen Teil des Bildes sind. Zeichnen Sie daher eine Linie unter dem Kreis, um ihn ein wenig nach innen zu krümmen. Zeichnen Sie auf beiden Seiten etwas aus dem Kreis heraus, und zwar die gleiche gekrümmte Linie, die Sie hineingezeichnet haben. Der untere Bereich des Kreises kann eigentlich rund bleiben. Zeichnen Sie als Fortsetzung zum unteren Teil des Kreises aus dem Kreis heraus und verbinden Sie ihn nach oben mit dem Ende der inneren gekrümmten Linie, wie im nächsten Bild gezeigt.

Radieren Sie den Teil des Kreises weg, den Sie nicht mehr benötigen. Sie können die Form der Kirschen jetzt noch während des Skizzierens ändern, wenn Sie möchten. So sieht der Umriss meiner Kirschen aus.

Jetzt können wir ihre Schattenbereiche schattieren. Ich benutzte einen 8B, um den Schatten für die dunkleren Bereiche rings um den Rand mit einer kreisförmigen Bewegung zu zeichnen. Verwenden Sie den Stift vorsichtig neben dem Rand, um den Außenrand scharf und klar zu halten. Die schattierten Stellen verleihen unserer Zeichnung eine gewisse Tiefe. Haben Sie also keine Angst davor, dunkle Stifte zu verwenden. Dadurch erhalten unsere Kirschen eine 3D-Form. Kreisbewegungen helfen Ihnen dabei, eine glatte Textur zu erzeugen. Schattieren Sie beide Kirschen auf die gleiche Weise.

Die Position dieser Schattierung hängt von der Lichtquelle ab, aber jetzt machen wir eine mit normalem Licht, das aus unserer Sicht von vorn kommt. Im nächsten Bild sehen Sie die Bereiche, die ich in diesem Schritt schattiert habe.

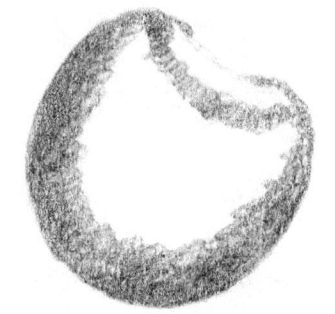 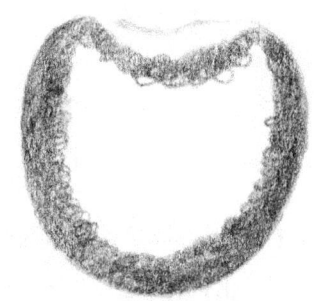

Lassen Sie uns den Rest mit einem HB abdecken, aber drücken Sie nicht zu fest auf. Das ist nur die Grundfarbe, die wir in diesem Schritt festlegen. Wir werden sie mehr schattieren. Stellen Sie sich vor, Sie haben das reflektierte Licht irgendwo in der Mitte in Form eines Rechtecks und eines kleineren auf der linken Seite. Lassen Sie sie zunächst weg und zeichnen Sie um sie herum. Machen Sie die Highlights beider Kirschen gleich, da sie sich unter den gleichen Umständen im selben Raum befinden. Das Licht wird auf den Kirschen reflektiert, weil sie glänzend sind. Es können sogar mehrere Lichtquellen vorhanden sein, sodass viele Schattierungen und Lichter möglich sind. Machen Sie weiterhin kreisende Bewegungen, um die glatte Textur auf der Haut der Kirsche zu erzeugen. Dies sollte also ein viel hellerer Bereich sein als der, den wir zuvor mit dem 8B schattiert haben. Durch die Verwendung dieser beiden Schattierungen entsteht, wie Sie im nächsten Bild sehen können, bereits die Illusion einer runden Form. Sie können jetzt sehen, wie es runder aussieht. Ich denke nicht, dass Sie hier Linien oder Schraffuren anwenden sollten, da diese Striche sichtbar wären und wir sie hier nicht benötigen. Sie können sehen, wie sie aufgrund der reflektierten Lichter bereits ein bisschen glänzend aussehen.

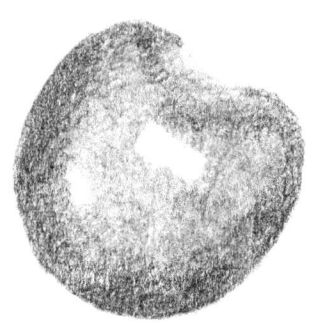 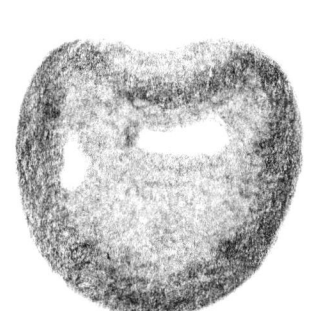

Danach müssen Sie die Ränder zwischen diesen beiden Tönen verwischen. um diesen Verlaufsübergang zu erstellen.

Sie müssen zwischen härterem Druck in den dunklen Bereichen und sanfteren Druck in den hellen Bereichen wechseln, um diesen Verlaufsübergang zu erstellen.

Mischen Sie alles mit einem Q-Tip. Machen Sie kreisende Bewegungen und gehen Sie herum. Es sollte sehr glatt werden, wenn Sie den Graphit in den Zahn des Papiers drücken. Mischen Sie die Ränder mit einem Papierwischer, da die Spitze kleiner ist und Sie nicht viel von den Kirschen schattieren. Radieren Sie einen Teil des Graphits weg, den Sie um die Kirschen aufgetragen haben, um die Ränder sauber zu machen. Sie sollten auch versuchen, den Rand zwischen HB und 8B zu beseitigen. Wenn etwas zu dunkel ist, gehen Sie es einfach mit einem sauberen Q-Tip durch. Auf diese Weise wird viel Graphit entfernt.

Auch im oberen Bereich mischen, wo der Stiel wächst. Erstellen Sie diesen tieferen Teil und setzen Sie ein Highlight auf die Oberfläche. Drücken Sie dabei mit der Spitze eines Radiergummis leicht darauf und entfernen Sie ein wenig Graphit. Es reicht aus, wenn wir die Fläche nur mit der Spitze des Radiergummis berühren, der Graphit wird zwar entfernt, aber der Radiergummi darf nicht über das Papier bewegt werden, da sonst zu viel verschwindet.

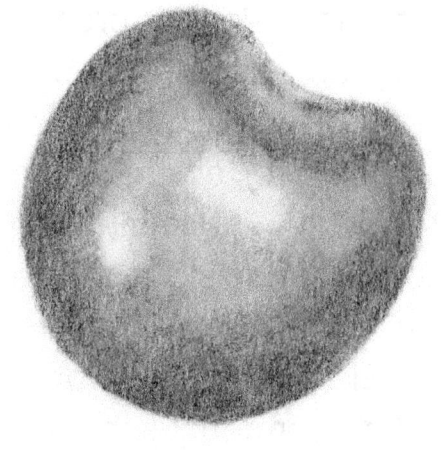 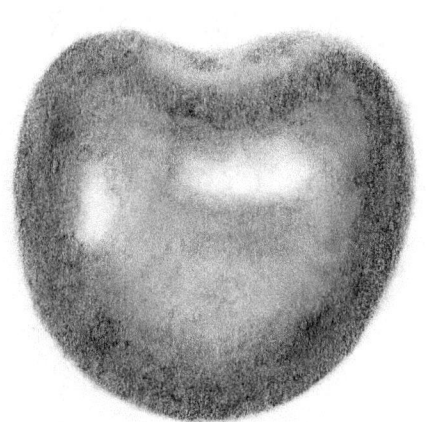

Lassen Sie uns in diesem Schritt den Schatten unter den Kirschen schattieren. Verwenden Sie den Q-Tip, den Sie zuvor verwendet haben, damit Sie etwas Graphit darauf haben und erstellen Sie einen Schlagschatten. Drücken Sie nicht zu fest auf die Kirsche auf, nur ringsherum. Die stärkeren Schatten finden Sie in der Mitte direkt neben der Kirsche. Drücken Sie daher in der Mitte fester auf. Lassen Sie den Druck nach, während Sie von der Kirsche weg schattieren. Der Schatten sollte auch höher gehen, um die runde Form der Kirschen zu suggerieren. Machen Sie die ganze Zeit horizontale Bewegungen. Wenn Sie Ihren Schlagschatten nicht dunkel genug machen können, tauchen Sie einfach einen Q-Tip in das Graphitpulver, schütteln Sie den Überschuss ab und tragen Sie ihn direkt unter der Kirsche auf.

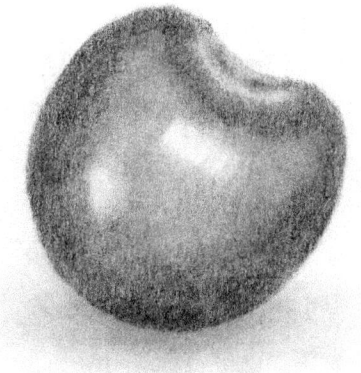 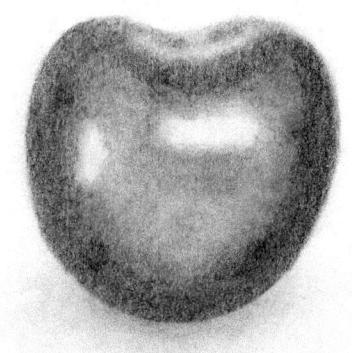

Da der Tisch weiß ist, sollte er sich etwas über dem unteren Bereich der Kirschen spiegeln. Um ein reflektiertes Licht zu erzeugen, gehen Sie mit einem Radiergummi über den unteren Bereich, doch nicht über den unteren Rand, sondern direkt über dem Rand. Lassen Sie am Rand also 2 bis 3 Millimeter. Sie können im nächsten Bild sehen, wo ich die Bereiche für die Highlights wegradiert habe. Erstellen Sie also eine Art gekrümmte dicke Linie oder einen Bogen und drücken Sie nicht zu fest auf. Dieses reflektierte Licht trägt immer viel zur dreidimensionalen Form bei und die Objekte sehen viel runder und glänzender aus. Wenn der Tisch schwarz oder dunkelbraun ist, wird nicht viel Licht reflektiert. Wenn Sie mit Farben zeichnen, wenden Sie einfach die Farbe des Tisches auf das Objekt an, und auch der Schatten, der über den Tisch geworfen wird, hat ein wenig rote Farbe von den Kirschen. Wenn Sie etwas Graphit von den Kirschen entfernt haben, indem Sie ihn darunter mischten, dunkeln Sie einfach den sehr starken Schatten über dem unteren Rand der Kirsche mit einem 8B ab. Zeichnen Sie direkt unter dem reflektierten Licht, weil Sie wahrscheinlich auch viel Graphit entfernt haben, während Sie gemischt haben, und wir können es einfach wieder anwenden. Drücken Sie aber nicht zu fest auf das Highlight und verwenden Sie einen gut angespitzten Stift. Der 8B ist sehr weich, sodass Sie nicht fest aufdrücken müssen, um einen ziemlich dunklen Ton zu erhalten. Einige dieser Bereiche sollten viel dunkler als die anderen sein, um eine Zufälligkeit zu erzeugen. Je mehr Töne im Bild sind, desto realistischer ist es, auch wenn es nur zwei oder drei Töne enthält.

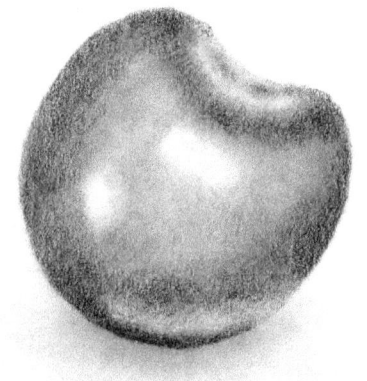 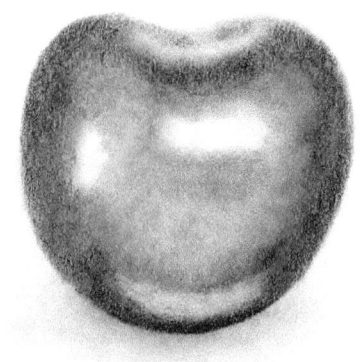

Hinweis

Sehen Sie sich Ihre Zeichnung aus größerer Entfernung an.

Nur dann können Sie erkennen, ob die Schattierungen dunkel genug,

die Highlights hell genug und der Verlaufsübergang einwandfrei genug

sind. Das gibt Ihnen eine andere Sicht auf die Dinge. Wenn

aus großer Entfernung etwas falsch aussieht, müssen

Sie die Formen ändern, indem Sie Highlights und

Schatten hinzufügen, entfernen oder verschieben.

Jetzt können wir die Stiele hinzufügen. Die Stiele können kurvig oder gerade sein. Ich möchte ihn links gekrümmt zeichnen, und rechts möchte ich ihn gerade machen. Die Stiele können länger oder kürzer sein, zeichnen Sie sie so, wie Sie möchten, damit können Sie nichts falsch machen. Ich benutzte einen HB zum Skizzieren. Auf den Stielen haben wir eine Art größeres Teil, das den Stiel mit dem Ast verbindet. Kümmern Sie sich also auch darum. Sehen Sie können in meinem Bild sehen, wie ich sie skizziert habe.

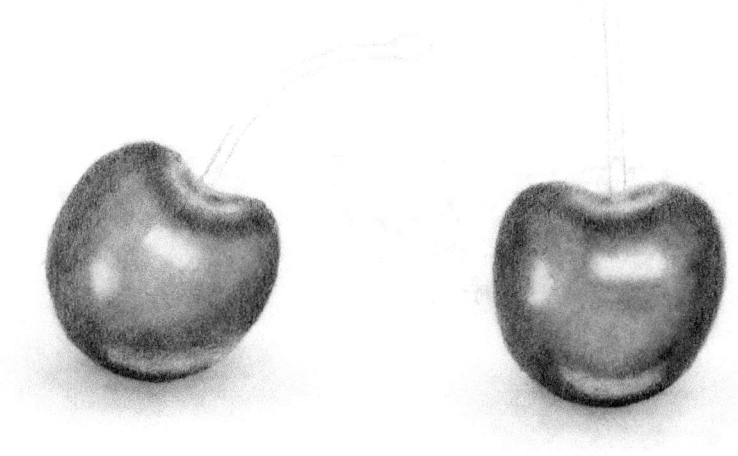

Die Stiele sind normalerweise ziemlich hell, verwenden Sie also einen 2H, um sie zu schattieren. Drücken Sie fester im unteren Bereich des Stiels an der linken Kirsche auf, da dieser Bereich weniger beleuchtet ist und wir ihn etwas dunkler machen müssen. Der größere Teil oben auf den Stielen kann insgesamt schattiert werden. Drücken Sie leicht im oberen Bereich auf und stellen Sie einen Übergang zwischen diesen beiden Tönen her. Lassen Sie den Druck nach, während Sie nach oben in Richtung des beleuchteten Teils zeichnen. Es wird ihm eine runde Form geben und Sie müssen die Stiele nicht wischen. Da die Stiele viel heller sind als die Kirschen, radieren Sie einfach deren Unteres weg, damit sie auf den Kirschen sind und so aussehen, als ob sie aus den Kirschen kommen und sich nicht dahinter verstecken. Der Stiel auf der rechten Kirsche hat Lichtquellen, die sowohl von der linken als auch von der rechten Seite kommen. Natürlich hängt es von der Lichtquelle ab, aber wir können ihn in der Mitte stärker schattieren und leicht aufdrücken, wenn wir nach links und rechts schattieren. Das deutet auf die Rundheit des Stiels hin.

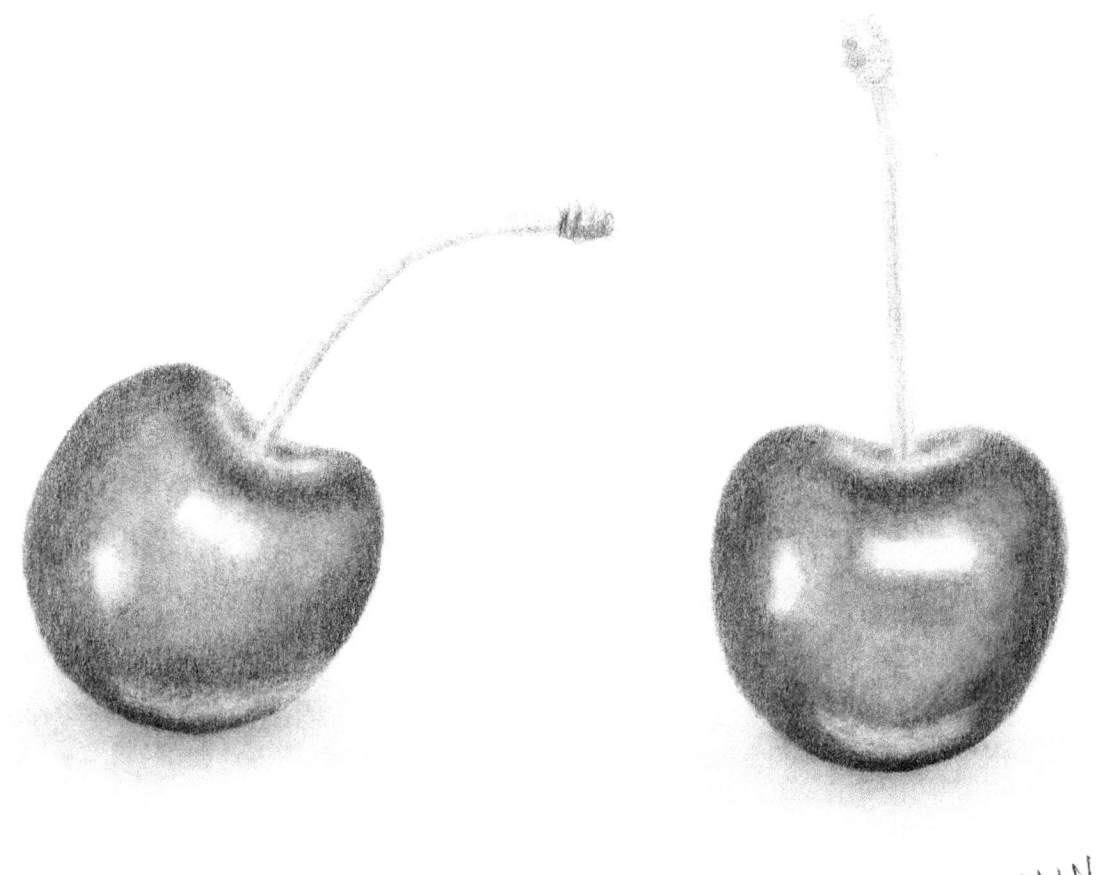

WIE MAN WASSERTROPFEN AUF EIN BLATT ZEICHNET

Lassen Sie uns zuerst ein Blatt zeichnen. Es kann jede Form haben. Ich meine, Sie können es hier nicht wirklich vermasseln. Ich habe eine typische Blattform gezeichnet, aber Ihr Blatt kann rund, sehr dick oder sogar dünn und schmal sein. Sie können einen Stiel zeichnen, wenn Sie möchten. Sie können gerne meinen Umriss aus dem Bild unten kopieren.

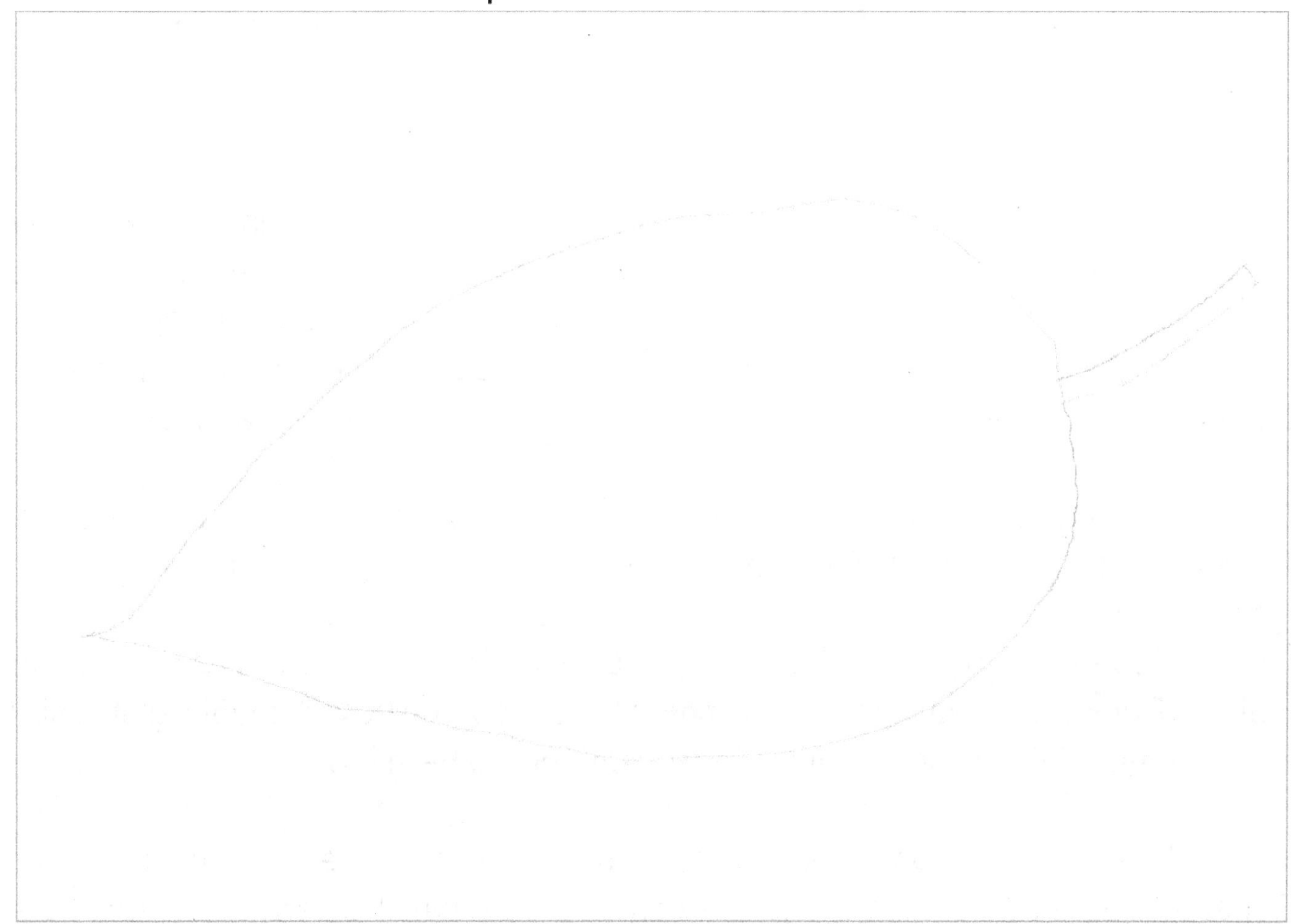

Als Nächstes ist dieses Blatt mit einem HB-Bleistift zu schattieren. Sie werden den gesamten Bereich mit diesem Stift ausfüllen. Drücken Sie nicht zu fest auf, da Sie sehr dunkle Bereiche erstellen können. Drücken Sie nur leicht auf und bedecken Sie mit diesem Stift den gesamten Bereich.

Sie können ihn im sogenannten Overhand-Grip halten, um den größeren Bereich schneller abzudecken. Es muss nicht glatt sein, da wir es mischen werden, aber versuchen Sie, es so glatt wie möglich zu machen und überall den gleichen Druck auszuüben.

Sie können gerne Techniken wie kreisende Bewegungen oder Schraffuren anwenden. Achten Sie nur darauf, die Ränder im Auge zu behalten.

Sie sollen klar und scharf so wie der Stiel sein. Wenn Sie versehentlich über den Rand zeichnen, können Sie es einfach wegradieren. Ich habe horizontale Linien verwendet und im nächsten Bild können Sie sehen, wie es ausgefallen ist.

Dann verwischen Sie alles mit einem Papiertaschentuch. Machen Sie kreisende Bewegungen und drücken Sie fest auf. Sie werden sehen, wie sich alles glättet, wenn Sie die groben Linien mischen. Drücken Sie sehr fest auf, bis Sie den Graphit in den Zahn des Papiers eingedrückt haben. Lassen Sie alle winzigen weißen Punkte des Papiers verschwinden. Es muss nicht vollständig glatt sein, da es immer einige Unvollkommenheiten auf den Blättern gibt.

Wenn Ihr Blatt nicht dunkel genug ist, können Sie mit einem HB immer mehr Schatten hinzufügen. Versuchen Sie immer, mit einem Papierwischer über die Ränder zu wischen. So können Sie präzise mischen und die Ränder sehr sauber und scharf halten.

Jetzt können wir das Blatt in zwei gleiche Teile teilen, indem wir der Mitte des Blattes mehr Schatten hinzufügen, wie im Bild unten gezeigt. Schattieren Sie mehr im unteren Bereich der oberen Hälfte, da es nach innen gebogen ist und weil es einen Schlagschatten hat.

Angenommen, unsere Lichtquelle kommt aus der oberen linken Ecke. Weil es aus dieser Ecke kommt, müssen wir das Blatt so schattieren, dass es das widerspiegelt. Der Schlagschatten erzeugt diese Illusion und trägt dazu bei, dass sich das Blatt von der Seite abhebt. Sie sollten vermeiden, dass das Blatt flach aussieht, da es realistisch gesehen nie flach ist. Verwenden Sie einen HB, um diesen Bereich zu schattieren. Dann mischen Sie ihn mit einem Papiertaschentuch oder einem Q-Tip. Bewahren Sie das Taschentuch oder den Q-Tip für alle Fälle auf. Machen Sie dasselbe in der unteren Hälfte des Blattes, da sie auch ein bisschen gebogen ist. Der Fokus dieser Zeichnung liegt auf den Wassertröpfchen, aber das Ergebnis ist viel besser, wenn das Blatt auch so realistisch wie möglich ist. Wir müssen uns also etwas Zeit nehmen, damit es gut aussieht, bevor wir mit dem Zeichnen der Tröpfchen beginnen.

Sie können hier keine Fehler machen, selbst wenn Sie ein rundes Blatt (was einfach ist) mit einem Zirkel zeichnen. Verlängern Sie es einfach ein bisschen, damit es gut aussieht.

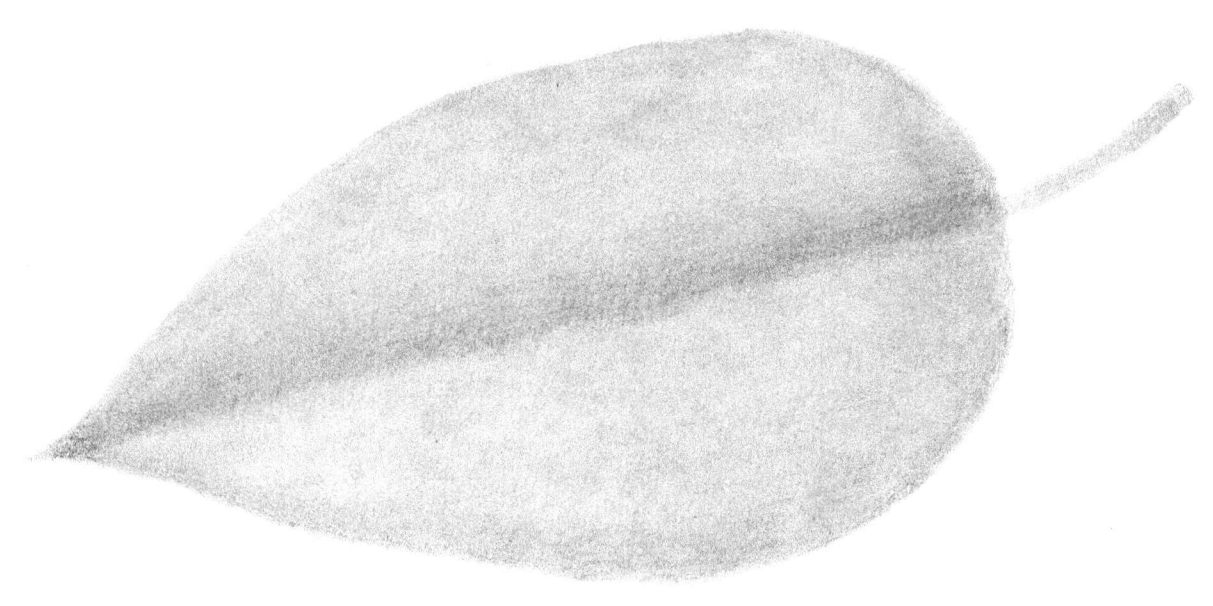

Erstellen wir nun die Adern, indem wir die Bereiche radieren. Erstellen Sie zunächst die Hauptader in der Mitte direkt unter dem soeben erstellten Schlagschatten. Üben Sie mit einem Radiergummi vorsichtig viel Druck aus. Diese Hauptader muss dicker und heller sein als die anderen kleineren Adern, die von dieser Ader über das gesamte Blatt verlaufen. Wenn Sie einen gekneteten Radiergummi haben, kneten Sie ihn einfach erneut, um eine saubere Spitze zu haben. Machen Sie es einfach nicht zu hell, weil es nicht weiß ist. Wenn Sie zu viel radieren und die Adern hell erscheinen, mischen Sie sie einfach ein wenig mit einem Taschentuch oder einem Q-Tip, auf dem sich noch etwas Graphit befindet.

Um die kleineren Adern zu erzeugen, drücken Sie leicht mit Ihrem Radiergummi auf. Versuchen Sie, diese kleineren Adern immer dünner zu machen, wenn sie sich dem Rand des Blattes nähern. Sie sind im Allgemeinen viel dünner als die Hauptader. Sehen Sie sich das nächste Bild an, um die Dicke und Position der

Adern auf meinem Blatt zu sehen. Die Anfangsteile der kleineren Adern können neben der Hauptader etwas dicker sein. Drücken Sie leicht auf, während Sie sie zur Oberseite des Blattes hinarbeiten, da die Adern hier sehr klein und dünn sind. Ich empfehle, einige Blätter oder Fotos als Referenz nachzuschlagen. Der Anfang dieser Adern sollte im schattierten Bereich dunkler sein. Das schließt auch den gebogenen Bereich direkt über der Hauptader ein. Daher werden die Highlights auch dunkler. Sogar die hervorgehobenen Bereiche im Schatten sind dunkler. Denken Sie also daran, wenn Sie einige Fehler machen, dass Sie es einfach mit einem Papierwischer überdecken können. Wir können auch noch kleinere Adern erzeugen, die aus der Hauptader hervorgehen. Ich werde nicht ins Detail gehen, weil es ziemlich selbsterklärend ist. Lassen Sie Ihrer Fantasie freien Lauf! Denken Sie daran, wenn Sie ein größeres Blatt zeichnen, können Sie viel mehr auf die Details eingehen.

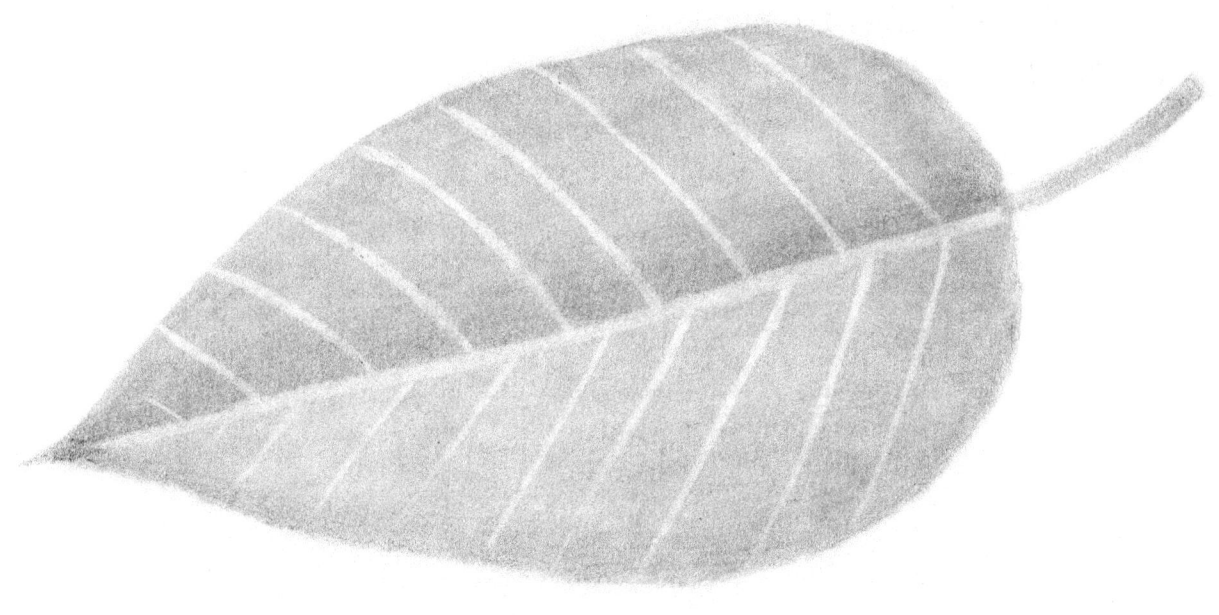

Es ist endlich an der Zeit, die Tröpfchen zu erschaffen. Stellen Sie sich, wie bereits erwähnt, eine Lichtquelle aus der oberen linken Ecke vor. Wir haben unser Blatt schon danach schattiert. Erstellen wir also mit einem HB-Stift kleine Halbkreise im oberen Teil der Tröpfchen. Bestimmen Sie die Größe des Tropfens und schattieren Sie nur die obere linke Hälfte des Tropfens. Dann mischen Sie es mit einem Papierwischer. Je dunkler der Farbton, desto besser, weil wir weiße Punkte auf ihm platzieren werden. Damit das funktioniert, sollte es einen großen Kontrast zwischen dem Schatten und dem Highlight geben. Versuchen Sie, Tropfen aller Größen und Formen zu erstellen. Sie müssen nicht perfekt rund sein, aber normalerweise haben Tröpfchen eine runde Form. Erstellen Sie sie auch über den Adern und versuchen Sie, genau in der Mitte des Tropfens einen Verlaufsübergang zwischen dem Schatten und dem Ton des Blattes zu erstellen. Versuchen Sie, so viele Tropfen wie nötig zu erzeugen. Wenn Sie nur ein bis zwei Tröpfchen zeichnen, würde es nicht so interessant aussehen. Ganz zu schweigen davon, dass Sie durch das Erstellen weiterer Tröpfchen mehr üben und Erfahrungen sammeln können.

Machen Sie diese Schatten oben und über dem Rand am dunkelsten. Wenn Sie zur Tröpfchenmitte schattieren, drücken Sie langsam auf die hellere Seite und mischen Sie. Versuchen Sie, einige davon anzuschließen, wie Sie im nächsten Bild sehen können. Zufälligkeit ist sehr wichtig und um sie in Bezug auf Größe und Form unberechenbar zu machen.

Im Moment sehen sie ziemlich seltsam aus.

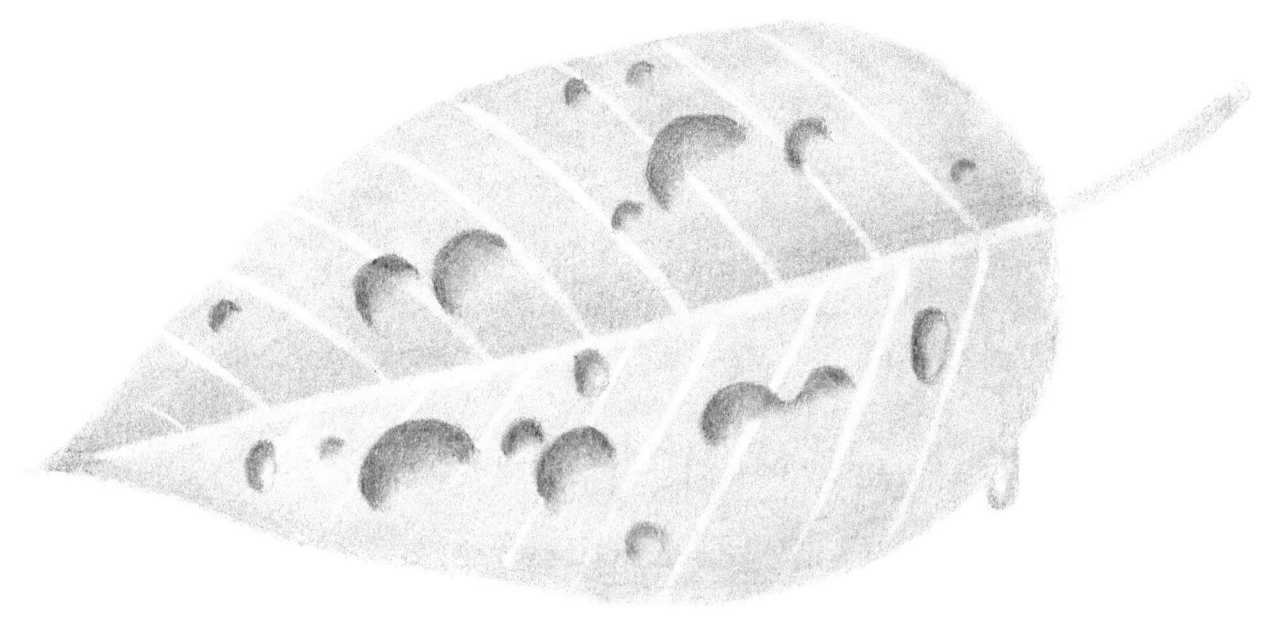

Lassen Sie uns das Licht erzeugen, das durch die Tröpfchen geht. Die untere rechte Hälfte des Tropfens muss daher sanft und vorsichtig radiert werden. Drücken Sie mit dem Radiergummi stärker auf den Boden des Tropfens auf, um den Graphit allmählich zu entfernen. Üben Sie immer weniger Druck aus, während Sie in Richtung der Mitte streichen. Wenn Sie zu viel aus den schattierten Bereichen entfernen, können Sie mit einem Papierwischer oder einem Q-Tip mit Graphit wieder etwas hinzufügen. Die winzigen Tröpfchen sind schwieriger herzustellen; aber sie müssen auch der Zufälligkeit zuliebe geschaffen werden. Sie können einen elektrischen Radierer verwenden, wenn Sie einen haben. Damit können Sie viel mehr radieren und ein helleres Highlight erstellen. Er entfernt weit mehr als ein manueller Radierer.

Verwenden Sie ihn natürlich nicht in den Bereichen, die Sie nicht zu hell machen möchten, da diese Art von Radiergummi nach dem Berühren des Papiers häufig viel wegradiert.

Sie können ihn nicht so gut steuern wie die manuellen, aber er ist für viele Dinge gut. Wie Sie im nächsten Bild sehen können, sehen die Tröpfchen bereits realer aus.

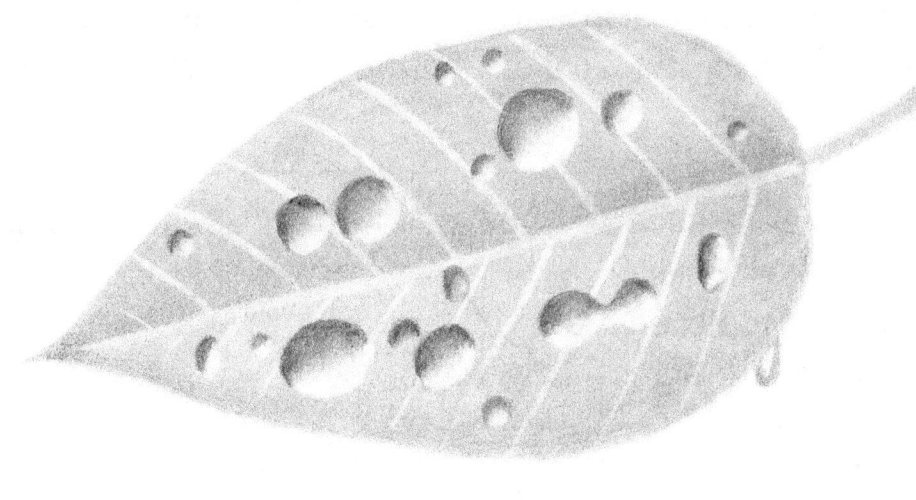

Lassen Sie uns nun die Schlagschatten direkt unter diesen Highlights und unter den Tröpfchen erstellen. Wenn die Lichtquelle von der oberen linken Ecke kommt, wird dieser Schatten im oberen rechten Teil unter den Tröpfchen erscheinen. Auch hier ist ein Verlaufsübergang wichtig. Üben Sie mit einem HB viel Druck aus, wenn Sie neben den Tröpfchen unter dem hervorgehobenen Teil zeichnen. Drücken Sie immer weniger, während Sie nach unten in Richtung der unteren rechten Ecke des Papiers schattieren. Verwenden Sie einen

Papierwischer, um die Ränder zwischen den Schlagschatten und dem Gesamtton des Blattes zu mischen.

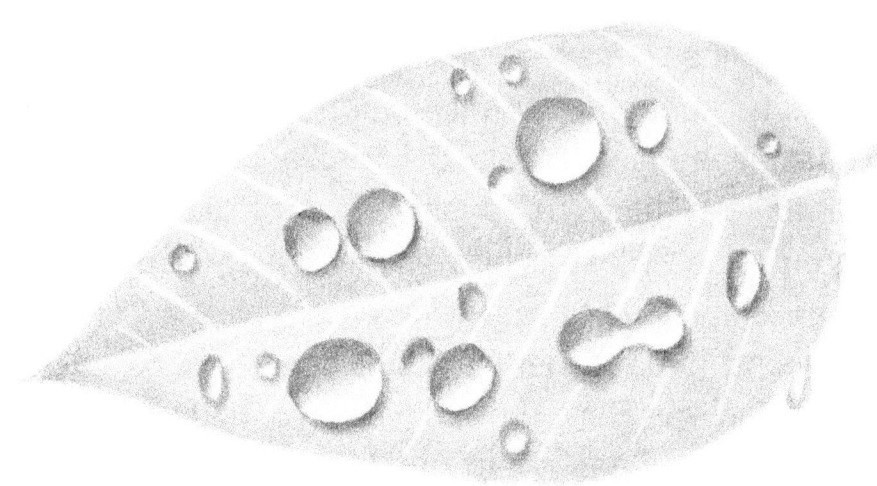

Sie können in meinem Bild sehen, wie sich diese Tröpfchen aufgrund des Schattenwurfs vom Blatt abheben. Nun sind sie mit diesen geworfenen Schatten von der Oberfläche des Blattes getrennt. Es ist erstaunlich, wie das Ihre Zeichnung hervorhebt und wie es eine dritte Dimension und Tiefe schafft. Machen Sie dasselbe mit jedem Tropfen, gehen Sie nur nicht mit Ihrem Papierwischerüber die Highlights.

Vergessen Sie auch nicht, dass die größeren Tröpfchen größere und dunklere Schatten werfen.

Die Größe und der Ton des Schattenwurfs veranschaulichen die dritte Dimension des Tropfens.

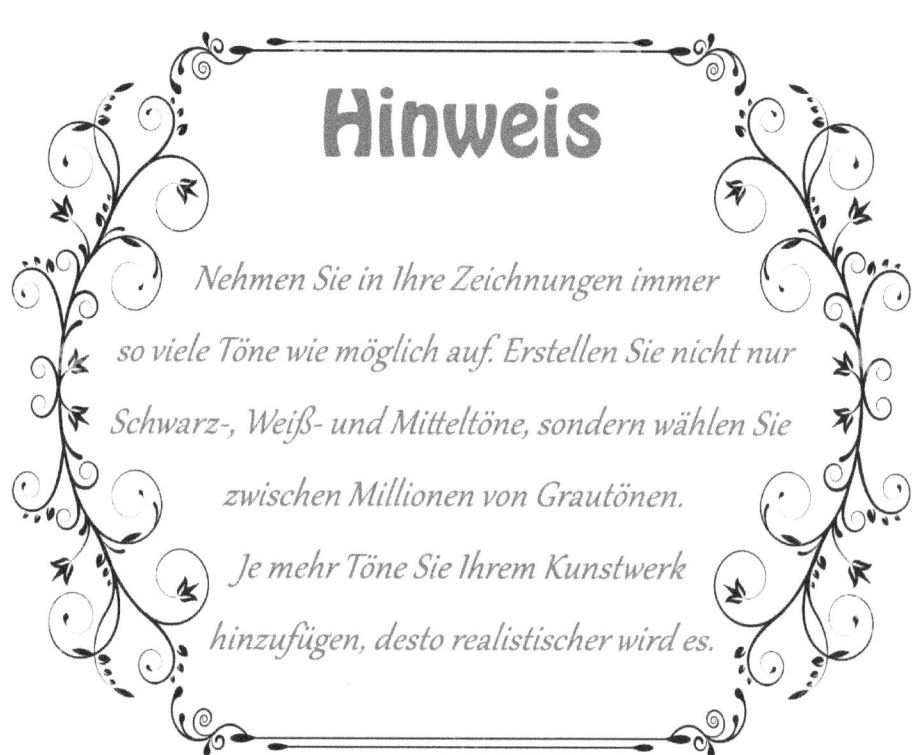

Hinweis

Nehmen Sie in Ihre Zeichnungen immer so viele Töne wie möglich auf. Erstellen Sie nicht nur Schwarz-, Weiß- und Mitteltöne, sondern wählen Sie zwischen Millionen von Grautönen. Je mehr Töne Sie Ihrem Kunstwerk hinzufügen, desto realistischer wird es.

Jetzt müssen wir nur

noch Highlights hinzufügen.

Da unsere Lichtquelle aus der oberen linken Ecke kommt, müssen wir die Highlights über dem oberen linken Bereich der Tröpfchen erzeugen, über den Schatten. Das ist mit einem manuellen Radiergummi sehr schwierig, daher sollten Sie entweder einen elektrischen oder einen weißen Marker verwenden. Natürlich können Sie mit einem manuellen Radierer versuchen, aber Sie bekommen es nicht absolut weiß.

Platzieren Sie daher mit einem weißen Marker einen oder zwei Punkte auf dem schattierten Bereich der Tröpfchen. Wie Sie im nächsten und letzten Bild sehen können, erscheinen die Tröpfchen jetzt glänzend. Das Weiß deutet auf den Glanz der Tropfen hin. Dieser Marker ist undurchsichtig, was für die Erstellung dieser Highlights sehr gut ist. Haben Sie keine Angst, diesen Marker zu verwenden. Sie können eventuelle Fehler korrigieren. Denn sobald dieser Uni-Posca-Marker auf Ihrem Papier getrocknet ist, können Sie Fehler einfach mit Ihrem Nagel oder vorsichtig mit einem Messer beseitigen. Haben Sie also keine Angst, diese Methode auszuprobieren.

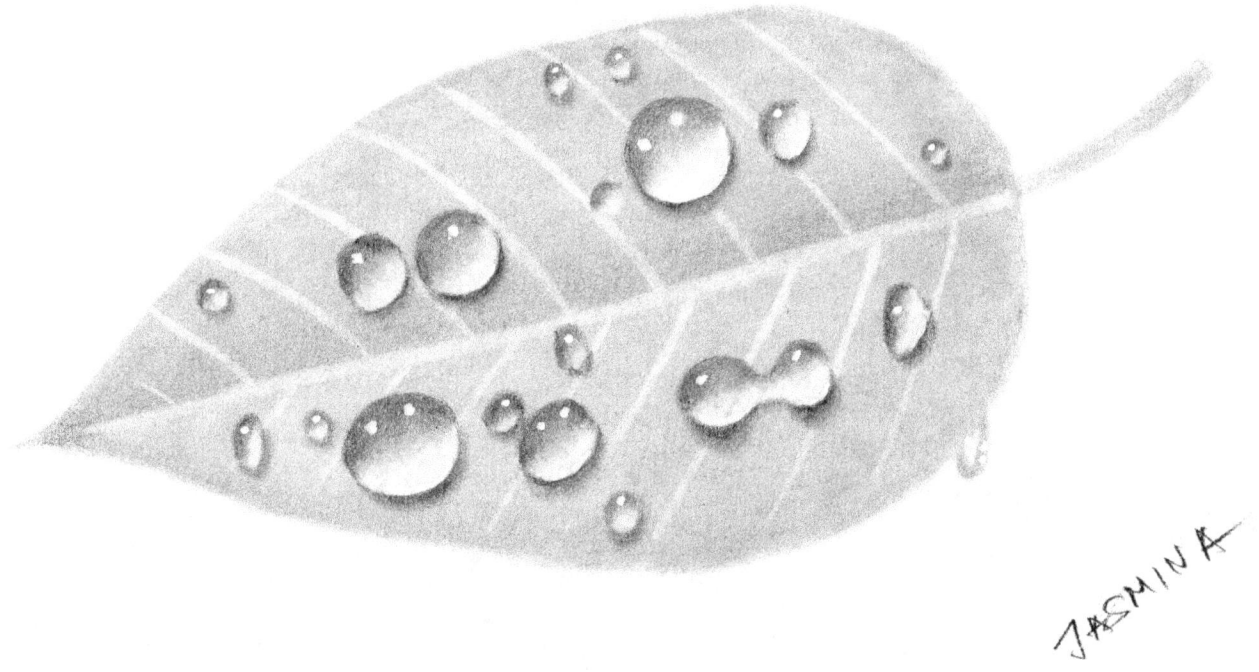

WIE MAN EINE KOKOSNUSS ZEICHNET

Ich möchte eine Kokosnuss zeichnen, die in zwei Hälften geschnitten ist, und ich möchte, dass die Querschnittsfläche sichtbar ist.

Verwenden wir einen einfachen Kreis als Richtlinie.

Ich benutzte einen Zirkel, um meinen Kreis zu erstellen, und der Abstand zwischen der Nadel und der Bleistiftmine betrug ungefähr 6 Zentimeter. Sie können dies als Richtlinie verwenden, wenn Sie dieselbe Größe zeichnen möchten. Also, der Durchmesser meines Kreises ist etwas mehr knapp 12 Zentimeter.
Erstellen Sie einen Kreis in der Mitte Ihres Blattes.

Jetzt müssen wir entscheiden, wo unsere Kokosnuss halbiert werden soll und

den Rand der Schale zeichnen. Im nächsten Bild können Sie sehen, wo ich den Rand der Schale innerhalb des Kreises erstellt habe. Ich benutzte einen HB-Bleistift zum Skizzieren. Jetzt können wir nur den oberen Teil des Kreises wegradieren, weil wir ihn nicht mehr brauchen.

Nun legen wir die Dicke der Schale fest. Gehen Sie neben die Kontur, die Sie

gerade erstellt haben, und zeichnen Sie eine parallele Linie 2 bis 3 Millimeter daneben. Sie können anfangen, wo immer Sie wollen, stellen Sie einfach sicher, dass Sie überall langgehen. Machen Sie die Dicke der Schale ein bisschen dicker, wenn Sie sich dem Auge des Betrachters nähern..

Als letzten Teil des Skizzierprozesses

erstellen wir den Rand zwischen dem Fleisch der Kokosnuss und dem Hohlraum. Die Dicke des Fleisches ist bekanntlich viel dicker als die der Schale. Zeichnen Sie außerdem einige winzige Linien über die Breite des Fleisches, das von der Mitte der Kokosnuss ausgeht. Diese Linien deuten Fasern an.

Als Nächstes schattieren Sie den inneren Bereich der Kokosnuss, den Hohlraum, in dem sich das Kokoswasser befindet. Und zwar mit der dritten Methode, die ich im Kapitel „Schattierungstechniken" gezeigt habe, in dem ich eine Kugel auf diese Weise schattiert habe.

Wie wir wissen, ist Kokosnussfleisch absolut weiß, aber wenn unsere Lichtquelle von der linken Seite kommt, müssen wir die linke Seite des Hohlraums schattieren. Das ist eine sehr heikle Arbeit, und Sie können sie mit der Zirkel-Methode und einem sehr hellen Stift ausführen. Ich möchte Ihnen jedoch die Methode zeigen, die ich immer anwende, wenn ich solche hellen Bereiche schattiere. Ich möchte, dass Sie das Kokosnussfleisch und den Hohlraum auf einem separaten Blatt Papier skizzieren. Sie können es sogar nachverfolgen, wenn Sie durch dieses Blatt Papier sehen können. Erstellen Sie also die gleiche Form wie die Innenkante und schneiden Sie sie mit einer Schere aus.

Schattieren Sie dann dieses Papier neben dem Rand ein wenig, wie in der folgenden Abbildung gezeigt, aber gehen Sie nicht über Ihr Zeichenpapier hinaus. Ich benutzte einen B-Stift zum Schattieren.

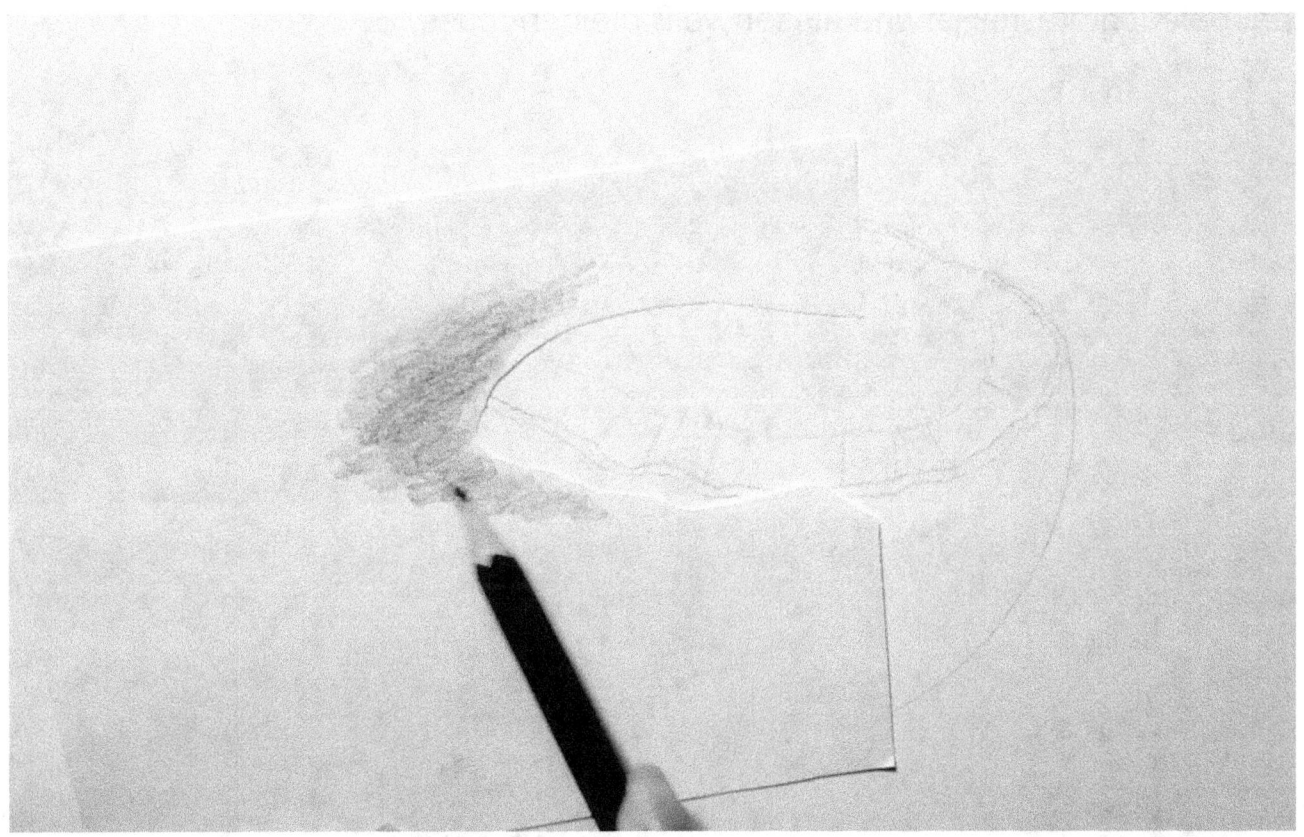

Legen Sie dieses Stück Papier genau über den Rand, für den wir diese Form erstellt haben. Beginnen Sie, dieses Blatt Papier zu schattieren, insbesondere den gerade schattierten Graphit, indem Sie kreisförmige Bewegungen ausführen. Wenn Sie schattieren, gehen Sie nach und nach über den inneren Bereich der Kokosnuss, um den Graphit auf die linke Seite des Hohlraums aufzutragen. Wenn Sie nicht genug Graphit haben, zeichnen Sie erneut mit einem Bleistift neben den Rand und schattieren Sie ihn erneut. Versuchen Sie, keine plötzlichen Bewegungen auszuführen, da es ein sehr sensibler Bereich ist. Dies ist eine andere Methode zum Erstellen eines glatten Verlaufs als bei einem Zylinder, aber ich möchte, dass Sie diese Methode auch lernen, da sie sehr gut zum Schattieren von schattierten weißen Objekten geeignet ist. Der Schatten ist auf der linken Seite des inneren Bereichs der Kokosnuss am stärksten und deshalb sollten Sie diesen Bereich öfter durchgehen. Ich würde nicht empfehlen, Graphitpulver dafür zu verwenden, da Sie möglicherweise zu viel davon auftragen und es sehr schwierig ist, es wegzuradieren und heller zu machen. Wenn Sie jedoch nur ein wenig Graphit auf Ihrem Tuch haben, können Sie diese Methode auch ausprobieren und feststellen, welcher Stil für Sie am besten geeignet ist. Gehen Sie nicht bis zur rechten Seite des Hohlraums, da dieser der stark beleuchtete Teil ist und dieser weiß bleiben muss.

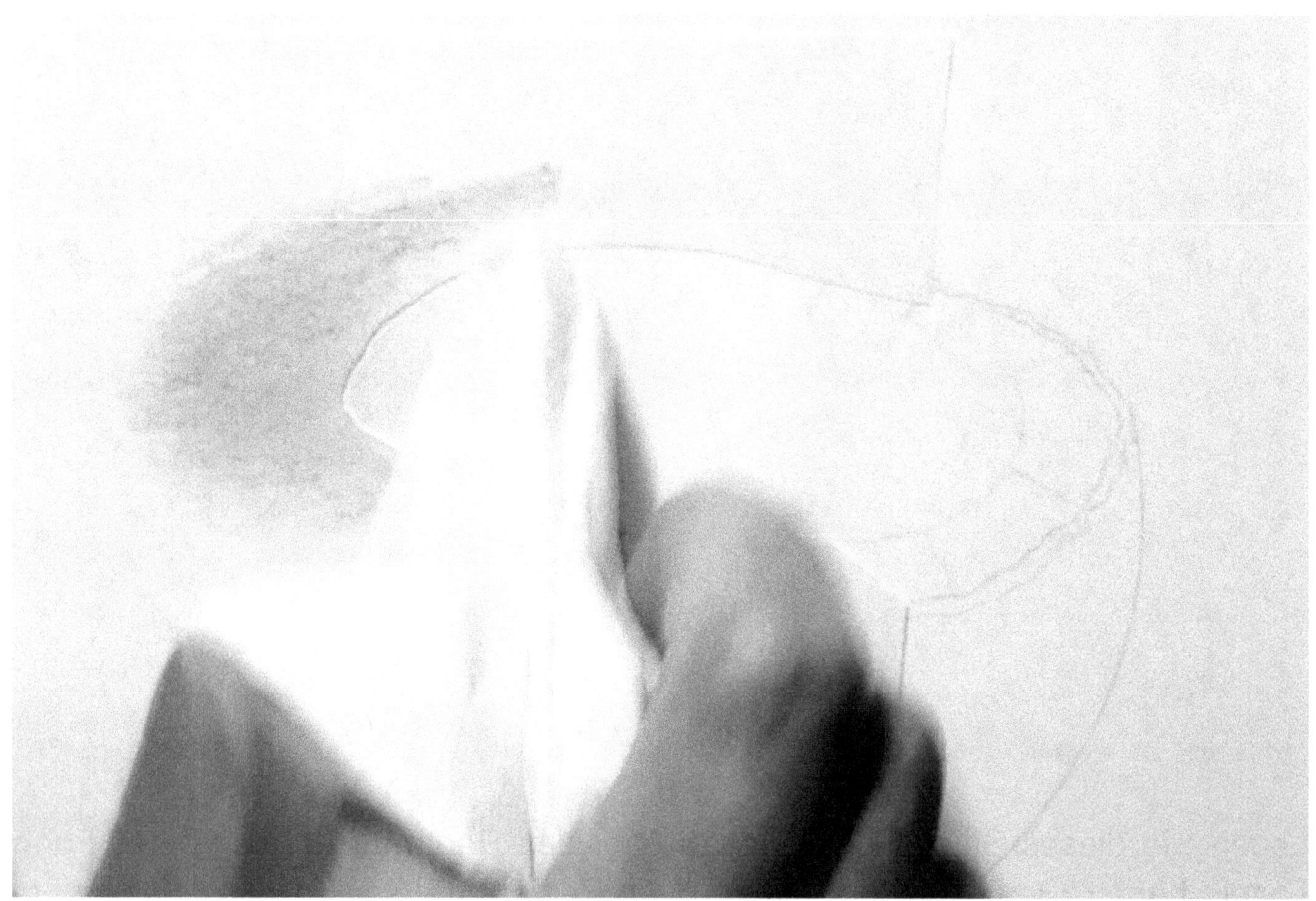

Wenn Sie das Schattierungspapier entfernen, sollten Sie Folgendes erhalten:

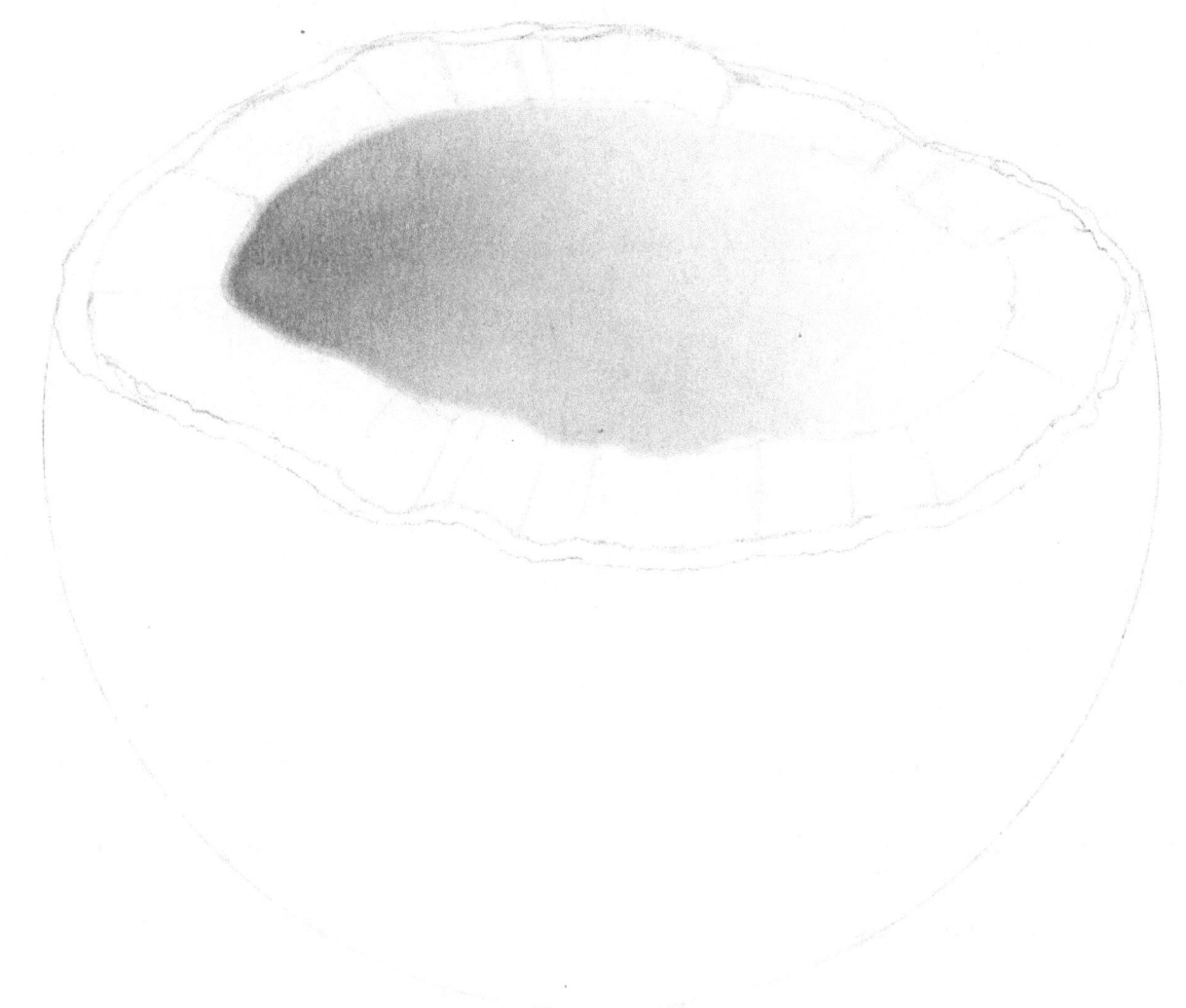

Jetzt können wir die sichtbaren Fasern des Kokosnussfleisches schattieren. Verwenden Sie einen Papierwischer, um einige dieser Fasern zu schattieren. Die anderen können weiß bleiben, da einige von ihnen immer stärker beleuchtet und dem Licht ausgesetzt sind. Sie können dazu Stifte von HB bis 5H verwenden und diese dann mit einem Papierwischer oder einem Q-Tip mischen.

Wenn Sie schattieren, scheinen einige der Fasern tiefer zu sein und die umgebenden Bereiche hervorgehoben. Ändern Sie den Druck auf Ihren Stift, um verschiedene Töne zu erzeugen.

Schattieren Sie die rechte Seite stärker, um die Innenseite des Hohlraums (die wir absolut weiß gelassen haben) hervorzuheben. Wenn Sie etwas mehr hervorheben möchten, es aber nicht mehr hervorheben können, weil es bereits weiß ist, und Sie denken, es sollte auffälliger sein, dann nur schattieren, und es wird weiter hervorstehend aussehen.

Kontrast spielt eine große Rolle bei der Erstellung realistischer Zeichnungen.

Jetzt können wir die Dicke der Schale ringsum schattieren. Ich benutzte dafür einen B-Stift, und hier sollte man nicht versuchen, eine glatte Textur zu erzielen, da sich auf der Oberfläche der Schale Borsten befinden. Wenn unsere Lichtquelle von der linken Seite kommt, stellen Sie sich vor, wo sich die dunkelste Teilschale befinden würde, da die

Kokosfaser kein Licht auf sie fallen lässt. Bitte schauen Sie sich das nächste Bild an, um zu sehen, wie ich das gelöst habe.

Lassen Sie uns als nächstes die Hülsen und winzigen Haare auf der Oberfläche der Schale zeichnen. In diesem Schritt können Sie sich endlich entspannen, scharren und kritzeln, wie Sie möchten, ohne eine Reihenfolge einhalten zu müssen. Tragen Sie also mit einem B-Stift Linien, Schraffuren und alles, was Sie wollen, auf die Kokosnussschale auf. Das Einzige, worauf Sie achten sollten, ist, die linke Seite wegen der Lichtquelle, die von der linken Seite kommt, heller zu machen. Das heißt, dass die Kokosnuss auf der rechten Seite dunkler wird und Sie den Übergang zwischen hellen und dunklen Bereichen vornehmen müssen, indem Sie mehr Druck ausüben, wenn Sie nach rechts schattieren. Der untere Teil der Kokosnuss wird noch weniger hell, daher sollte es der dunkelste Teil des Bildes sein. Verwenden Sie dazu einen 6B oder dunkler. Es wird auch die Kokosnuss rund erscheinen lassen. Machen Sie sich keine Sorgen, wenn einige winzige Bereiche des Papiers weiß bleiben, da Sie so die raue Textur der Kokosnussschalen erhalten.

Drücken Sie etwas stärker unter dem Rand zwischen der Schale und den Haaren, damit sie so aussehen, als hätten sie unterschiedliche Abmessungen.

Sie können die Form des Kreises ändern, den wir als Richtlinie verwendet haben, und etwas tiefer zeichnen. Kreieren Sie den Umfang der Kokosnuss etwas weiter vom Rand entfernt.

Dieser Schritt ist ziemlich zeitaufwendig, insbesondere wenn Sie eine große Kokosnuss zeichnen. Wenn Sie aber eine große Kokosnuss zeichnen, können Sie viel detaillierter vorgehen. Es braucht also viel Zeit, aber das Ergebnis ist immer besser, wenn mehr Details enthalten sind.

Ganz rechts hätten wir etwas reflektiertes Licht. Selbst wenn sich auf der rechten Seite keine Lichtquelle befindet, wird der rechte Rand der Kokosnuss durch das von den Wänden oder anderen Gegenständen oder sogar vom Tisch, auf dem sie liegt, vom reflektierten Licht leicht beleuchtet. Dieser Rand auf der rechten Seite sollte also etwas heller sein als der dunkelste Bereich in der Mitte des Äußeren der Kokosnuss.

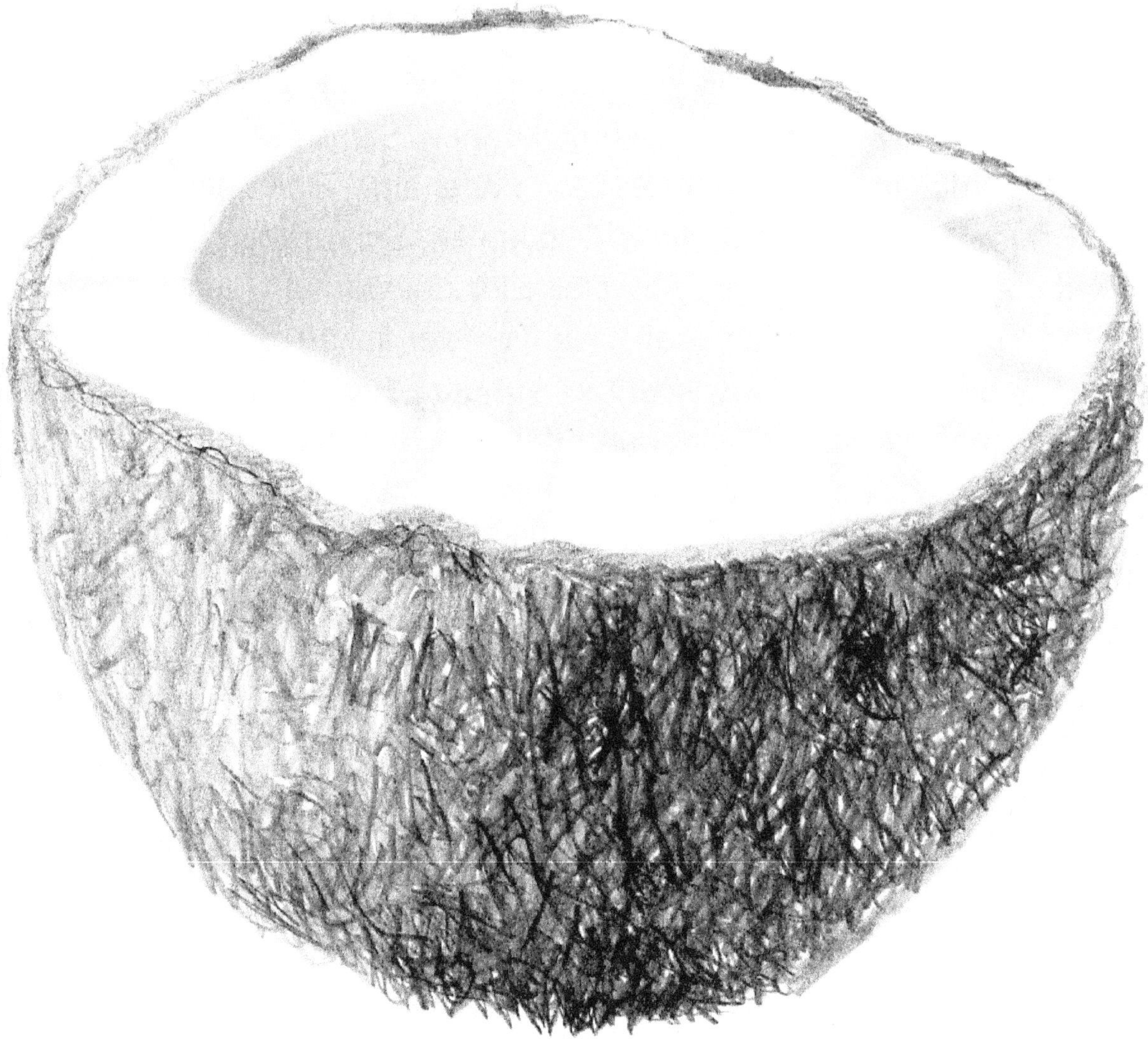

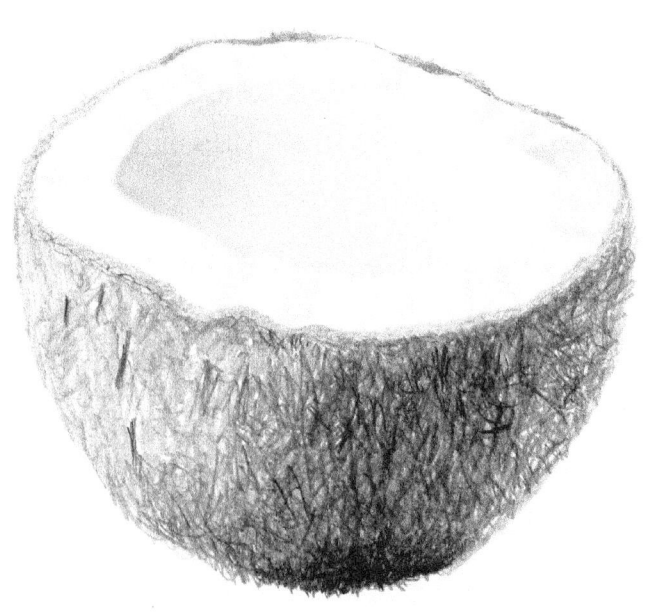

Da die Schalen hart sind, können wir sie so belassen, aber einige Bereiche können leicht mit einem Q-Tip gemischt werden. Gehen Sie einfach herum und berühren Sie einige Punkte mit einem Q-Tip, insbesondere mit einem Tupfer, aber mischen Sie nicht alles, wie wir es zum Beispiel bei den Kirschen getan haben. Machen Sie einfach einige der Haare ein bisschen glatter.

Danach können Sie den Bereich in der Mitte mit einem 6B-Stift oder einem weicheren Stift dunkler machen. Sie können jederzeit zurückgehen und mehr Schatten, mehr Highlights und alles andere hinzufügen, was Sie möchten.

In diesem Bild können Sie sehen, dass ich die Schalendicke auf der linken Seite mit einem B-Stift und stark abgedunkelt habe, da die Breite und die Haare den

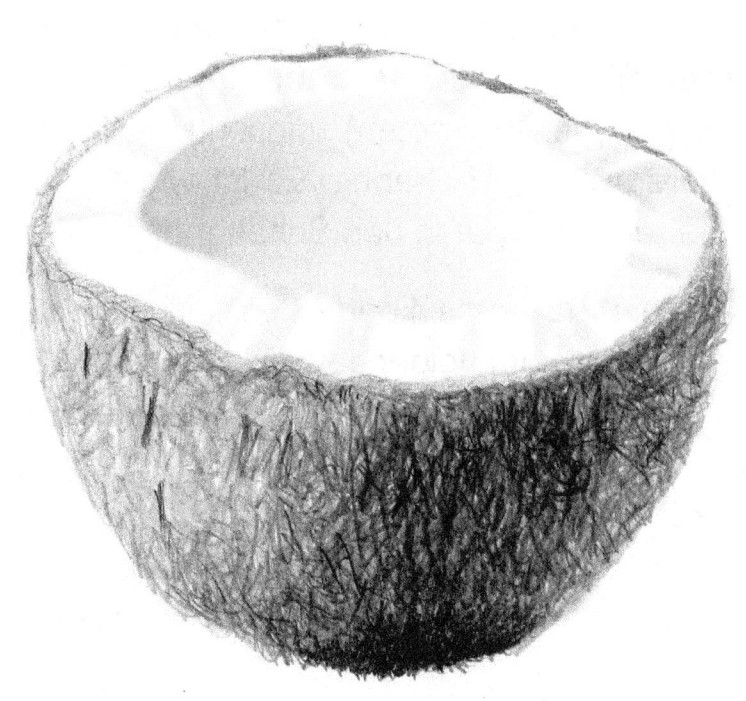

gleichen Wert hatten und ich möchte, dass sie eine andere Dimension annehmen. Genauso wie wir es auf der rechten Seite gemacht haben, aber wir haben das Gegenteil geschaffen: Die Haare sind dunkler als die Schalendicke auf der rechten Seite. Dadurch erscheinen die Breite der Schale und der äußere Bereich auf einer anderen Ebene. Daher trägt auch hier der stärkere Kontrast dazu bei, der Zeichnung Tiefe und eine dritte Dimension zu verleihen.

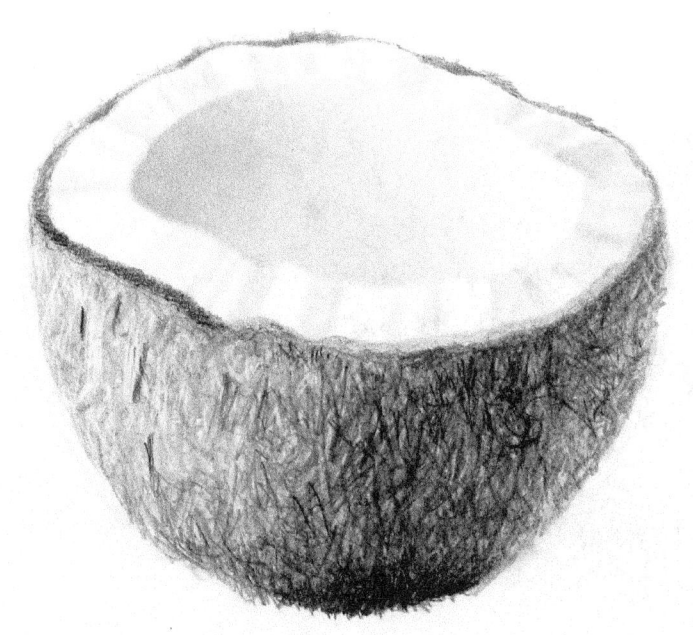

Jetzt können wir zufällig einige Highlights über den Haaren erzeugen, damit einige hervorstehen. Ich benutzte dafür einen mechanischen Radiergummi, aber Sie können auch einen anderen verwenden. Drücken Sie nicht zu fest auf, weil wir nicht wollen, dass sie weiß sind.

Wenn Sie jedoch übertreiben und einige davon zu hell erscheinen, verwenden Sie einfach einen Papierwischer, um den Graphit erneut aufzutragen.

Wenn Sie die Highlights auf der rechten Seite erstellen, sollen sie dunkler sein. Lassen Sie also den Druck auf Ihren Radierer nach oder lassen Sie es, ihn zu reinigen (oder zu kneten) und entfernen Sie mit der schmutzigen Spitze Ihres Radierers weniger Graphit. Es ist wichtig, wo sich die Highlights befinden, und wir haben sie sogar in den Schattenbereichen, aber dort sind sie viel dunkler.

Okay, als Nächstes können wir einige der Haare um die Kokosnuss herum erstellen, wie im folgenden Bild gezeigt. Zeichnen Sie mit einem B-Stift die hervorstehenden Haare, die nicht auf der Oberfläche der Schale kleben. Einige von ihnen sollten kürzer, einige dicker, einige dunkler und einige haariger sein. Sie können wie ich das Kokosnussfleisch durchgehen, um es naturgetreuer zu machen. Zeichnen Sie sie einfach nach dem Zufallsprinzip um die Schalendicke und um die äußeren Ränder der Kokosnuss, wo immer es angebracht erscheint.

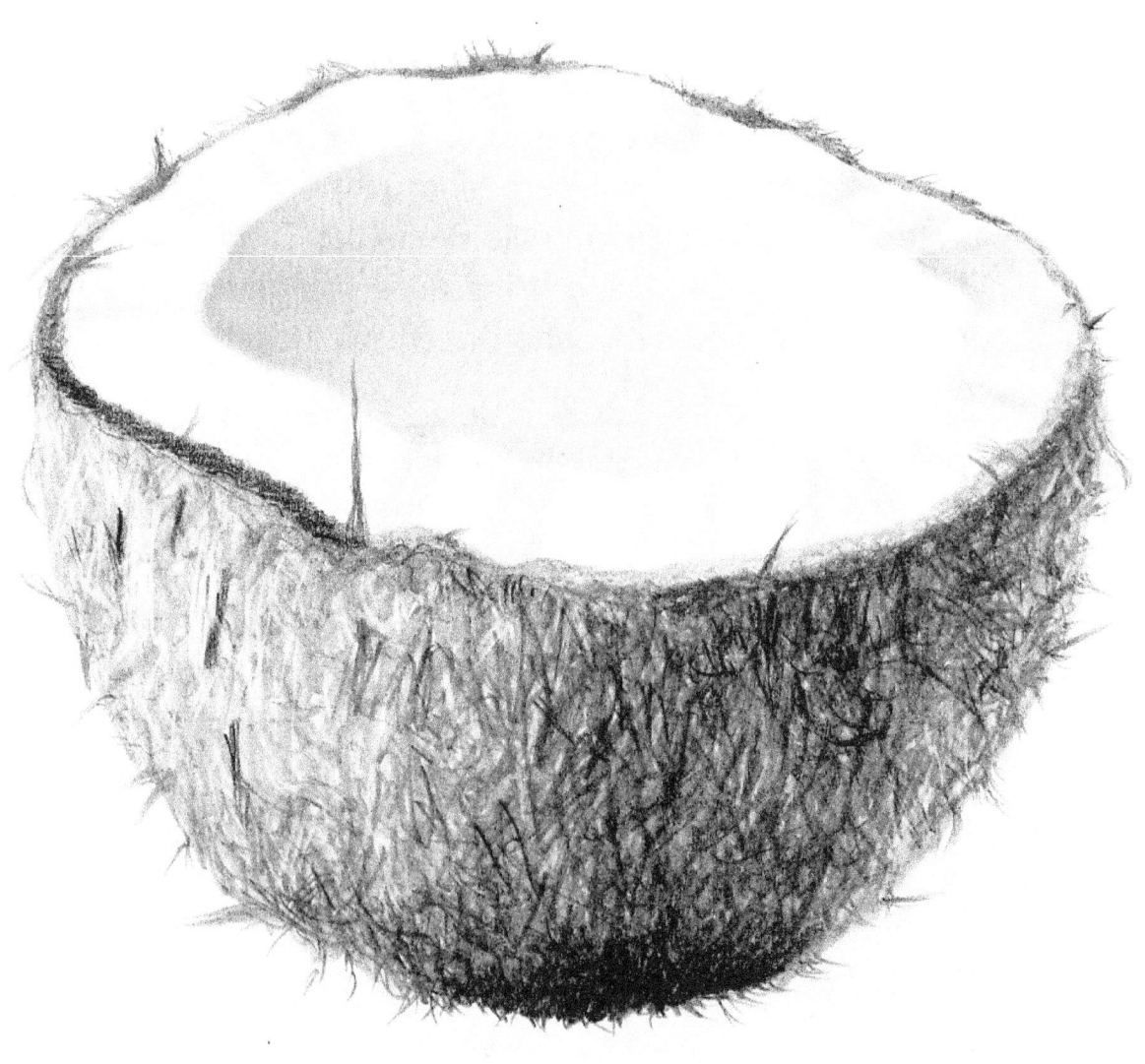

Wenn Sie mit Ihrer Kokosnuss zufrieden sind, können Sie den Schatten unter der Kokosnuss erzeugen. Das ist der Schatten, den die Kokosnuss auf die rechte Seite wirft, da unsere Lichtquelle von der linken Seite kommt. Erstellen Sie die horizontalen Striche mit einem B-Stift. Im nächsten Bild können Sie sehen, wie diese wenigen Linien die Kokosnuss dreidimensionaler und runder erscheinen lassen.

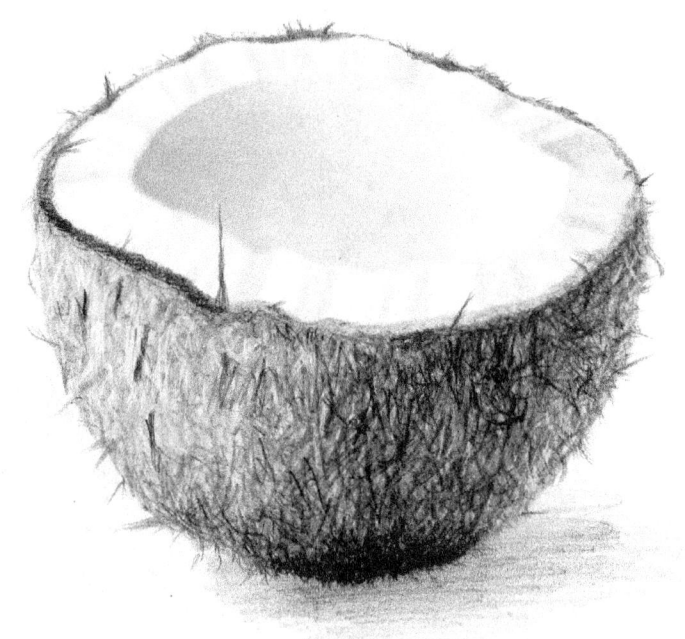

Drücken Sie stark neben dem Boden der Kokosnuss auf. Dieser Teil des Schattenwurfs sollte sehr dunkel sein, aber nicht so dunkel wie der Boden der Kokosnuss.

Die Regel beim Erstellen der Schlagschatten ist immer einfach: Erstellen Sie den dunkelsten Schatten direkt unter dem Objekt und immer heller, wenn Sie den Schatten von ihm entfernen. Daher ist auch hier der Verlaufsübergang sehr wichtig.

Nehmen Sie jetzt, wenn Sie weiter von der Kokosnuss entfernt sind, einen helleren Stift, z. B. einen HB, und streichen Sie nur horizontal. Im nächsten Bild können Sie sehen, wie groß mein Schlagschatten sein soll. Sie sollten sich von Ihrer Zeichnung entfernen, um zu sehen, ob Ihr Schatten so aussieht, als würde Ihre Kokosnuss ihn werfen. Wenn Sie der Zeichnung ständig nahe sind, können Sie Details im Gesamtbild übersehen.

Alternativ können Sie es auch im Spiegel betrachten, da er Ihnen die Dinge zeigt, die Sie nicht sehen können. Sie können sogar meine Schattierungsmethode mit dem Graphitpulver anwenden, die ich Ihnen bei der Kugel gezeigt habe. Legen Sie einfach ein Stück Papier über die Kokosnuss und tun Sie dasselbe, was ich getan habe, als ich den von der Kugel geworfenen Schatten schattiert habe.

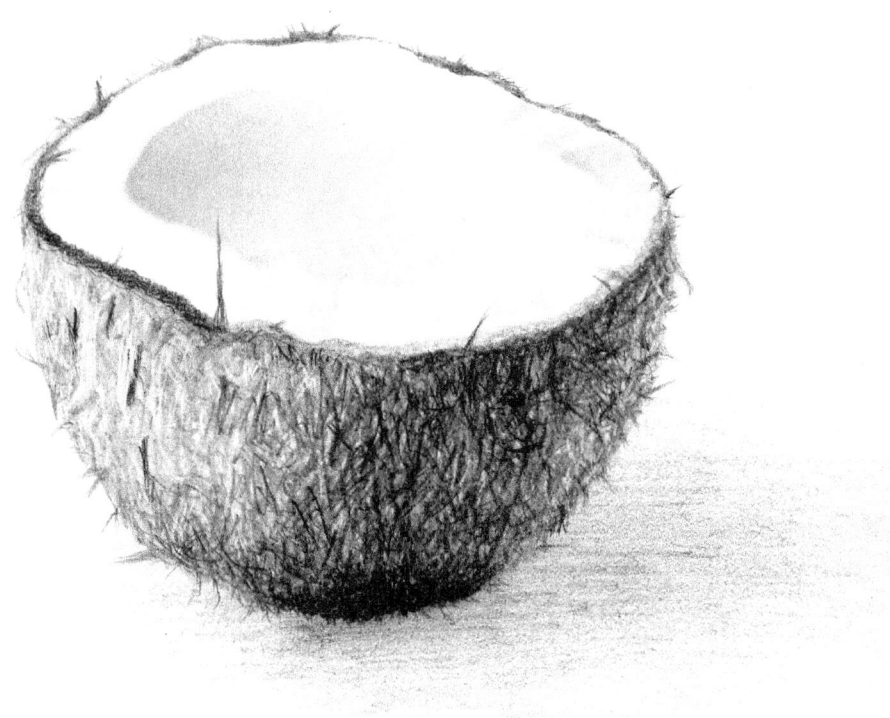

Wir können diesen Schlagschatten nun mit einem Stück Taschentuch und horizontalen Bewegungen mischen. Sie können sogar einen Q-Tip direkt unter der Kokosnuss verwenden, um ein Verschmieren des Bodens zu vermeiden.

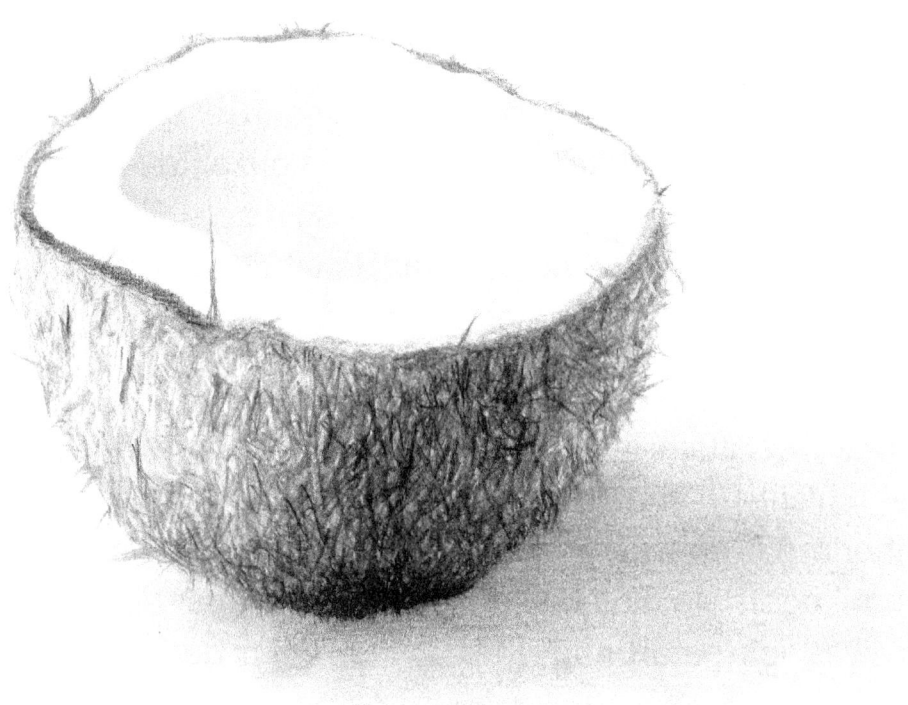

Im letzten Schritt wollte ich den Hohlraum der Kokosnuss weiter abdunkeln und den dunkelsten Schatten direkt unter der Kokosnuss erzeugen.

Also habe ich ein bisschen 8B aufgetragen und es einfach wieder schattiert. Oft sieht man die Dinge, die man ändern muss, erst am Ende der Zeichnung, wenn alles fertig ist. Entweder um etwas aufzuhellen oder um etwas dunkler zu machen.

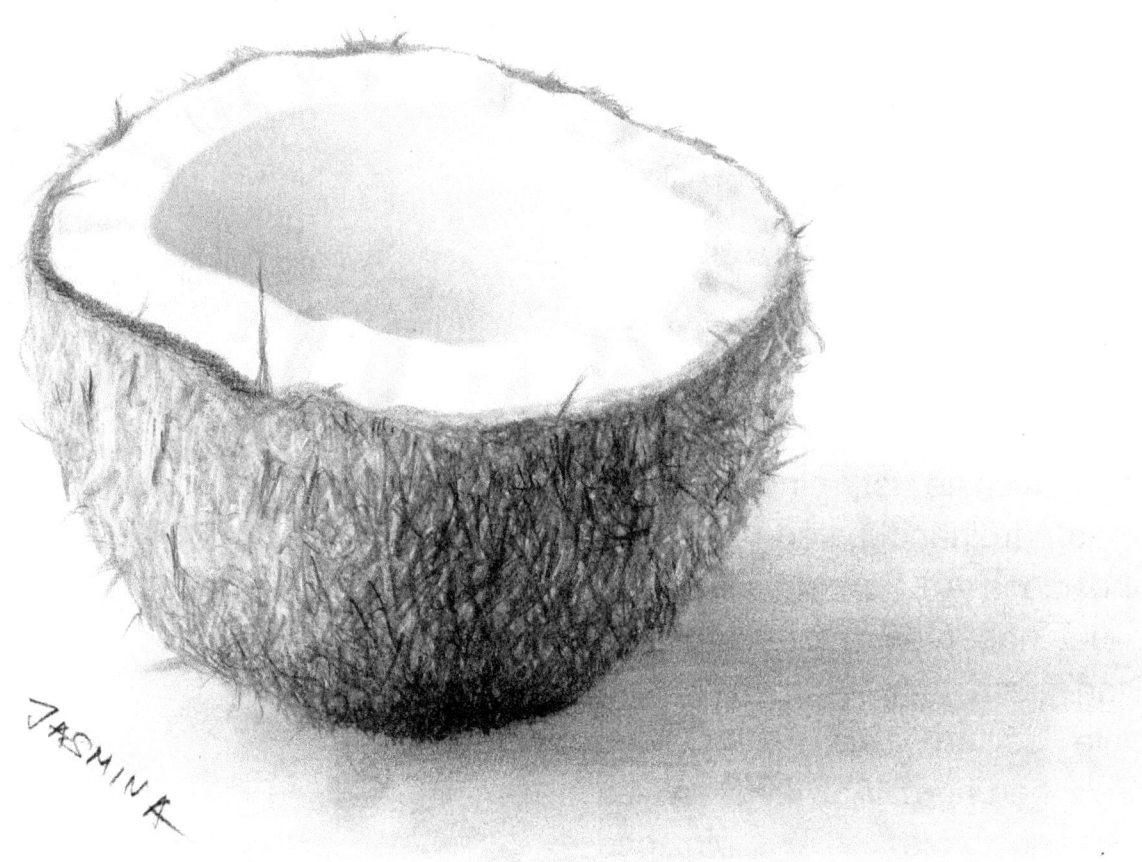

WIE MAN EINE ROSE ZEICHNET

Bevor Sie mit dem Skizzieren beginnen, üben Sie das Zeichnen eines einfachen Herzens auf einem separaten Blatt Papier, wie Sie es auf diesem Bild sehen können.

Üben Sie diese Bewegung, und beginnen Sie dann, den unteren Bereich des Herzens runder zu machen, und üben Sie diese Art von Linie weiter.

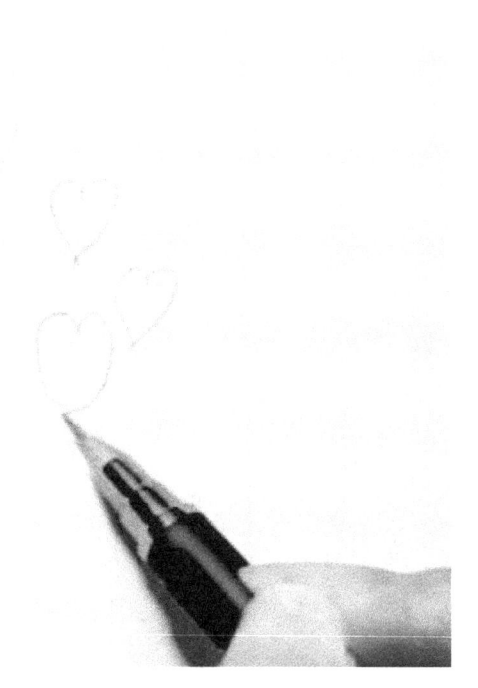

Das Nächste ist, einen kleinen Kreis (freihändig) zu zeichnen und diese Art von Linie, die Sie geübt haben, hinzuzufügen. Der Start- und der Endpunkt Ihrer Linie sollten also den kleinen Kreis berühren. Auf diese Weise erstellen Sie die winzigen Blütenblätter. Fügen Sie dann mehr und mehr zu den äußeren Blütenblättern hinzu und machen Sie sie größer und größer. Sehen Sie sich das nächste Bild an, um zu sehen, wie ich es auf einem separaten Blatt Papier geübt habe.

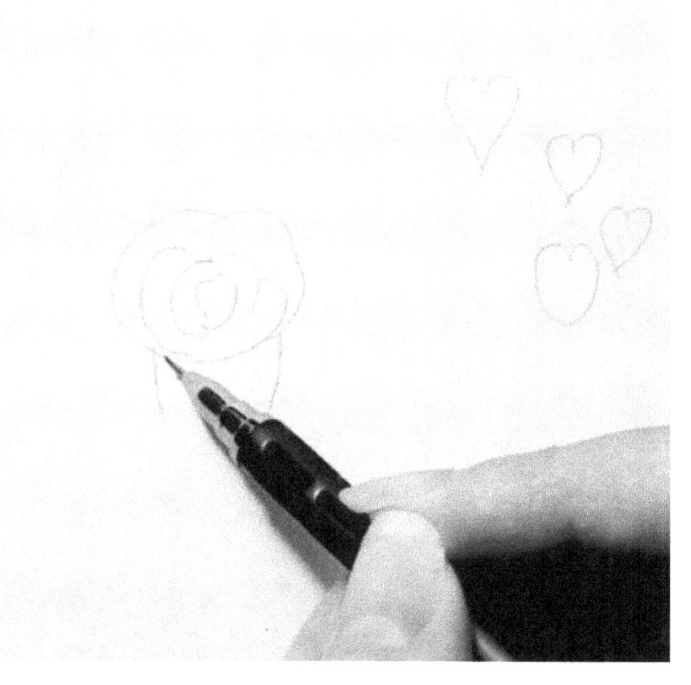

Jetzt können Sie dasselbe auf Ihrem Blatt Papier tun. Beginnen Sie mit einem kleinen Kreis und fügen Sie ihm Blütenblätter hinzu. Machen Sie sie immer größer und versuchen Sie, verschiedene Formen zu machen. Der äußere Rand der Blütenblätter sollte nicht rund sein, wenn Sie sie immer größer zeichnen, sondern einige von ihnen sollten unterschiedliche Formen haben. Sie können nach Referenzfotos suchen, um festzustellen, welche Formen die Blütenblätter bilden können. Im nächsten Bild sehen Sie, wie meine Skizze aussieht.

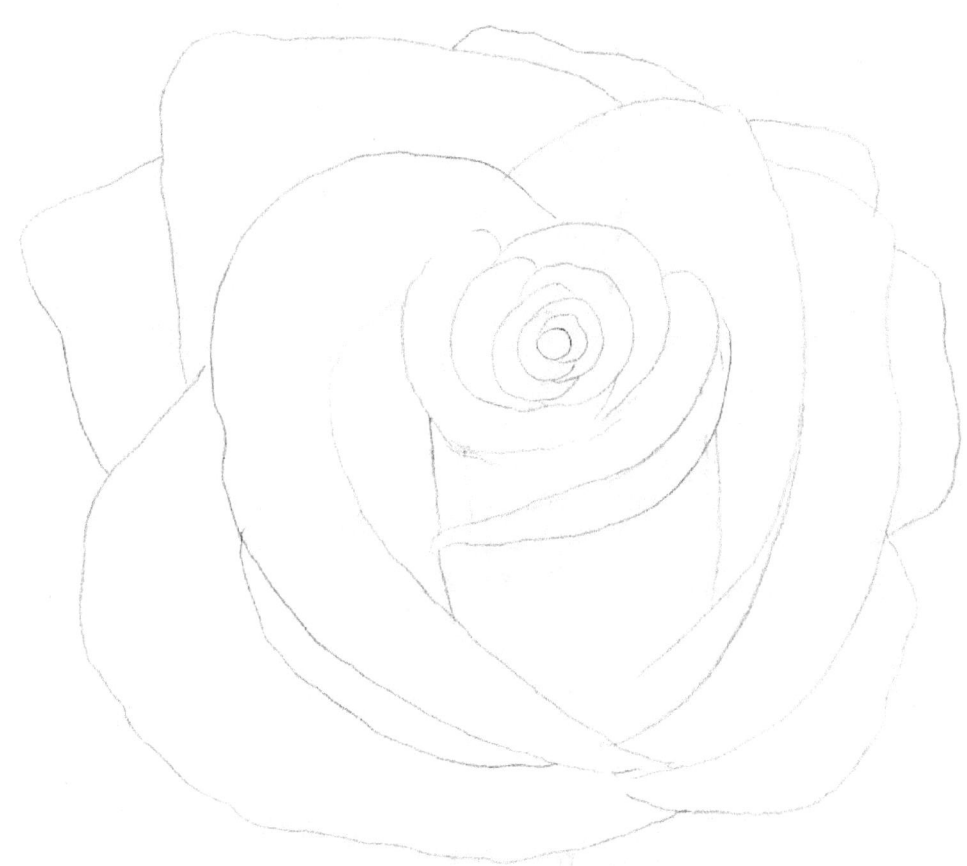

Lassen Sie uns den dunkelsten Bereich schattieren, wo weniger oder überhaupt kein Licht hinkommt. Im nächsten Bild können Sie sehen, welche Bereiche ich als die dunkelsten markiert habe, da sie am wenigsten Licht empfangen würden. Ich habe einen 8B verwendet, um diese Bereiche auszufüllen, wobei ich sehr stark aufgedrückt habe. Sie können sogar eine Kopie Ihrer Skizze anfertigen, wenn Sie der Meinung sind, dass Sie sie mit solch einem dunklen Farbton durcheinander bringen werden. In dem Fall hätten Sie dann keine Angst davor, sehr dunkle Stifte zu verwenden.

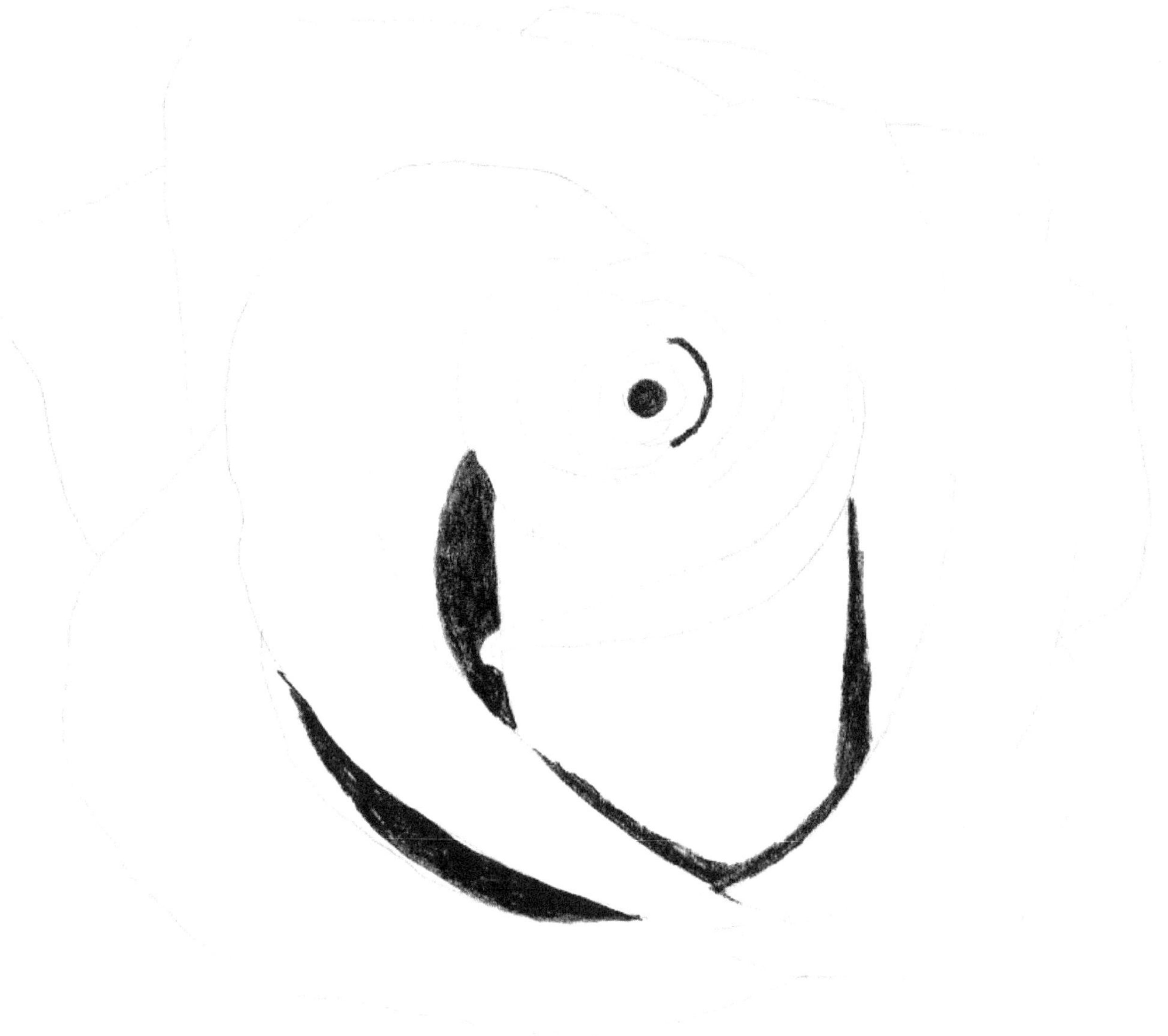

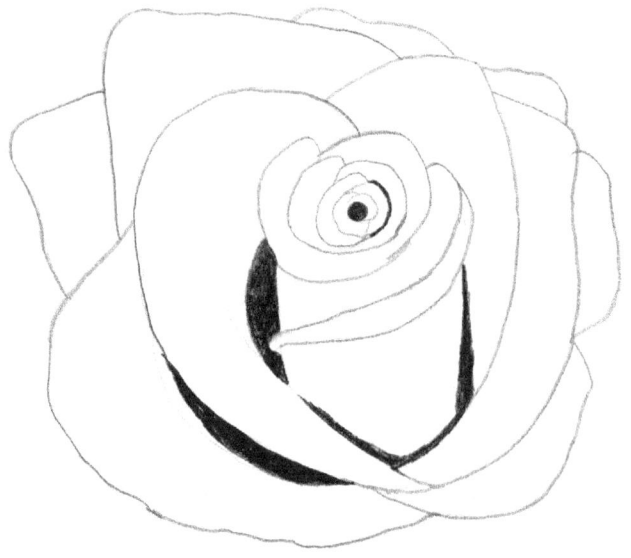

Im nächsten Schritt verstärken Sie die anfängliche Skizze mit einem stärkeren HB, damit Sie den Umriss unter der Beschichtung des Graphits sehen, den wir auf die gesamte Rose auftragen werden. Natürlich muss es nicht genau gemacht werden, aber wenn Sie eine gute erste Skizze haben, versuchen Sie, genau darüber zu gehen.

Lassen Sie uns alles mit einem B-Stift schattieren. Ich empfehle kreisende Bewegungen und drücken Sie nicht zu fest. Bedecken Sie einfach die gesamte Fläche. Es ist ein ziemlich zeitaufwändiger Schritt, aber wir geben nur den Grundton an. Wenn Sie über die Umrisse gehen, können Sie sie immer noch unter der Schicht des B-Stifts sehen. Natürlich ist B dunkler als ein HB, mit dem wir die Konturen erstellt haben, aber aus diesem Grund habe ich erwähnt, dass beim Schattieren des gesamten Bereichs nicht zu viel Druck ausgeübt werden soll. Ich möchte einen B-Stift verwenden, da er der Rose einen dunklen Ton

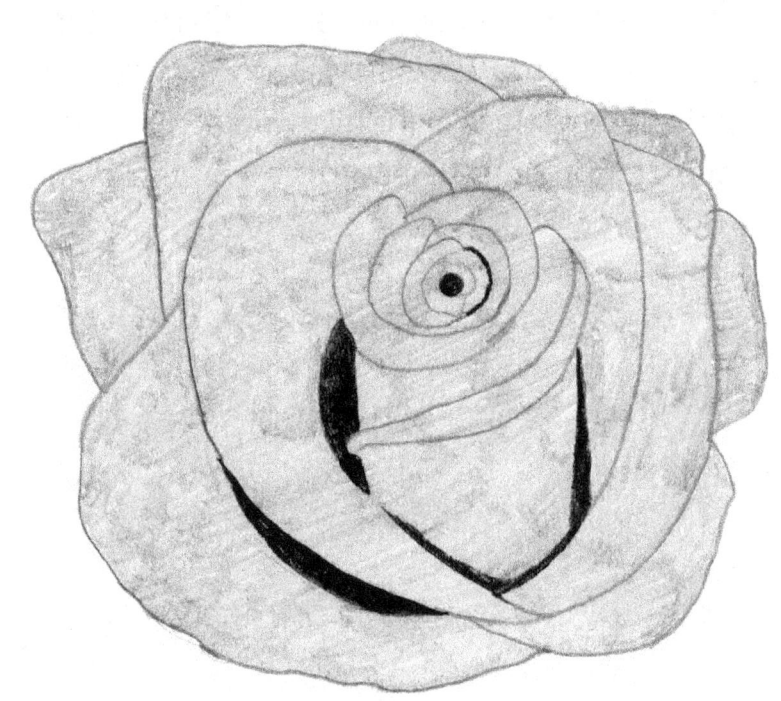

verleiht und ich eine rote Rose zeichnen möchte, die ziemlich dunkel ist. Aber wenn Sie eine weiße oder gelbe Rose zeichnen möchten, wäre das eine andere Geschichte. Ich sage immer, dass die blassen Zeichnungen schwieriger und feiner zu machen sind, aber Sie sollten es natürlich versuchen. In diesem Schritt müssen Sie nichts weiter beachten, nur um alles zu schattieren..

Im Bild oben können Sie sehen, wie der Bereich, den ich schattiert habe, ziemlich hart aussieht und die Linien sichtbar sind, aber keine Sorge. Wir werden alles mischen und es wird glatt aussehen.

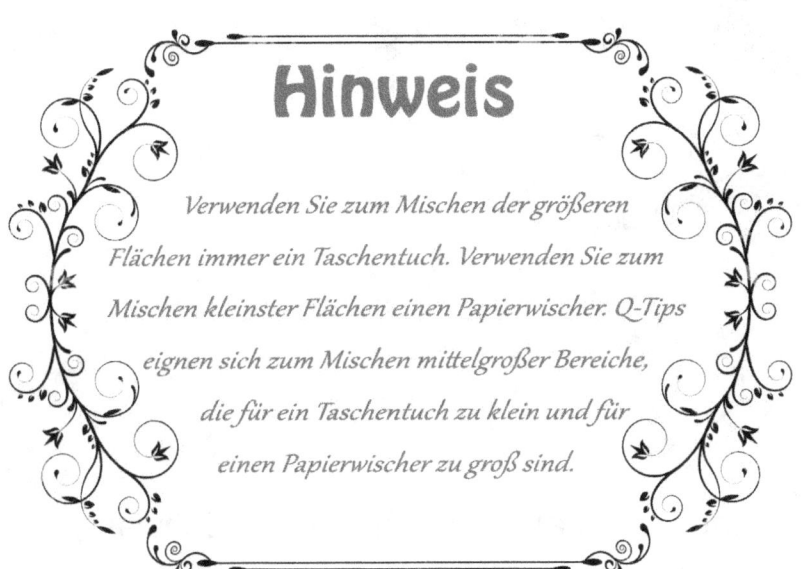

Hinweis

Verwenden Sie zum Mischen der größeren Flächen immer ein Taschentuch. Verwenden Sie zum Mischen kleinster Flächen einen Papierwischer. Q-Tips eignen sich zum Mischen mittelgroßer Bereiche, die für ein Taschentuch zu klein und für einen Papierwischer zu groß sind.

Als Nächstes mischen Sie alles mit einem Papiertaschentuch. Gehen Sie mit einem Papiertaschentuch über die gesamte Fläche und drücken Sie fest darauf. Sie werden sehen, wie sie glatt wird. Machen Sie sich keine Sorgen, wenn Sie ein wenig Graphit über den Rand auftragen. Sie können das jederzeit wegradieren. Oder Sie können einen Q-Tip oder Papierwischer zum Mischen der Ränder verwenden. Es ist wichtig, es gut zu mischen, da die Textur der Blütenblätter so glatt wie möglich sein muss und Sie den Graphit in den Zahn des Papiers einbringen müssen.

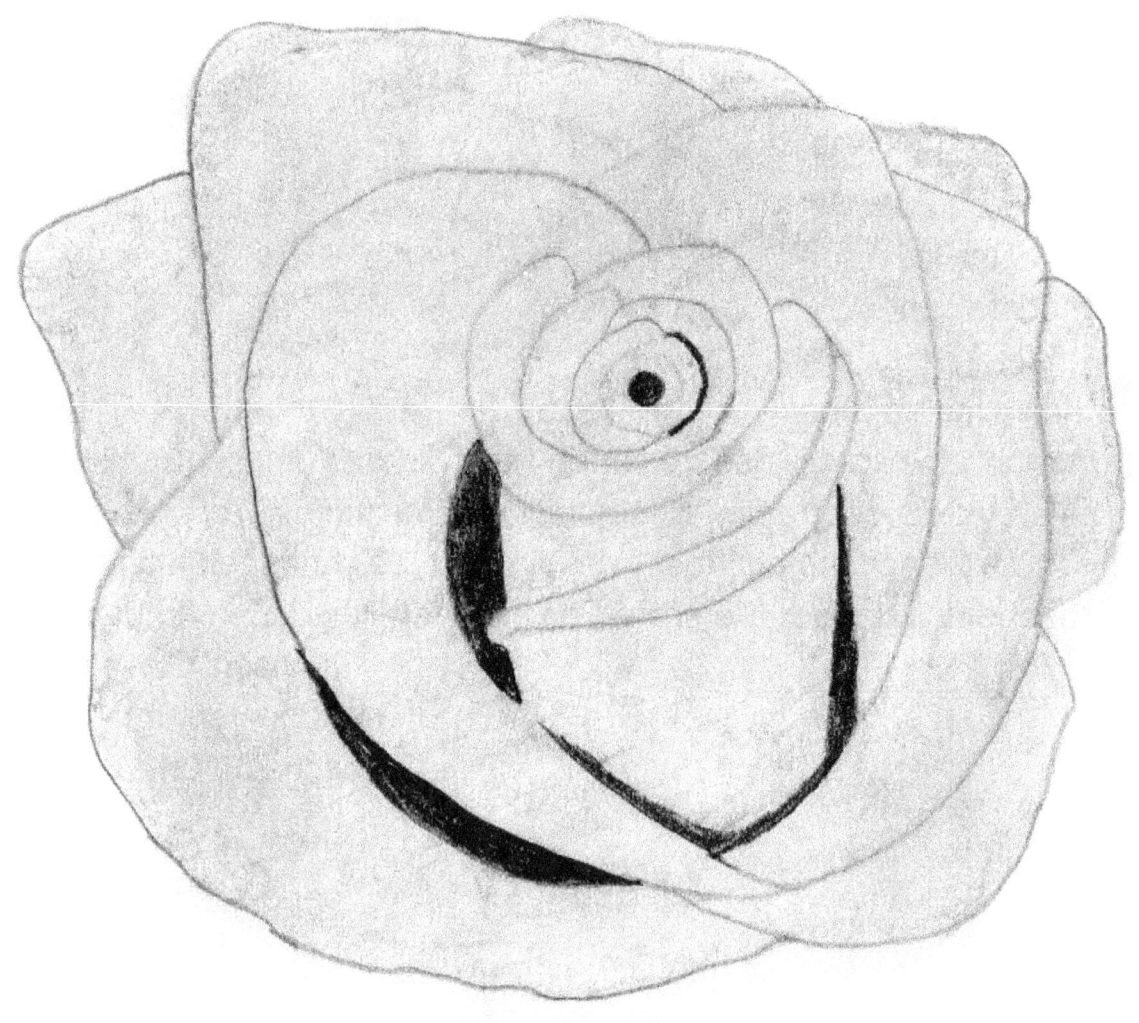

Als Nächstes sollten wir einen Verlaufsübergang zwischen dem Schwarzton in den tiefsten Bereichen der Rose und dem Grundton der Blütenblätter erstellen, die wir gerade im vorherigen Schritt erstellt haben. Ich benutzte einen 8B-Stift und machte kreisförmige Bewegungen, mit starkem Druck über den dunkelsten Teil und den weniger Druck, während ich mich von den dunkelsten Bereichen entfernte. Auf dem nächsten Bild können Sie sehen, dass ich dasselbe mit jedem Blütenblatt getan habe.

Schattieren Sie die Ränder der überlappenden Blütenblätter über den darunter liegenden Blütenblättern, damit die überlappenden Blütenblätter hervorstehen. Auf diese Weise erscheinen die darunter liegenden Blütenblätter weiter von den Augen des Betrachters entfernt. Wenden Sie stärkeren Druck an, wenn Sie neben dem Rand der überlappenden Blütenblätter schattieren und drücken Sie mit zunehmender Schattierung immer leichter auf den Rand der Blütenblätter, über denen Sie schattieren.

Verwenden Sie einen B-Stift, um den inneren Teil der Rose, der die Blütenblätter zusammenhält und die Form eines Zylinders hat, zu schattieren.

Dieser Teil wird weniger hell, daher sollte er dunkler sein als die Schatten der äußeren Blütenblätter. Auch hier sollte der Bereich in der Mitte neben den Rändern der linken und rechten Seite heller und dunkler sein, um die runde Form zu erzeugen. Die gleiche Art der Schattierung, die wir für den Zylinder „Licht von vorn" angewendet haben.

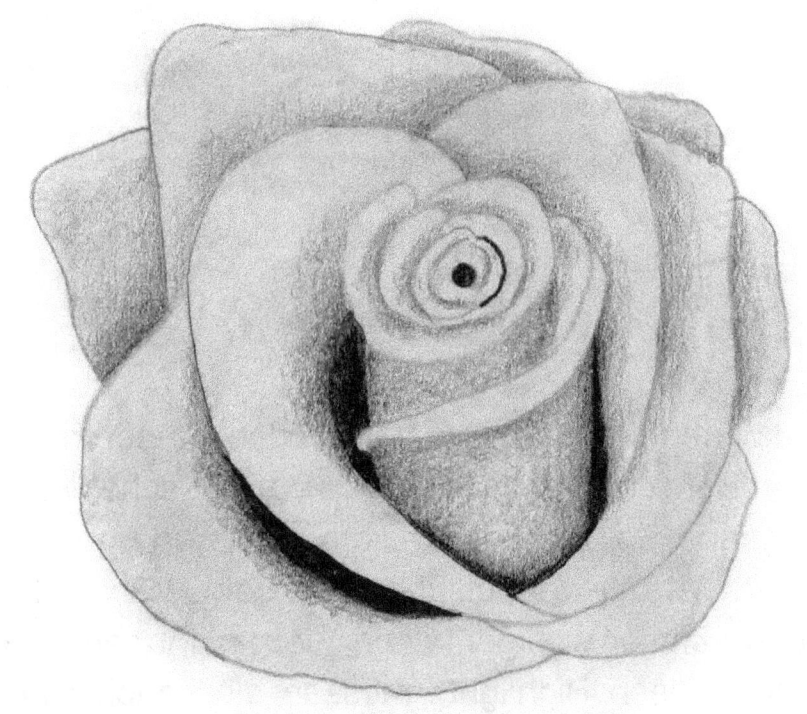

Jetzt können Sie alles mit einem Q-Tip mischen.

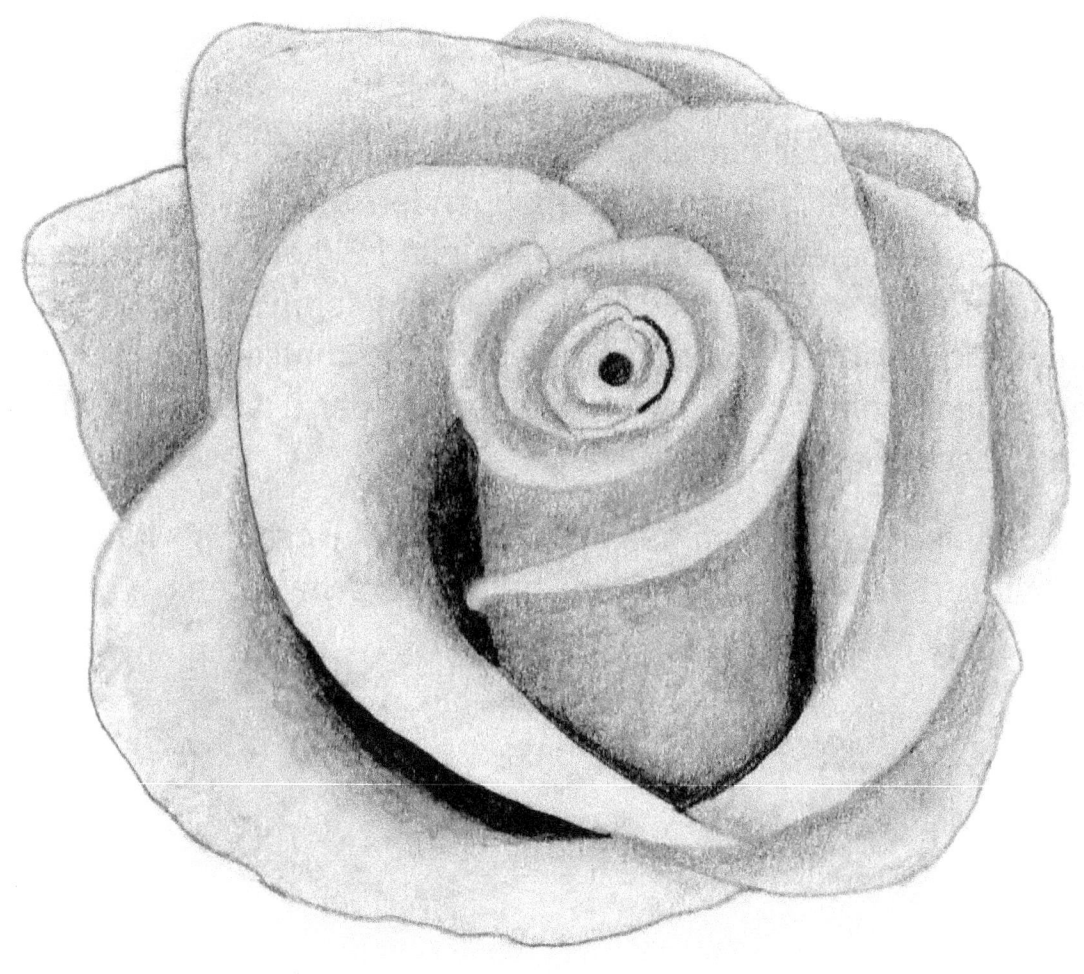

Jetzt können wir Highlights über den Rändern der Blütenblätter neben den dunklen Bereichen erstellen, die wir zuvor schattiert haben. Verwenden Sie dazu eine scharfe Spitze Ihres Radiergummis und gehen Sie leicht über die Ränder. Auch hier ist der Verlaufsübergang sehr wichtig. Radieren Sie mehr am Rand und dann immer weniger, wenn Sie nach innen in Richtung der Mitte der Rose streichen. Diese Highlights müssen also auch einen Verlaufsübergang haben. Jetzt können Sie sehen, wie die überlappenden Blütenblätter sich aufgrund ihrer hervorgehobenen Ränder und des Schattens, den sie auf die darunter liegenden Blütenblätter werfen, hervorheben.

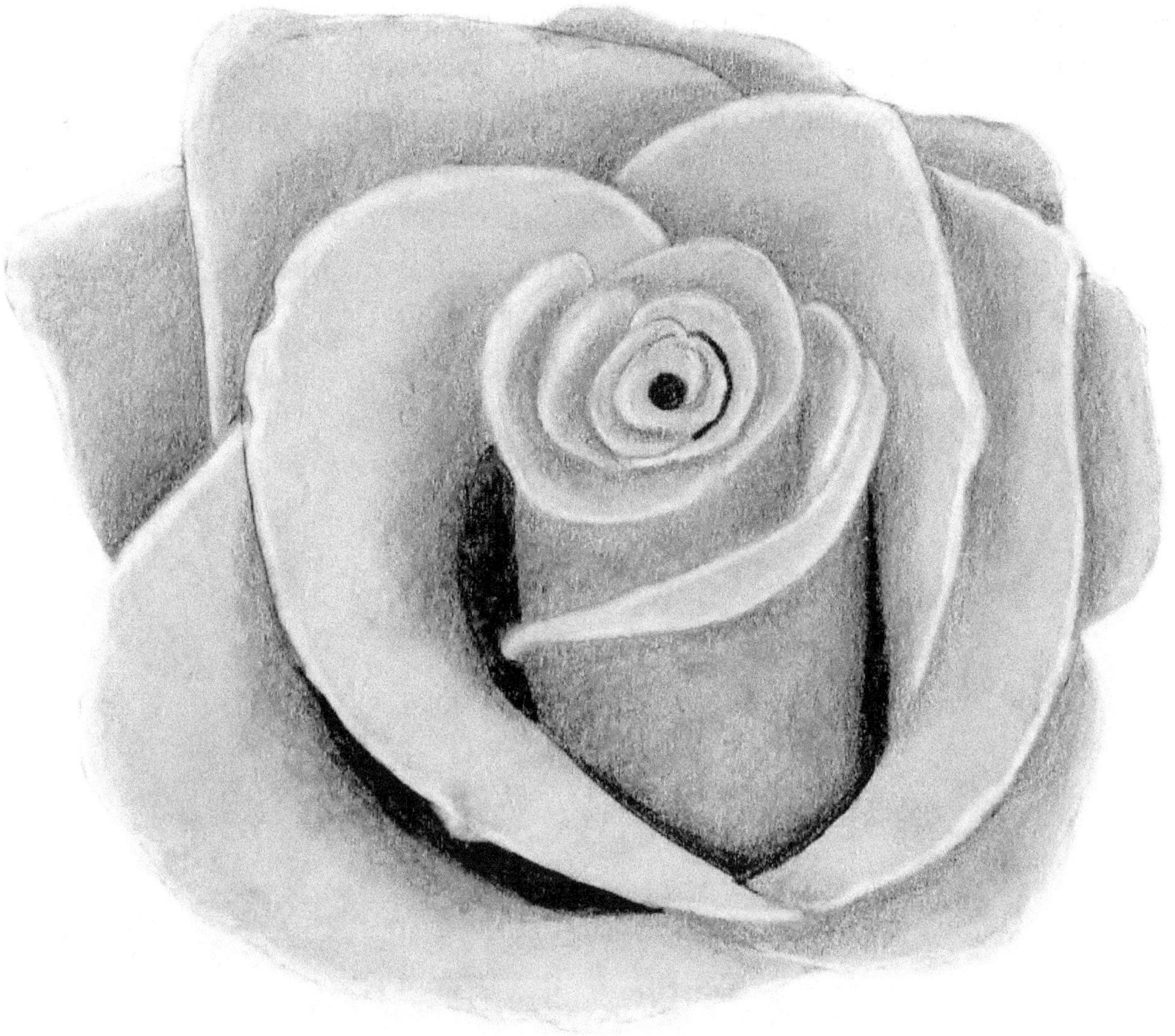

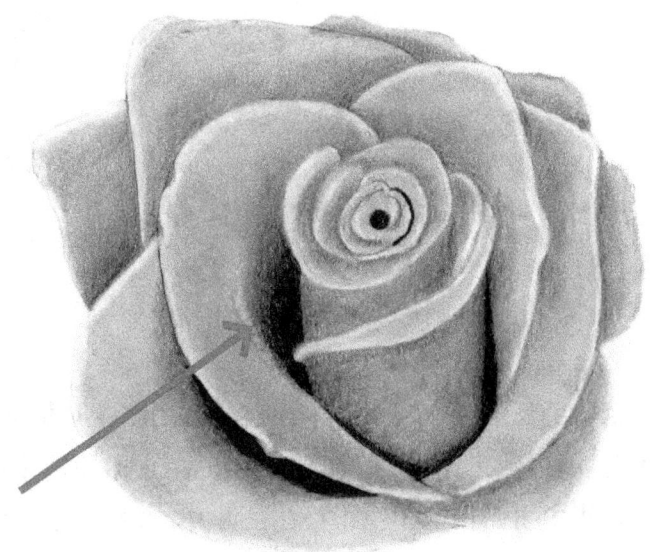

Es müssen jedoch nicht nur die Ränder der Blütenblätter hervorgehoben werden. Wir müssen die gebogenen Bereiche der größeren Blütenblätter auch hervorheben. In diesem Fall nennen wir es aber eher reflektiertes Licht. Dieses reflektierte Licht verleiht den Blütenblättern eine samtige Textur. In der folgenden Abbildung sehen Sie die Pfeillinie, die das reflektierte Licht auf dem Blütenblatt zeigt, das ich in diesem Schritt schattiert habe. Ich habe einen B-Stift verwendet, um den gesamten Bereich zwischen dem Rand der Blütenblätter und diesem reflektierten Licht zu schattieren. Mischen Sie alles mit einem Q-Tip, aber vermeiden Sie hervorgehobene Ränder. Sie sollten hell bleiben. Bauen wir den dunkelsten Ton in der Mitte der Rose auf, der noch nicht dunkel genug ist. Verwenden Sie einen B-Stift in der Mitte von zwei Bereichen, auf die im nächsten Bild mit Pfeilen gezeigt wird. Verwenden Sie einen viel dunkleren Stift, z. B. 6B oder dunkler, um die tieferen Bereiche zu schattieren. Machen Sie kreisförmige Bewegungen und vermischen Sie alles mit einem Q-Tip.

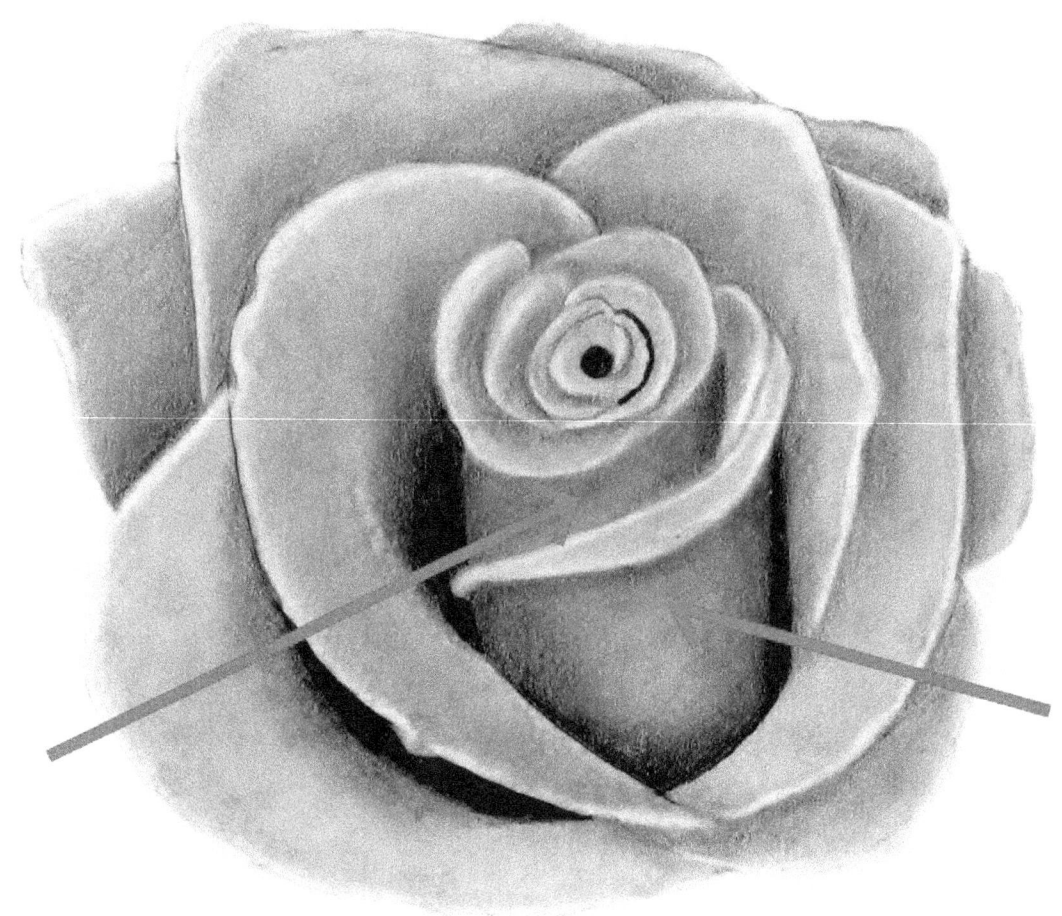

Lassen Sie uns fortfahren, indem wir Blütenblatt für Blütenblatt schattieren. Ich habe gezeigt, welches Blütenblatt ich in den Schritten beschreibe, indem ich die Pfeillinien hinzufügte, die auf das Blütenblatt zeigen, das ich schattiert habe.

Schattieren Sie das Blütenblatt mit einem B-Stift und einer kreisförmigen Bewegung. Schattieren Sie keine HIghlights und versuchen Sie, jedes

Blütenblatt gleichmäßig abzugrenzen.

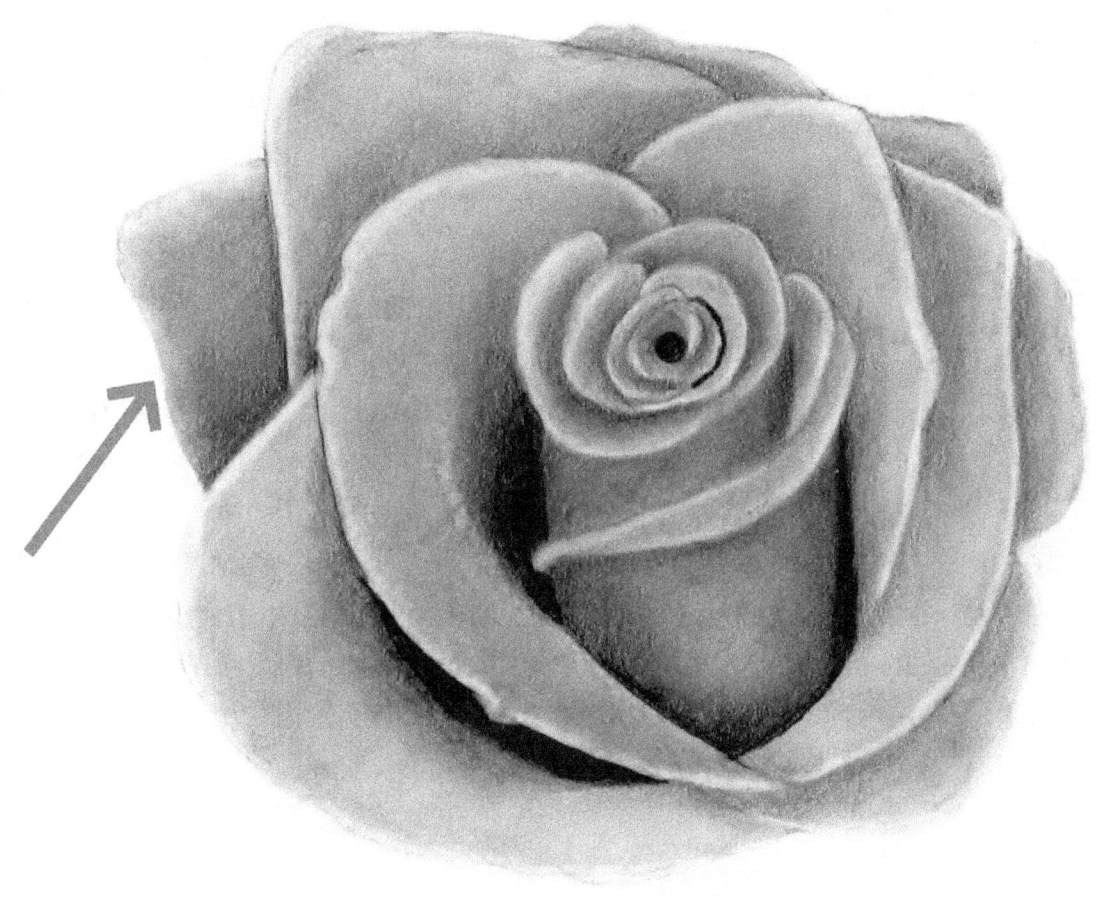

Konzentrieren Sie sich jeweils auf ein Blütenblatt, da dies der letzte Schritt zum Aufbau der Töne ist. In diesem Bild sehen Sie das Blütenblatt, das ich schattiert habe, und den Unterschied zwischen den schattierten und nicht schattierten Blütenblättern. Verwenden Sie einen B-Stift, eine kreisförmige Bewegung und vermischen Sie alles mit einem Q-Tip. Sie können sehen, wie die Blütenblätter gebogener und seidiger aussehen.

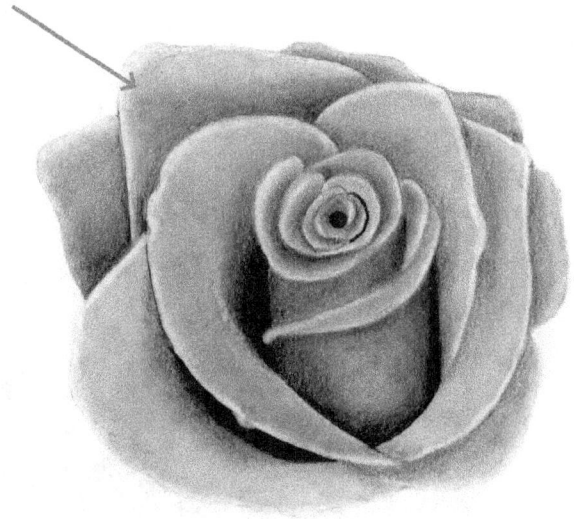

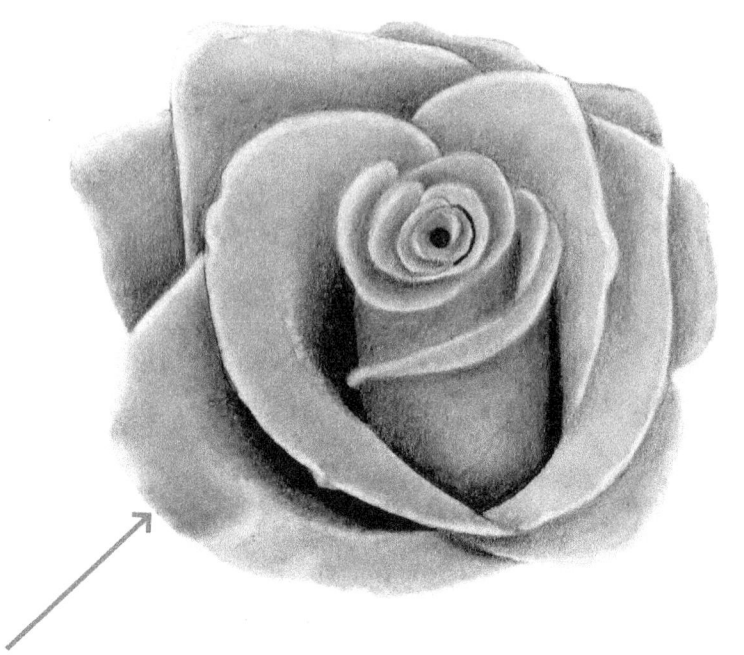

Schattieren Sie nun das nächste Blütenblatt, auf das ich im folgenden Bild hingewiesen habe. Versuchen Sie, dieses äußere Blütenblatt ein bisschen wellig zu machen. Dazu müssen Sie das Blütenblatt mit einem B-Stift schattieren und zuerst mit einem Q-Tip verwischen. Danach müssen Sie mit einem Radiergummi den Graphit von einigen Teilen über dem Blütenblatt entfernen. Drücken Sie nicht zu fest auf das Papier auf, sondern berühren Sie es vorsichtig mit der Spitze Ihres Radiergummis. Auch die hervorgehobenen Stellen sollten nicht zu dunkel sein. Schattieren Sie mit einem B-Stift die äußeren Blütenblätter, die sich oben befinden und nur deren Ränder sichtbar sind.

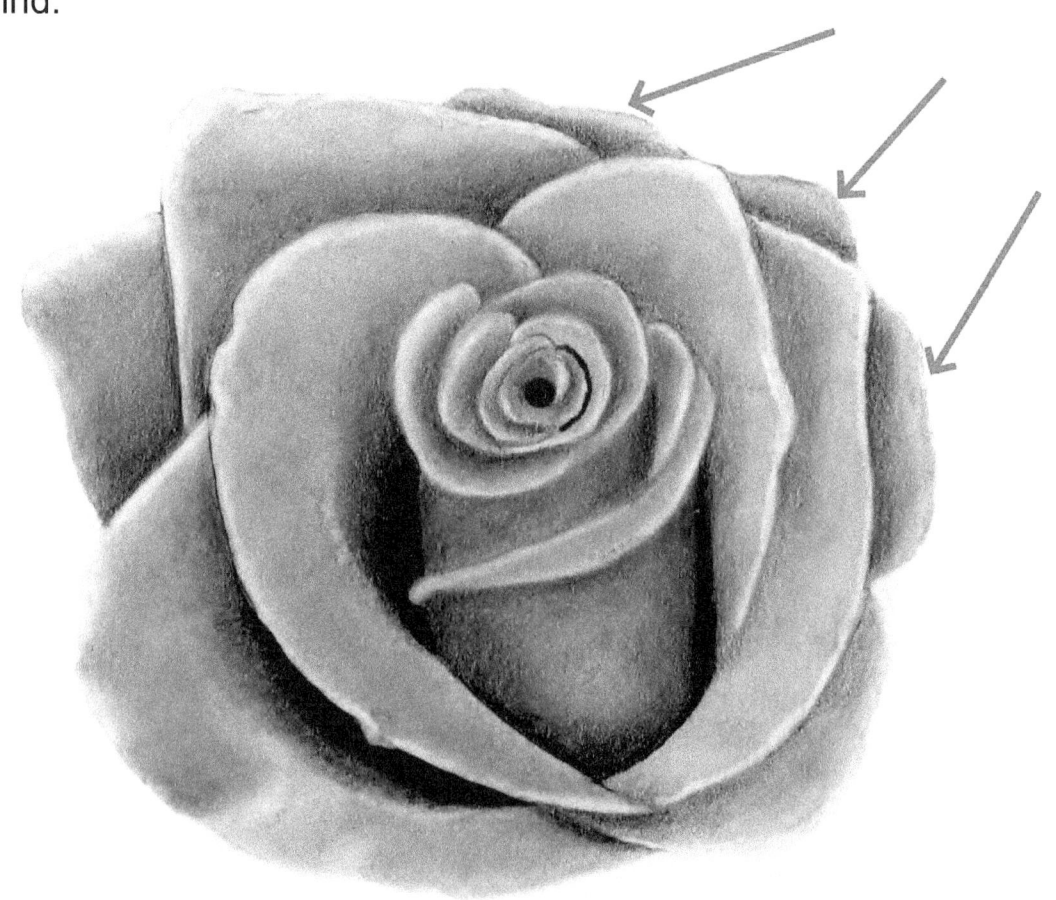

Jetzt können Sie das Blütenblatt daneben schattieren und auch versuchen, es ein wenig wellig zu machen.

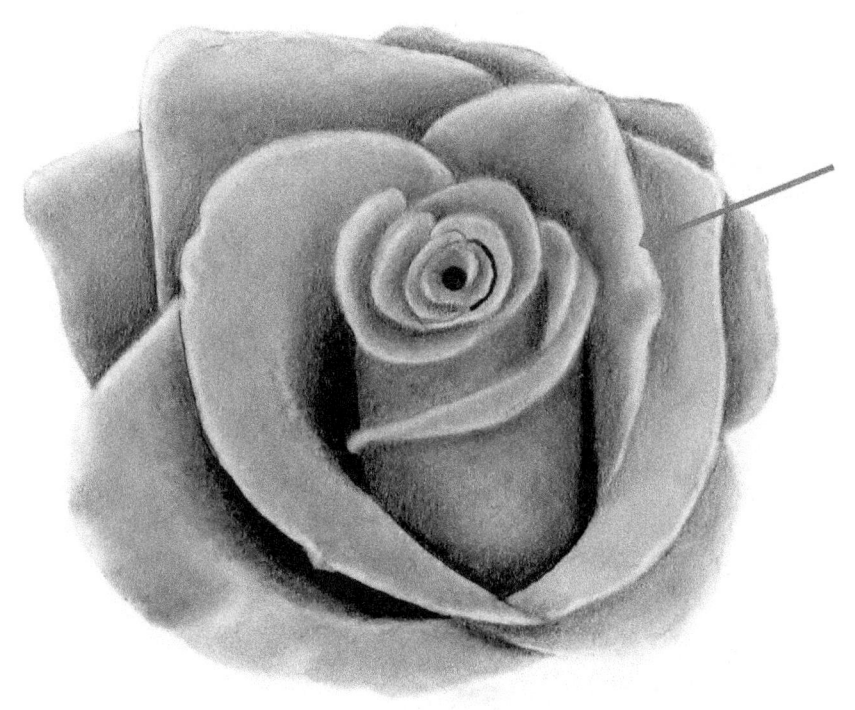

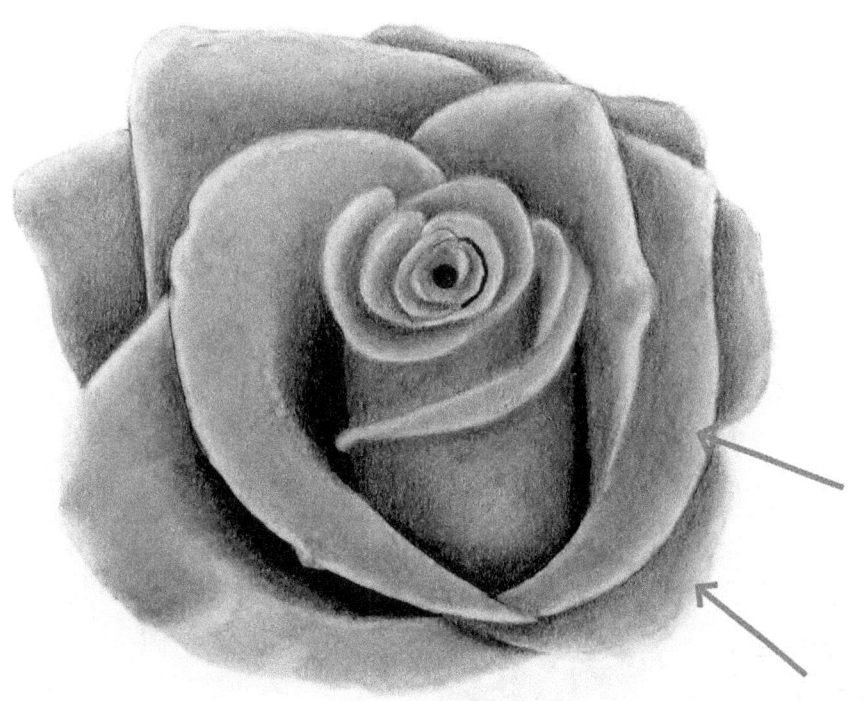

Jetzt haben wir noch zwei Blütenblätter. Schattieren Sie sie auf die gleiche Weise mit einem B-Stift und kreisenden Bewegungen und vermischen Sie alles mit einem Q-Tip.

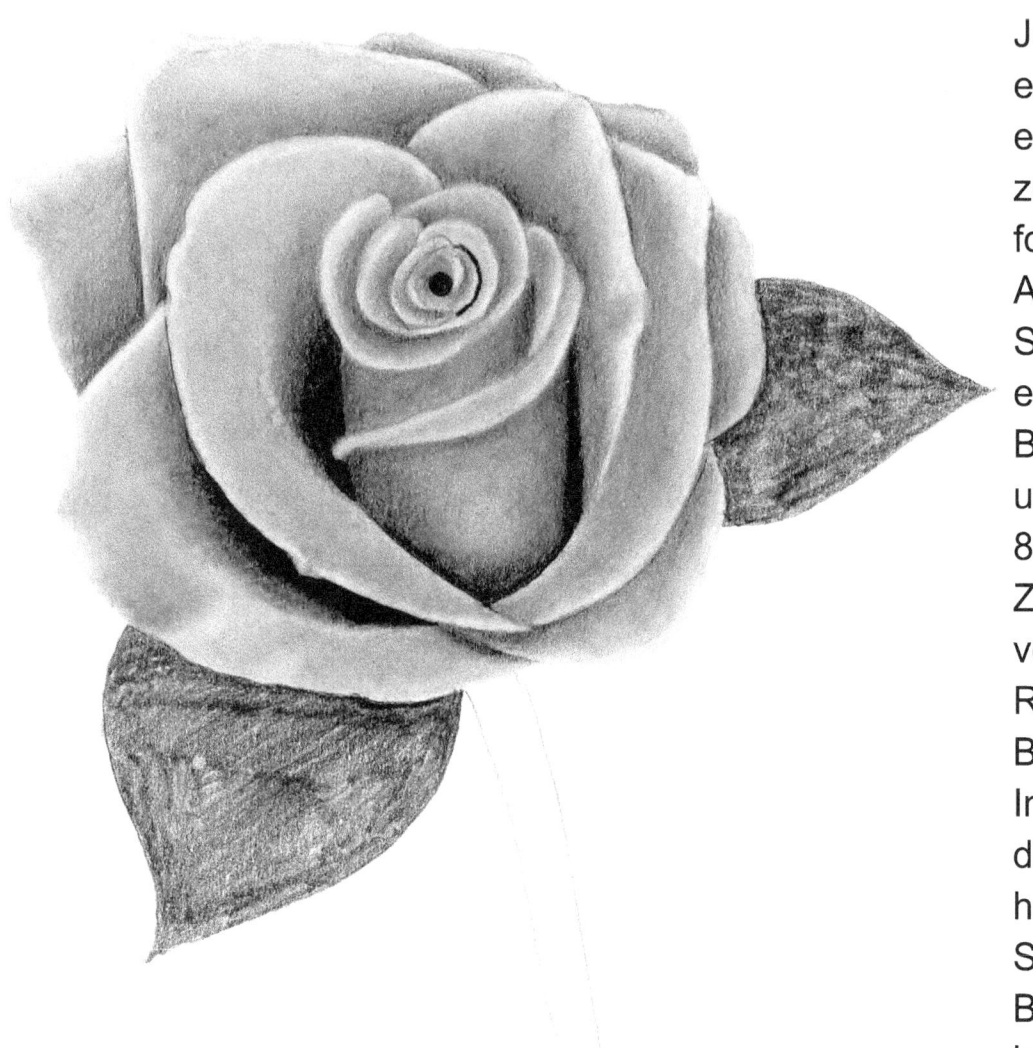

Jetzt können wir ein paar Blätter und einen Stiel zeichnen. In der folgenden Abbildung sehen Sie, dass ich einfache Blattformen erstellt und sie mit einem 8B ausgefüllt habe. Zeichnen Sie vorsichtig um die Ränder der Blütenblätter. Indem Sie den dunklen Farbton hinzufügen, heben Sie die Blütenblätter hervor.

Verwischen Sie die Blätter mit einem Q-Tip, um die Textur gleichmäßig zu machen und drücken Sie sehr fest mit einer kreisenden Bewegung auf. Wenn Sie etwas Graphitpulver um die Blätter auftragen, radieren Sie es einfach mit Ihrem Radiergummi.

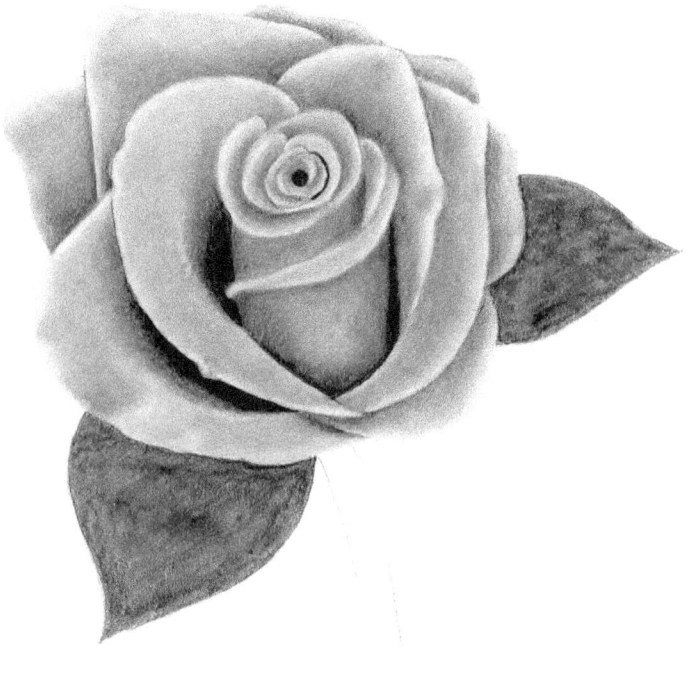

Erstellen Sie nun die Adern, indem Sie die Linien auf den Blättern radieren, wie im nächsten Bild gezeigt.

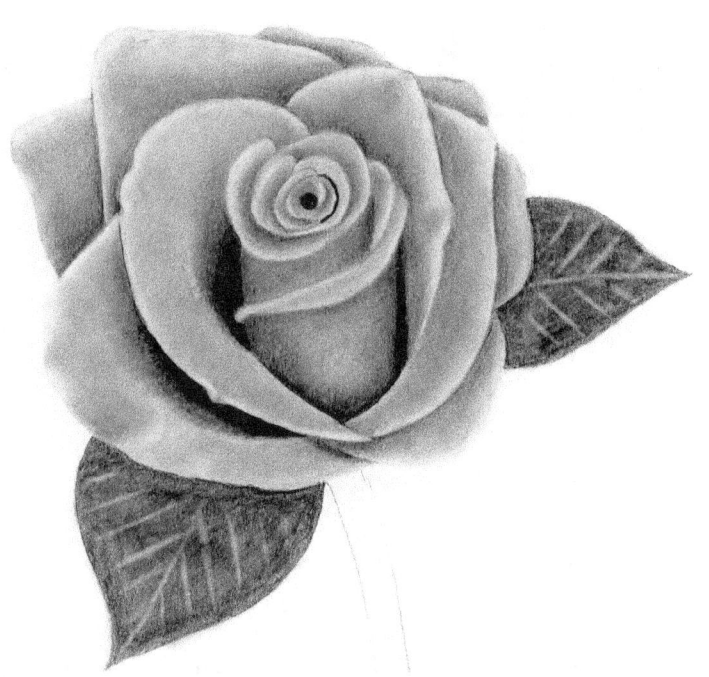

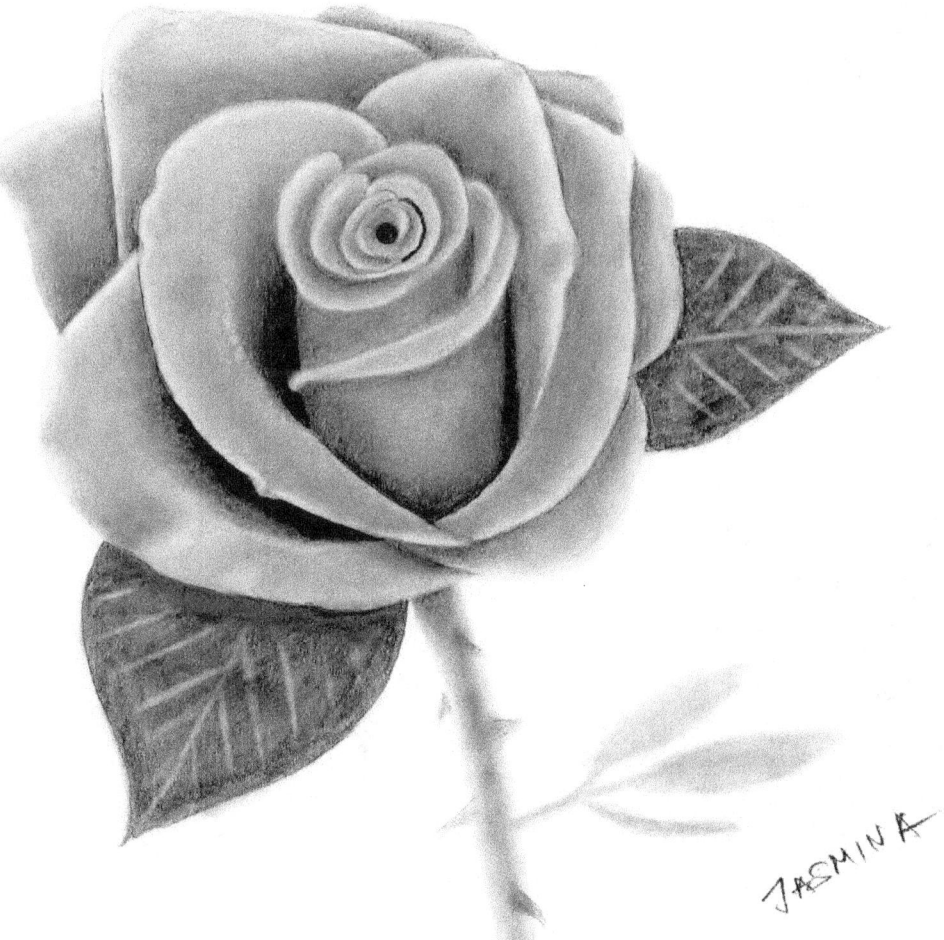

Jetzt können Sie den Stiel mit einem Papierwischer schattieren und auch einige junge Zweige, Blätter und Dornen hinzufügen.

WIE MAN EIN PORTRÄT ZEICHNET

SKIZZIEREN

Die genauen Proportionen sind beim Erstellen des Hauptumrisses sehr wichtig. Wenn Sie lebensechte Porträts zeichnen möchten, ist es äußerst wichtig zu wissen, wie man Gesichtszüge skizziert. Um eine proportionale Skizze zu erhalten, müssen Sie einige gängige Maße für die Platzierung der Gesichtsmerkmale befolgen. Bedenken Sie jedoch, dass jedes Gesicht anders ist und die Position der Gesichtszüge von Person zu Person unterschiedlich.

Künstler zeichnen oft Gesichter mit Referenzfotos und es ist viel einfacher, die Hauptkonturen beispielsweise mit der Raster-Methode zu erhalten. In diesem Tutorial werden wir ein Gesicht mit den Grundproportionen eines menschlichen Gesichts zeichnen. Ich zeige Ihnen, wie Sie anhand einer allgemeinen Messanleitung ein Porträt zeichnen können.

Zuerst müssen Sie die Größe von Gesicht und Hals bestimmen, die Sie zeichnen möchten. Ich zeichne es auf A4-Papier, das 210 x 297 mm groß ist. Platzieren Sie die horizontalen

Linien, um die Oberseite des Kopfes und die Unterseite des Kinns zu markieren. Im folgenden Bild sehen Sie diese A-Linien. Ich habe viel mehr Platz unter dem Kinn für den Hals gelassen, aber meine obere A-Linie befindet sich ziemlich nahe am oberen Rand des Papiers.

Nachdem Sie diese A-Linien platziert haben, markieren Sie eine weitere (B-Linie) genau in der Mitte. Diese B-Linie sollte über die Pupillenmitten verlaufen, damit wir die Position der Augen bestimmen können.

Jetzt können wir die Breite des Gesichts bestimmen. Die Breite des Gesichts sollte etwas breiter sein als die Länge zwischen den Linien A und B, die ich im folgenden Bild mit F-Pfeillinien markiert habe. Sie können ein schmaleres oder breiteres Gesicht machen, Sie müssen sich nicht strikt an die Maße in meinem Porträt halten. Ich habe sie C-Linien genannt. Die Länge der F-Linie in meinem Bild beträgt ca. 9,5 cm, damit Sie wissen, ob Sie dieselbe Größe wie meine zeichnen möchten.

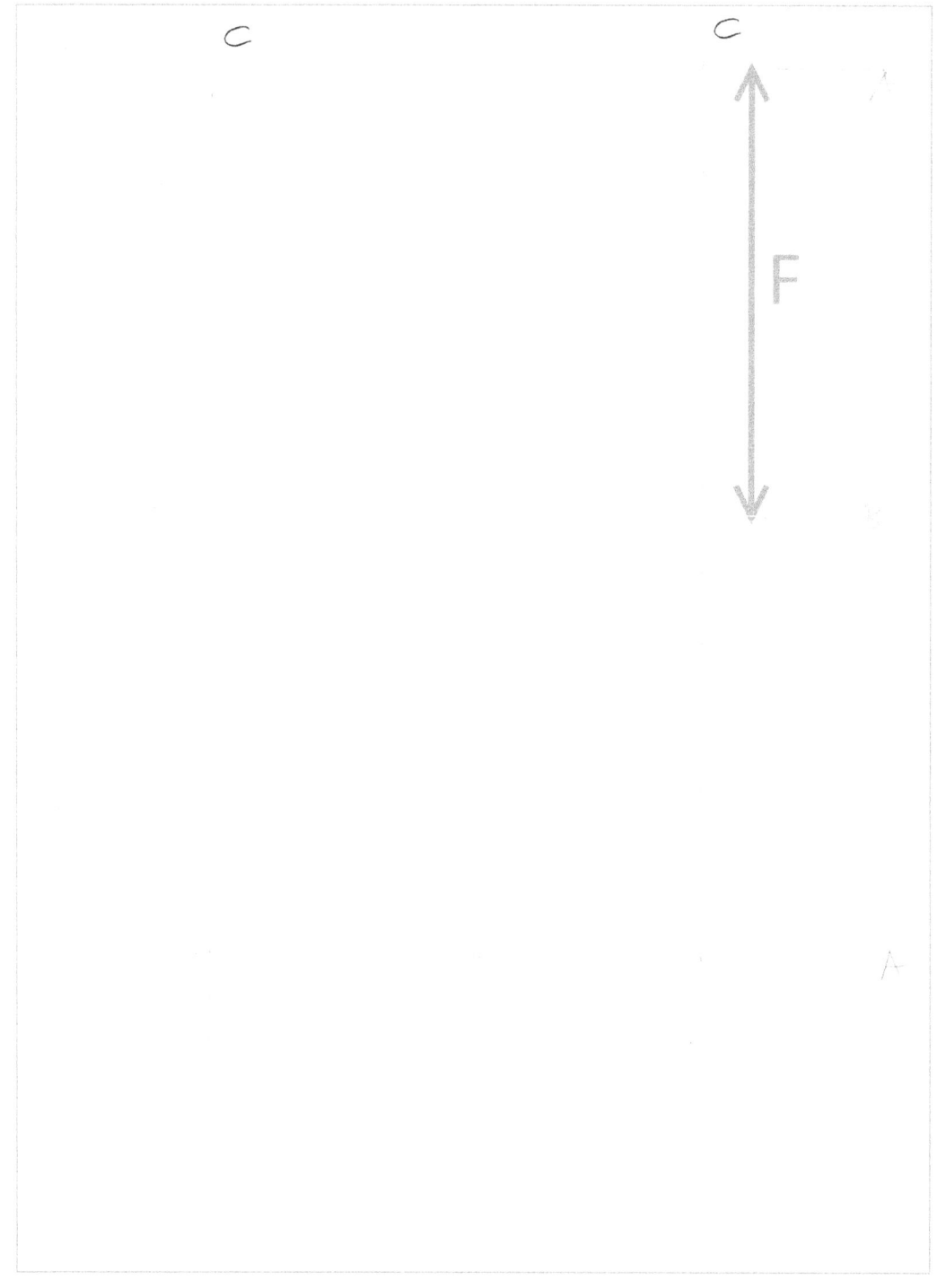

Jetzt können wir die ovale Form des Kopfes erstellen, wobei wir diesen Rahmen als Richtlinie und zur Orientierung verwenden. Grundsätzlich sollte der obere Teil unter der B-Linie rund sein, und der untere Teil unter der B-Linie sollte eine bestimmte Kinnform haben. Es gibt viele Kinnarten, und Sie können eine Vielzahl von Formen verwenden, aber für den oberen Teil gibt es von Kopf zu Kopf keinen großen Unterschied.

Beginnen Sie oben auf dem Kopf und zeichnen Sie eine horizontale Linie entlang der A-Linie. Wölben Sie sie nach unten, während Sie in Richtung der C-Linie arbeiten. Die linke und rechte Seite des Kopfes (Teile über den Ohren) können den Rahmen verlassen, wenn Sie möchten. Beenden Sie den Umriss über dem Kreuzungspunkt der Linie B und C. Hier haben wir den Teil ausgeschlossen, den das Haar und seine Länge einnehmen würden; Im Moment müssen wir nur die Form des Schädels zeichnen.

Beginnen Sie in der unteren Hälfte unter der Linie B, indem Sie die Linien entlang der Linie C bis zu einem gewissen Punkt nach unten zeichnen und sie dann in Richtung der Mitte der unteren Linie A krümmen. Sie können irgendwo in der Mitte anhalten und eine kurze horizontale Linie entlang der unteren A-Linie erstellen, um die Breite der Kinnoberseite zu bestimmen. Verbinden Sie zum Schluss die Enden dieser Linien. Drücken Sie beim Skizzieren nicht zu fest auf, da Sie möglicherweise die Position der Linien ändern möchten, damit Sie keine geschnitzten Spuren in Ihrem Papier hinterlassen. Sie würden unter dem schattierten Graphitpulver sichtbar sein.

Nehmen Sie zum Skizzieren auch immer einen HB, da dieser Bleistift nicht so hart ist, das Papier also nicht schnitzt, aber nicht zu dunkel ist. Daher eignet er sich ideal zum Skizzieren.

C   C

                                                              A

                                                        B

                                                        A

116

In diesem Schritt können wir den Rand zwischen dem Haar und der Stirn bestimmen. Dieser ist auch von Person zu Person unterschiedlich, sodass Sie ihn zeichnen können, wo immer Sie möchten. In der folgenden Abbildung können Sie sehen, wo ich diese Linie platziert habe. Das ist nur der Bereich der Haut, in dem das Haar wächst und nicht der gesamte Bereich, den das Haar einnimmt.

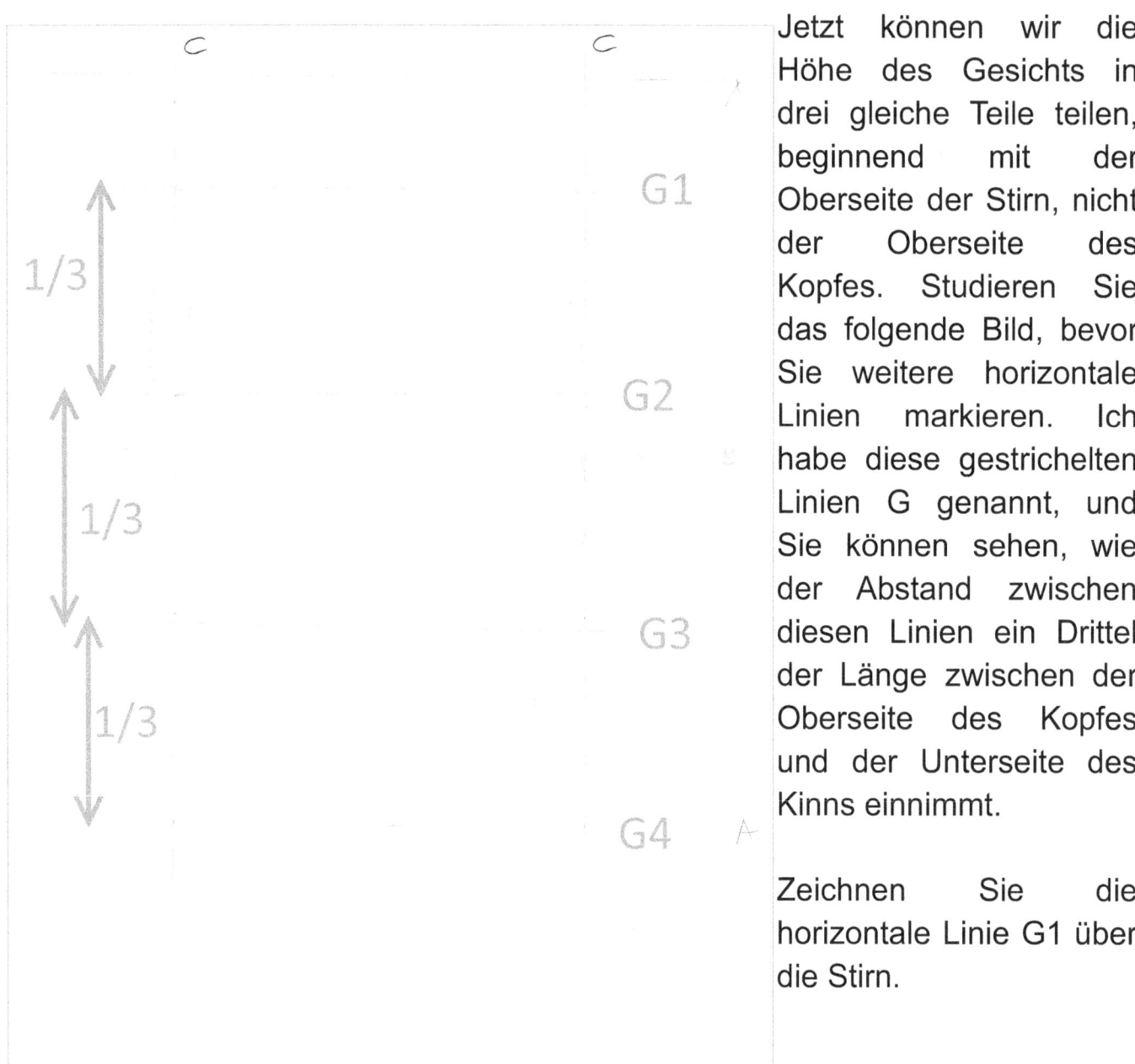

Jetzt können wir die Höhe des Gesichts in drei gleiche Teile teilen, beginnend mit der Oberseite der Stirn, nicht der Oberseite des Kopfes. Studieren Sie das folgende Bild, bevor Sie weitere horizontale Linien markieren. Ich habe diese gestrichelten Linien G genannt, und Sie können sehen, wie der Abstand zwischen diesen Linien ein Drittel der Länge zwischen der Oberseite des Kopfes und der Unterseite des Kinns einnimmt.

Zeichnen Sie die horizontale Linie G1 über die Stirn.

Nehmen Sie nun mit einem Lineal das Maß von G1 bis G4. In meiner Skizze sind es ungefähr 16 cm, der Abstand zwischen den G-Linien muss also etwas mehr als 5 cm betragen.

Die Linie G2 befindet sich über den Augenbrauen und G3 direkt unter der Nase.

Jetzt können wir die Ohren zeichnen. Ich habe geplant, lange Haare zu zeichnen, die die Ohren bedecken, aber ich möchte, dass Sie lernen, die Ohren zu zeichnen und sehen, wo Sie sie in dieser Skizze platzieren sollten.

Die Oberseite eines Ohrs sollte sich in der Linie der Augenbrauen oder direkt über den Augenbrauen befinden. In der folgenden Abbildung sehen Sie, wie die Oberseite der Ohren die Linie G2 berührt und die Unterseite der Ohren die Linie G3 erreicht. Die Unterseite der Ohren befindet sich in derselben Linie wie die Unterseite der Nase. Sie können es selbst im Spiegel oder auf Fotos überprüfen.

Die Form des Ohrs variiert auch von Person zu Person.

Der untere Bereich des Ohrs befindet sich normalerweise näher am Gesicht, der obere Bereich ist größer und der Abstand zum Gesicht gering. Analysieren Sie das folgende Bild sorgfältig, um festzustellen, wo die Konturen der Ohren platziert werden sollten.

Nachdem wir den äußeren Umriss des Gesichts fertig haben, können wir mit den Gesichtszügen beginnen. Es ist wichtig, ein allgemeines Maß anzuwenden, um ein proportionales menschliches Gesicht zu schaffen. Wie immer können die Gesichtsmerkmale mehr oder weniger von den Standardmerkmalen abweichen, aber machen wir es uns am Anfang einfach und zeichnen die Gesichtsmerkmale mit normalen Größen.

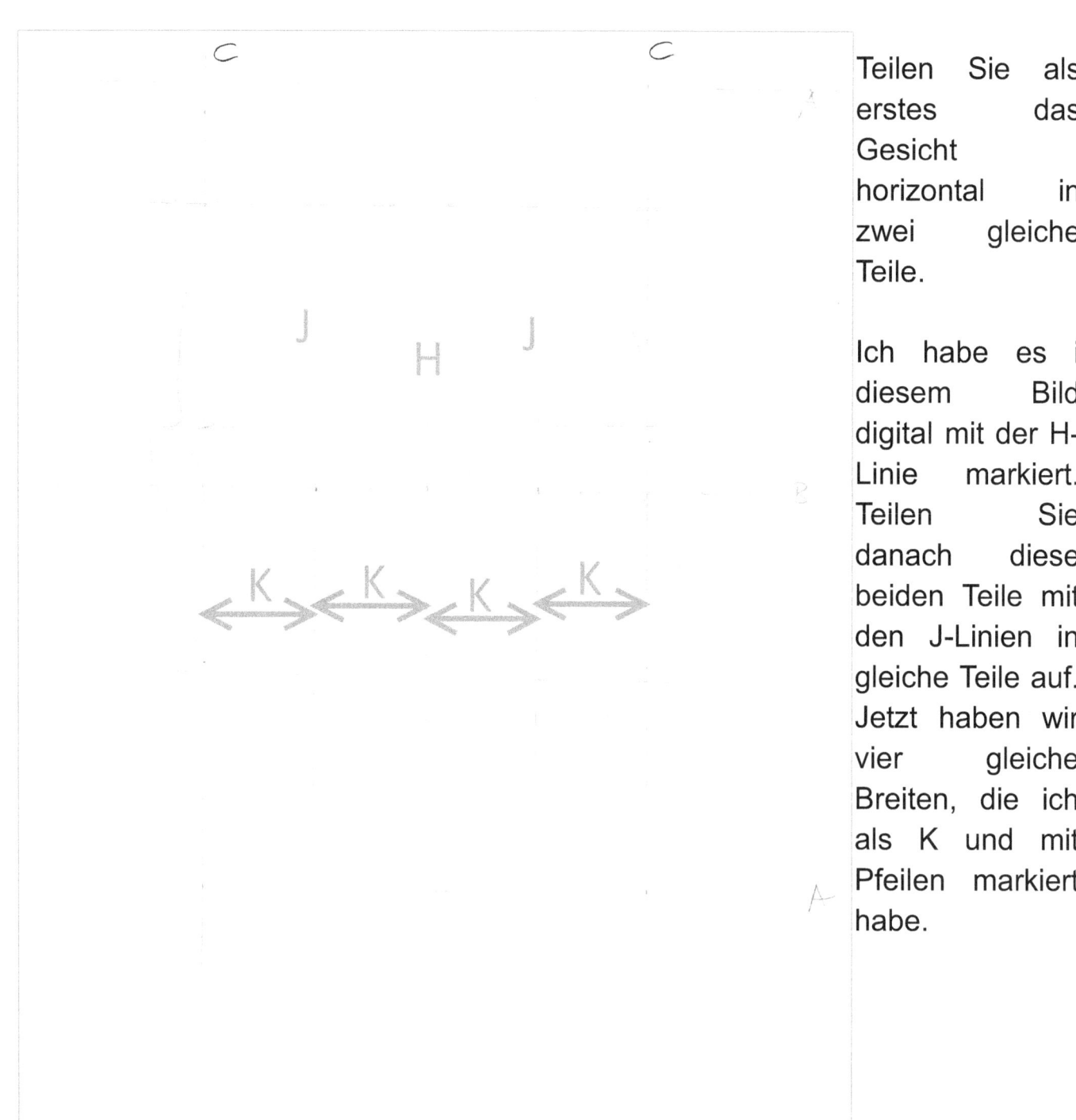

Teilen Sie als erstes das Gesicht horizontal in zwei gleiche Teile.

Ich habe es i diesem Bild digital mit der H-Linie markiert. Teilen Sie danach diese beiden Teile mit den J-Linien in gleiche Teile auf. Jetzt haben wir vier gleiche Breiten, die ich als K und mit Pfeilen markiert habe.

Um den Umriss der Augen zeichnen zu können, müssen Sie zuerst deren Breite bestimmen. Der Abstand zwischen den beiden Augen entspricht der Breite eines Auges. Ich habe sie im folgenden Bild mit M-Linien markiert. Die Breite des M-Bereichs kann festgelegt werden, wenn Sie zuerst die Mitte des K-Bereichs markieren, da diese Punkte die Ränder zwischen den M-Bereichen sind.

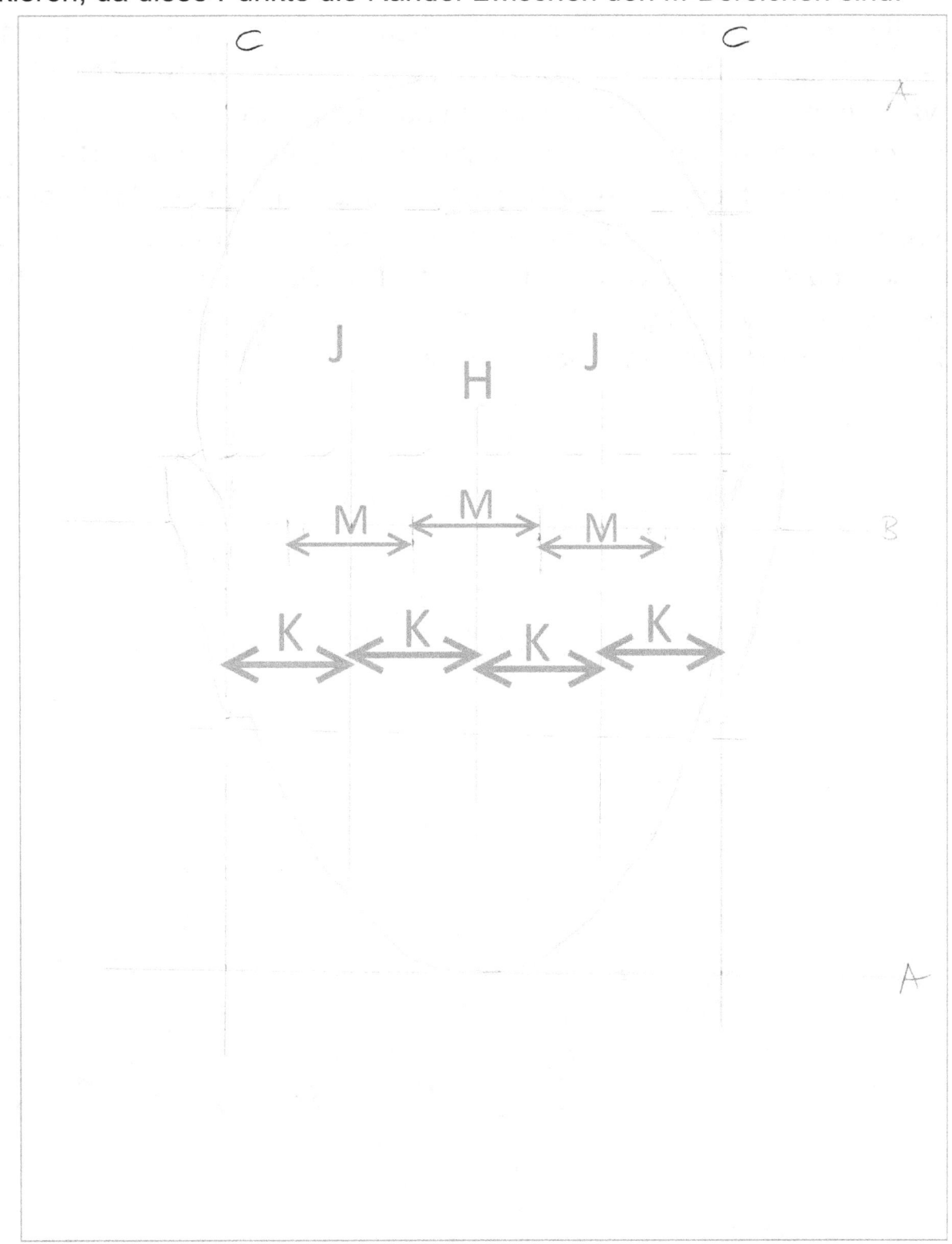

Skizzieren Sie mit einem HB-Stift die Hauptmerkmale eines Auges, wie Pupille, Iris, die ovale Form des Auges und die Falte. Hier können Sie auch die Position des reflektierten Lichts bestimmen, um es herum zu zeichnen.

Zeichnen Sie die Pupillen über die Kreuzungspunkte der J- und B-Linie. Jetzt können Sie die Irisgrenze herum zeichnen.

Nutzen Sie die M-Linien, die wir im vorherigen Schritt markiert haben, um die Breite eines Auges zu bestimmen, damit Sie es skizzieren können. Zeichnen Sie eine ovale Form und eine weitere Linie darüber und parallel dazu, um eine Falte vorzugeben. Zeichnen Sie in diesem Schritt auch die Augenbrauen. Sie können so sein wie Sie möchten, dicker oder dünner, kürzer oder länger. Ich habe mich dafür entschieden, typische, dickere weibliche Augenbrauen zu zeichnen, deren Enden leicht nach oben gekrümmt sind. Der mittlere Bereich einer Augenbraue wird also über den Kreuzungspunkt der Linien J und G2 gelegt.

Sie können bei Bedarf weitere Linien erstellen.

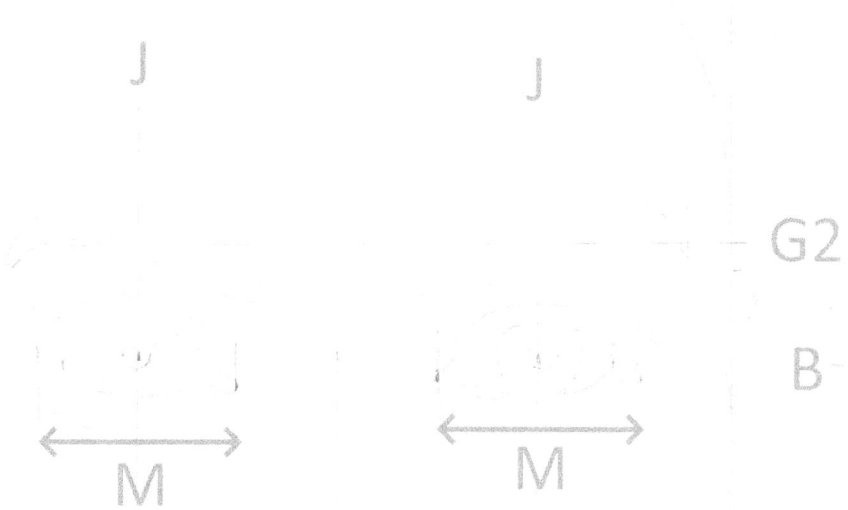

Die Nase enthält weniger Linien, sondern Schatten, sodass nur der untere Bereich der Nase Konturen mit einem sichtbaren Umriss haben sollte. Für die Schatten und den Nasenrücken habe ich gestrichelte Linien verwendet, die ich vor dem Schattieren wegradieren werde.

Hier müssen Sie die vertikale H-Linie und die horizontale G3-Linie als Richtlinie verwenden. Die H-Linie verläuft über die Mitte des Nasenrückens. Der untere Bereich der Nase liegt über der G3-Linie. Der äußere Umriss der Nasenlöcher sollte genau unter dem Rand zwischen den M-Linien / -Bereichen liegen, sozusagen in den gleichen vertikalen Linien, in denen die Tränenkanäle enden.

Zeichnen Sie sichtbare Bereiche des Nasenlochs, wie in der folgenden Abbildung gezeigt.

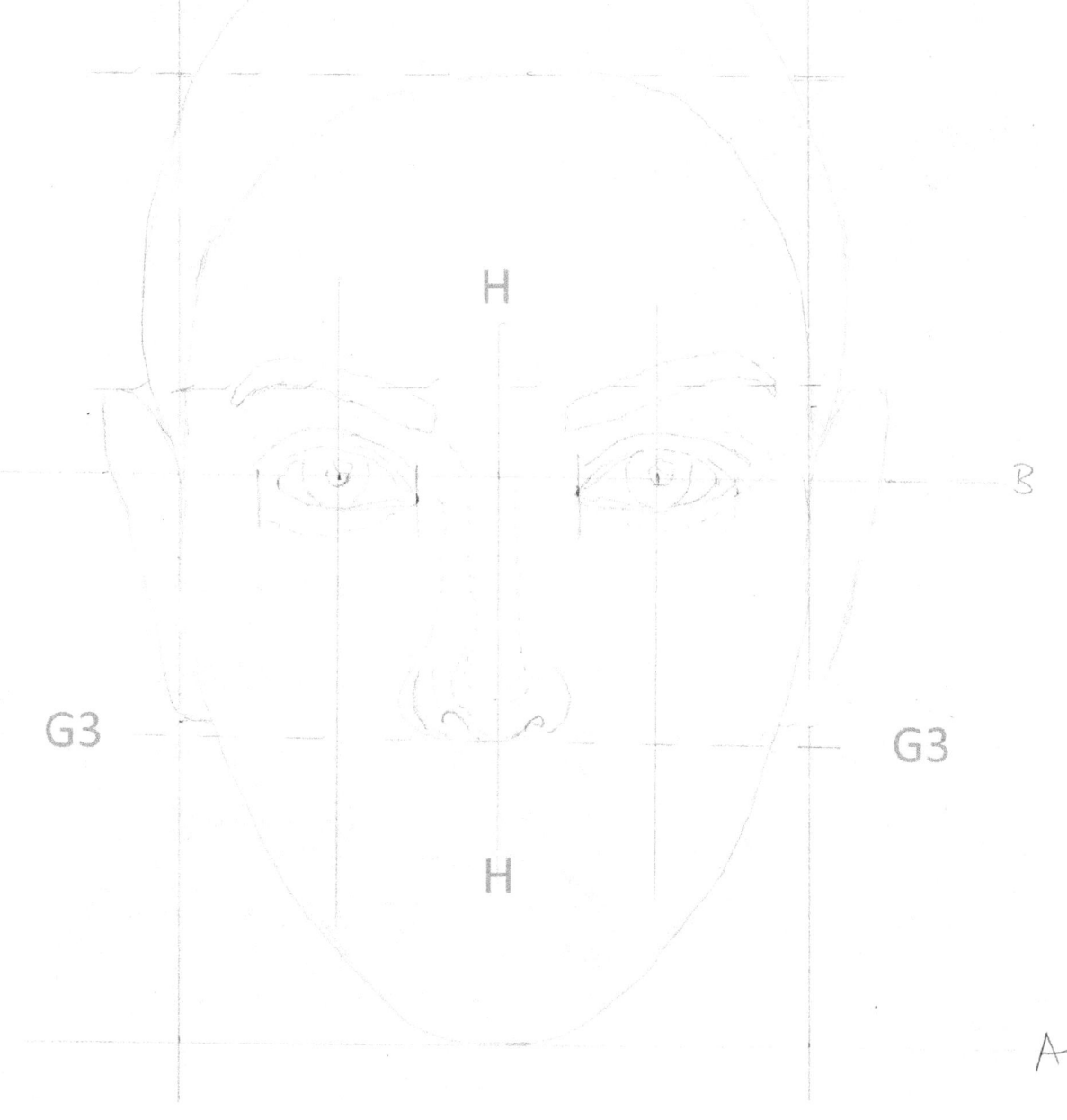

Zuletzt können wir die Lippen skizzieren. Die Breite des Mundes sollte nicht zwischen die J-Linien passen, er kann weniger Raum einnehmen – wie sich in meiner Skizze herausstellte.

Die Mitte des Mundes sollte über der H-Linie liegen. Sie können die Unterlippe dicker machen, wenn Sie möchten, dies ist jedoch nicht immer die Regel. Es gibt viele verschiedene Arten und Formen von Lippen. Einige haben sehr auffällige Lippen, andere haben sehr dünne, fast nicht sichtbare Lippen. Sie können hier also nicht wirklich scheitern. Der untere Rand der Unterlippe sollte in der Mitte der Höhe zwischen den Linien G3 und G4 liegen. Versuchen Sie, eine kurvige Linie zwischen den beiden, statt einer geraden Lippe zu zeichnen, und skizzieren Sie auch den Amorbogen.

Jetzt können Sie alle Hilfslinien wegradieren oder noch besser, Sie zeichnen diese Skizze auf einem separaten Blatt Papier nach, damit das neue Blatt keine beschädigten Oberflächen aufweist. Hier können Sie bei Bedarf weitere Linien hinzufügen. In der folgenden Abbildung sehen Sie, wie meine Skizze ohne die Hilfslinien aussieht. Es gibt einen Raum für den Hals und die Haare, aber ich habe sie vorerst nicht skizziert.

WIE MAN EIN AUGE ZEICHNET

Fangen wir an, dieses Porträt mit dem wichtigsten Merkmal zu färben und zu schattieren: den Augen. Sie sollten immer damit beginnen, Gesichter mit den Augen zu zeichnen. Denn wenn sie nicht wie gewünscht aussehen, können Sie immer eine neue Zeichnung beginnen und nicht erst, nachdem Sie die anderen Merkmale gezeichnet haben, die mit mehr Erfolg gezeichnet wurden oder einfach hätten wegradiert werden können.

Hier können Sie entscheiden, ob Sie beide Augen gleichzeitig oder nacheinander zeichnen möchten. Verwenden Sie für das linke Auge dasselbe Tutorial, aber wenn es Sie verwirrt, können Sie es im Spiegel überprüfen und es sich einfacher machen, dasselbe zu sehen und zu tun.

Als Erstes sollte der Kreis für die Pupille mit einem 4B oder einem weicheren / dunkleren Stift ausgefüllt werden. Ich habe diesmal 8B verwendet und sehr fest aufgedrückt, um den Zahn des Papiers vollständig auszufüllen. Zeichnen Sie um den Punkt, der ein reflektiertes Licht sein soll, wenn Sie es skizziert haben. .

Sie können die gesamte Pupille ausfüllen und die weißen Punkte am Ende des Zeichnens der Augen mit einem weißen Stift, weißer Gouache oder weißem Acryl hinzufügen. Jedes Medium, das undurchsichtig ist und auf den Graphit aufgetragen werden kann.

Hinweis

Versuchen Sie immer, den Zeichenprozess anders anzugehen, um verschiedene Methoden auszuprobieren und herauszufinden, mit welchen Sie bessere Ergebnisse erzielen können. Wenn Sie beispielsweise dunkle bis helle Bereiche schattieren, beginnen Sie das nächste Mal mit dem tiefsten Schatten in Richtung der Highlights. Sie können das Porträt auch mit Mund oder Nase und nicht immer mit den Augen beginnen.

Skizzieren Sie die Irisgrenze mit einem HB. Gehen Sie um die Iris herum und zeichnen Sie eine dicke Grenze, wie in der folgenden Abbildung gezeigt.

Dieser Bereich ist immer dunkler als der Ton der Iris. Verwenden Sie einen B-Stift, um den Schlagschatten unter dem oberen Augenlid zu erzeugen. Im Moment ist es wichtig, die Bereiche zu markieren, um die Teile festzulegen. Wir können später immer noch mehr Schattierungen hinzufügen. Tragen Sie daher die erste Schicht immer vorsichtig auf und drücken Sie sie vorsichtig an.

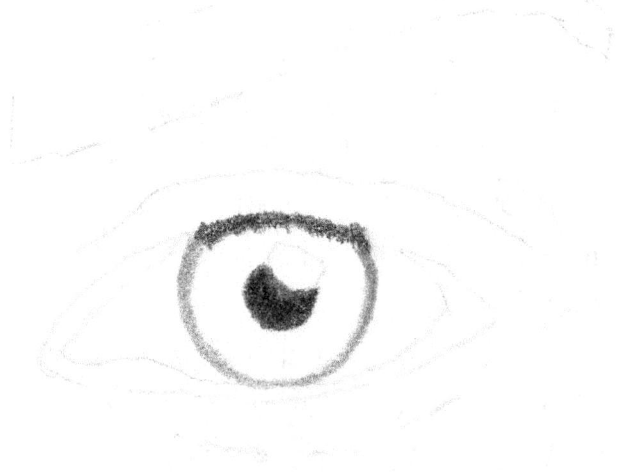

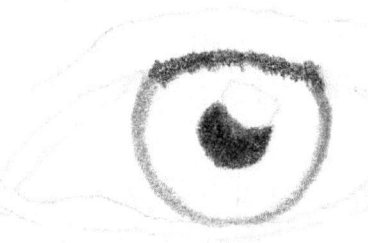

Es ist einfacher, die Bereiche abzudunkeln, als Sie wegzuradieren..

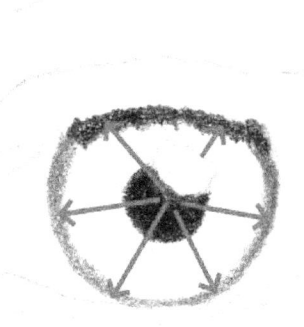

Es ist an der Zeit, die Iris zu färben. Die Speiche sollte immer von der Mitte der Pupille in Richtung der Irisgrenze strahlen. In der folgenden Abbildung sehen Sie die Pfeile, die ich digital platziert habe, um Ihnen die Richtung der Striche anzuzeigen, die Sie zeichnen sollten. Sie können tatsächlich über die Irisgrenze hinaus beginnen und die Speichen in Richtung der Pupille zeichnen, oder Sie können über die Pupille hinaus beginnen und sie in Richtung der Irisgrenze zeichnen. Das Wichtigste ist, dass die Speichen aus der Mitte der Pupille strahlen.

Zum Färben der Iris können Sie einen beliebigen Ton verwenden. Ich habe einen 2H verwendet. Dieser Ton deutet auf blaue oder grüne Augen hin. Sie können hellere oder dunklere Nuancen verwenden, es liegt bei Ihnen. Ich empfehle jedoch, mit einer helleren Nuance zu beginnen, da Sie diese später abdunkeln können, nachdem Sie die Umgebung gezeichnet haben. Nur dann können Sie sehen, wie hell oder dunkel die Iris ist. Wenn Sie 4B oder einen ähnlichen dunklen Stift auftragen, können Sie den hellen Bereich nicht wieder herstellen. Also, nehmen Sie einen 2H wie ich für die erste Schicht..

Zeichnen Sie die Speichen gemäß den Pfeilen aus dem vorherigen Bild. Wenn Sie diese Striche zeichnen, können Sie den Druck auf Ihren Stift ändern, um zu

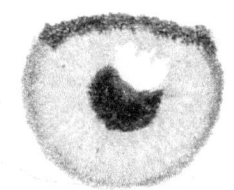

vermeiden, dass die Iris flach wird. Die Zufälligkeit der Töne trägt zum Realismus bei und das Auge erscheint nicht karikaturhaft. Vergessen Sie nicht, die Reflexion des Lichts auszulassen und um diese herum zu zeichnen.

Schattieren Sie die Iris mit einem B-Stift unter dem oberen Augenlid. Schattieren Sie auch den Rand zwischen Pupille und Iris, indem Sie die Spitze des Stifts über die Pupille legen und die Striche nach innen in die Iris zeichnen. Obwohl sehr kurz, sollten diese Bewegungen auch von der Pupillenmitte ausgehen.

Machen Sie jetzt dasselbe zwischen der Irisgrenze und der Iris. Führen Sie die Mine des Stifts über die Irisgrenze und zeichnen Sie kurze Striche in Richtung Pupillenmitte. Lassen Sie den Druck nach, wenn Sie den mittleren Bereich der Iris erreichen. Einige Striche sollten tiefer in die Iris gehen, andere müssen jedoch sehr kurz sein, um Zufälligkeiten und Muster der Iris zu erzeugen.

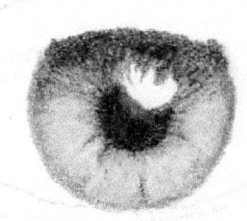

Vermeiden Sie wie immer die Reflexion von Licht und Schatten.

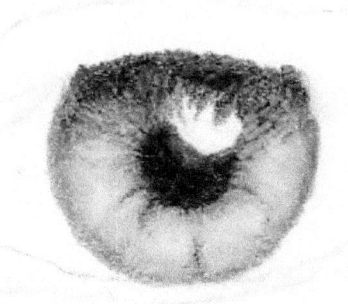

Radieren Sie die winzige Teile in der Mitte der Iris, um die Highlights zu erzielen.

Wenn Sie mit der Iris zufrieden sind, können Sie mit dem nächsten Schritt fortfahren. Sie können der Iris während des weiteren Vorgangs jederzeit einige Details hinzufügen. Bevor wir anfangen, die Haut um das Auge zu schattieren, lassen Sie uns das Weiß der Augen, die sogenannte Sklera, schattieren. Der Augapfel ist anscheinend weiß, aber wir müssen seine runde Form schaffen. Ein einwandfreier Verlaufsübergang der Grautöne ist hier sehr wichtig. Ich habe dafür einen Papierwischer verwendet, aber Sie können ihn mit etwas hellerem Bleistift zeichnen. Der Punkt ist, dunklere Nuancen neben den Augenwinkeln zu verwenden, wie z. B. 2H, und, wenn Sie zur Iris schattieren, immer hellere Nuancen zu verwenden.

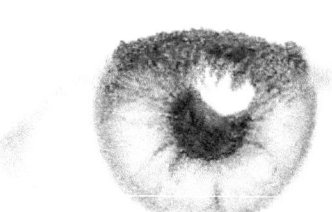

Zum Schluss vermischen Sie alles mit einem Papiertaschentuch oder einem Q-Tip. Wenn Sie einen Papierwischer verwenden, stellen Sie sicher, dass die Spitze nicht zu viel Graphitpulver enthält. Die beste Lösung ist, einen Papierwischer für solche hellen Bereiche und einen anderen für dunklere Bereiche zu haben. In diesem Fall können Sie auch einen neuen nehmen, der zuvor nicht verwendet wurde.

Verstärken Sie den Umriss der Falte mit einem B oder dunkleren Stift..

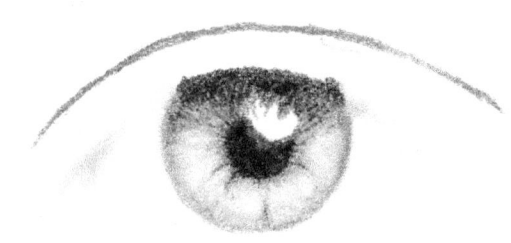

In diesem Schritt können wir das obere Augenlid mit einer HB-Nuance oder einer dunkleren Nuance schattieren. Ich möchte ein Auge mit einem starken Make-up zeichnen, also habe ich die Linie des Eyeliners mit einem 8B gezeichnet. Sie müssen kein so dunkles Augenlid zeichnen, sondern mit einem HB können Sie es viel heller und natürlicher machen.

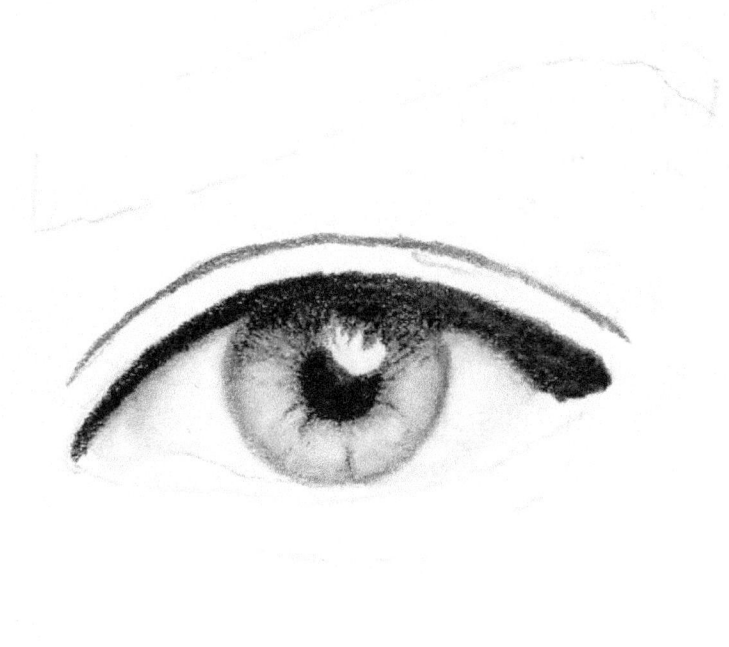

Drücken Sie auf jeden Fall fest neben Iris und Sklera, da der untere Bereich des oberen Augenlids immer im Schatten des oberen Augenlids und der Wimpern liegt. Mischen Sie den Rand zwischen der Sklera und dem Eyeliner mit einem HB oder einem Papierwischer. Wenn Sie wie ich Make-up-Augen zeichnen möchten, erstellen Sie eine dickere Linie direkt über des Tränenkanals und machen Sie sie immer dicker, wenn Sie in Richtung des äußeren Augenwinkels zeichnen.

Jetzt können wir den Teil zwischen der Falte und dem Eyeliner schattieren. Verwenden Sie einen HB, um den gesamten Bereich zu schattieren und mit einem Q-Tip zu mischen. Dieser Bereich wird in der Mitte stärker beleuchtet, daher sollten Sie beim Schattieren weniger drücken. Häufig ist dieses Highlight in der Mitte je nach Lichtquelle und Umgebung fast weiß. Die linke und die rechte Seite sollten dunkler schattiert sein. Dies wird auch zur Illusion der Rundheit beitragen. Gehen Sie über die Falte und mischen Sie hier auch. Wenn Sie es mit einem sehr dunklen Bleistift gezeichnet haben, nehmen Sie etwas Graphit auf, sodass Sie es möglicherweise erneut mit einem B-Stift oder einem dunkleren Bleistift abdunkeln müssen. Schattieren Sie außerdem den Bereich und versuchen Sie, einen Verlaufsübergang zwischen der dunklen Farbe der Falte und der Grundfarbe der Haut zu erzielen.

Wenn ich mich auf die Grundfarbe der Haut beziehe, meine ich die nicht betroffenen Teile der Haut, die Bereiche, die nicht viel Licht bekommen, sich aber nicht im Schatten befinden.

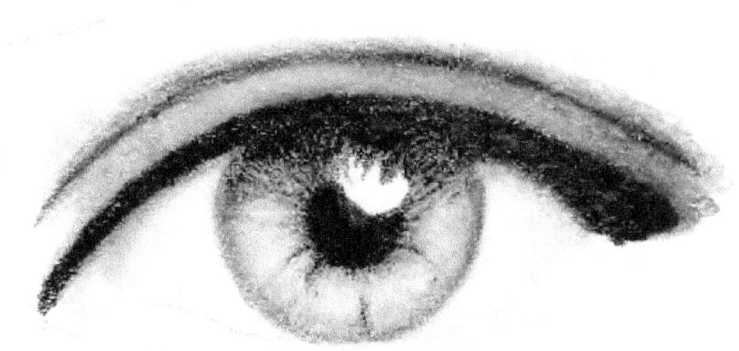

Wenn Sie ein Auge mit Make-up zeichnen möchten, wie ich, können Sie die Dicke der Haut des unteren Augenlids färben. Ich habe dafür einen B-Stift genommen. Wenn Sie ein natürliches Auge zeichnen möchten, färben Sie diesen Teil mit einem 2H- oder helleren Nuance.

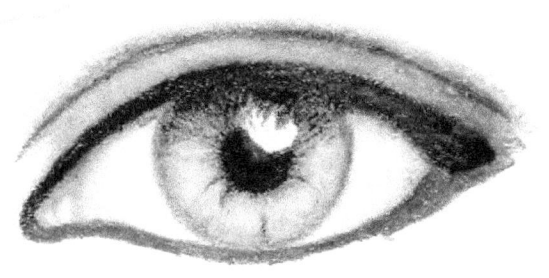

Dieser Bereich sollte in der Mitte sehr hell sein (ohne Make-up), aber nicht absolut weiß, sodass er trotzdem eine gewisse Schattierung benötigt. Sie können auch einen Papierwischer verwenden. Achten Sie jedoch darauf, dass sich nicht zu viel Graphit auf der Spitze befindet.

Wenn Sie Angst haben, zu dunkle Töne zu verwenden, beginnen Sie mit den helleren und verdunkeln Sie sie allmählich, um zu vermeiden, dass sie zu dunkel werden. Wie auch immer, Sie können den dunklen Stift immer radieren, doch dieser Bereich hat immer noch einen gewissen Farbton, da er nicht mehr absolut weiß sein kann. Sie können also mit dunkleren Tönen experimentieren..

Schattieren Sie das untere Augenlid mit einem HB-Stift. Gehen Sie die gesamte Fläche unter der vorher getönten Hautdicke durch – unter den Wurzeln der Wimpern. Diese Fläche wird normalerweise weniger hell, aber wie immer hängt es von vielen Faktoren ab. Wenn eine Person Make-up trägt, sollte es mit einem dunkleren Ton gezeichnet werden. Ich habe einen HB verwendet und den im folgenden Bild gezeigten Bereich schattiert und ihn mit einem Q-Tip verwischt. Es sind kleine kreisende Bewegungen erforderlich, um eine gleichmäßige Textur der Haut zu erreichen. Wir werden die gesamte Gesichtshaut später in einem separaten Kapitel schattieren.

Im Moment arbeiten wir nur an der Haut um die Augen herum. Auf dem folgenden Bild können Sie sehen, dass ich den Bereich in Richtung der Schläfe schattiert habe, den Teil, der von den oberen Wimpern abgeschattet wird, sodass er viel dunkler sein muss als die umgebenden Bereiche. Schattieren Sie den Bereich über der Falte mit einem

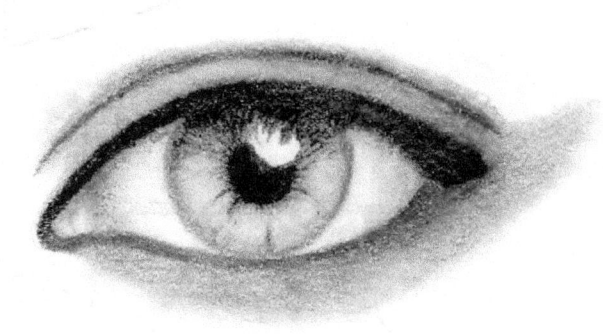

HB-Stift. Winzige überlappende Kreisbewegungen ausführen und nicht zu fest aufdrücken. Versuchen Sie, immer den gleichen Druck auszuüben. In der folgenden Abbildung können Sie sehen, auf welchen Bereich ich mich beziehe. Dieser Teil ist ziemlich schattig, daher können wir hier einen HB verwenden. Wenn Sie mein Bild genau analysieren, werden Sie feststellen, dass ich die Zirkelmethode angewendet habe, die immer gut zum Zeichnen einer glatten Textur im Fotorealismus geeignet ist. Sollte Ihnen jemand gesagt haben, dass Sie eine Reihe von parallelen Linien oder Schraffuren machen sollen, dann tun Sie das nicht, weil Sie dann die sichtbaren Linien dort haben, wo sie nicht sein sollen, auch wenn Sie diesen Bereich verwischen. Niemand möchte Linien auf der Haut haben. Um sie zu vermeiden, wenden Sie die Zirkelmethode an. Das Zeichnen von Linien ist gut, wenn wir die Haare oder ähnliche Objekte zeichnen, aber nicht für die kreisenden Bewegungen der Haut.

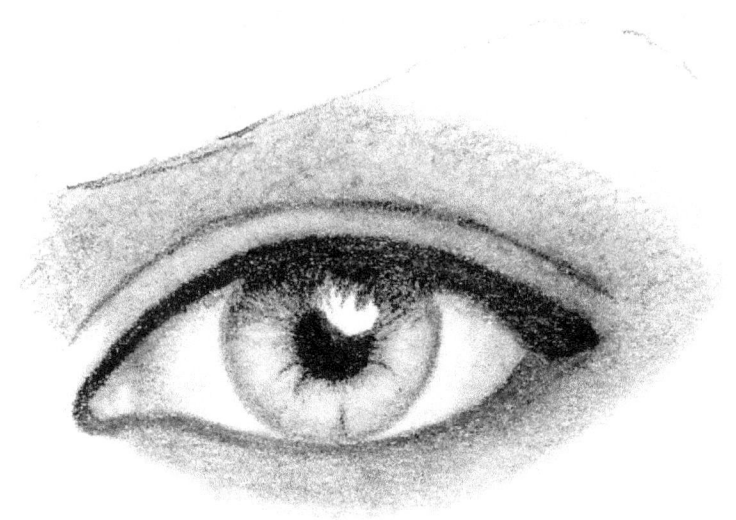

Diese Technik braucht zwar mehr Zeit, aber das Ergebnis ist es wert. Mit einer stumpfen Stiftspitze erzielen Sie eine glattere Haut. Spitzen Sie Ihren Bleistift also nicht an, bevor Sie anfangen, die Haut zu schattieren.

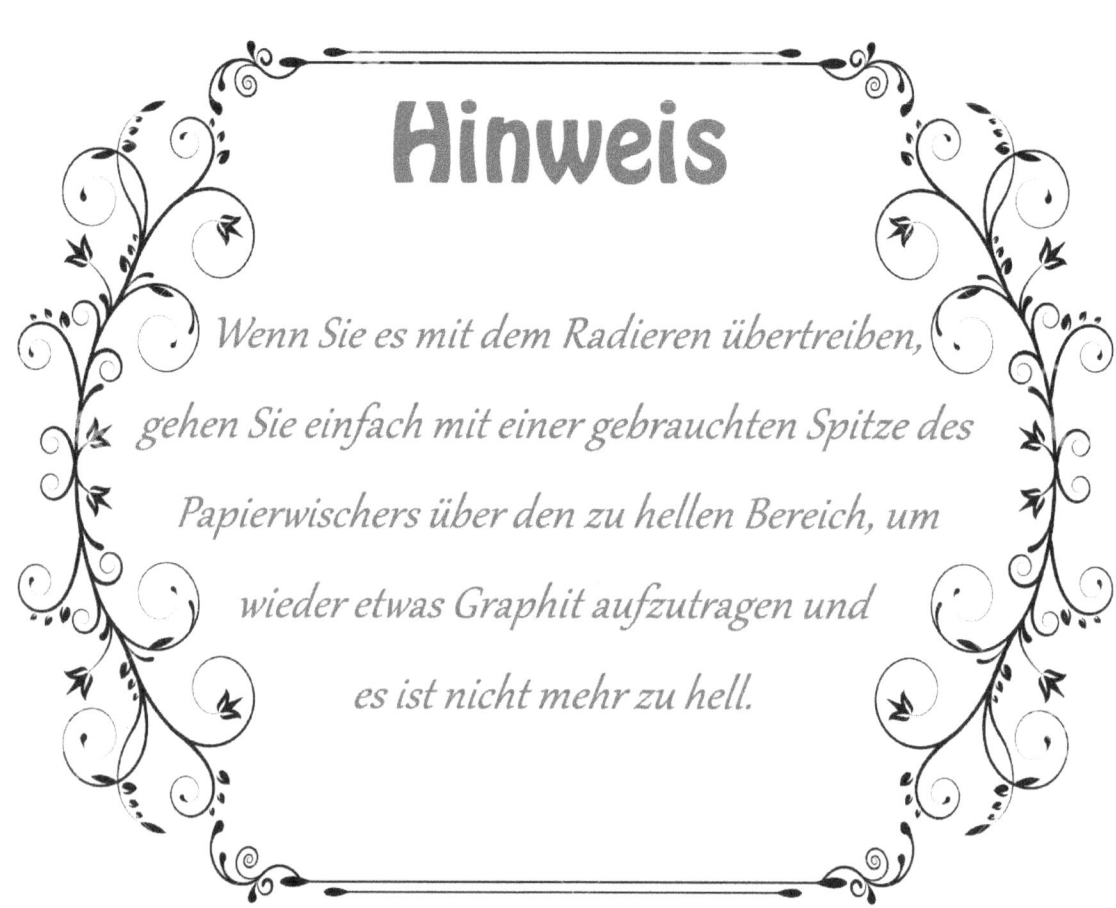

Hinweis

Wenn Sie es mit dem Radieren übertreiben, gehen Sie einfach mit einer gebrauchten Spitze des Papierwischers über den zu hellen Bereich, um wieder etwas Graphit aufzutragen und es ist nicht mehr zu hell.

Wie Sie vielleicht bemerkt haben, habe ich den markierten Bereich im vorherigen Schritt ausgelassen.

Jetzt können wir ihn mit einem 5H-Stift schattieren, auch unter Verwendung der Zirkelmethode. Sie können entweder stärker aufdrücken, wenn Sie neben dem zuvor gezeichneten Bereich zeichnen oder Sie können dazwischen einen 2H nehmen. Das Wichtigste ist, dass die Töne einwandfrei 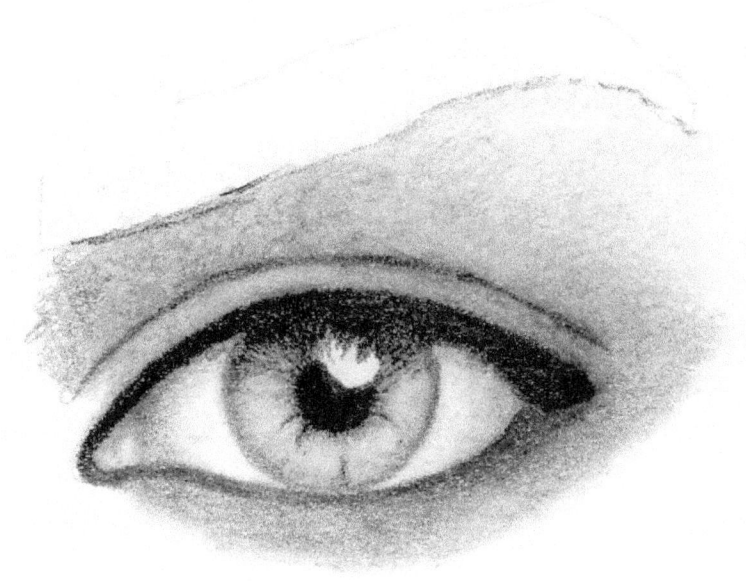 ineinander übergehen. Daher ist auch hier der Verlaufsübergang sehr wichtig.

Jetzt können Sie den schattierten Teil direkt über der Faltenlinie schattieren.

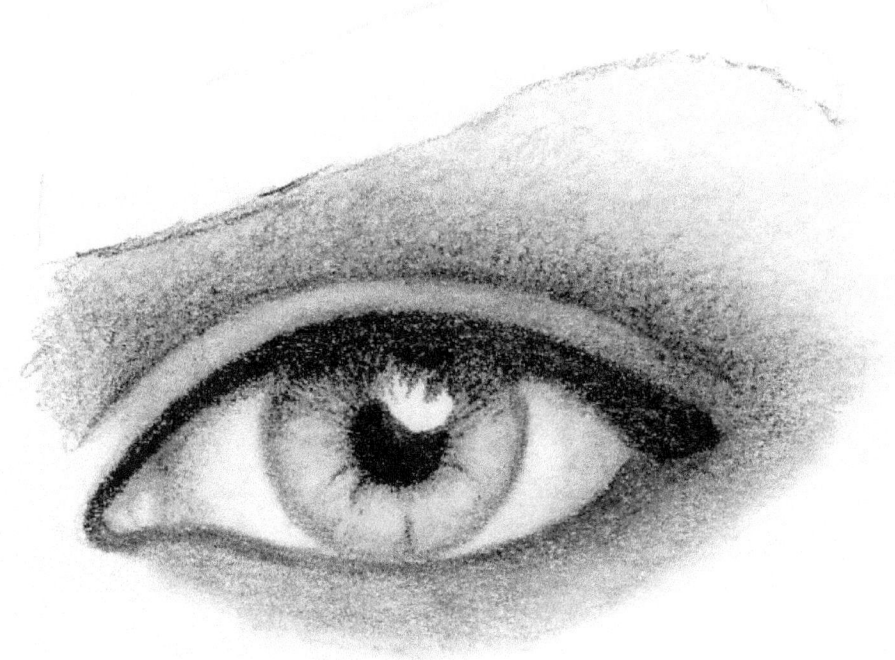

Nehmen Sie dazu einen B-Stift und lassen Sie den Druck nach oben in Richtung der Highlights ab.

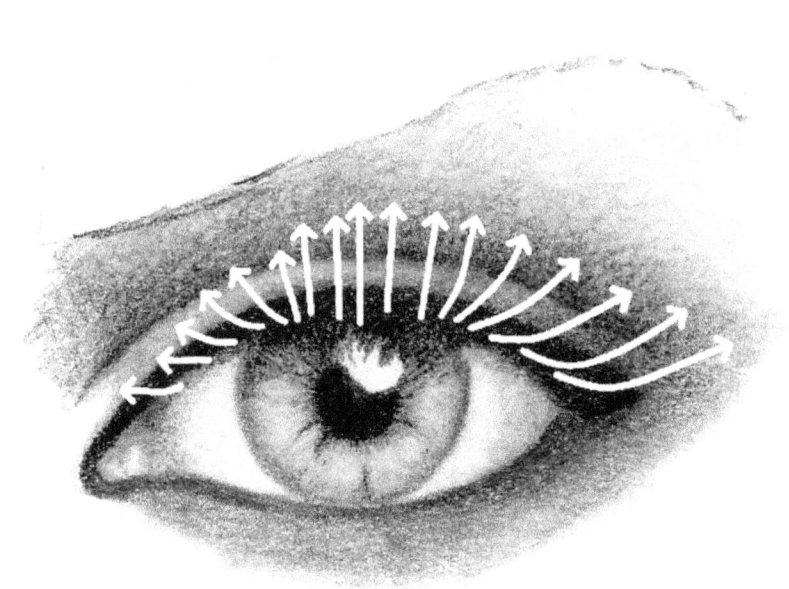

Da wir den gesamten Bereich über dem Auge abgeschlossen haben, können wir als Letztes die Wimpern zeichnen. In diesem Bild sehen Sie die digitalen Pfeile, die ich auf meiner gescannten Zeichnung platziert habe, um Ihnen die Richtung anzuzeigen, in die die Wimpern gezeichnet werden sollten. Sie können auch sehen, wie lang die Wimpern sind und wie sie immer größer werden, wenn Sie sie in Richtung der äußeren Ecke zeichnen.

Beginnen wir mit den horizontalen in der Mitte. Zeichnen Sie sie über den Bereich der Iris.

Legen Sie die Spitze des Stifts direkt über den Rand zwischen Iris und Haut (oder wie in meinem Fall über den Eyeliner), zeichnen Sie eine kurze Linie nach unten, drehen Sie sie um 180 Grad und zeichnen Sie eine längere Linie nach oben.

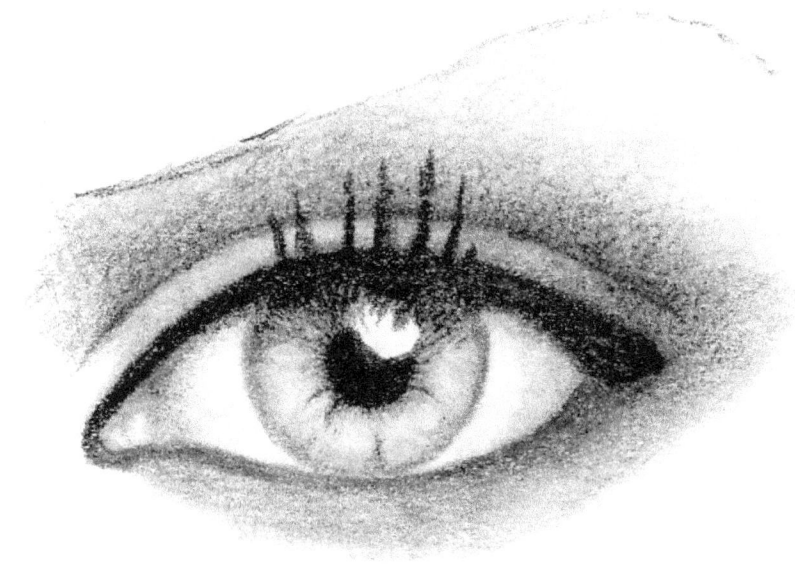

Fahren Sie auf der linken Seite fort, wo die Wimpern kürzer, dünner und dichter sein sollten, wenn Sie sie zum Tränenkanal zeichnen.

Legen Sie die Stiftspitze auf den Rand des Augenlids, zeichnen Sie eine kurze kurvige Linie nach unten und zeichnen Sie sie dann etwas horizontal zum Tränenkanal und drehen sie schließlich nach oben. Je näher Sie dem Tränenkanal kommen, desto horizontaler sollten die Linien sein.

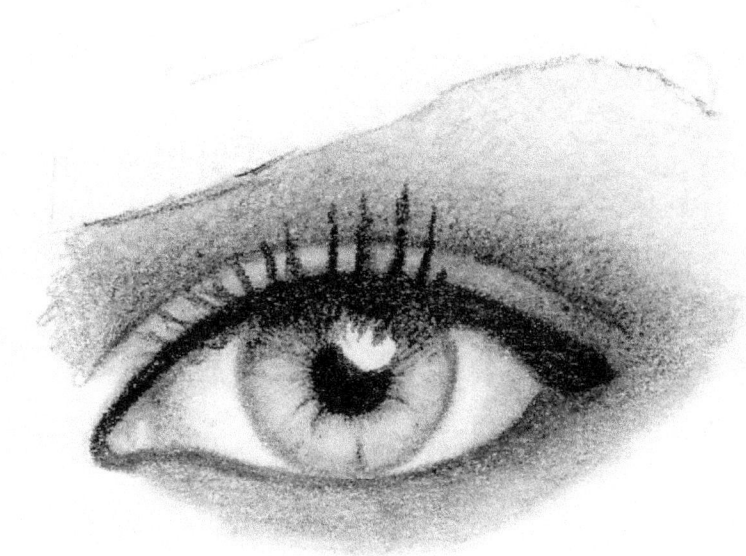

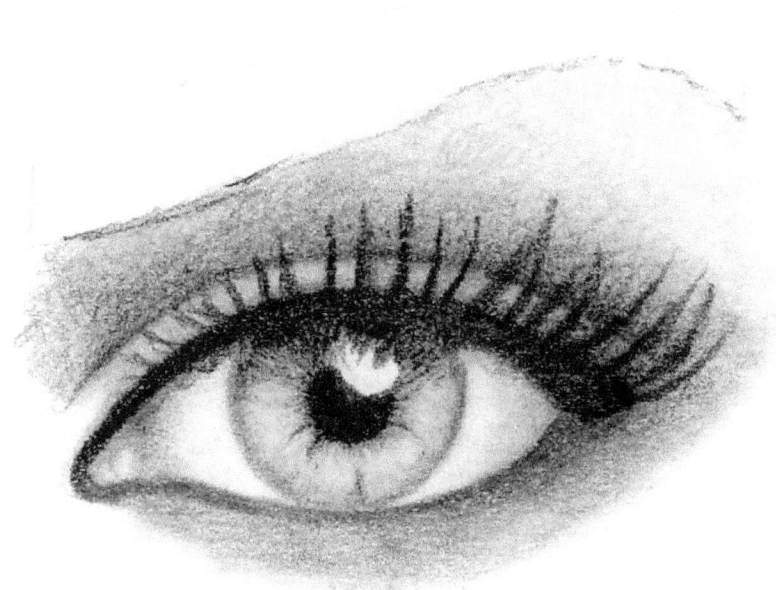

Das Gleiche gilt für die rechte Seite, außer dass Sie hier längere, dickere und dichtere Wimpern zeichnen müssen. Sie können sogar zweimal über dieselbe Linie gehen, um sie dunkler und dicker zu machen.

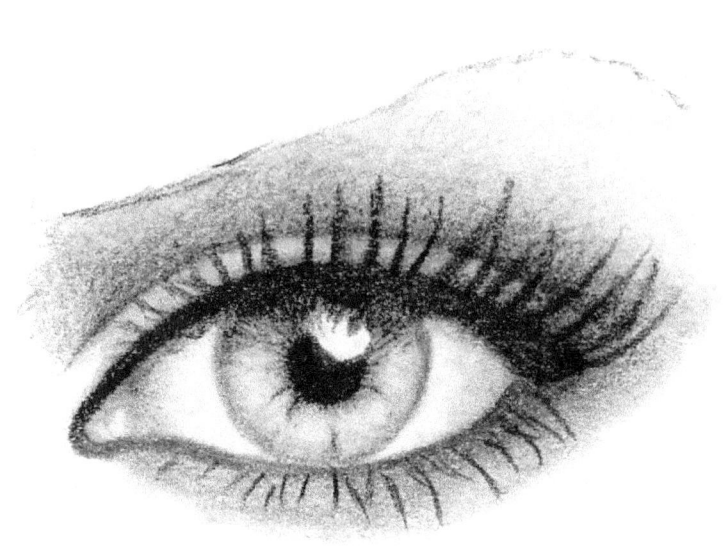

Da wir unter dem Auge schattiert haben, können wir dort auch die Wimpern zeichnen. Hier sind die Wimpern immer kürzer und dünner. Einige von ihnen wachsen zwischen der Hautdicke und der Haut unter dem Auge weiter vom Rand weg, daher sollten sie auf diese Weise gezeichnet werden.

Jetzt können wir die Augenbrauen zeichnen. Beginnen Sie, indem Sie den gesamten Bereich der Augenbrauen mit einem Papierwischer schattieren.

Das ist notwendig, um den Schatten der Haare zu erzeugen und einen starken Kontrast

zwischen der weißen Farbe des Papiers und den dunklen Wimpern zu vermeiden. Auch wenn Sie sehr helle Wimpern zeichnen möchten, ist es gut, diesen Bereich zu schattieren, bevor Sie sie zeichnen.

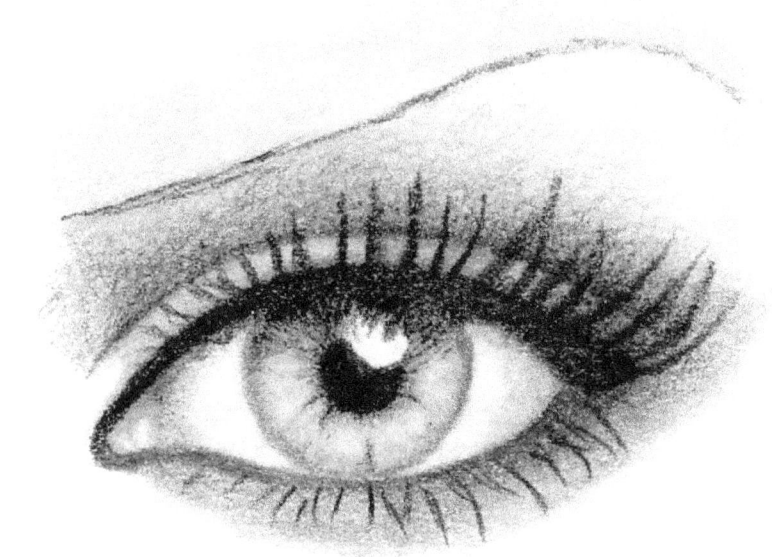

In diesem Bild sehen Sie die Pfeile, die Ihnen die Richtung und die Länge anzeigen, in der Sie die Augenbrauen zeichnen sollten.

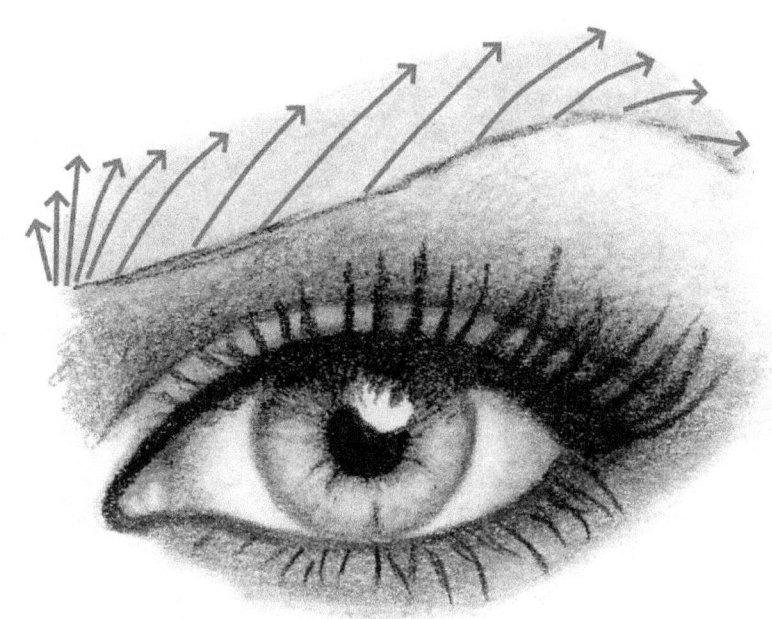

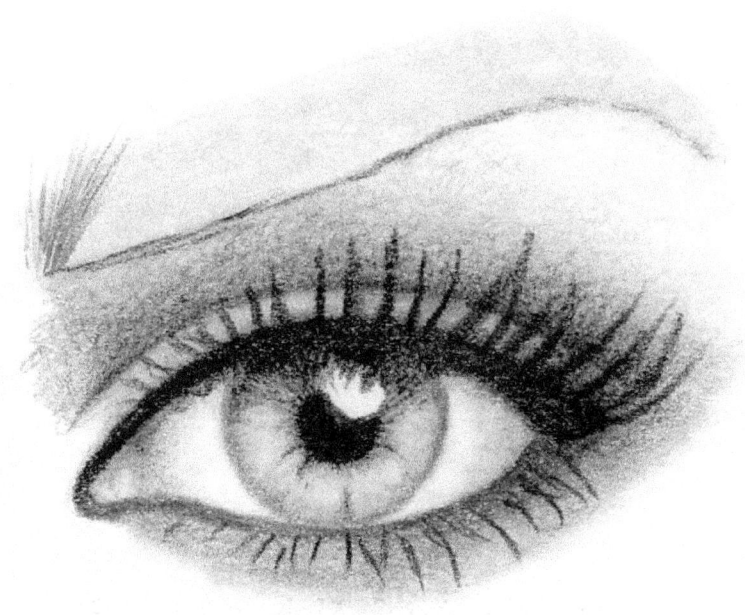

Beginnen Sie auf der linken Seite neben der Nase und zeichnen Sie kurze Striche in Richtung der angezeigten Pfeile. Verwenden Sie für diesen Bereich einen HB-Stift. Hier sind die Wimpern etwas dünner und weniger dicht, deshalb ist dieser Stift besser..

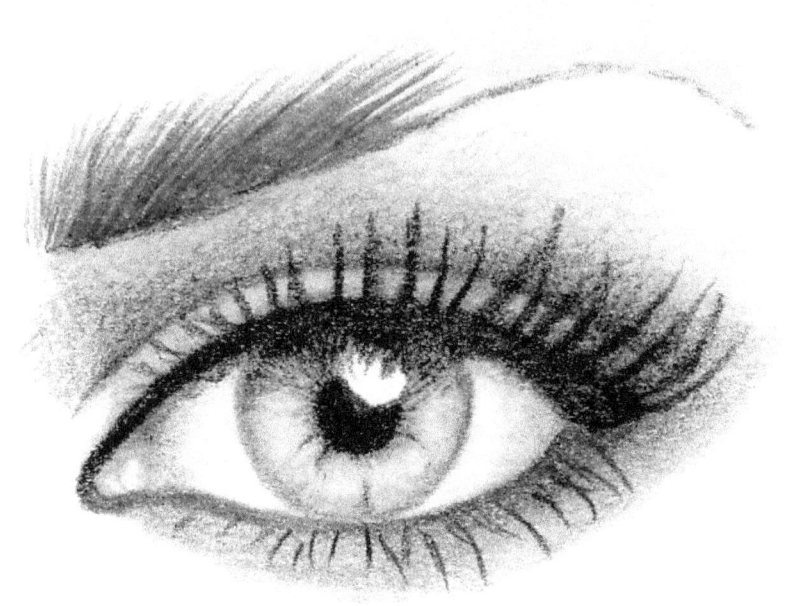

Zeichnen Sie die Augenbrauen daneben mit einem B-Stift weiter. Drücken Sie stärker auf, wenn Sie die Striche in der unteren horizontalen Hälfte zeichnen, da dieser Bereich weniger hell wird.

Füllen Sie den Rest des Bereichs erneut mit einem HB, indem Sie leicht aufdrücken, da dieser Bereich stark beleuchtet ist. Drücken Sie ganz rechts neben der Schläfe etwas stärker auf.

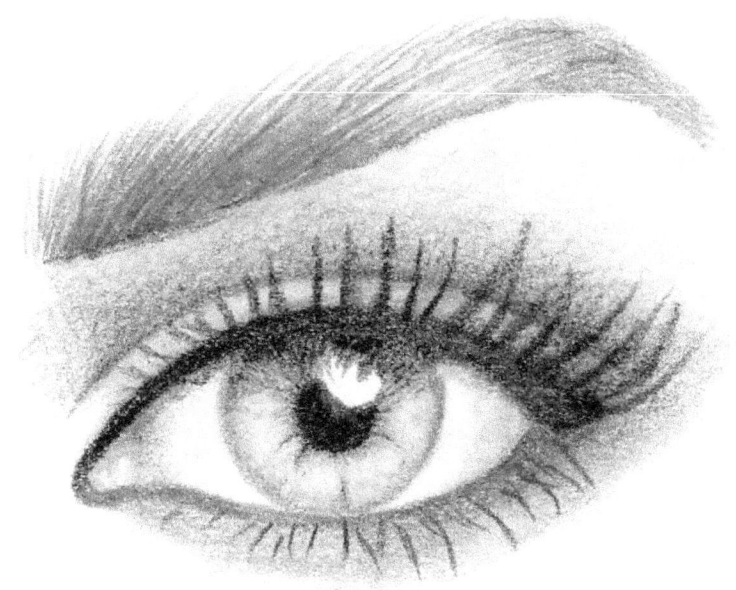

Jetzt können Sie die Augenbrauen ein wenig mit einem Papierwischer verwischen und den letzten Schliff hinzufügen. Ich habe einen winzigen weißen Punkt am unteren Rand der Iris platziert, um das Auge mit einem weißen Feinmarker zum Leuchten zu bringen. Hier können Sie die Bereiche abdunkeln, die dunkler sein müssen, wenn ein Teil des Graphits während des

Zeichenvorgangs entfernt wurde.

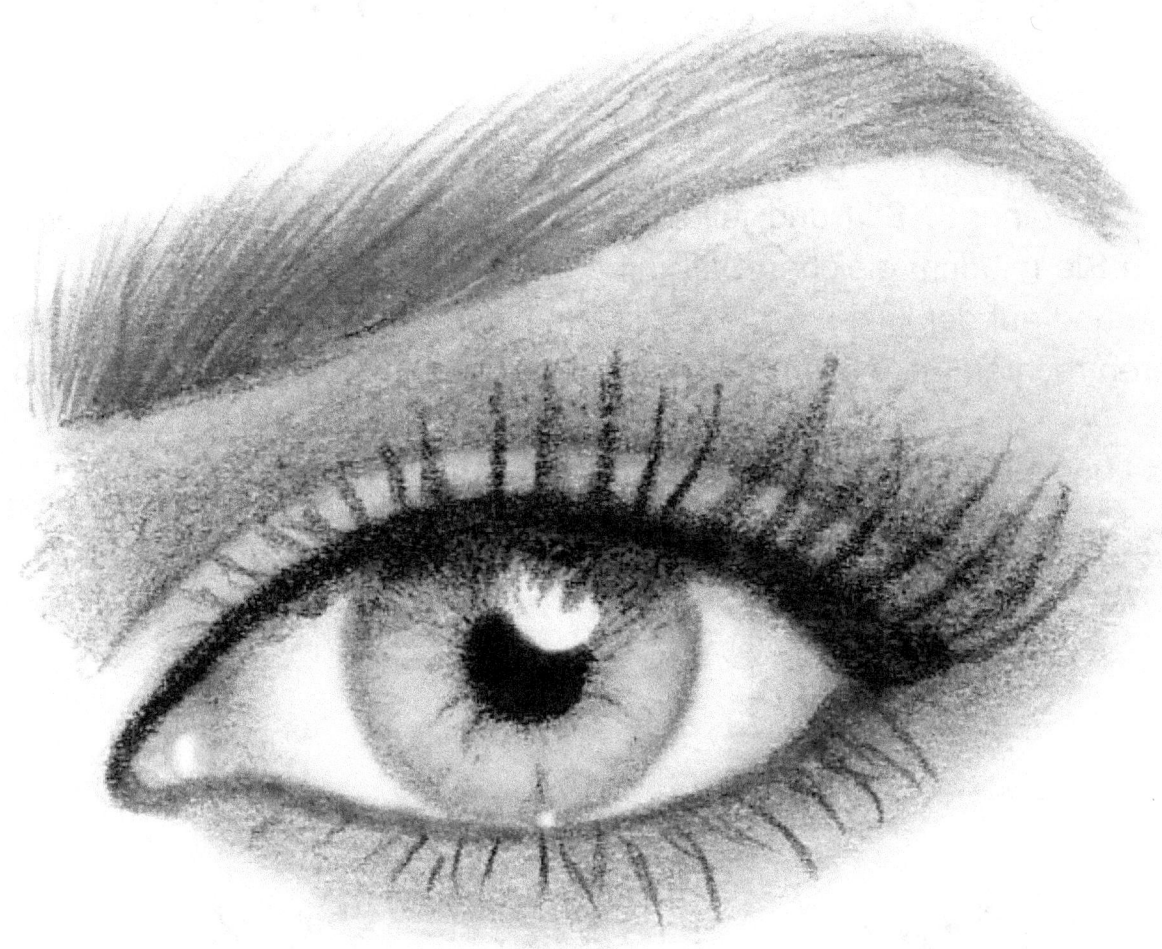

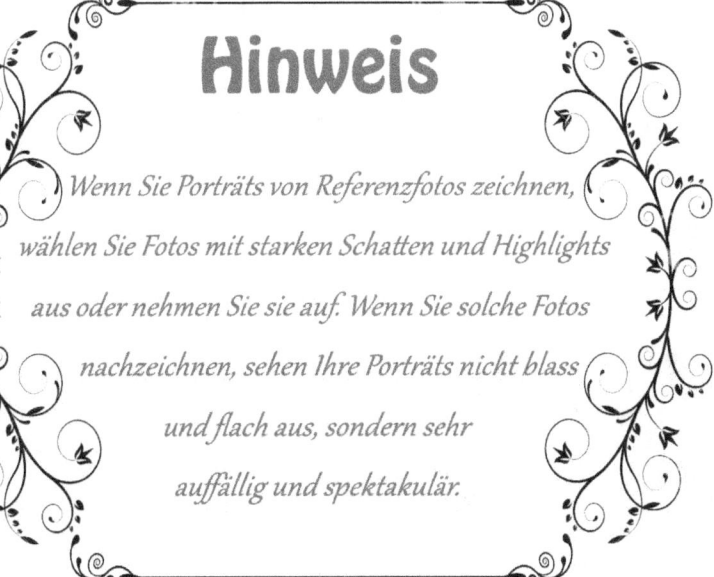

Hinweis

Wenn Sie Porträts von Referenzfotos zeichnen, wählen Sie Fotos mit starken Schatten und Highlights aus oder nehmen Sie sie auf. Wenn Sie solche Fotos nachzeichnen, sehen Ihre Porträts nicht blass und flach aus, sondern sehr auffällig und spektakulär.

Zeichnen Sie mit demselben Tutorial auch das linke Auge.

WIE MAN EINE NASE ZEICHNET

Nehmen Sie einen B-Stift und füllen Sie die Löcher in den Nasenlöchern aus. Beginnen Sie mit dem gleichen Stift mit der Erzeugung des Schattenwurfs unter der Nase und auf der linken Seite der linken Nase. Wenn unsere Lichtquelle aus der oberen rechten Ecke kommt, sollten diese Schatten hier platziert werden.

Die Nase besteht im Wesentlichen aus Schattierungen, nicht wirklich aus Linien.

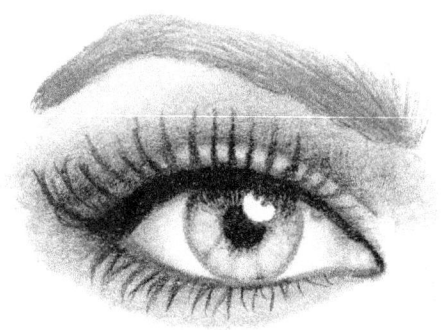
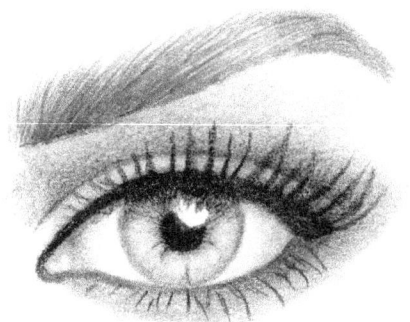

Lassen Sie uns also ein paar Grundformen für die Orientierung zeichnen, bevor wir zur Schattierung kommen, die den größten Teil der Zeit für das Zeichnen der Nase in Anspruch nimmt.

Jetzt können wir die Nase schattieren, was ziemlich schwierig ist, also nehmen Sie sich bitte Zeit und schattieren Sie geduldig. Schattieren Sie die linke Seite der Nase und die Oberseite der Nase mit einem HB-Stift. Es ist sehr wichtig, kreisförmige Bewegungen zu machen und keine Linien oder Kreuzschraffuren. In der folgenden Abbildung sehen Sie den Bereich, den ich mit einem HB unter Anwendung des Zirkelns schattiert habe und wie er immer noch grob aussieht, aber keine Sorge, wir werden ihn verwischen. Im Moment ist es wichtig, das Papier so gleichmäßig wie möglich abzudecken.

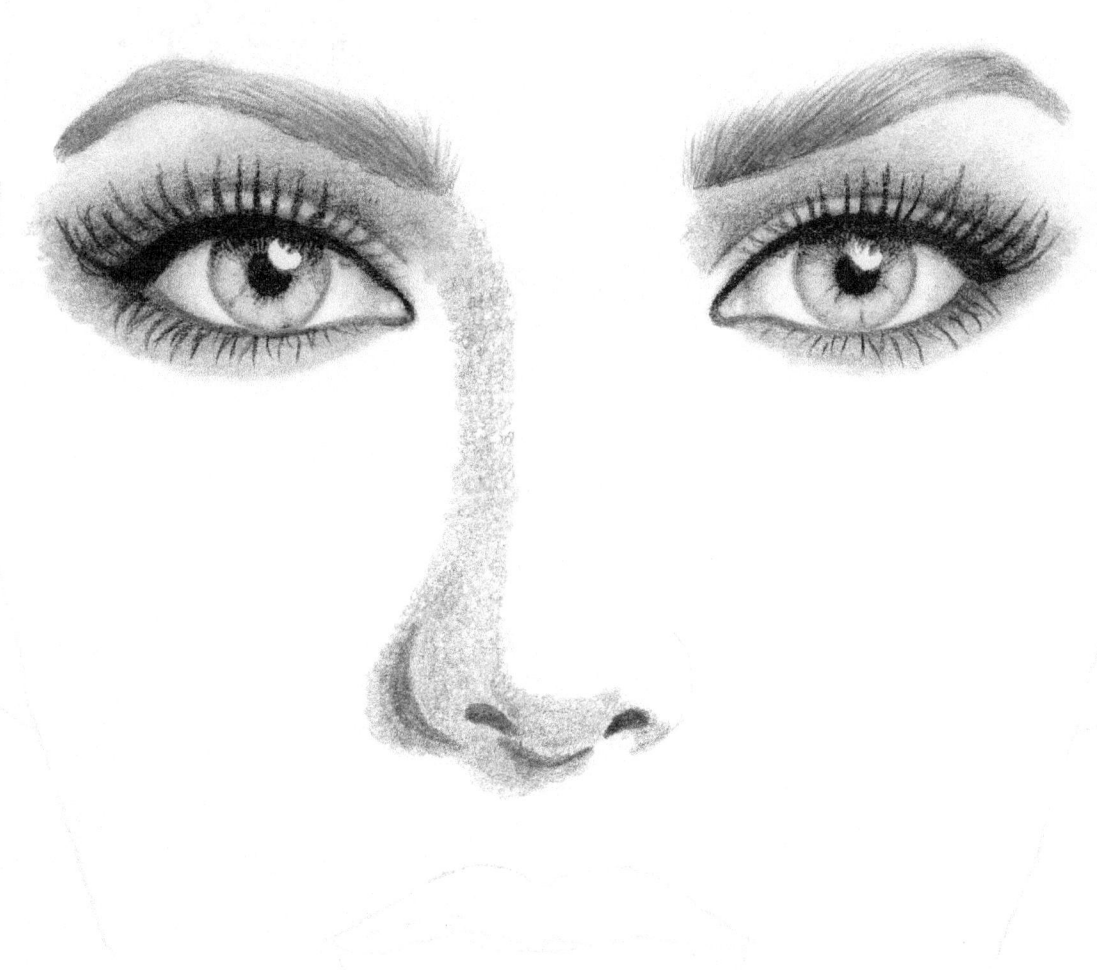

Verwenden Sie als Fortsetzung zu den HB-Bereichen einen 2H und den Farbton auf dieselbe Weise wie alle anderen Bereiche, die nicht hervorgehoben, aber nicht so dunkel sind wie die zuvor schattierten Bereiche. Drücken Sie stärker neben den schattierten Bereichen auf und lassen Sie den Druck auf Ihren Bleistift nach, während Sie zum Licht schattieren. Machen Sie weiterhin kreisende Bewegungen und versuchen Sie, diese Bereiche gleichmäßig auszufüllen. Schauen Sie sich das folgende Bild an, um zu sehen, welche Bereiche ich in diesem Schritt schattiert habe.

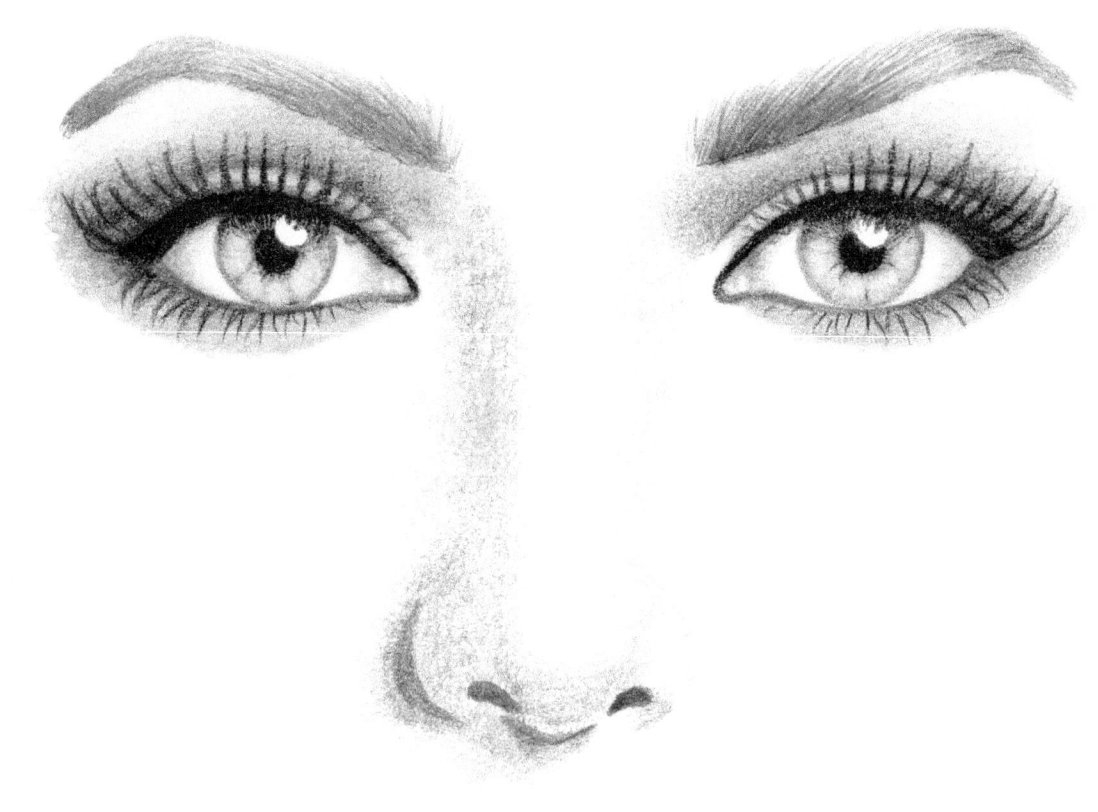

Jetzt können Sie das alles mit einem Q-Tip oder einem Taschentuch vermischen. Achten Sie einfach auf die Highlights und vermeiden Sie es, diese zu überarbeiten. Sie können sehen, wie das Mischen die schattierten Bereiche etwas verdunkelt hat, doch es sieht jetzt viel besser aus.

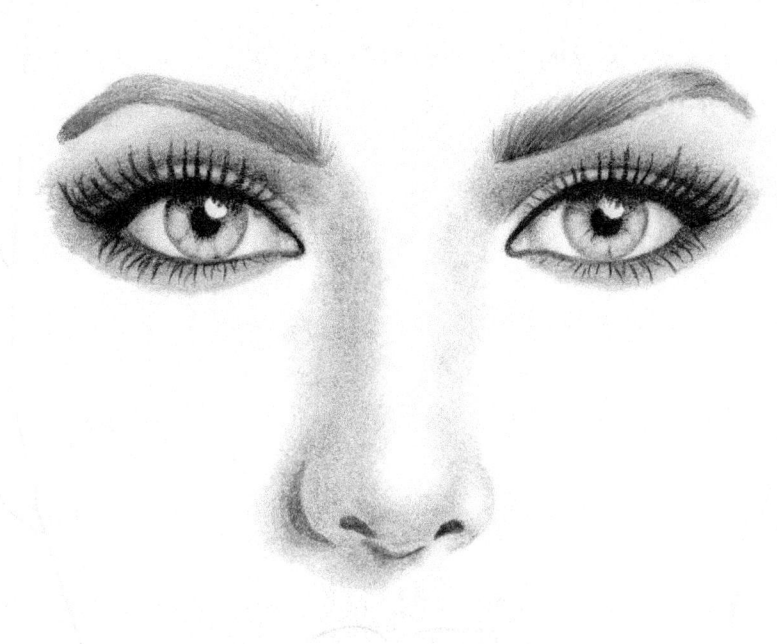

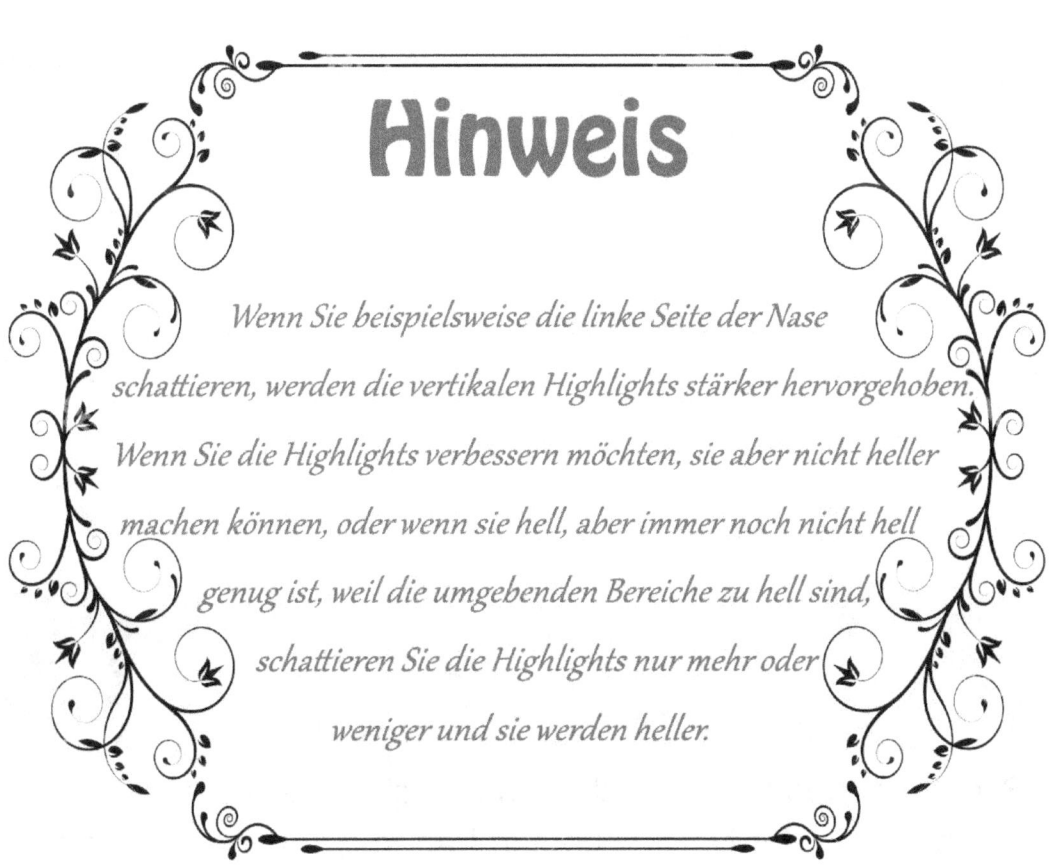

Hinweis

Wenn Sie beispielsweise die linke Seite der Nase schattieren, werden die vertikalen Highlights stärker hervorgehoben. Wenn Sie die Highlights verbessern möchten, sie aber nicht heller machen können, oder wenn sie hell, aber immer noch nicht hell genug ist, weil die umgebenden Bereiche zu hell sind, schattieren Sie die Highlights nur mehr oder weniger und sie werden heller.

Jetzt können Sie den Rest mit einem 5H schattieren, indem Sie ganz leicht aufdrücken. Auch hier ist es wichtig, einen Verlaufsübergang zwischen den Tönen zu erzielen. Mischen Sie ein wenig mit einem sauberen Stück Taschentuch (auf dem kein Graphit ist).

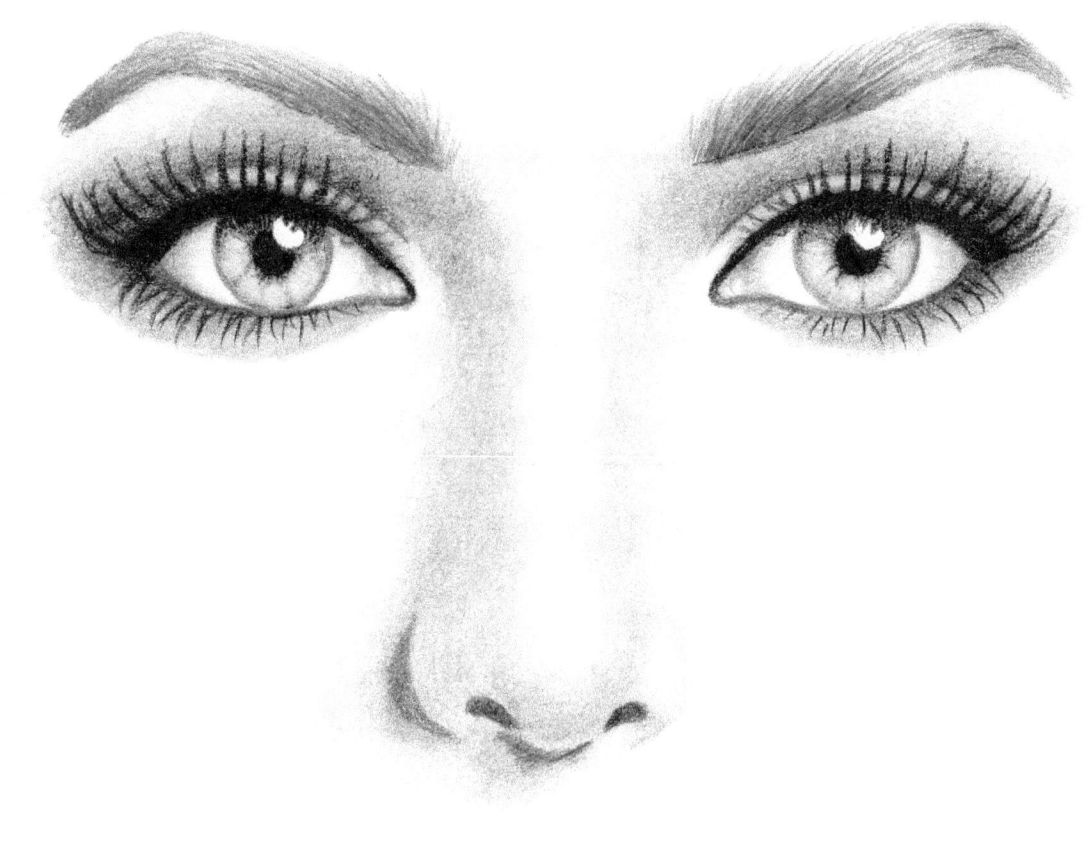

In diesem letzten Schritt können Sie die Schattenbereiche, die wir in den ersten beiden Schritten der Erstellung der Nase schattiert haben, stärker abdunkeln. Da wir die Bereiche in den vorherigen Schritten vermischt haben, haben wir einen

Teil des Graphits entfernt, den wir auf die dunkelsten Bereiche aufgetragen haben. Jetzt müssen wir mehr schattieren, um diesen dunklen Farbton wieder zu erhalten. Nehmen Sie dazu einen B-Stift oder einen noch dunkleren Stift und vermischen Sie den aufgetragenen Graphit, wenn Sie mit dem Schattieren fertig sind. Danach können Sie erneut zeichnen und mischen, bis Sie einen ziemlich dunklen Ton erhalten haben. Wenn Sie übertreiben, verwischen Sie es einfach immer wieder mit einem sauberen Stück Taschentuch, und Sie werden einen Teil des Graphits entfernen.

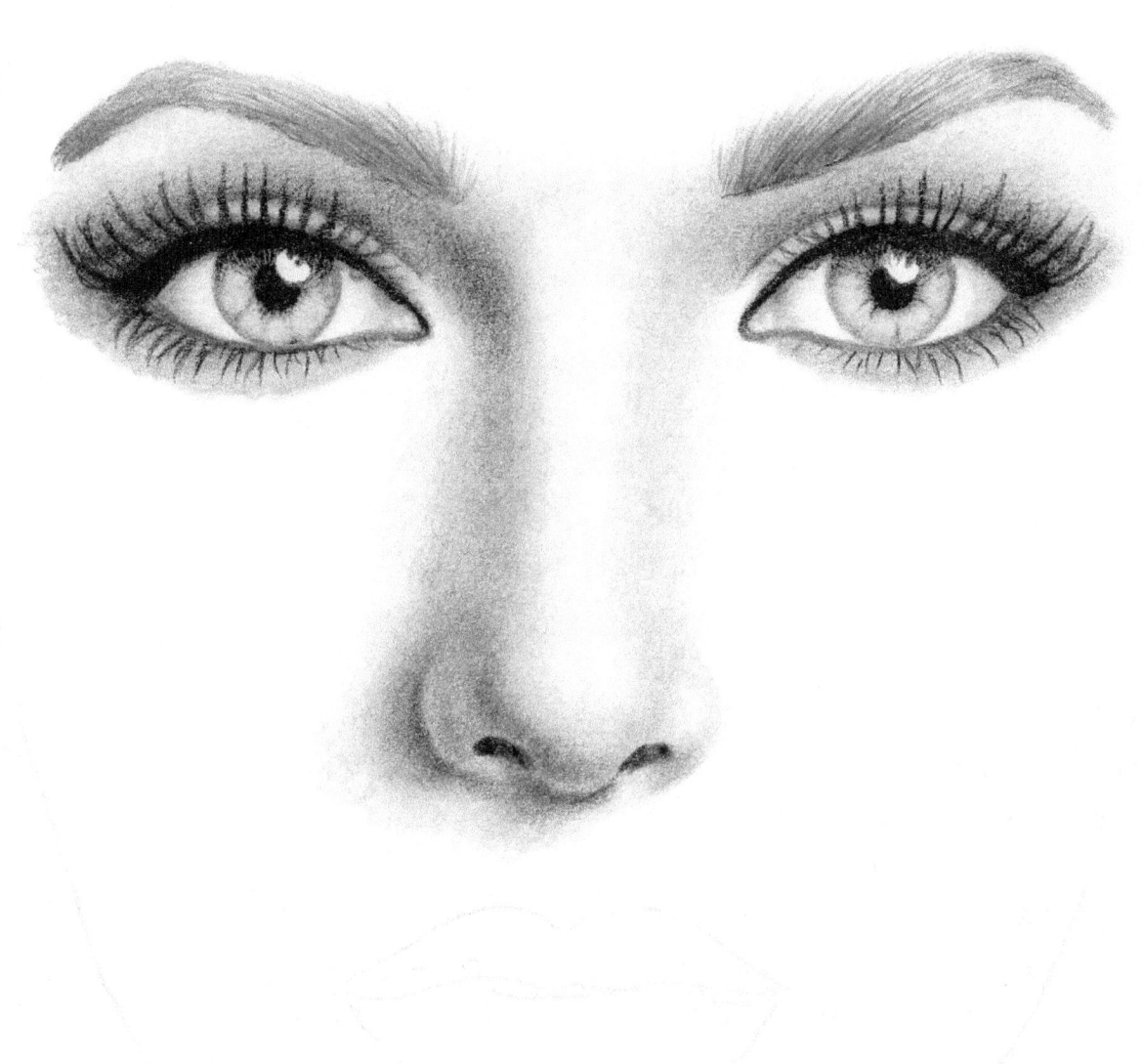

WIE MAN LIPPEN ZEICHNET

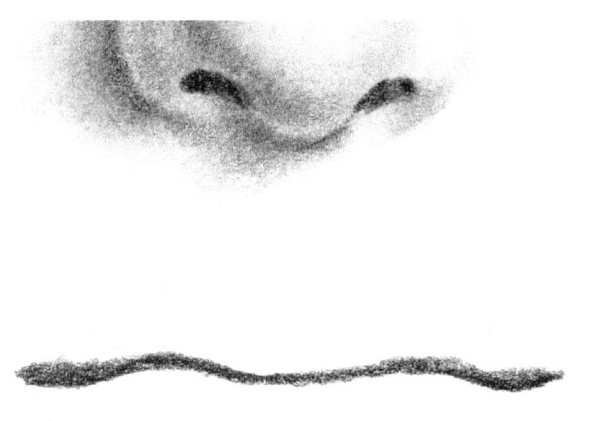

Lassen Sie uns zuerst die Oberlippe zeichnen. Zeichnen Sie zuerst die dicke Linie zwischen den Lippen mit einem 4B oder dunkleren Stift. Dieser Bereich erhält weniger Licht, fast gar kein Licht und sollte mit einem sehr dunklen Ton schattiert werden.

Zeichnen Sie als Fortsetzung die untere horizontale Hälfte der Oberlippe mit einem 2B oder dunkler. Zeichnen Sie die Striche beginnend über dem zuvor schattierten dicke Rand zwischen den Lippen und zeichnen Sie jeden Strich in Richtung des Amorbogens. Drücken Sie im unteren Bereich stärker auf und lassen Sie den Druck nach, wenn Sie die Bewegungen beendet haben. Auf diese Weise können Sie einen Verlaufsübergang erstellen..

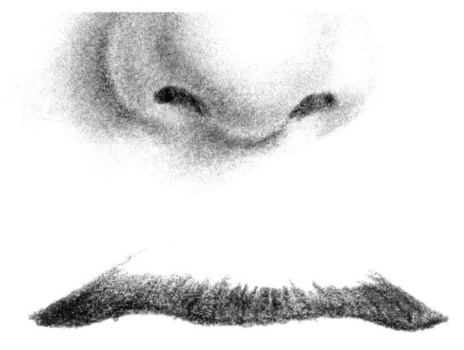

Jetzt können Sie die obere horizontale Hälfte der Oberlippe mit einem HB schattieren.

Beginnen Sie jeden Strich auf dem unteren Bereich und zeichnen Sie sie zum Amorbogen. Drücken Sie auch hier im unteren Bereich stärker auf und immer weniger, wenn Sie den Amorbogen erreichen.

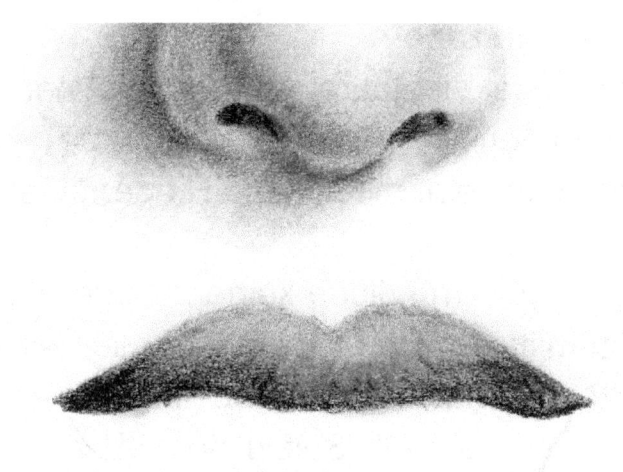

Vermischen Sie dies alles mit einem Q-Tip und den Rand mit einem Papierwischer.

Radieren Sie in diesem Schritt den hervorgehobenen Teil im oberen Bereich der Oberlippe.

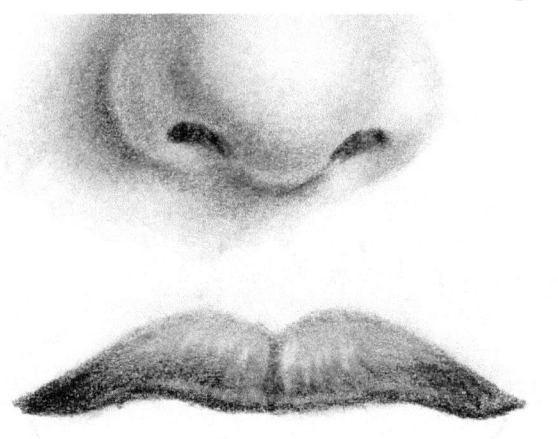

Die Highlights sind in der Regel zwischen den Falten zu finden. Radieren Sie außerdem eine winzige horizontale Linie direkt über dem dunklen Rand zwischen den Lippen, damit das Licht reflektiert wird. Diese Highlights und das reflektierte Licht deuten auf Glanz und Rundheit der Lippe hin. Im folgenden Bild sehen Sie, wie es rund wird..

Gehen wir zur Unterlippe.

Sie können einige sichtbare Zähne zeichnen, wenn Sie möchten, und die Position der Unterlippe etwas nach unten verschieben. Die Zähne sollten ebenfalls schattiert sein, mit einem 2H oder einem ähnlichen Ton.

Nehmen Sie für die Unterlippe keine 2B oder dunkleren Stifte, da die Unterlippe besonders im mittleren Bereich immer heller wird. Fangen Sie an, die Unterlippe mit einem HB zu schattieren und beginnen Sie direkt unter dem Rand zwischen den Lippen. Legen Sie die Spitze des HB auf den Rand und zeichnen Sie die Striche nach unten. Die Striche sollten sehr kurz sein, um ungefähr ein Viertel des oberen Bereichs zu belegen, da wir direkt unter diesem Bereich einige Highlights haben müssen. In diesem Schritt erzeugen wir den Schatten, der von der Oberlippe geworfen wird. Lassen Sie den Druck nach jedem Strich nach, um auch hier den Verlaufsübergang zu erzielen.

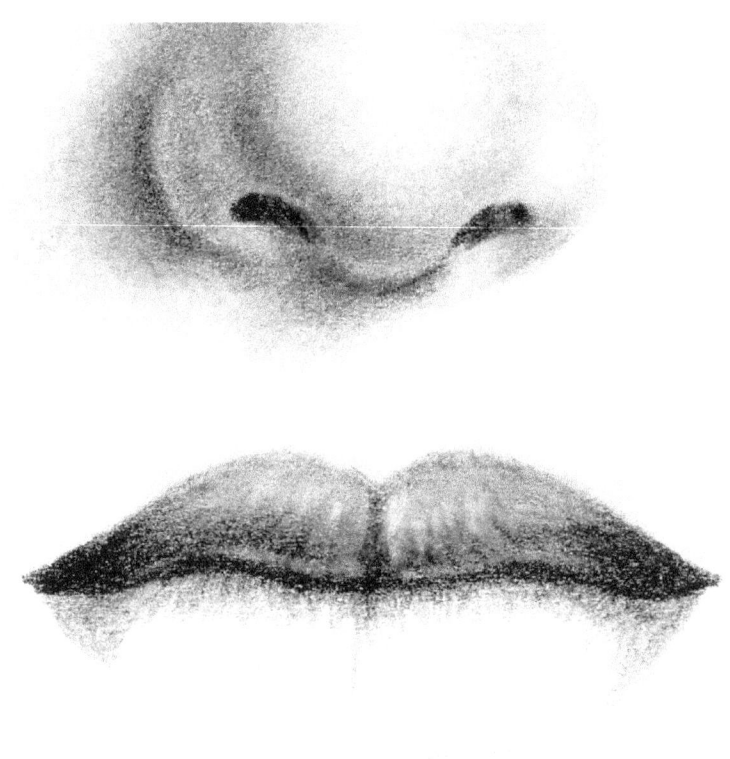

Machen Sie dasselbe, aber aus der entgegengesetzten Richtung. Legen Sie die Spitze des HB auf den unteren Umriss der Unterlippe und zeichnen Sie jeden Strich in Richtung des Amorbogens.

Natürlich zeichnen Sie sie erst mit dem Amorbogen. Behalten Sie sie nur als Richtung für die Striche im Hinterkopf, die Sie zeichnen. Lassen Sie den Druck nach und heben Sie den Stift in der Mitte ab. Einige Striche sollten kürzer sein, andere länger. Je mehr Striche, desto mehr Falten entstehen. In diesem Schritt erstellen Sie auch Falten.

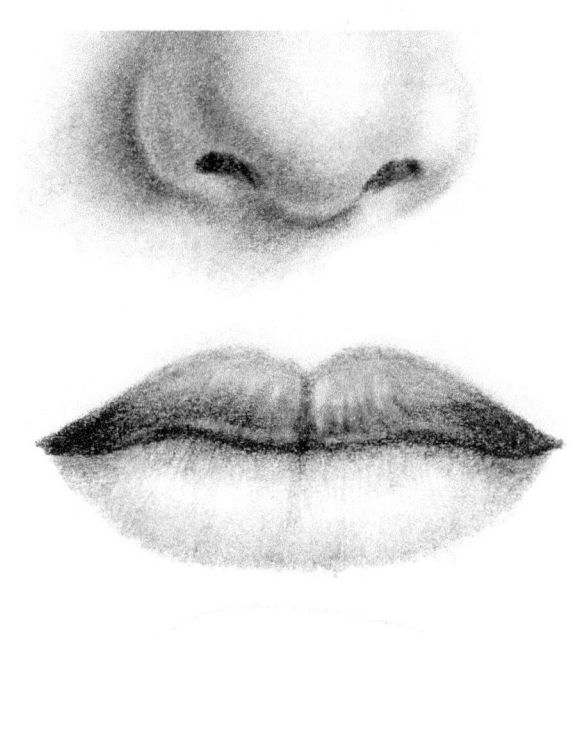

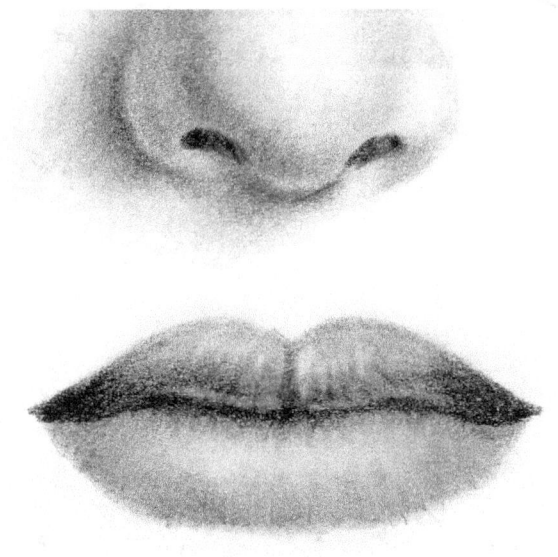

Mischen Sie dies alles mit einem Q-Tip und den Rand mit einem Papierwischer.

Radieren Sie in diesem Schritt die Markierungen mit einem Radierer weg.

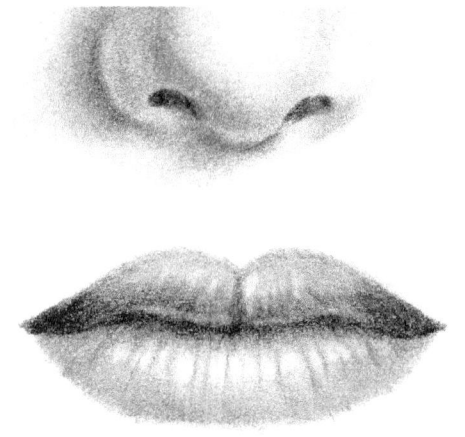

In diesem Bild können Sie sehen, dass ich den horizontalen Bereich in der oberen Hälfte der Unterlippe wegradiert habe. Radieren Sie sie zwischen den Falten, die Sie im vorherigen Schritt erstellt haben, und mischen Sie sie mit einem Papierwischer. Wenn Sie zu viel radiert haben und Ihre Highlights zu hell sind, verwischen Sie sie einfach mit einem Q-Tip und Sie werden

es auf diese Weise abdunkeln.

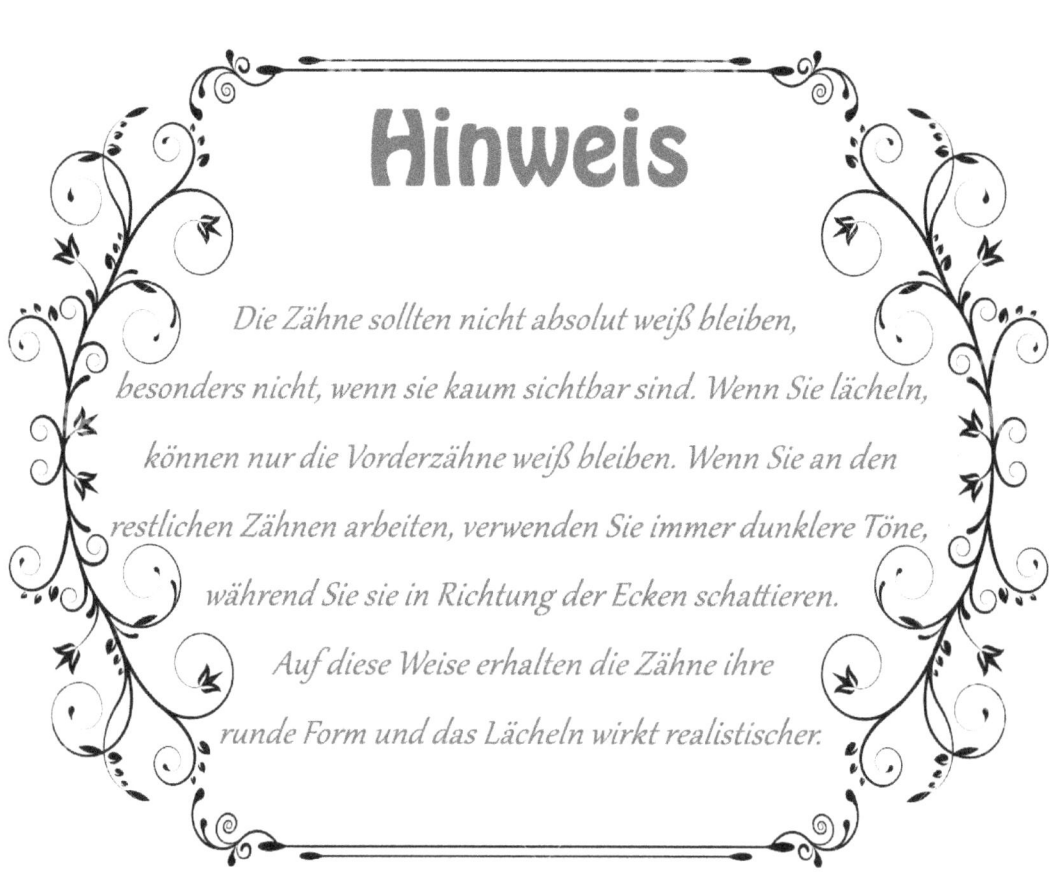

Hinweis

Die Zähne sollten nicht absolut weiß bleiben, besonders nicht, wenn sie kaum sichtbar sind. Wenn Sie lächeln, können nur die Vorderzähne weiß bleiben. Wenn Sie an den restlichen Zähnen arbeiten, verwenden Sie immer dunklere Töne, während Sie sie in Richtung der Ecken schattieren.

Auf diese Weise erhalten die Zähne ihre runde Form und das Lächeln wirkt realistischer.

Jetzt können wir den Bereich direkt unter der Unterlippe schattieren. Die Unterlippe wirft den Schatten über die Haut darunter und es ist oft sehr dunkel, besonders wenn die Lippe sehr fleischig und voll ist.

Um die Fülle zu verdeutlichen, zeichnen Sie einen starken Schlagschatten mit einem 4B oder dunkleren Bleistift. Wenn Sie nicht möchten, dass Ihre Unterlippe groß erscheint, können Sie hierfür HB oder eine hellere Nuance verwenden.

Wie immer hängt der Schattenwurf von der Lichtquelle ab. Stellen Sie sich die Lichtquelle also immer an der gleichen Stelle vor, wenn Sie alle Gesichtszüge schattieren.

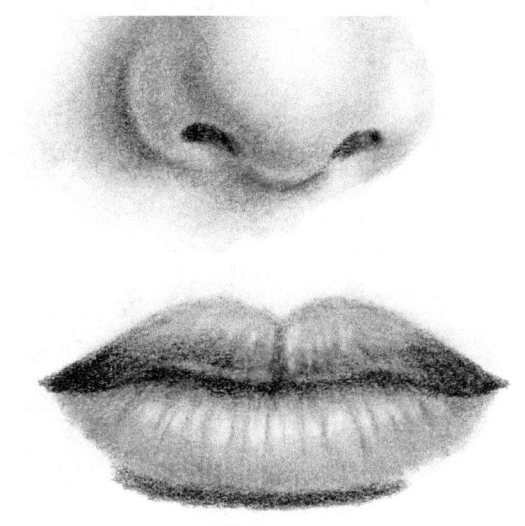

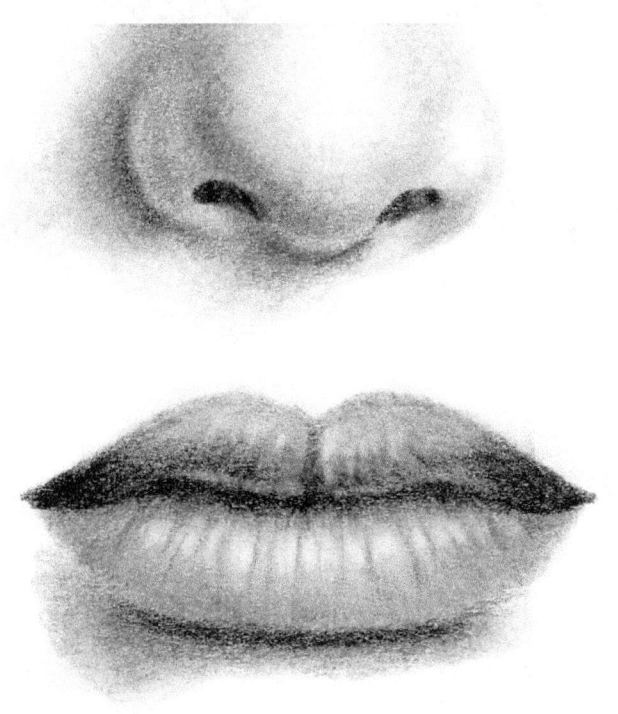

Als Fortsetzung unter diesem Bereich mit einem HB schattieren und neben dem dunkelsten Bereich stärker aufdrücken. Lassen Sie den Druck nach, während Sie das Kinn schattieren. Mischen Sie dann alles mit einem Q-Tip und gehen Sie bei Bedarf noch einmal mit den Stiften durch.

Um die Lippe noch dreidimensionaler zu gestalten, radieren wir die Oberkante für das reflektierte Licht. In der folgenden Abbildung können Sie sehen, welchen Bereich ich mit einer weißen digitalen Linie umgeben habe. Radieren Sie einfach diesen Bereich und Sie erhalten ein reflektiertes Licht, wodurch die Lippe noch realistischer wird.

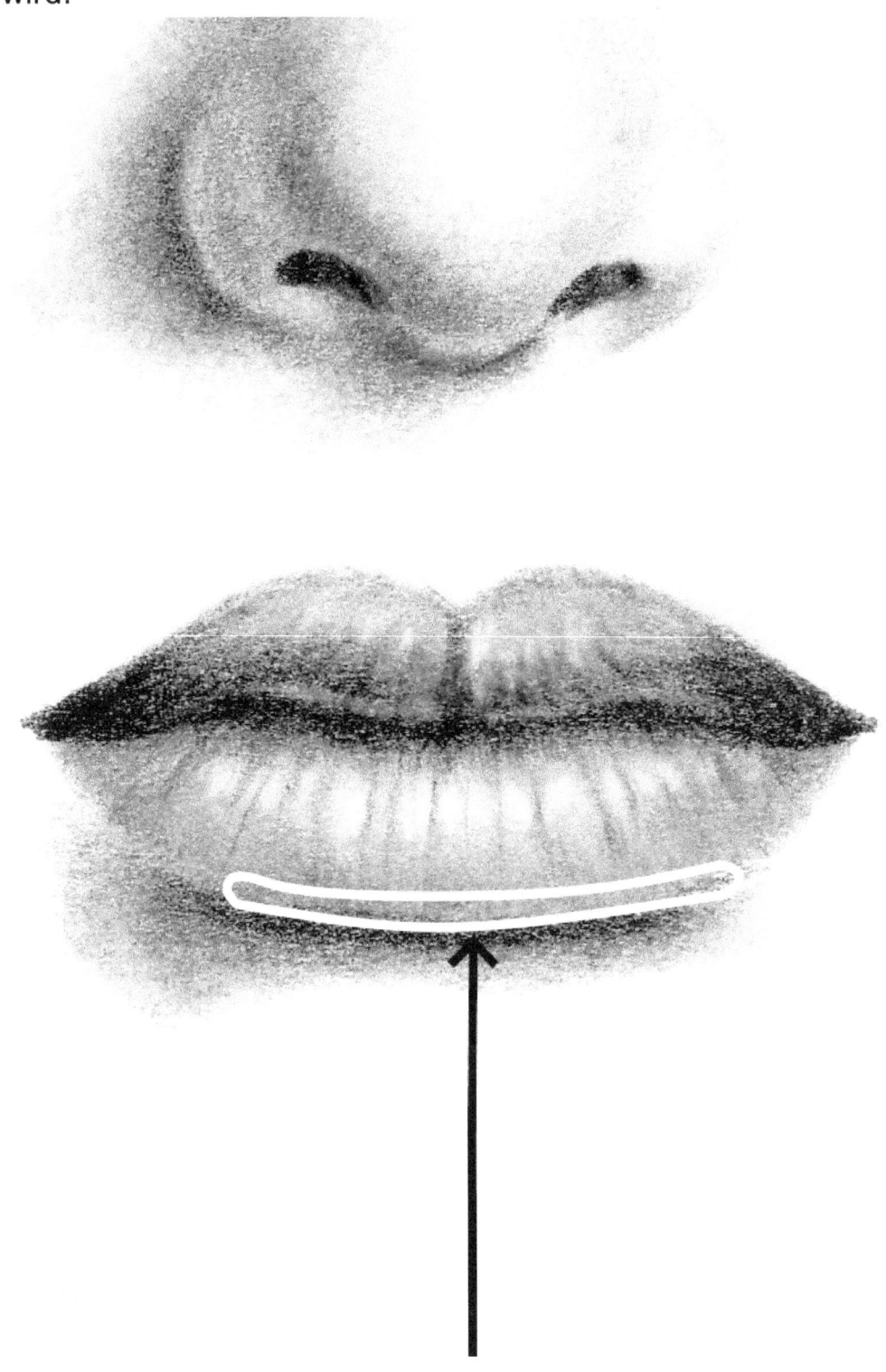

So sieht das alles in meiner Zeichnung aus.

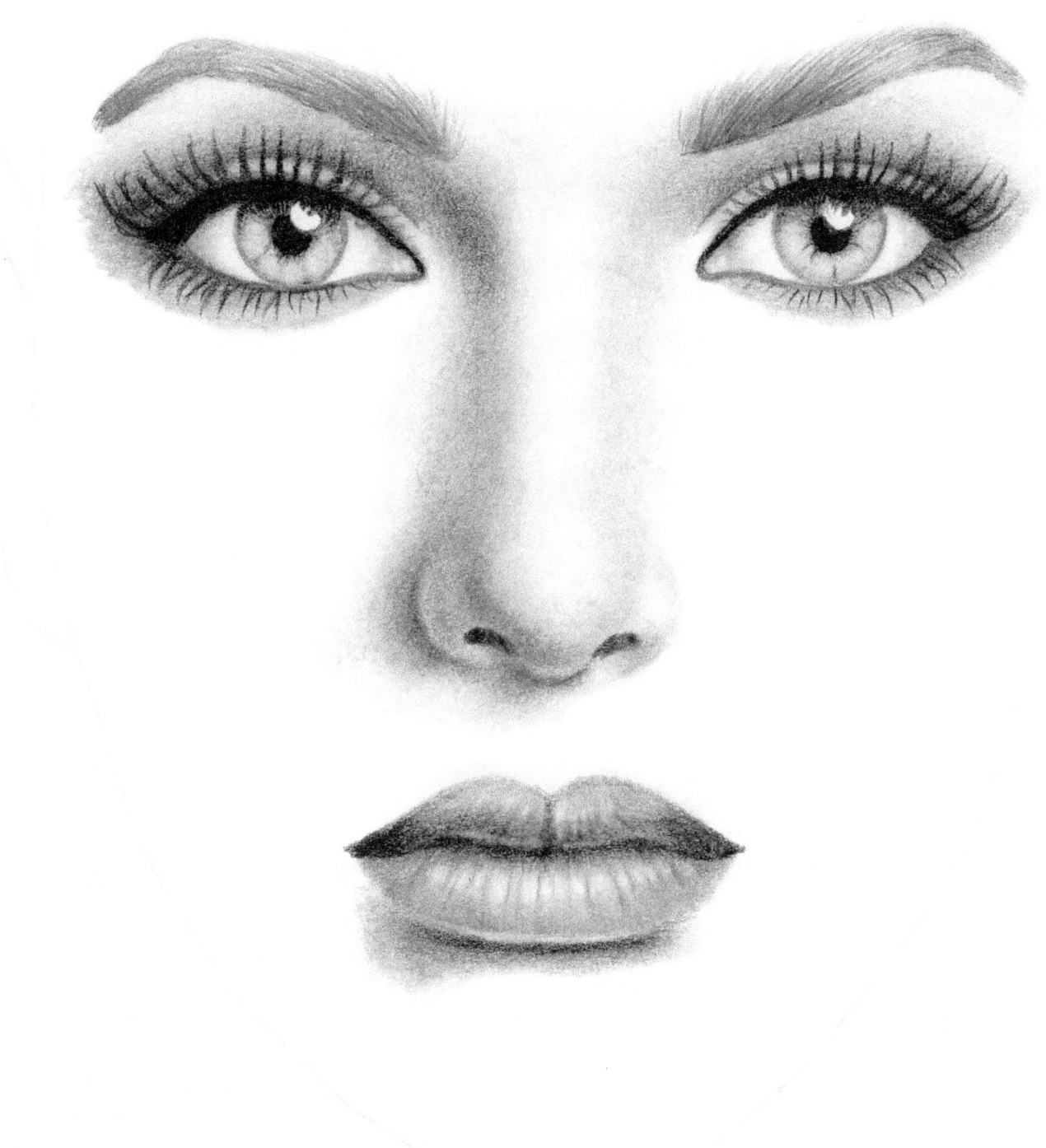

Nachdem wir alle Gesichtszüge gezeichnet haben, können wir die gesamte Gesichtshaut schattieren.

SCHATTIEREN DER HAUT

Bei der Schattierung größerer Hautpartien ist es wichtig, eine gleichmäßige glatte Textur zu erzielen. Die Haut ist sehr empfindlich im Schatten, besonders auf größeren Flächen. Tragen Sie niemals Linien oder Schraffuren auf, wenn Sie die Haut schattieren, sondern machen Sie nur kreisende Bewegungen. Es wird Ihnen helfen, eine ebene Oberfläche der Haut zu schaffen. Wenn Sie einen bestimmten Bereich mit einem Bleistift nach der Zirkel-Methode fertig gezeichnet haben, mischen Sie ihn mit einem Papiertaschentuch. Q-Tips und Papierwischersind nicht sehr gut für die großen Flächen, die eben sein sollen..

Ein Taschentuch oder sogar ein Wattepad hilft Ihnen, den Graphit bestmöglich zu glätten.
Teilen wir diese Arbeit in mehrere Phasen auf und konzentrieren uns jeweils auf einen Teil des Gesichts.
Lassen Sie uns zuerst die Stirn zeichnen. Beginnen Sie mit den dunkelsten Schatten auf der linken Seite, da die Lichtquelle aus der rechten oberen Ecke kommt. Schattieren Sie mit einem HB-Stift den gesamten Bereich mit kreisenden Bewegungen. Drücken Sie auf der linken Seite mehr auf.

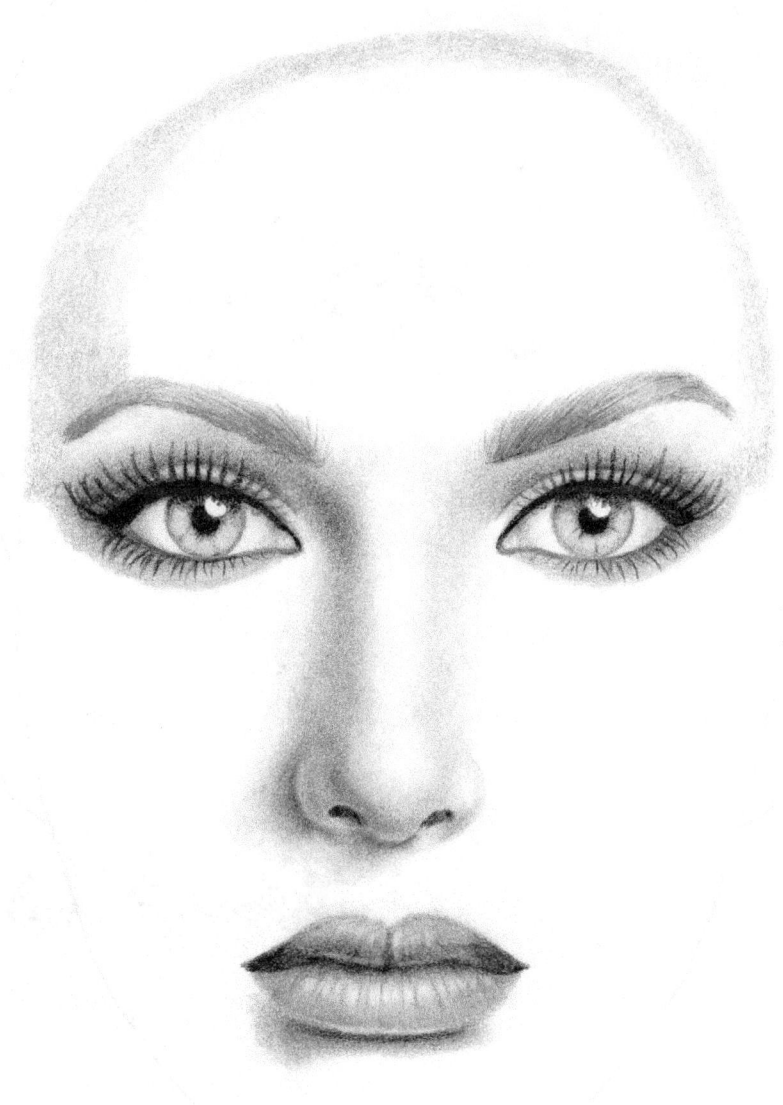

Das Nächste ist, den Bereich neben dem HB-Bereich zu schattieren. Nehmen Sie einen 2H, machen kreisende Bewegungen und drücken Sie sehr fest neben den HB-Bereich auf und lassen Sie den Druck nach, während Sie Richtung Highlight schattieren. Das Highlight kann irgendwo über dem rechten Auge oder in der Mitte der Stirn sein, es hängt von der Lichtquelle ab.

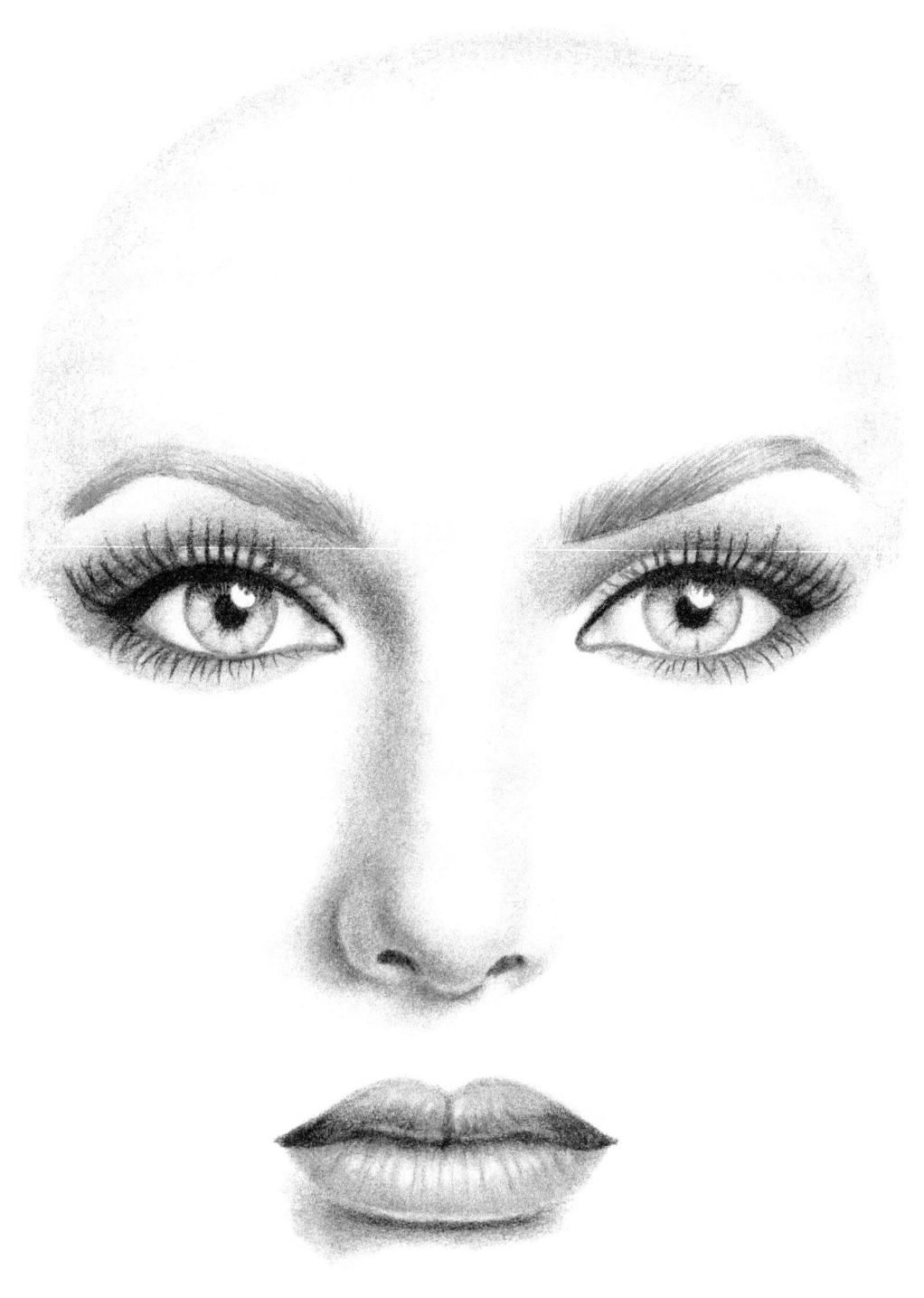

Und schließlich können wir mit einem 5H den Rest des Bereichs fertigstellen. Lassen Sie den Bereich direkt über dem rechten Auge unberührt, damit er absolut weiß bleibt. Wie immer, wenn Sie neben 2H den zuvor schattierten Bereich schattieren, drücken Sie mehr auf und lassen Sie den Druck in Richtung der Highlights nach.

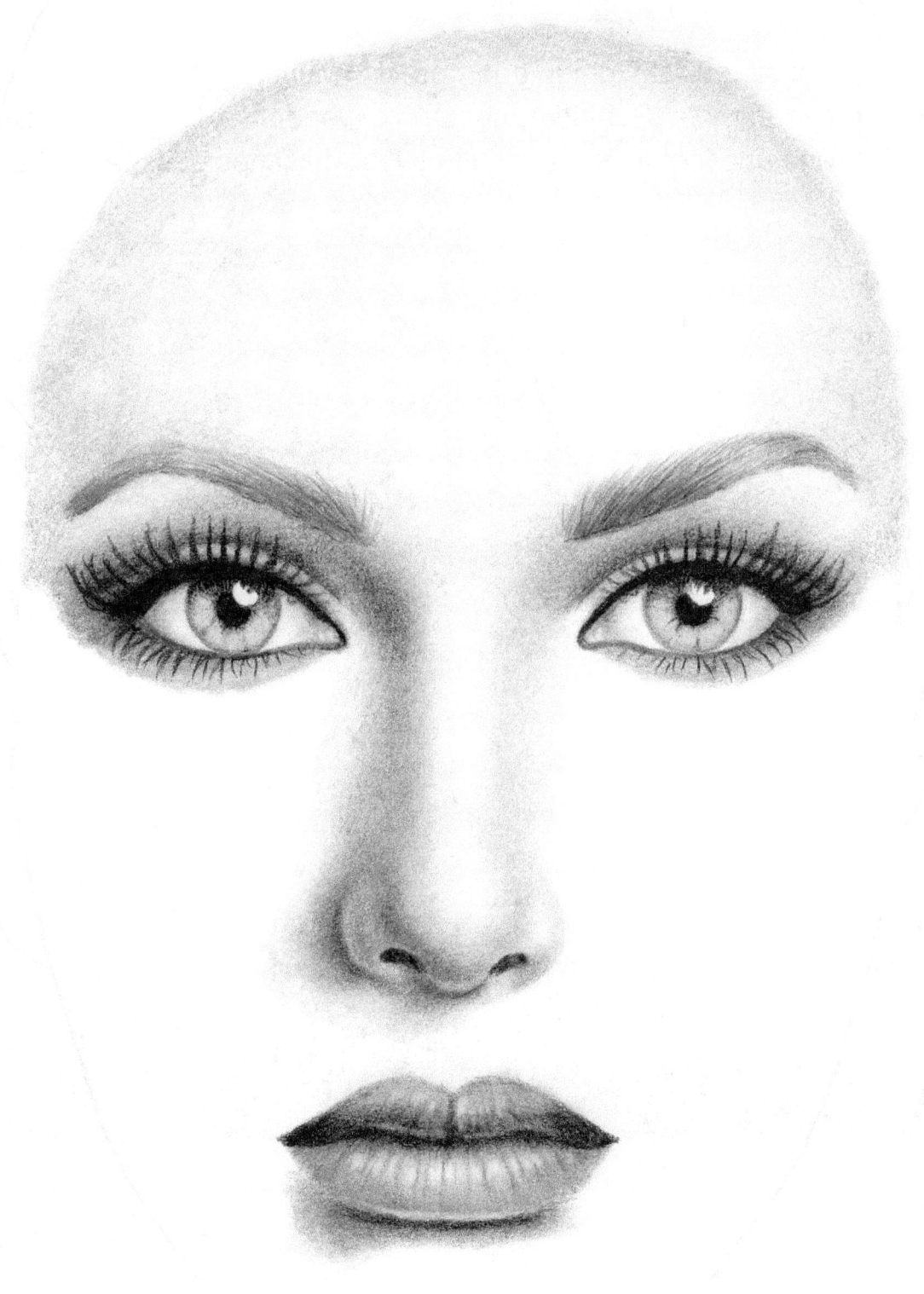

Danach können Sie alles mit einem Taschentuch vermischen.

Im folgenden Bild können Sie den gezoomten Teil der Stirn sehen, die ich schattiert habe, und Sie können sehen, wie irgendwie kleine Kreise sichtbar sind, aber es sieht natürlich aus, weil wir keine Linien haben. Es ist also kein Problem, wenn es sich um Kreise oder Unvollkommenheiten handelt. Es ist in Ordnung.

Die Haut ist nicht perfekt glatt, aber es ist wichtig, keine Schraffuren oder geraden Striche für die Schattierung zu verwenden. Also, ich denke, es ist ziemlich fließend und ich hoffe, dass Sie etwas Ähnliches geschaffen haben.

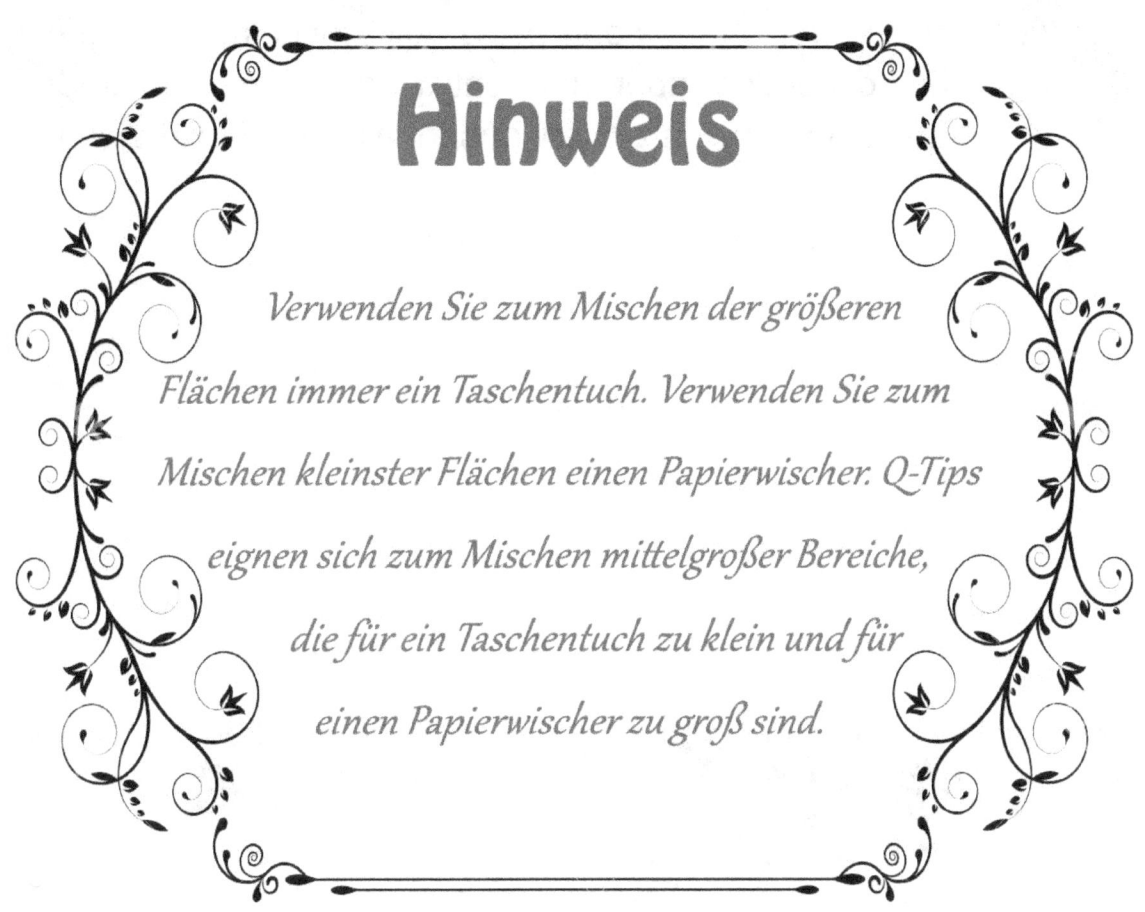

Hinweis

Verwenden Sie zum Mischen der größeren Flächen immer ein Taschentuch. Verwenden Sie zum Mischen kleinster Flächen einen Papierwischer. Q-Tips eignen sich zum Mischen mittelgroßer Bereiche, die für ein Taschentuch zu klein und für einen Papierwischer zu groß sind.

Gehen wir jetzt zur linken Seite. Ich möchte diese Seite sehr dunkel machen, nämlich stark schattiert, damit das Gesicht einen gewissen Kontrast zwischen der linken und der rechten Seite hat. Die rechte Seite des Gesichts kann heller sein, und in diesem Fall sollte die linke Seite mehr schattiert werden. Beginnen Sie mit einem HB-Stift neben dem Rand und schattieren Sie ihn ca. 1 cm tief. In meinem Fall ist der Teil neben dem Rand 1 cm breit, und ich zeichne auf A4-Papier. Wenn Sie dasselbe zeichnen möchten, können Sie es ausmessen. Machen Sie kreisende Bewegungen, drücken Sie mehr auf den Rand und lassen Sie den Druck ein wenig nach, während Sie zur Gesichtsmitte schattieren.

Schattieren Sie auch etwas unter dem Auge und den gesamten Bereich zwischen dem Rand auf der linken Seite und dem linken Auge und drücken Sie sehr fest auf. Und zuletzt können Sie diesen Bereich einfach mit dem Schatten verbinden, der von den Lippen geworfen wird, wie in der folgenden Abbildung gezeigt. Dieser winzige Bereich ist auch immer stark schattiert. Nehmen Sie einen HB für alle Schatten in diesem Schritt und drücken Sie stärker auf, da HB sehr helle Töne erzeugen kann, wenn Sie leicht aufdrücken. Sie können den Bereich jedoch immer schattieren, wenn er zu hell erscheint. Sie können sogar einen B-Stift für ihn verwenden, aber vielleicht wäre das zu dunkel für Sie und Sie würden Angst davor haben, ihn zu verwenden, also ist ein HB ziemlich gut.

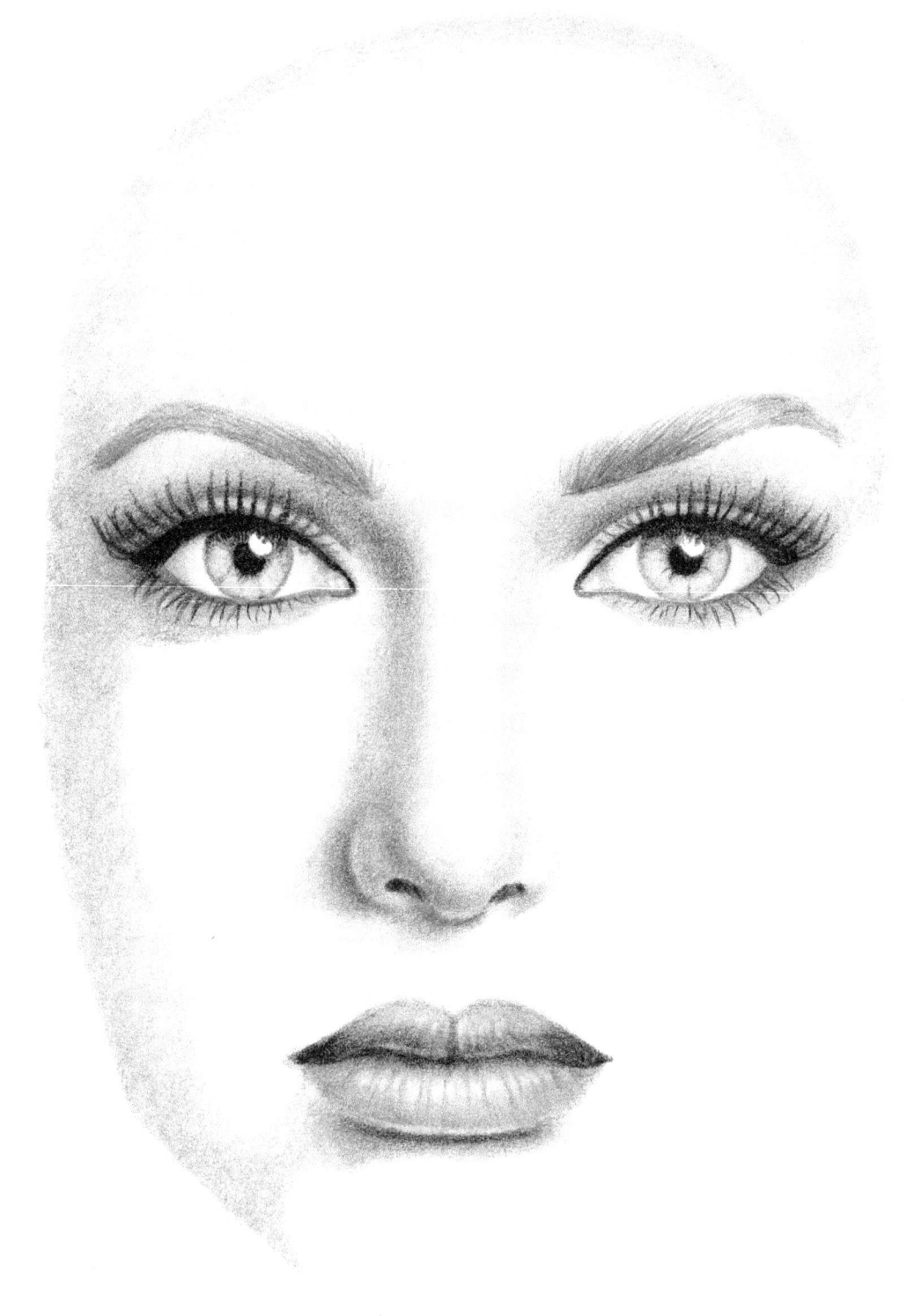

Jetzt können wir mit einem 2H weitermachen. Beginnen Sie neben einem HB-Bereich, drücken Sie fest auf und lassen Sie den Druck nach, während Sie die Lichter schattieren. Im folgenden Bild sehen Sie die Bereiche, die ich für die Highlights übriggelassen habe. Hier können Sie den Schatten, der von der Nase geworfen wird, mit dem Schatten auf der linken Seite und auch um die linke Ecke der Lippen verbinden. Machen Sie die ganze Zeit eine kreisförmige Bewegungen.

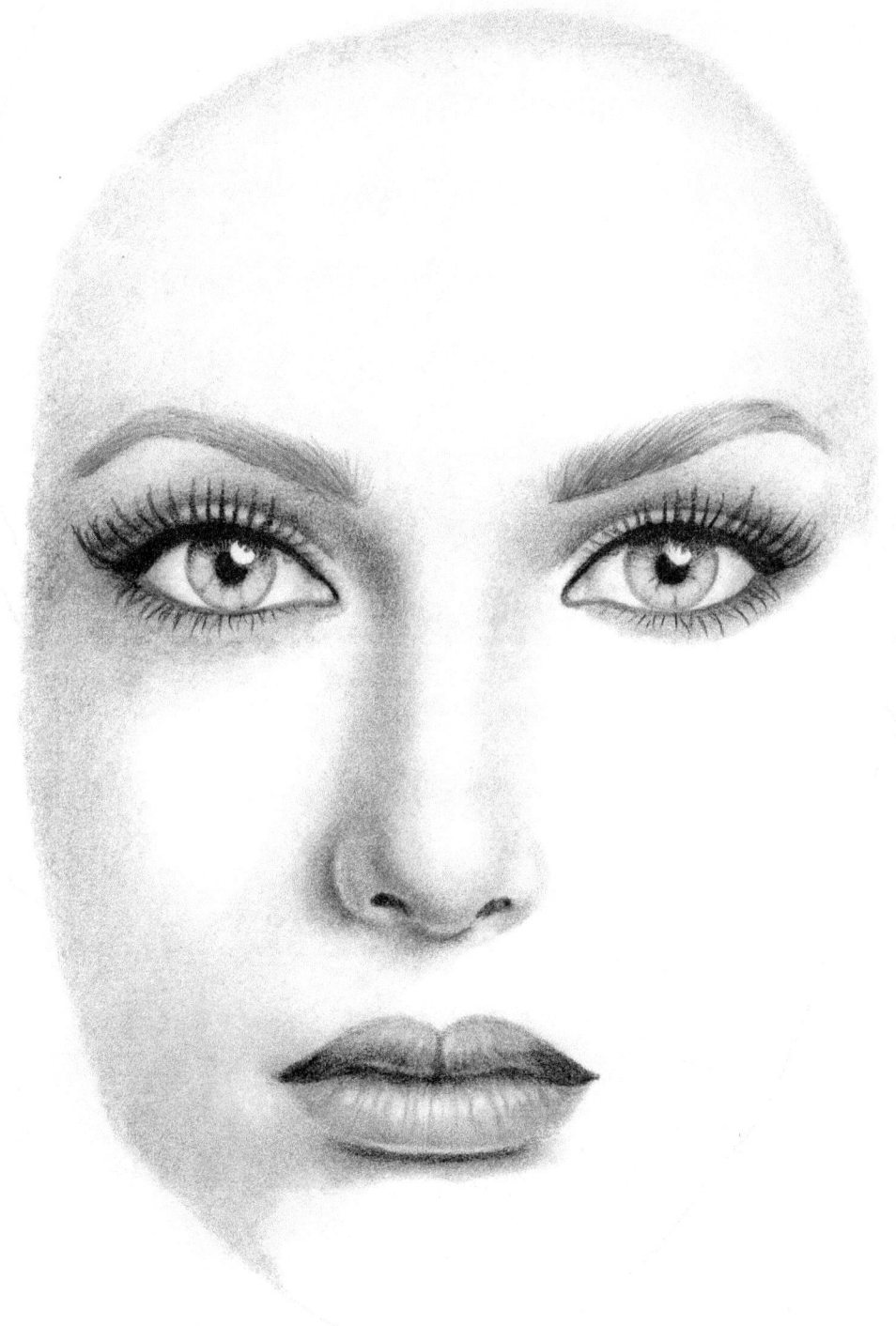

Jetzt können wir das Highlight auch mit einem 5H oder 6H schattieren.

Drücken Sie außerdem fest neben den 2H-Bereich auf und lassen Sie den Druck nach, während Sie zur Mitte des Highlights schattieren. Die hellsten Lichter befinden sich unter dem linken Auge und neben dem linken Lippenwinkel. Diese Bereiche sollten am hellsten sein, aber sie sollten nicht weiß bleiben. Also sollte alles, was auf dieser linken Seite ist, schattiert sein.

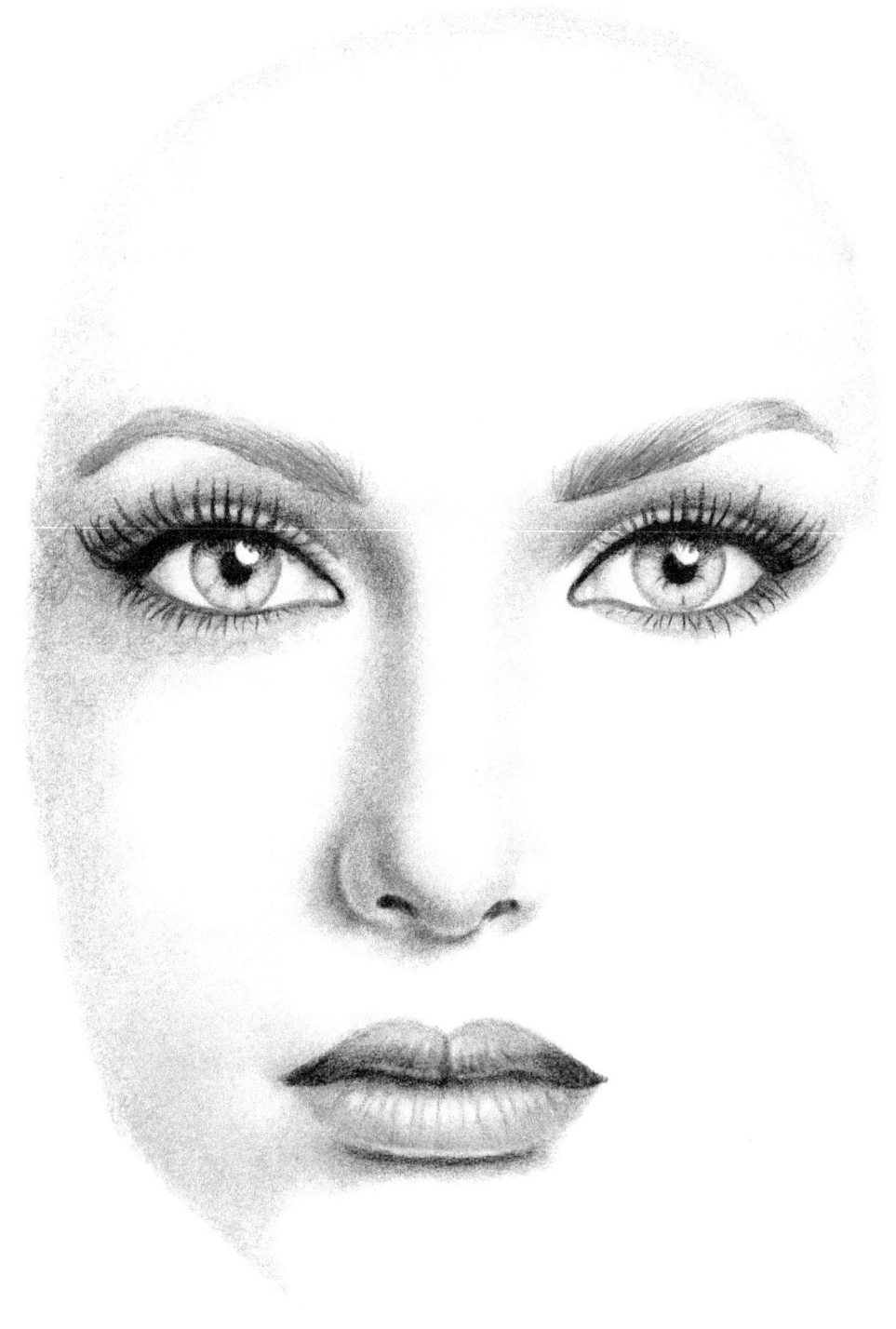

Jetzt können wir uns auf die rechte Seite des Gesichts bewegen, was – wie ich bereits sagte – viel heller wäre, wenn unsere Lichtquelle aus der oberen rechten Ecke käme. Beginnen Sie, den Rand auf der rechten Seite mit einem HB-Stift zu schattieren und machen Sie auch kreisförmige Bewegungen. Schattieren Sie so viel, wie Sie auf dem folgenden Bild sehen können. Drücken Sie wie immer weiter am Rand auf und lassen Sie den Druck nach, während Sie zur Gesichtsmitte schattieren.

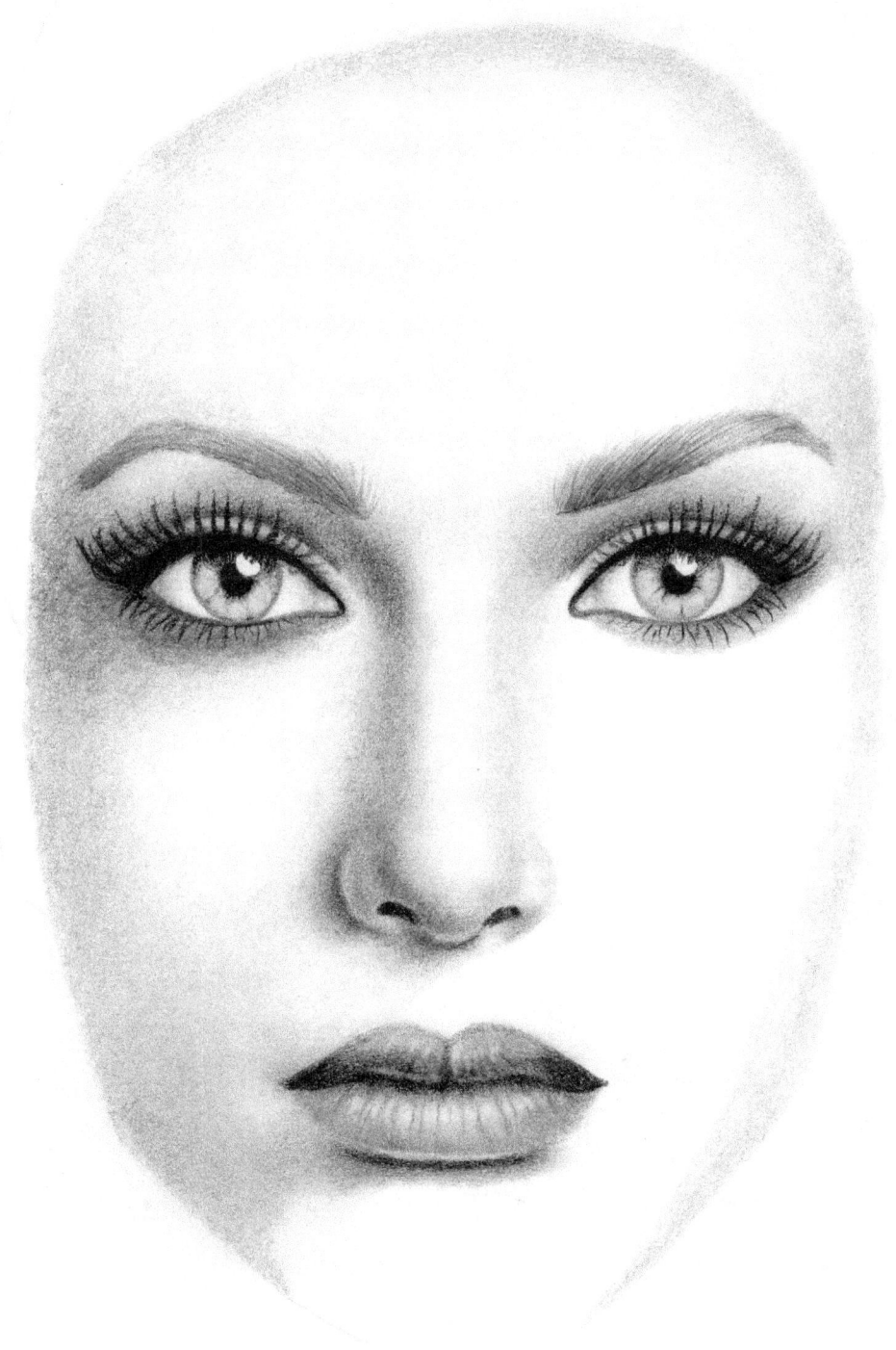

Jetzt können daneben wir mit einem 2H-Stift weitermachen. Schattieren Sie direkt unter der Wange, weil die Wange und der Bereich unter dem Auge ziemlich hervorgehoben sind. Verbinden Sie es wie in der folgenden Abbildung gezeigt mit der Nase. Auch hier ist es wichtig, neben dem HB-Bereich kräftig aufzudrücken und den Druck nachzulassen, während Sie auf die Highlights zuarbeiten.

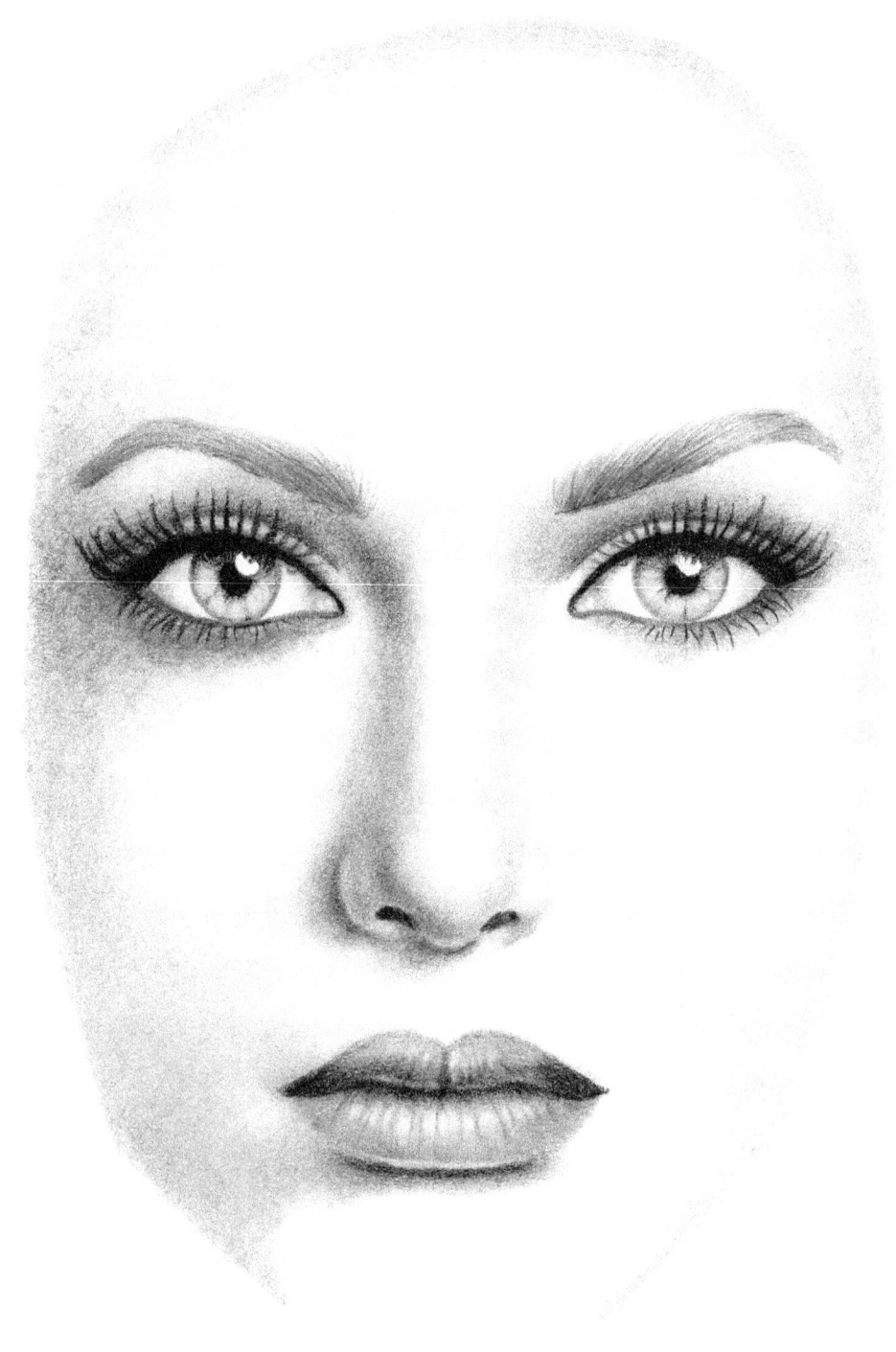

Beenden Sie den oberen Teil der rechten Gesichtshälfte mit einem 5H, wobei Sie die Markierung über der Wange anbringen. Drücken Sie mehr auf die 2H-Fläche auf und sehr leicht auf die hervorgehobene Fläche. Selbst wenn Sie es weiß ließen, wäre es kein Problem, da dieser Bereich ziemlich beleuchtet ist.

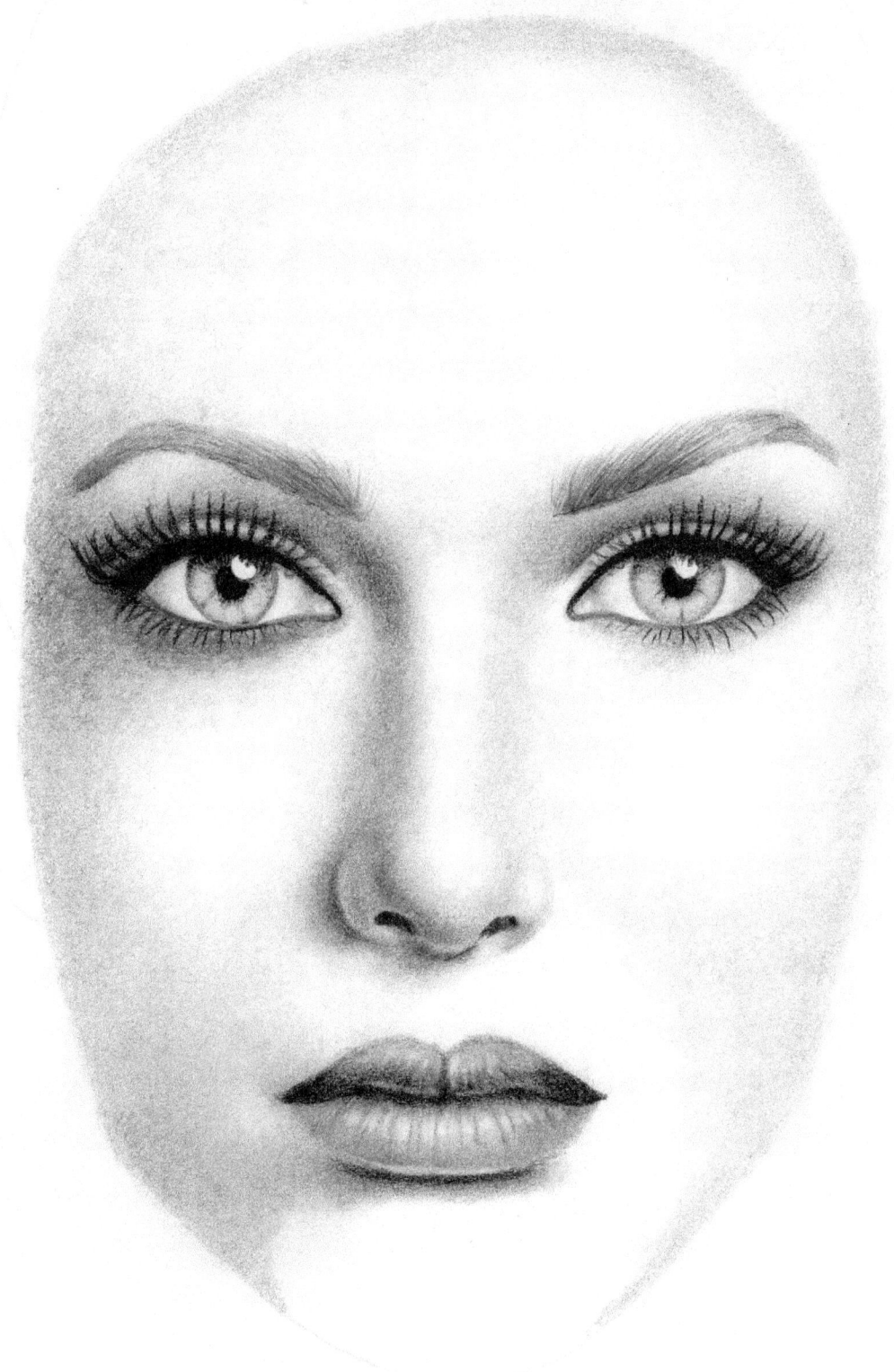

Jetzt können wir uns auf den Bereich zwischen Nase und Lippen konzentrieren, den Bereich über dem Amorbogen unter der Nasenspitze. Nehmen Sie für die rechte vertikale Hälfte einen 2H, und die linke vertikale Hälfte kann vorerst weiß bleiben. Schattieren Sie auch ein wenig neben der rechten Ecke der Lippen und verbinden Sie sie mit dem schattierten Bereich, den Sie im vorherigen Schritt schattiert haben, ebenfalls mit einem 2H-Stift.

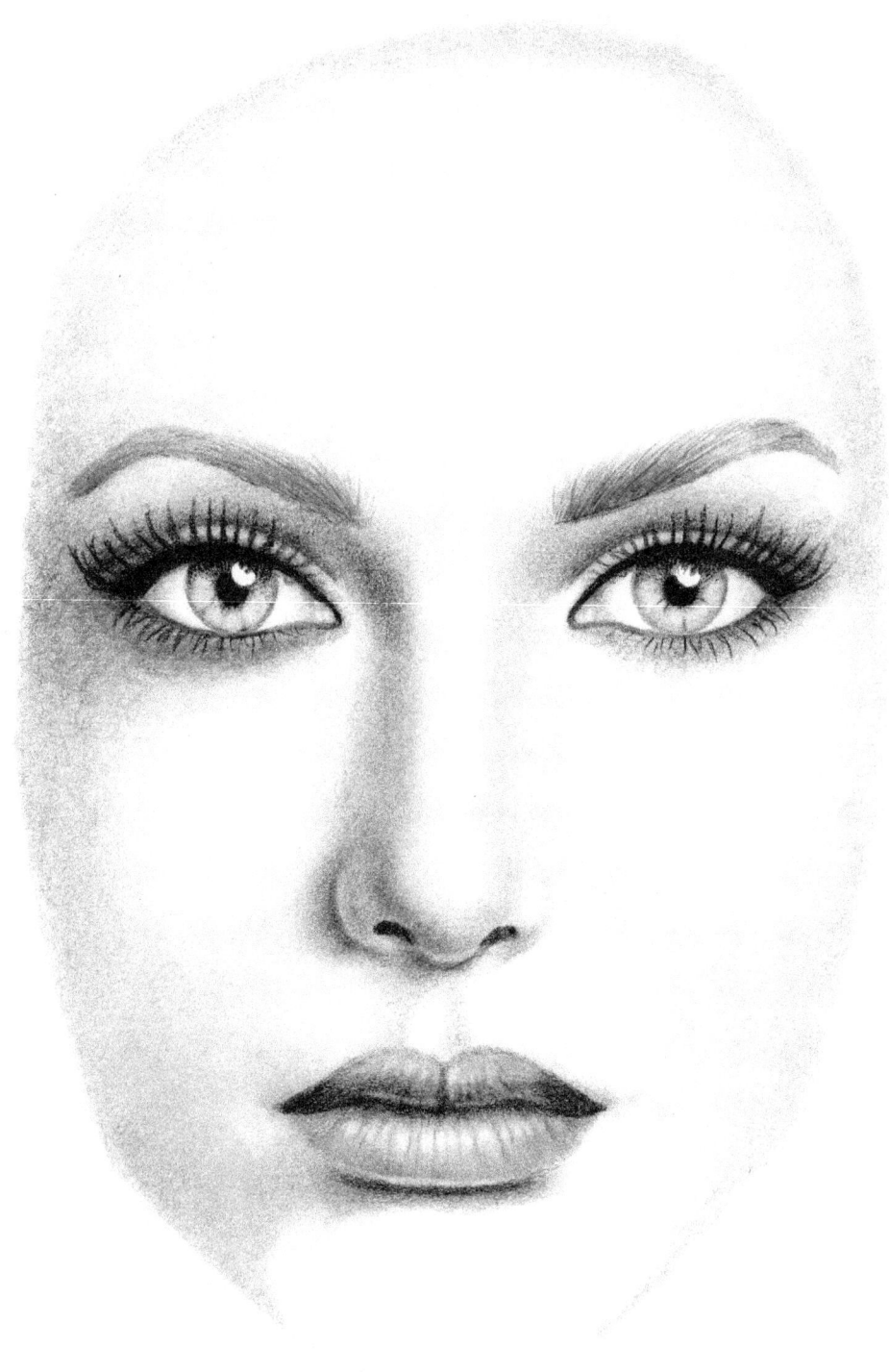

Jetzt können Sie den Rest dieses Bereichs mit einem 5H füllen. Also färben Sie einfach den Bereich, den Sie im vorherigen Schritt weiß gelassen haben, die vertikale linke Hälfte über dem Amorbogen und den gesamten Bereich über der rechten Seite der Lippen. Drücken Sie in diesem Fall neben dem 2H-Bereich stärker auf und weniger, wenn Sie von ihm wegarbeiten.

Mischen Sie alles jetzt mit einem Papiertaschentuch.

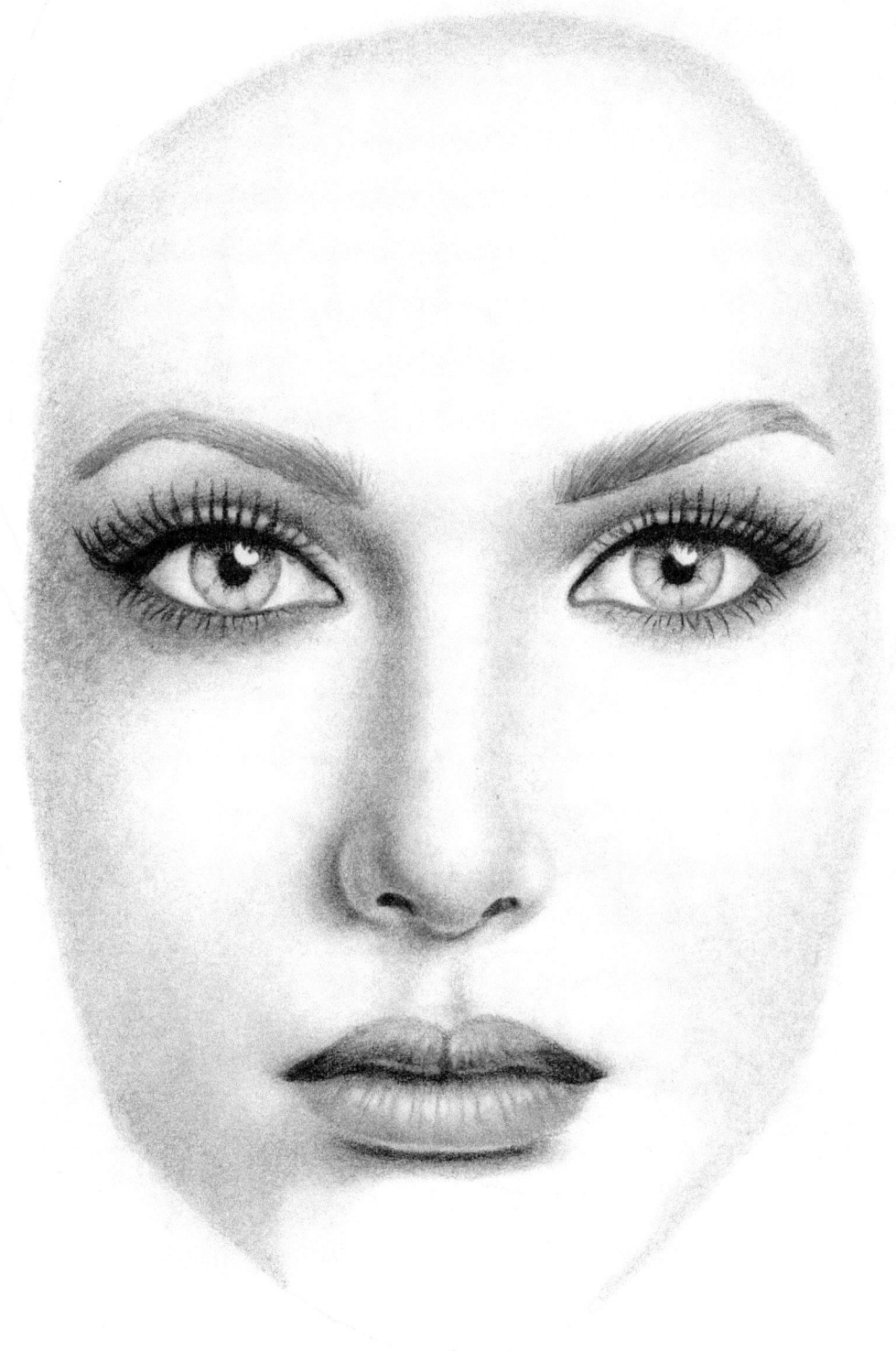

Jetzt haben wir nur noch das Kinn. Beginnen Sie also auch hier mit den dunkelsten Schatten, gehen Sie über den Rand und schattieren Sie den linken Teil des Kinns mit einem HB als Fortsetzung des Bereichs, den Sie schattiert haben, als Sie die linke Seite des Gesichts schattiert haben. Und auch als Fortsetzung des Schattens unter der Unterlippe als Fortsetzung des sehr dunklen Bereichs, den wir schattierten, als wir die Lippen beendeten.

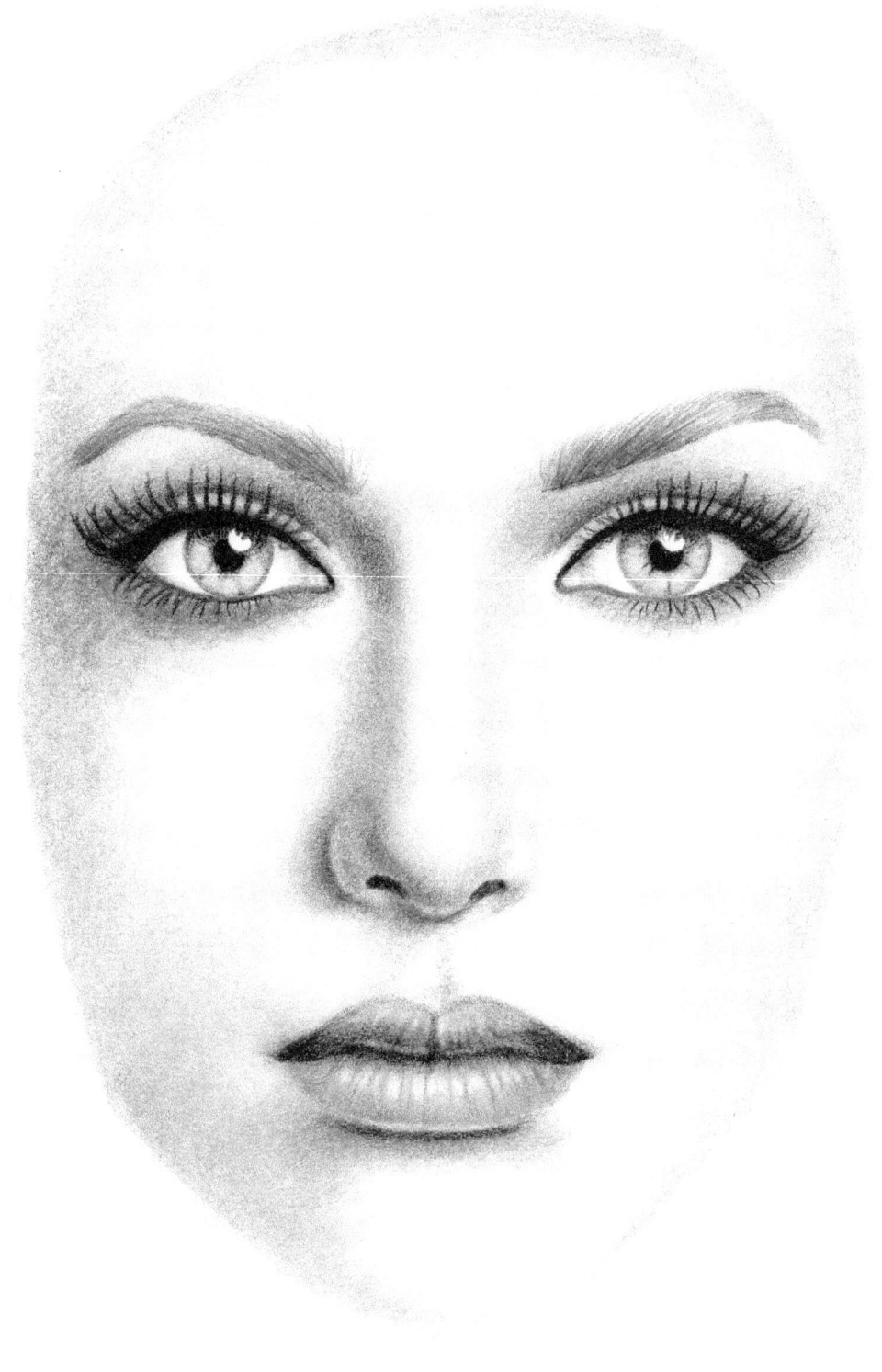

Füllen Sie den Rest mit einem 2H, mit Ausnahme der Kinnmitte, die normalerweise am hellsten ist. Drücken Sie erneut fest neben den HB-Bereich auf und drücken Sie immer weniger auf, wenn Sie zu den Highlights schattieren.

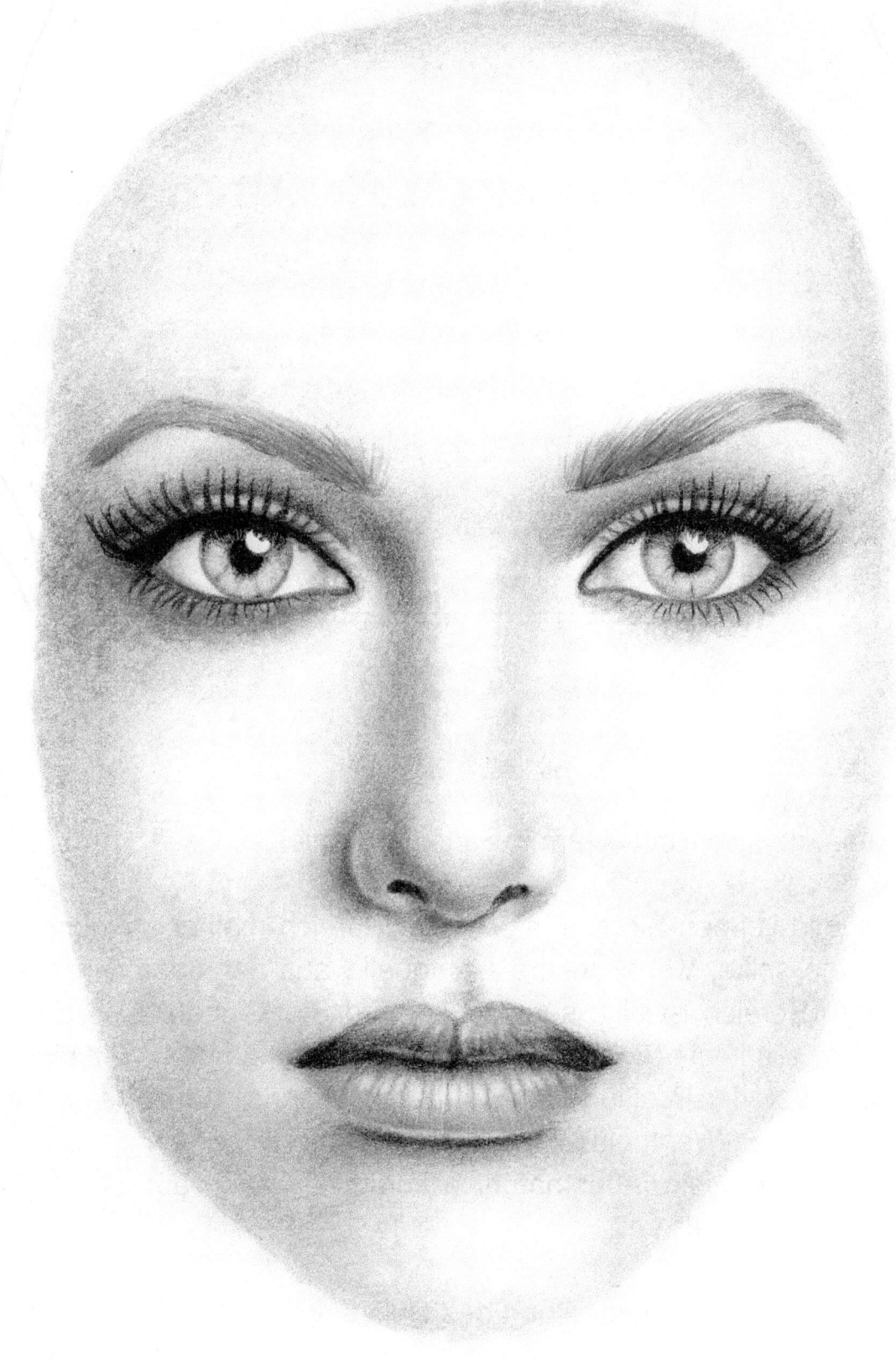

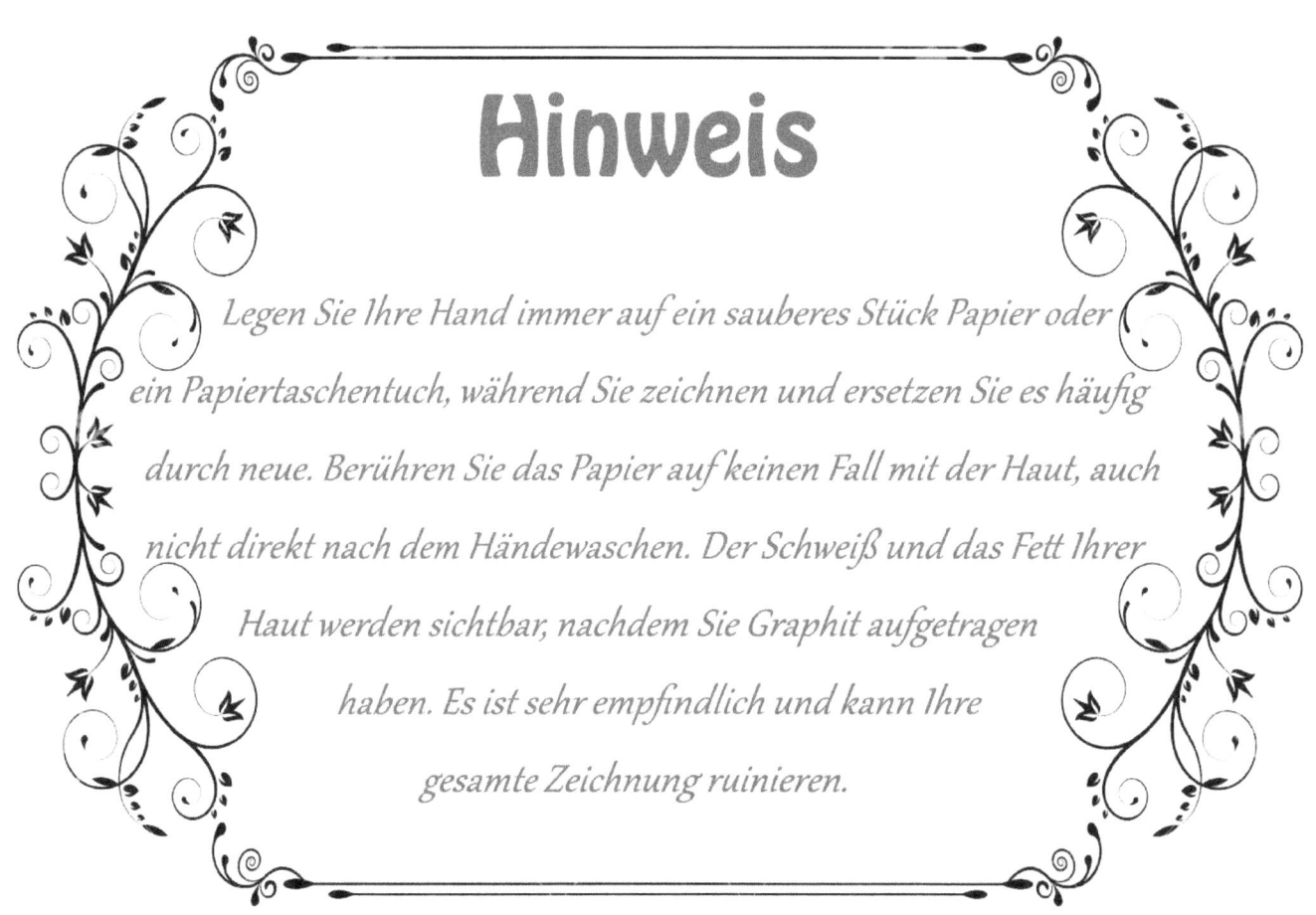

Hinweis

Legen Sie Ihre Hand immer auf ein sauberes Stück Papier oder ein Papiertaschentuch, während Sie zeichnen und ersetzen Sie es häufig durch neue. Berühren Sie das Papier auf keinen Fall mit der Haut, auch nicht direkt nach dem Händewaschen. Der Schweiß und das Fett Ihrer Haut werden sichtbar, nachdem Sie Graphit aufgetragen haben. Es ist sehr empfindlich und kann Ihre gesamte Zeichnung ruinieren.

Fangen Sie an, den Hals mit einem B-Stift zu schattieren.

Im nächsten Bild können Sie sehen, welcher Bereich meiner Meinung nach am dunkelsten sein sollte, wenn unsere Lichtquelle aus der oberen rechten Ecke kommt. Dieser Bereich ist also sehr dunkel und Sie können auch den rechten Halsrand schattieren, wie Sie im nächsten Bild sehen können. Natürlich hängen diese Schatten von der Position des Haares ab. Wenn wir dort Haare haben, ist der Schatten dunkler. Wenn eine Person einen kurzen Haarschnitt trägt, wird der Hals so gut wie hell sein. Aber natürlich kommt es auch auf die Position der Kleidung neben dem Hals an.

Hier müssen Sie mehr auf dem Rand des Halses auf der rechten Seite drücken und den Druck nachlassen, während Sie zur Mitte des Halses schattieren..

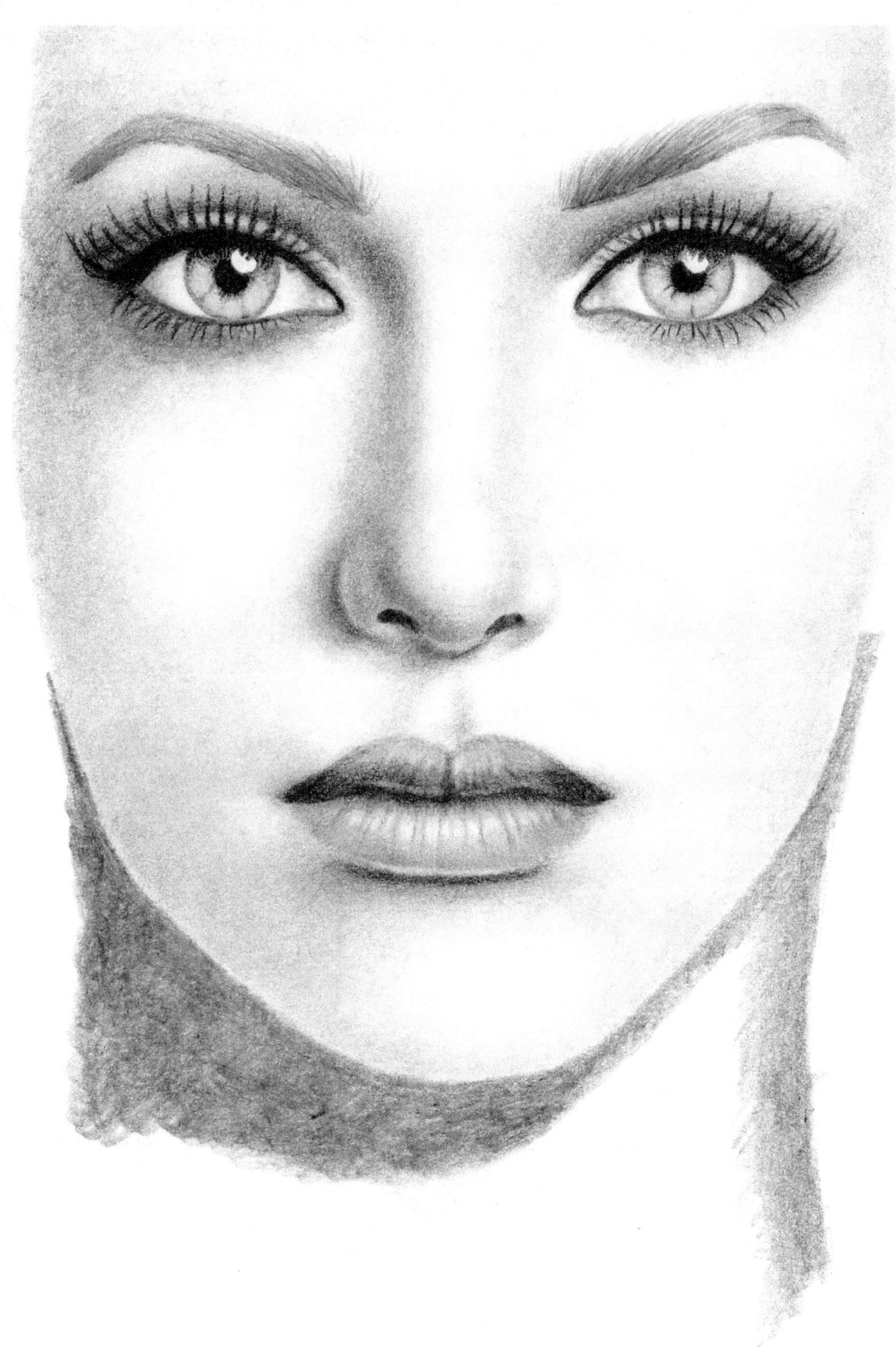

Jetzt können wir zum Gesicht zurückkehren, da wir das reflektierte Licht über dem linken unteren Rand des Kinns noch nicht beendet haben. Es muss viel dunkler sein, wie Sie sehen können, und wir müssen die Kante vorerst unberührt lassen und neben der Kante fest aufdrücken und weniger aufdrücken, wenn wir zur Nase hin schattieren. Sie können jetzt sehen, wie dieser Teil des Gesichts runder aussieht.

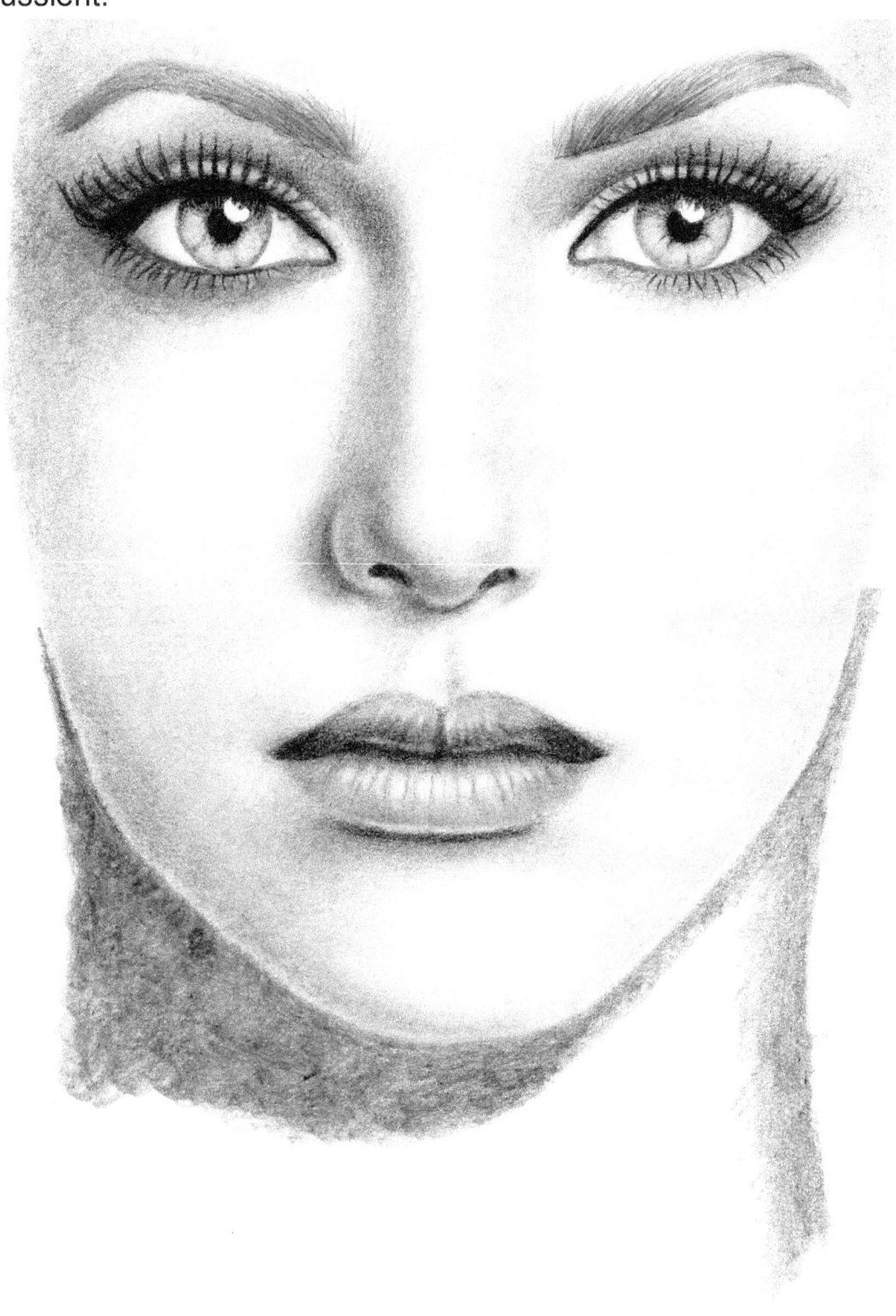

Jetzt können wir den Rest des Halses mit einem HB-Stift schattieren. Beginnen Sie über dem dunkelsten Bereich, den wir mit einem B-Stift schattiert haben, und bewegen Sie sich zu den Highlights. Wenden Sie weiterhin einen HB-Stift mit kreisenden Bewegungen an und drücken Sie mehr neben dem B-Bereich und weniger, wenn Sie sich vom dunkelsten Bereich entfernen.

Zuletzt glätten Sie es mit einem Taschentuch und fügen hinzu oder entfernen alles, was Sie wollen. Sie können hier aufhören oder Sie können Kleidung oder irgendetwas kreieren, was Sie wollen. Aber wir werden später Haare über diesen Bereich zeichnen, sodass es nicht perfekt sein muss, weil Sie vielleicht Haare über den Hals zeichnen möchten. Wenn Sie mögen, Sie können auch nur die Haare zeichnen.

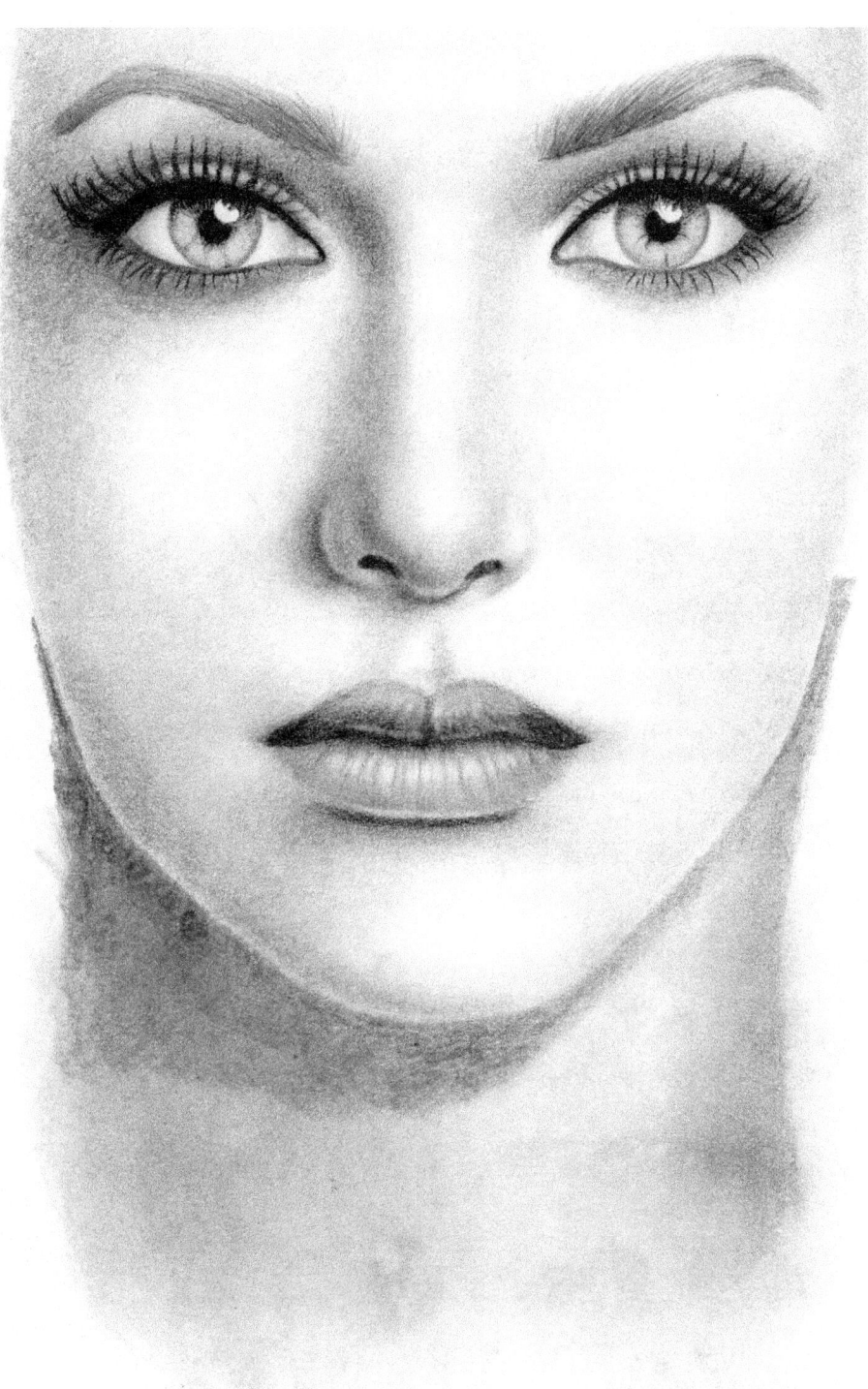

Hinweis

Wenn Sie aus Referenzfotos zeichnen, können Sie möglicherweise den Unterschied zwischen einigen Farbtönen nicht erkennen. Hier ist ein Bild als Beispiel. Das erste Bild ist ein normales Bild, bei dem Sie vielleicht denken, dass ihr Gesicht weiß ist und Sie es nicht viel schattieren müssen, vielleicht nur, um die Nase und die Augen.

Sie könnten auch denken, dass die Haut ihrer Stirn absolut schwarz ist, weil ihr Hut den sehr starken Schatten darüber wirft, aber das ist nicht wahr.

Wenn Sie die Helligkeit verringern, wie im zweiten Bild gezeigt, sehen Sie, welche Bereiche absolut weiß sind.

Jetzt können Sie sehen, dass ihr Gesicht überhaupt nicht weiß ist. Außerdem sollte jeder Teil ihrer Haut – selbst die hellsten Highlights – schattiert sein. Auf diesem Foto sind also nur ihr Kleid, ihr Hut und der Hintergrund absolut weiß. Verwenden Sie diesen Trick, wenn Sie von Referenzfotos zeichnen.

Sie können auch den Kontrast erhöhen, um ein klareres Bild zu erhalten.

Wenn Sie die Helligkeit des Bildes (drittes Bild) erhöhen, können Sie nur sehen, welche Teile absolut schwarz sind. Für diese Bereiche sollten Sie einen 6B oder dunkler verwenden. Für die anderen sollten Sie eine etwas hellere Nuance nehmen, z. B. 3B oder 2B. Jetzt können Sie sehen, dass die Haut ihrer Stirn nicht so schwarz ist, sodass es einen Unterschied zwischen absolutem Schwarz und sehr dunklen Grautönen gibt. Das ist ein sehr guter Tipp für Ihre zukünftigen Zeichnungen und nicht nur für Porträts, sondern für alles andere, was Sie zeichnen, wenn Sie einige Fotos als Referenz verwenden.

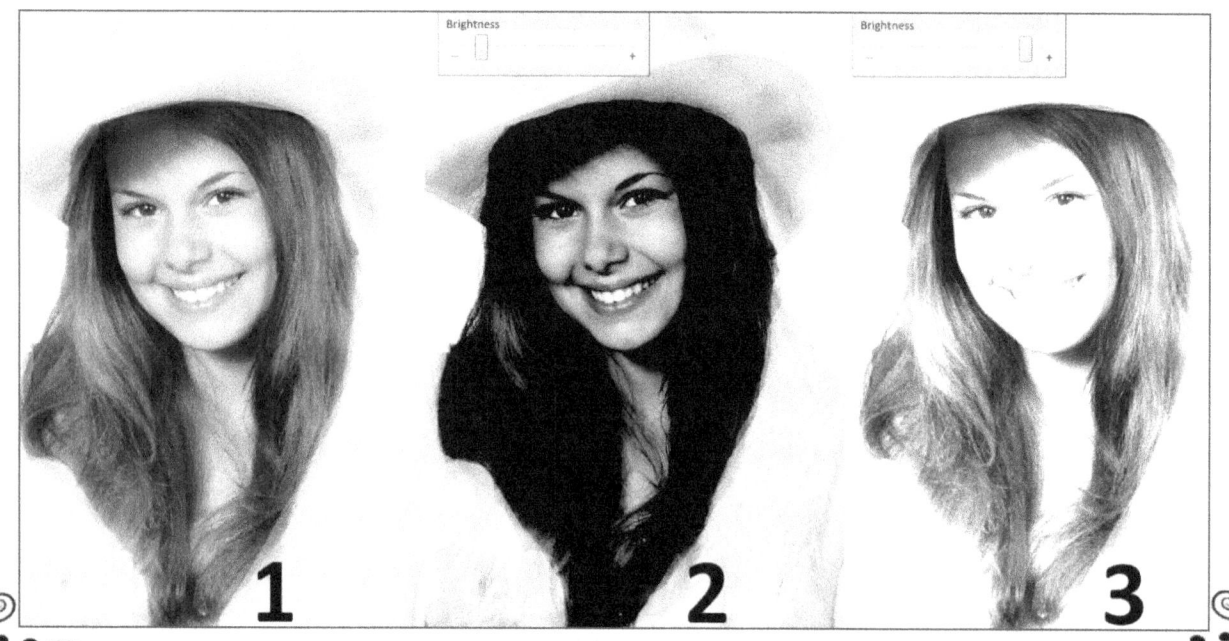

Wenn Sie immer noch Probleme haben, den zu verwendenden Stift zu finden, habe ich den speziellen Farbwähler PenPick entwickelt, der vorschlägt, welchen Stift Sie für den ausgewählten Bereich auf Ihrem Referenzfoto verwenden sollten. Diese Anwendung verfügt über ein separates Bedienfeld für Buntstifte, sodass viele Künstler es als Hilfe verwenden. Auch ich selbst, ich verwende es auch und empfehle es immer. Weitere Informationen und Links zum App Store finden Sie auf der Website: www.pen-pick.com

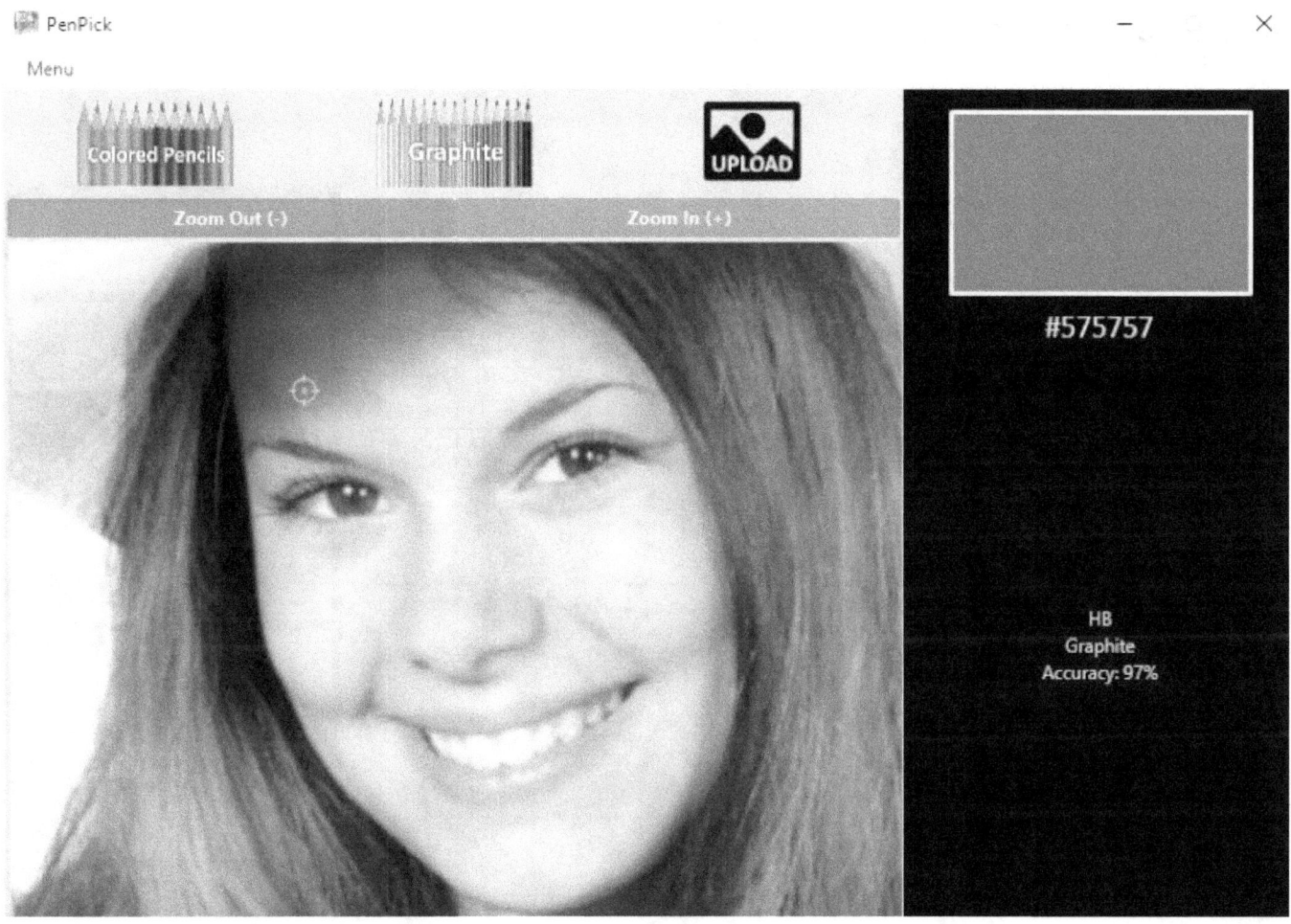

Wenn Sie keinen guten Bildeditor finden, mit dem Sie die Helligkeit bearbeiten können, habe ich die spezielle Software (für Windows-, MacOS- und Linux-Benutzer) GriDraw entwickelt, mit der Sie nicht nur Ihre Fotos bearbeiten, sondern auch verwenden können, um damit das perfekte Raster auf Ihren Referenzfotos zu platzieren. Dies ist die einzige Software für diesen Zweck, die für die Bedürfnisse von Künstlern programmiert ist, da Sie sogar Beschriftungen und diagonale Linien hinzufügen können. Das erstellte Raster ist beweglich, sodass es über dem Referenzfoto an der gewünschten Position platziert werden kann. Die Farbe, Dicke und Deckkraft der Gitterlinien können nach Bedarf und Wunsch des Künstlers eingestellt werden. Schauen Sie sich das auf der Website **www.gridraw.net** an, wo Sie auch den von mir geschriebenen Artikel „Verwendung der Grid-Methode" lesen können. Dies ist auch meine Website, also zögern Sie nicht, mich dort zu kontaktieren, wenn Sie Fragen haben oder Sie mir einfach Ihre Zeichnung zeigen und meine Meinung dazu hören möchten. Ich werde gerne antworten und helfen.

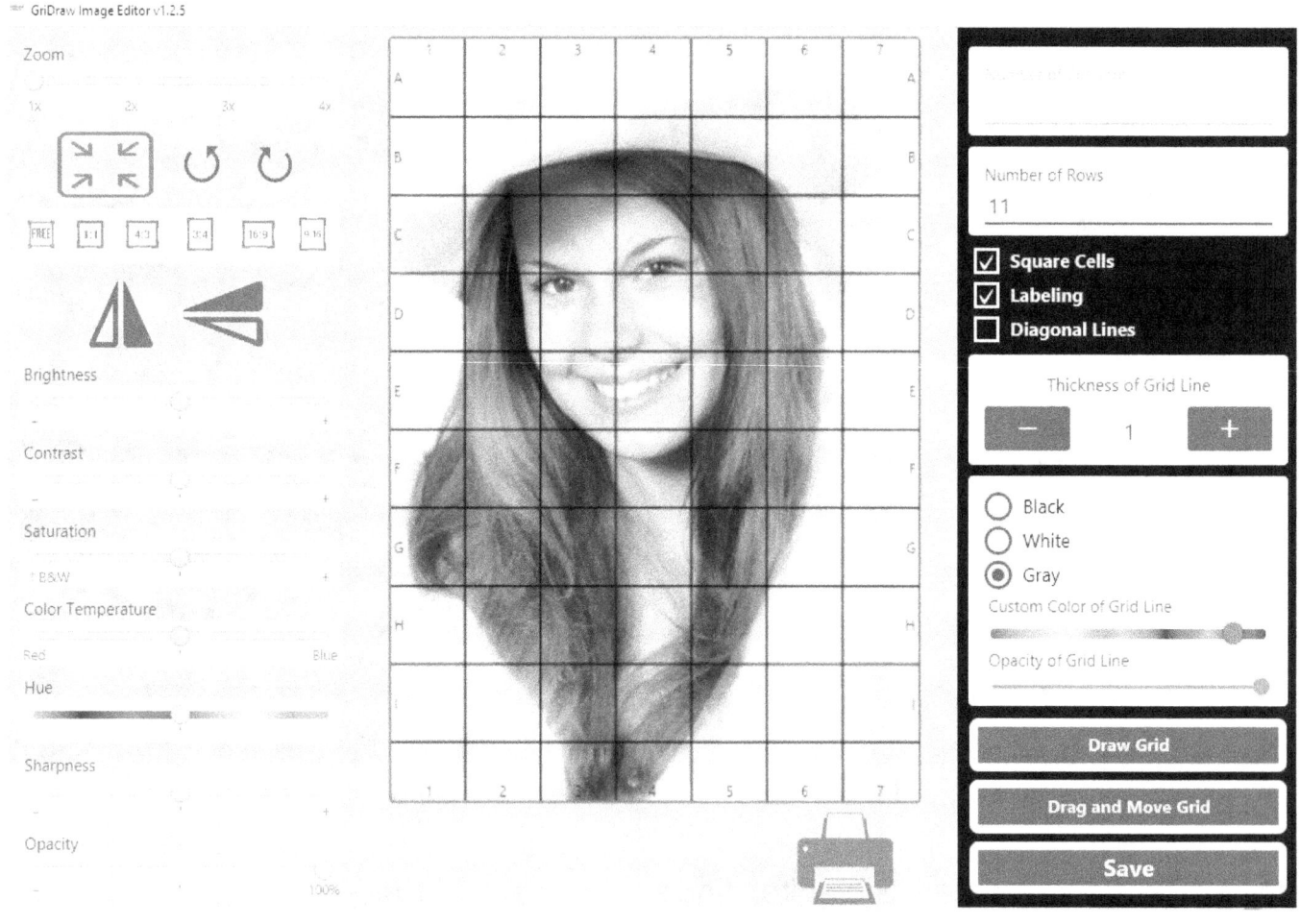

WIE MAN DIE HAARE ZEICHNET

Das Zeichnen der Haare ist für viele der schwierigste Teil des Porträts. Es ist eine sehr zeitaufwendige Arbeit und manchmal dauert es länger als das ganze Gesicht. Natürlich hängt alles von der Frisur ab, die Sie zeichnen möchten, von der Lichtquelle und so weiter. Meiner Meinung nach ist es am wichtigsten, das Haar mit einem Taschentuch zu mischen, damit es wie weiches Haar aussieht, anstatt nur Striche gezogen zu haben. In diesem Abschnitt des Tutorials zu unserem Porträt zeige ich Ihnen, wie Sie die Haare zeichnen, mischen, schattieren und hervorheben, um sie so realistisch wie möglich zu gestalten. Natürlich ist es einfacher, wenn wir einige Referenzfotos verwenden, damit wir die Werte, Schatten und Lichter sehen können, aber ich möchte Ihnen nur die grundlegenden Techniken zeigen, die Sie anwenden können, auch wenn Sie von Referenzfotos zeichnen. Einige der Regeln gelten trotzdem.

Beginnen wir mit dem oberen linken Teil des Kopfes. Ich möchte hellbraunes Haar zeichnen, deshalb benutze ich einen HB als Grundfarbe. Ich benutze meinen Druckbleistift mit einer HB-Mine und gehe von den Haarwurzeln aus. Ich drücke fest auf, um kurze, gekrümmte Linien zu zeichnen, und zeichne dann Linie für Linie nach unten über die linke Seite des Kopfes neben der Stirn. Hier müssen Sie eine größere Fläche abdecken als Sie beim Umriss des Schädels skizziert haben. Wenn das Haar geliert ist und am Schädel haftet, müssen wir das Haar natürlich anders zeichnen, wobei wir verschiedene Töne und Striche anwenden. Aber lassen Sie uns das Haar mit seinem normalen Fluss erstellen. Wenn unsere Lichtquelle aus der oberen rechten Ecke kommt, müssen wir die linke Seite des Haares dunkler machen und das Highlight befindet sich auf der linken Seite der Stirn.

Drücken Sie fester auf die Oberseite auf, wenn Sie anfangen, die längeren Haare zu zeichnen, und lassen Sie den Druck nach, wenn Sie sich dem Highlight nähern. Es geht darum, einen dunkleren Bereich über dem Kopf und einen helleren Bereich neben dem Highlight zu erstellen. Im nächsten Bild können Sie sehen, wie ich angefangen habe und wo ich das Highlight haben möchte. Sie können sehen, wie die unteren Enden meiner Striche viel heller sind, und sie verschwinden allmählich im Weiß des Papiers, weil ich die Bleistiftmine abgehoben habe, als ich die Striche beendet habe.

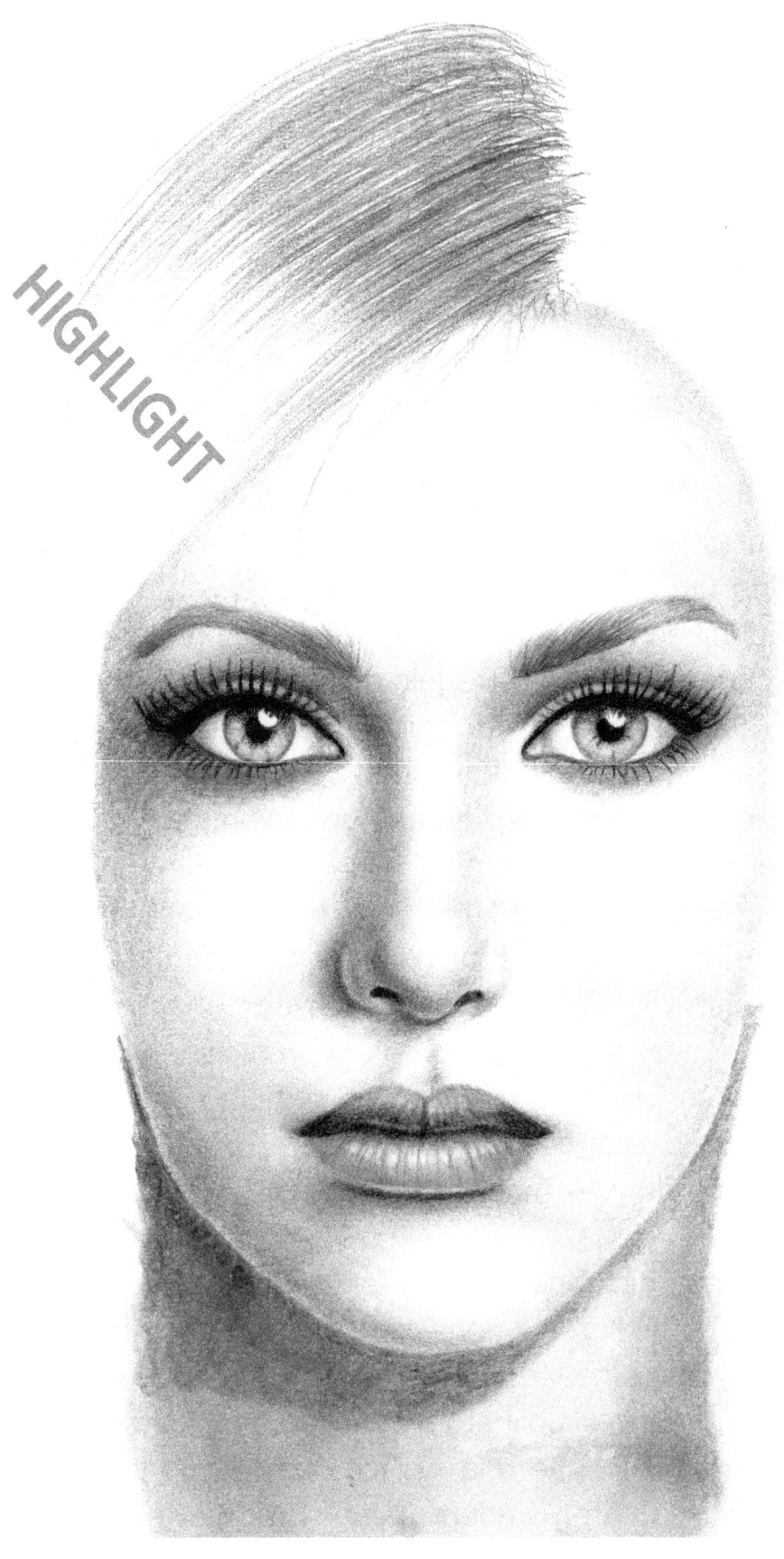

Jetzt machen wir dasselbe, aber aus der entgegengesetzten Richtung, von links der Schläfe und auf dieselbe Weise zum Highlight: Drücken Sie stark auf, wenn Sie die Striche beginnen, und heben Sie dann die Mine Ihres Bleistifts ab, wenn Sie die Linien beenden.

Wenn Sie also einen Haarabschnitt zeichnen, dann zeichnen Sie das Haar mit schnellen sicheren Strichen. Gehen Sie von oben zur Mitte und dann von unten zur Mitte. Das funktioniert hervorragend, da es ein Highlight erzeugt, bei dem sich die Striche treffen.

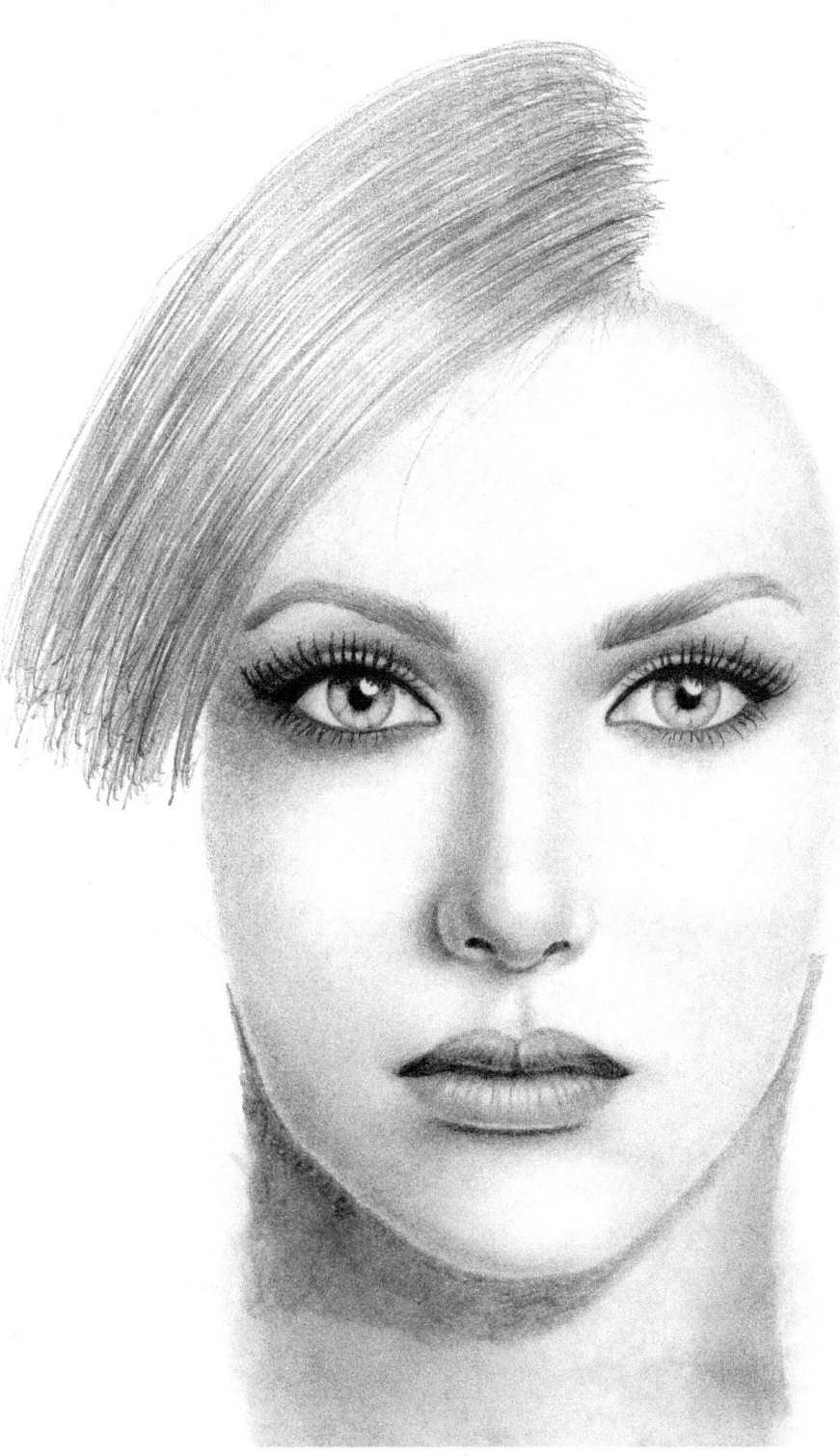

Jetzt können wir einen etwas dunkleren Ton hinzufügen, um die oberen Teile, die wir anfangs dunkler gemacht haben, zu ergänzen, aber sie sollten viel dunkler sein, wofür ein HB nicht ausreicht. Gehen Sie also mit einem 4B-Stift oder einem anderen dunklen Stift über den oberen Bereich, auch Haar für Haar, geduldig mit einem 4B-Stift und lassen Sie den Druck auch nach, wenn Sie die Linien beenden, jedoch weit vor dem Highlight. Zeichnen Sie mit einem B-Stift mehr dunkle Haare neben dem Highlight, um die 4B-Striche fortzusetzen. Einige der Haare können über das Highlight gehen. Zeichnen Sie auch dunkleres Haar entlang der Stirn, da dieser Teil etwas schattiert ist.

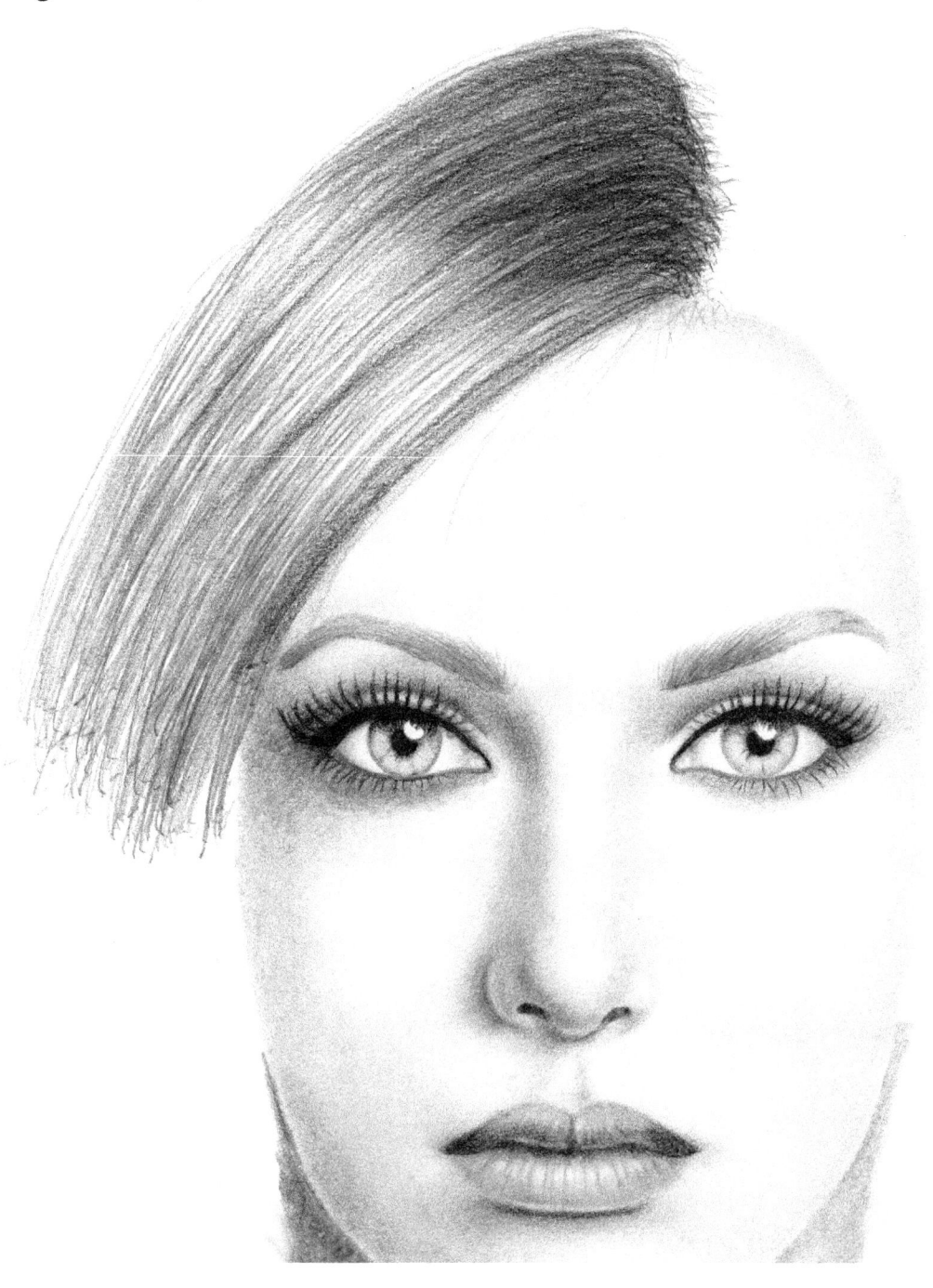

Der nächste Schritt ist, alles mit einem Taschentuch zu vermischen. Gehen Sie einfach über die Haare, die Sie bisher gezeichnet haben, und drücken Sie sie vorsichtig an. Beginnen Sie dann auf dem Highlight, damit Sie den dunklen Graphit nicht von den dunkleren Bereichen auf das Highlight auftragen.

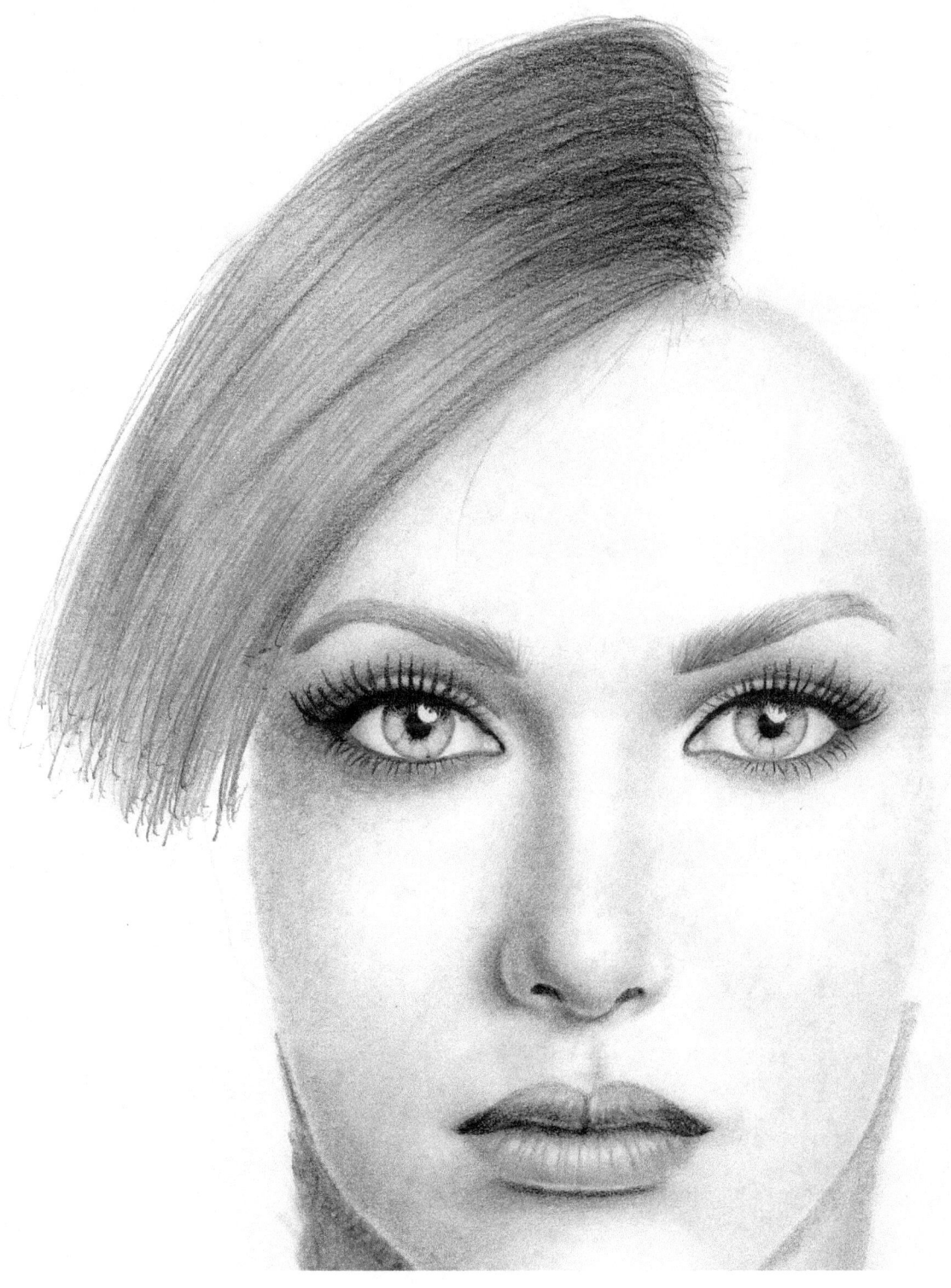

Da wir beim Mischen etwas Graphit entfernt haben, verwenden wir es erneut. Nehmen Sie dazu einen B-Stift und verdunkeln Sie den oberen Teil des Haares neben den Haarwurzeln. Sie können auch einen dunkleren Bereich neben der Stirnhaut erstellen, da dieser Bereich weniger der Lichtquelle ausgesetzt ist.

Zeichnen Sie auch einige Ausreißer. Vermeiden Sie immer einen sauberen Rand zwischen dem Haar und dem Hintergrund und fügen Sie mit einem gut angespitzten Bleistift mit einfachen schnellen Strichen einige Ausreißer hinzu.

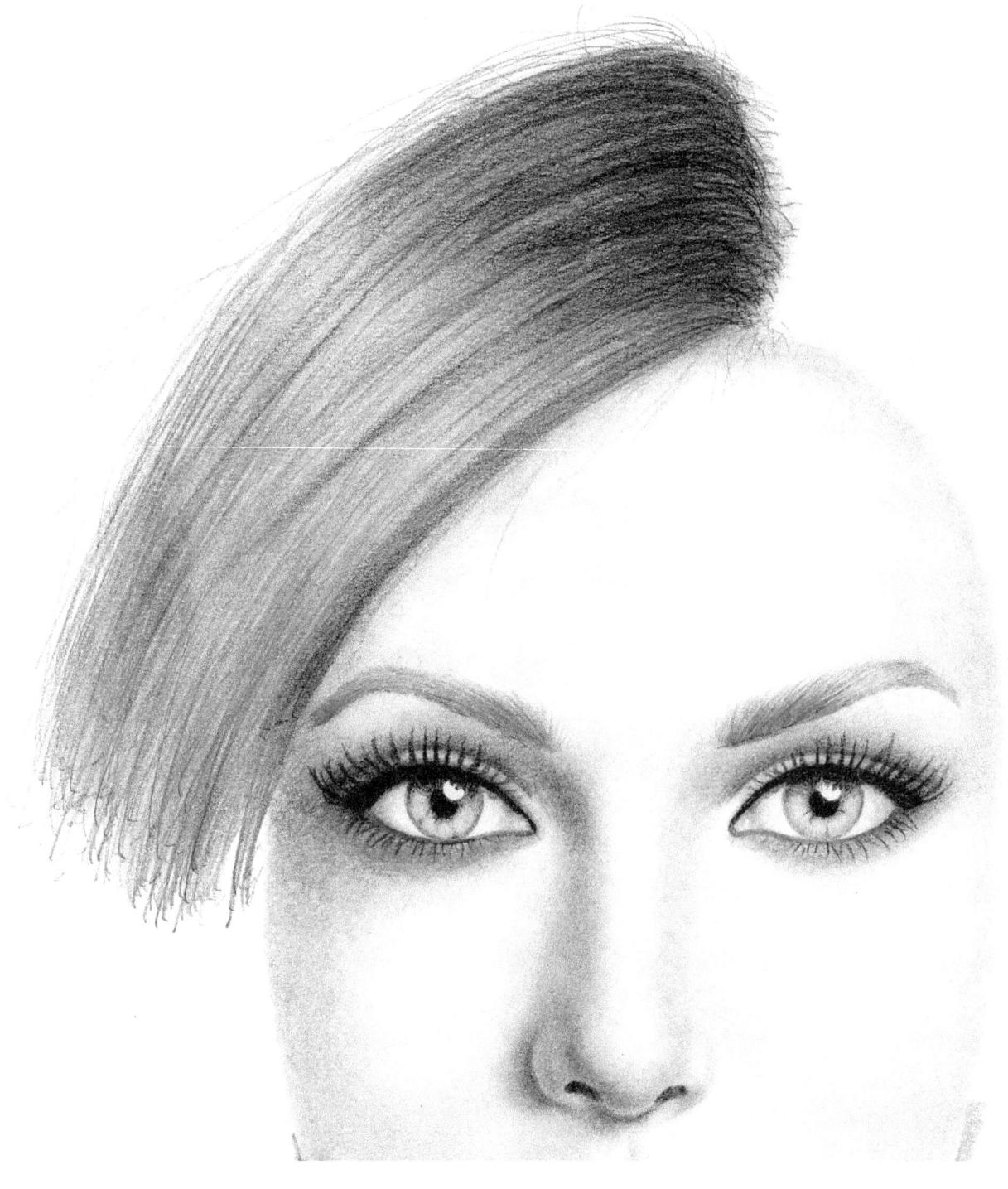

Jetzt können wir einige Highlights erstellen, indem wir die Bereiche über dem hervorgehobenen Teil radieren. Platzieren Sie die Spitze Ihres Radiergummis auf den Highlights und bewegen Sie ihn einfach in Richtung der schattierten Bereiche und nach außen zu den Highlights. Gehen Sie nicht über das dunkle Haar und drücken Sie nicht zu fest auf, da Sie viel Graphit entfernen können. Aber wenn Ihnen das passiert, gehen Sie es noch einmal mit einem Papiertaschentuch, einem Papierwischer oder einem Bleistift durch. Je heller das Highlight, desto glänzender das Haar. Erstellen Sie mit der Spitze Ihres Radiergummis einige hervorgehobene Ausreißer über das gesamte Haar und auch über das Gesicht

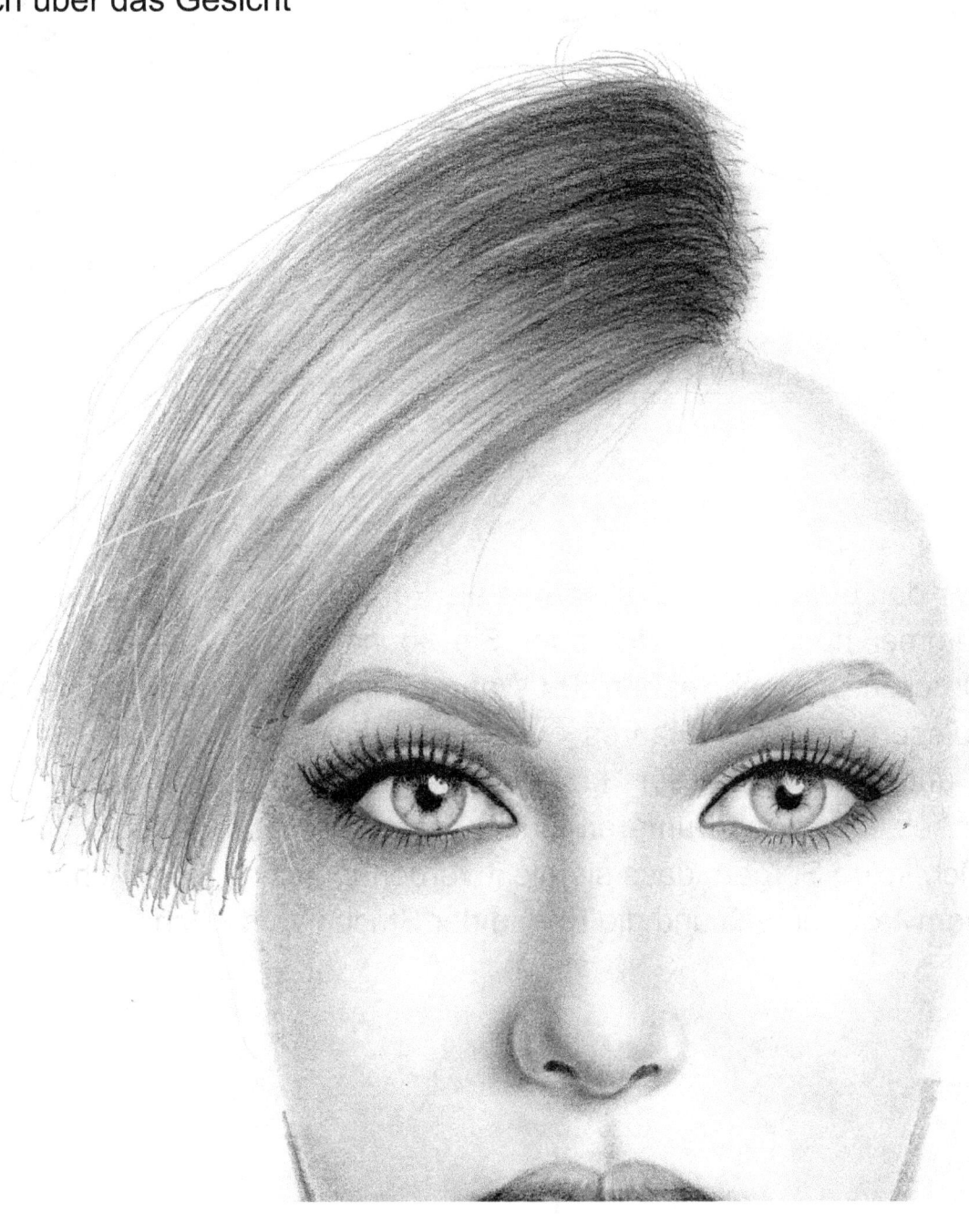

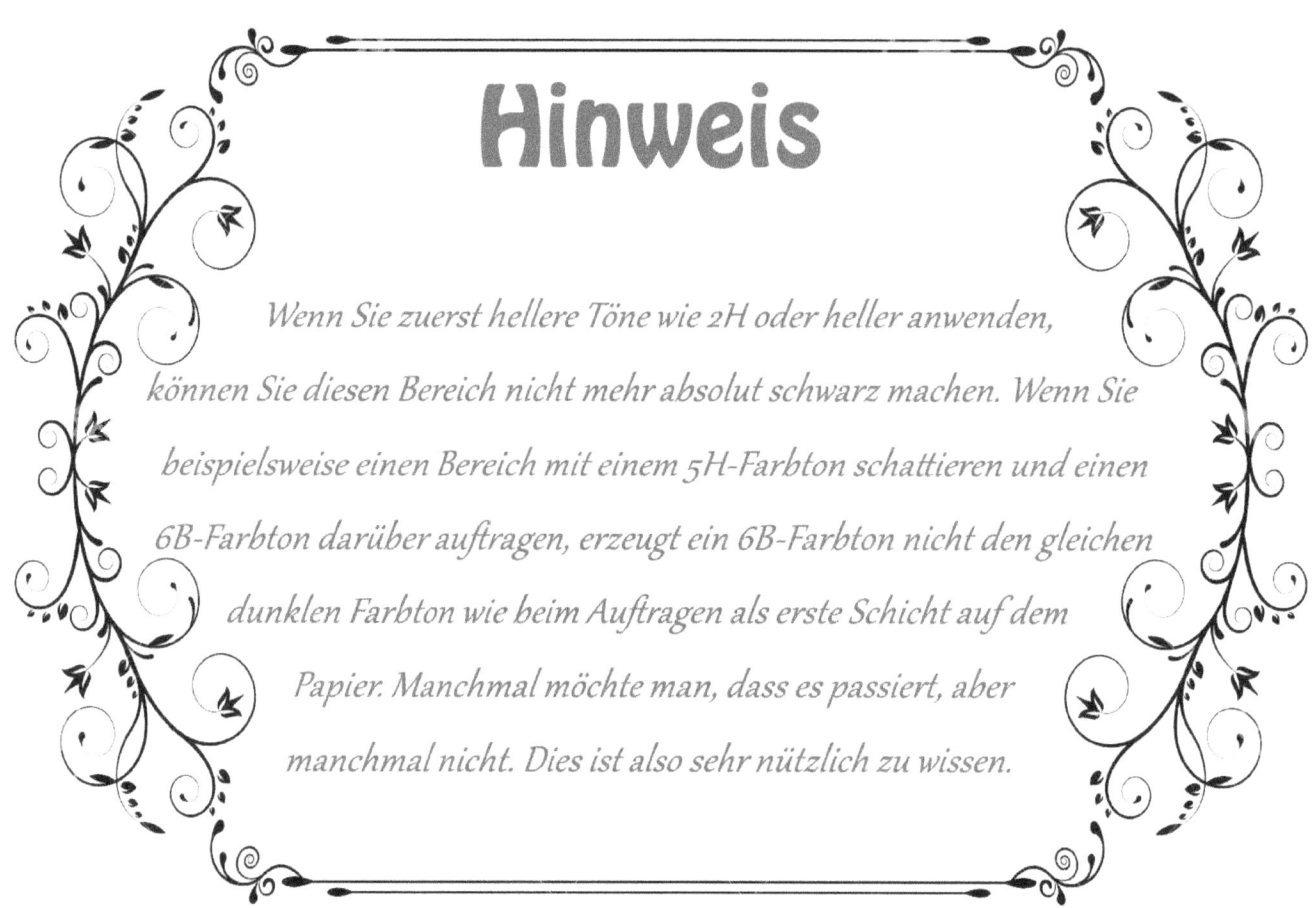

Hinweis

Wenn Sie zuerst hellere Töne wie 2H oder heller anwenden, können Sie diesen Bereich nicht mehr absolut schwarz machen. Wenn Sie beispielsweise einen Bereich mit einem 5H-Farbton schattieren und einen 6B-Farbton darüber auftragen, erzeugt ein 6B-Farbton nicht den gleichen dunklen Farbton wie beim Auftragen als erste Schicht auf dem Papier. Manchmal möchte man, dass es passiert, aber manchmal nicht. Dies ist also sehr nützlich zu wissen.

Nun können wir den unteren Teil des Haares als Fortsetzung dazu zeichnen. Ich benutze hier immer noch einen HB, aber Sie können jeden anderen Bleistift verwenden. Drücken Sie mehr neben der Wange auf, da es etwas dunkler sein sollte, weil dieser Teil des Haares weniger hell wird. Das ist ziemlich zeitaufwendig und weil wir Haar für Haar zeichnen müssen. Zeichnen Sie diese Haare als Fortsetzung zu den unteren Enden der zuvor gezeichneten Striche. Machen Sie sich keine Sorgen, dass sie nicht verbunden sind. Sie mischen alles wieder mit einem Taschentuch und die Enden der Striche verschwinden.

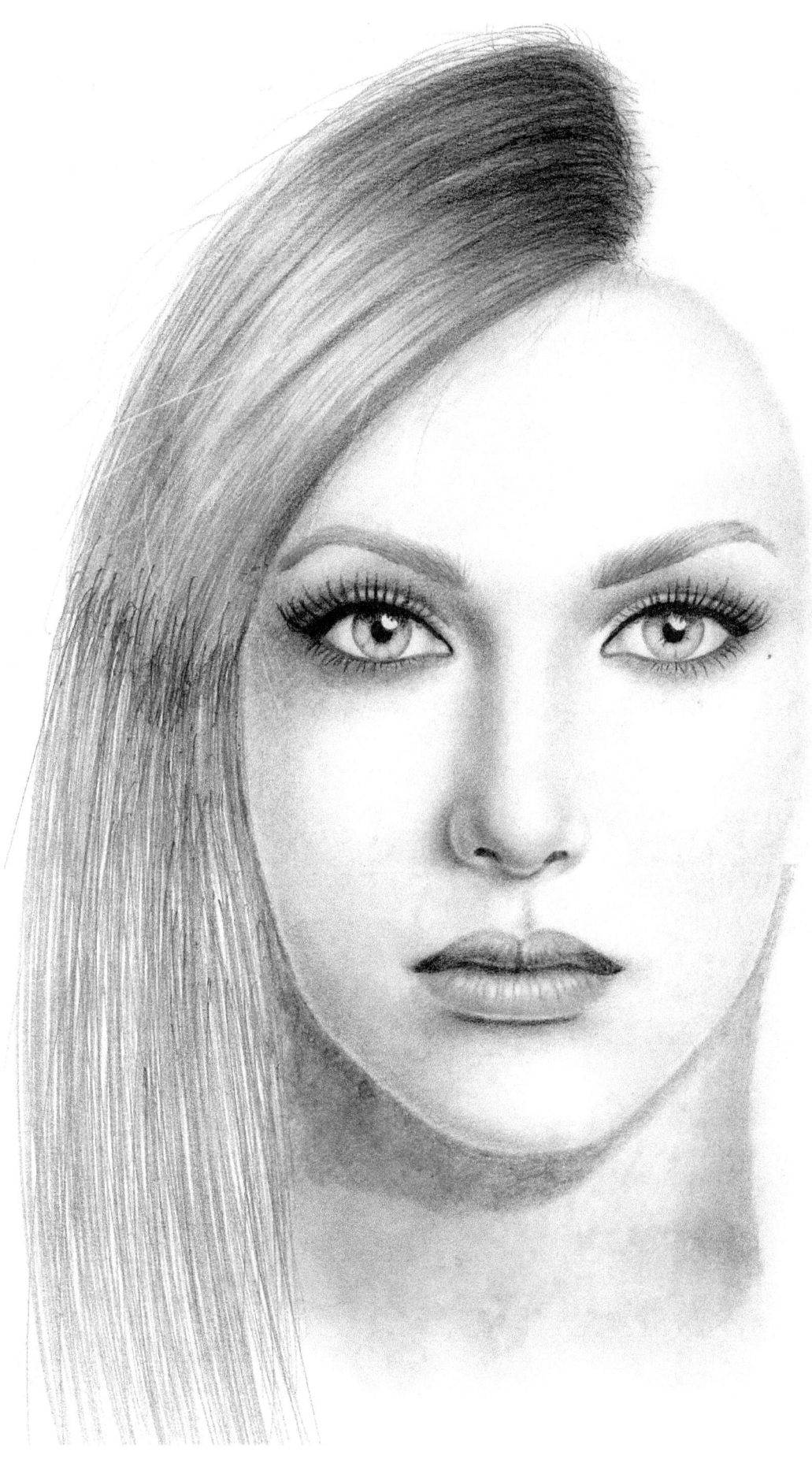

Jetzt können wir es mit einem Taschentuch mischen. Vergessen Sie niemals, das Haar zu mischen, da es dadurch weich und glänzend aussieht. Im nächsten Bild können Sie sehen, dass der Abstand zwischen zwei Bereichen, die ich separat gezeichnet habe, beim Vermischen einfach verschwunden ist.

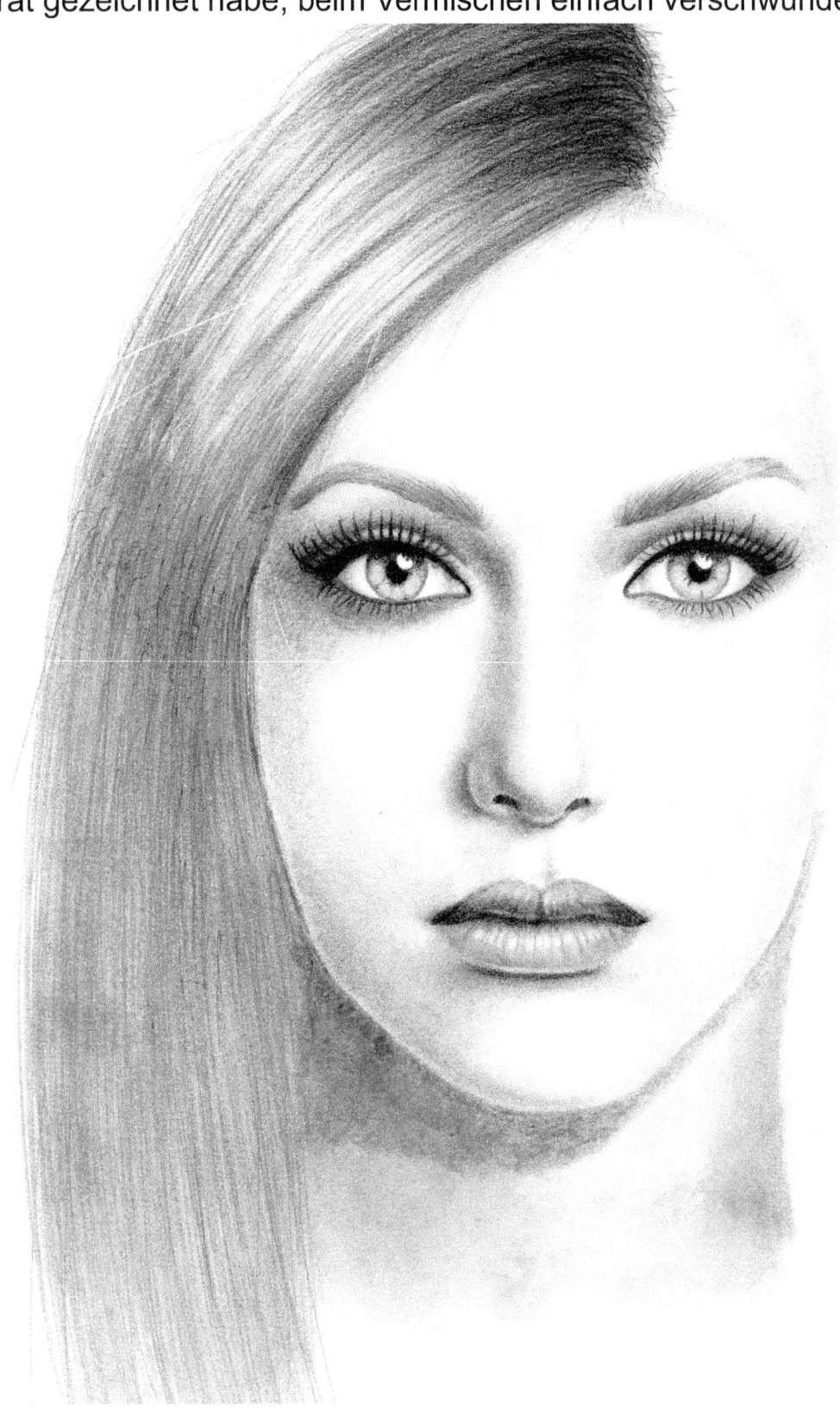

Jetzt werden Details wie dunkle Bereiche, Highlights und Ausreißer hinzugefügt. Beginnen wir mit den schattierten Teilen. Ich benutze einen 8B für den dunkelsten Teil wie den Bereich zwischen dem Gesicht und den Haaren und zwischen den Strähnen. Wir wollen die Haare neben dem Gesicht noch mehr schattieren, weil dieser Bereich weniger hell wird. Er kann absolut schwarz sein. Nachdem Sie die Schattierung abgeschlossen haben, mischen Sie sie einfach mit einem Papierwischer. Wenn Sie es aufgehellt haben, gehen Sie noch einmal mit einem 8B oder 9B drüber.

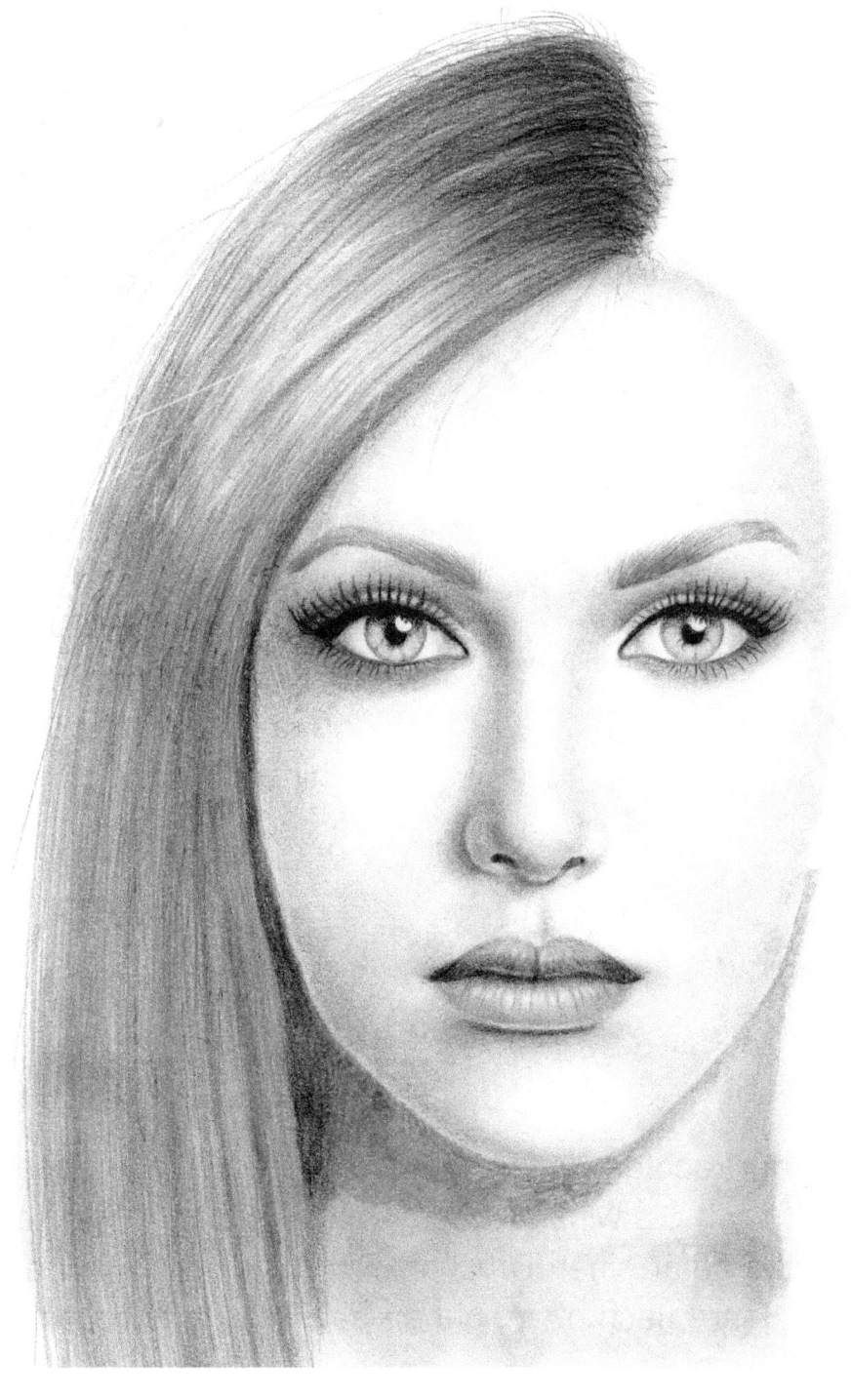

Schattieren Sie mehr über dem Hals, um den Schatten zu erzeugen, den die Haare werfen. Außerdem können wir mit einem B-Stift einen dunklen Bereich dazwischen anbringen, da diese nicht gleichmäßig sein sollten. Auch das perfekt glatte Haar sollte nicht einheitlich sein. Ändern Sie den Druck auf Ihren Stift, um tiefere Töne zu erzielen.

Jetzt können wir mit einem Radiergummi Highlights erzeugen.

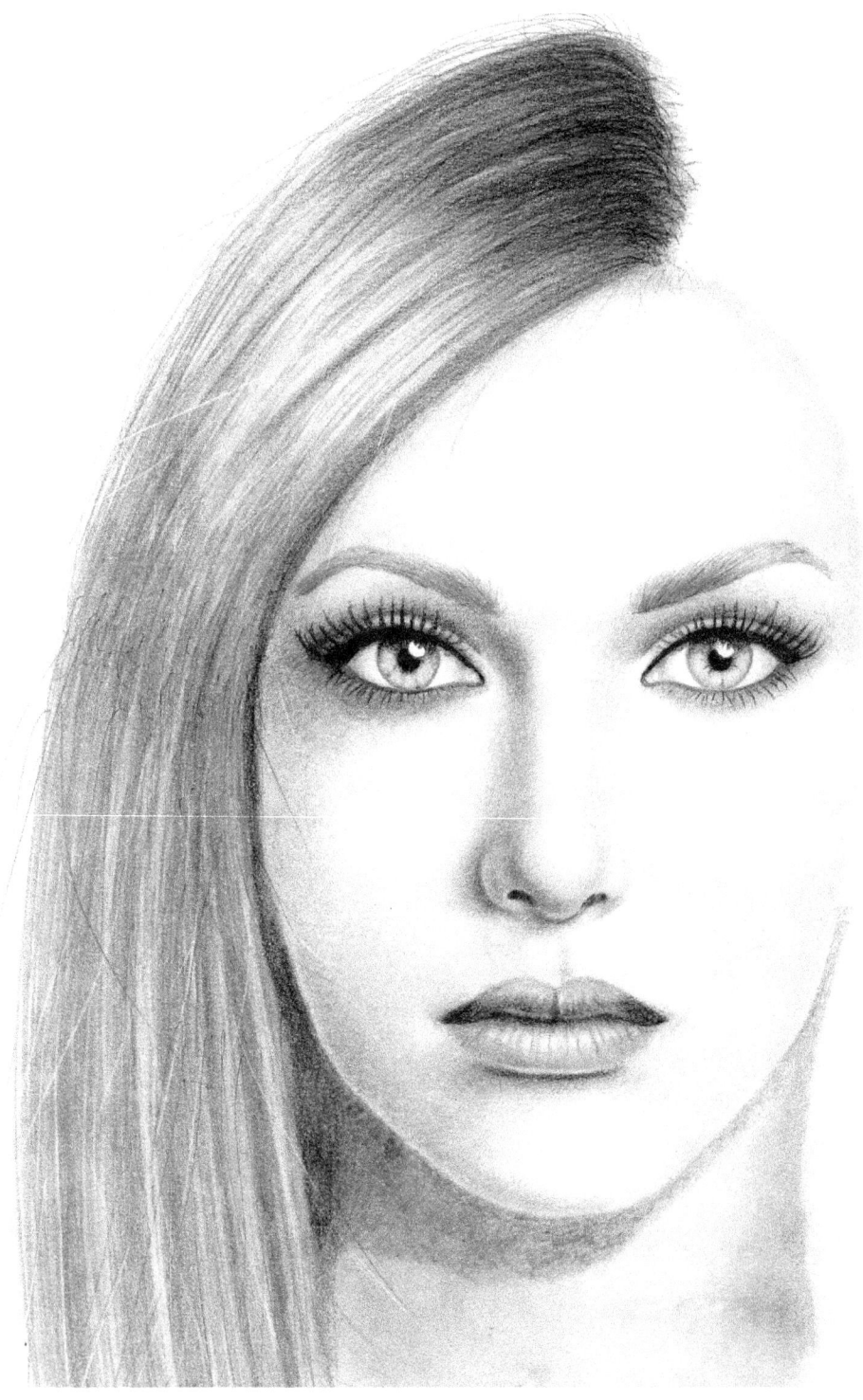

PDrücken Sie mit der Spitze Ihres Radiergummis auf das Haar, und setzen Sie Highlights auf einige Strähnen. Erstellen Sie auch zufällige Ausreißer, damit sie über Gesicht und Hals gehen.

Die Ausreißer sind sehr wichtig. Fügen Sie sie daher immer über und um das Haar herum hinzu.

Jetzt können wir die Haare auf der rechten Seite zeichnen. Beginnen Sie oben neben den Haarwurzeln und zeichnen Sie winzige geschwungene Linien, wie im nächsten Bild gezeigt. Ich benutze dafür einen Druckbleistift mit einer 2B-Mine. In diesem Bereich wachsen die Haare nach oben, gehen dann etwas horizontal und fallen neben dem Gesicht nach unten. Lassen Sie die Linie weg, um den geteilten Haarschnitt anzuzeigen. Der Teil der Haut unter den Haaren kann sichtbar sein, und Sie müssen diesen Teil nicht zeichnen, sondern mischen ihn nur ein wenig mit einem Papierwischer.

Diese winzigen gebogenen Anfangsteile des Haares werden also weniger hell, wenn unsere Lichtquelle aus der rechten oberen Ecke kommt. Deshalb können wir hier einen 2B verwenden, der viel dunkler sein sollte als der Farbton, den wir über dem hervorgehobenen Bereich auf der rechten Seite des Kopfes anwenden wollen.

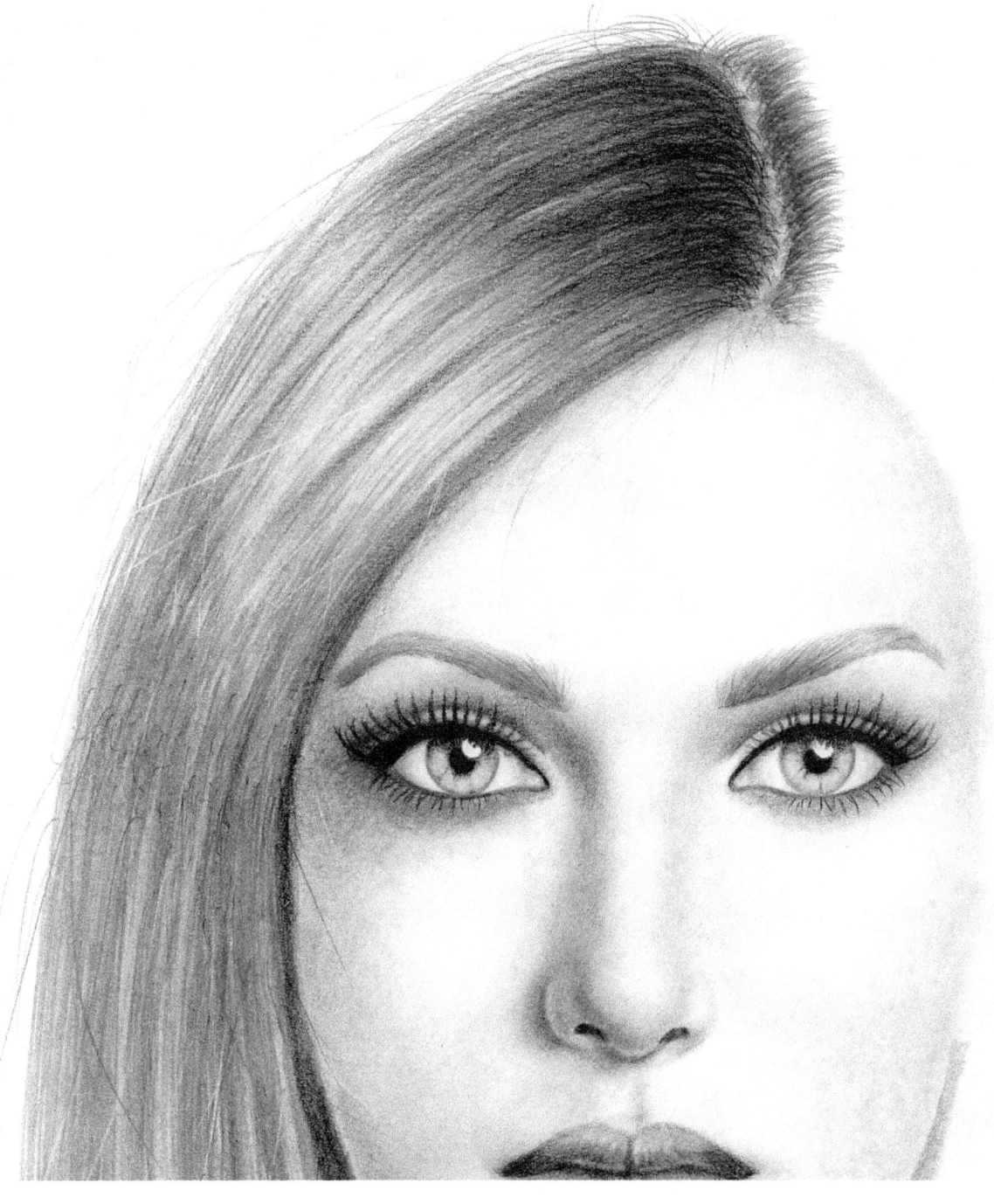

Zeichnen wir das Haar auf der rechten Seite mit einer HB-Mine weiter. Die gesamte rechte Seite des Haares sollte viel heller sein als die Haare auf der linken Seite, wenn unsere Lichtquelle aus der rechten oberen Ecke kommt. Beginnen wir mit dem oberen Bereich über dem Ohr. Dieser Bereich ist am meisten beleuchtet. Das Erste ist also, das Haar von oben zur Mitte und dann von unten zur Mitte zu zeichnen. Mit „unten" meine ich den Bereich direkt neben dem Ohr. Auf diese Weise wird das Highlight erstellt, wenn sich die Striche treffen. Sie müssen den Druck nachlassen, wenn Sie die Linien neben den Highlights beenden. Einige der Striche können über die Highlights gehen, aber beim Erstellen leicht aufdrücken. Im nächsten Bild können Sie sehen, wo ich möchte, dass Sie Highlights erstellen. Der hervorgehobene Bereich, in dem ich die Striche von oben und unten beendet habe, erscheint bereits glänzend und so, als ob sich die Haare in diesem Bereich krümmen würden.

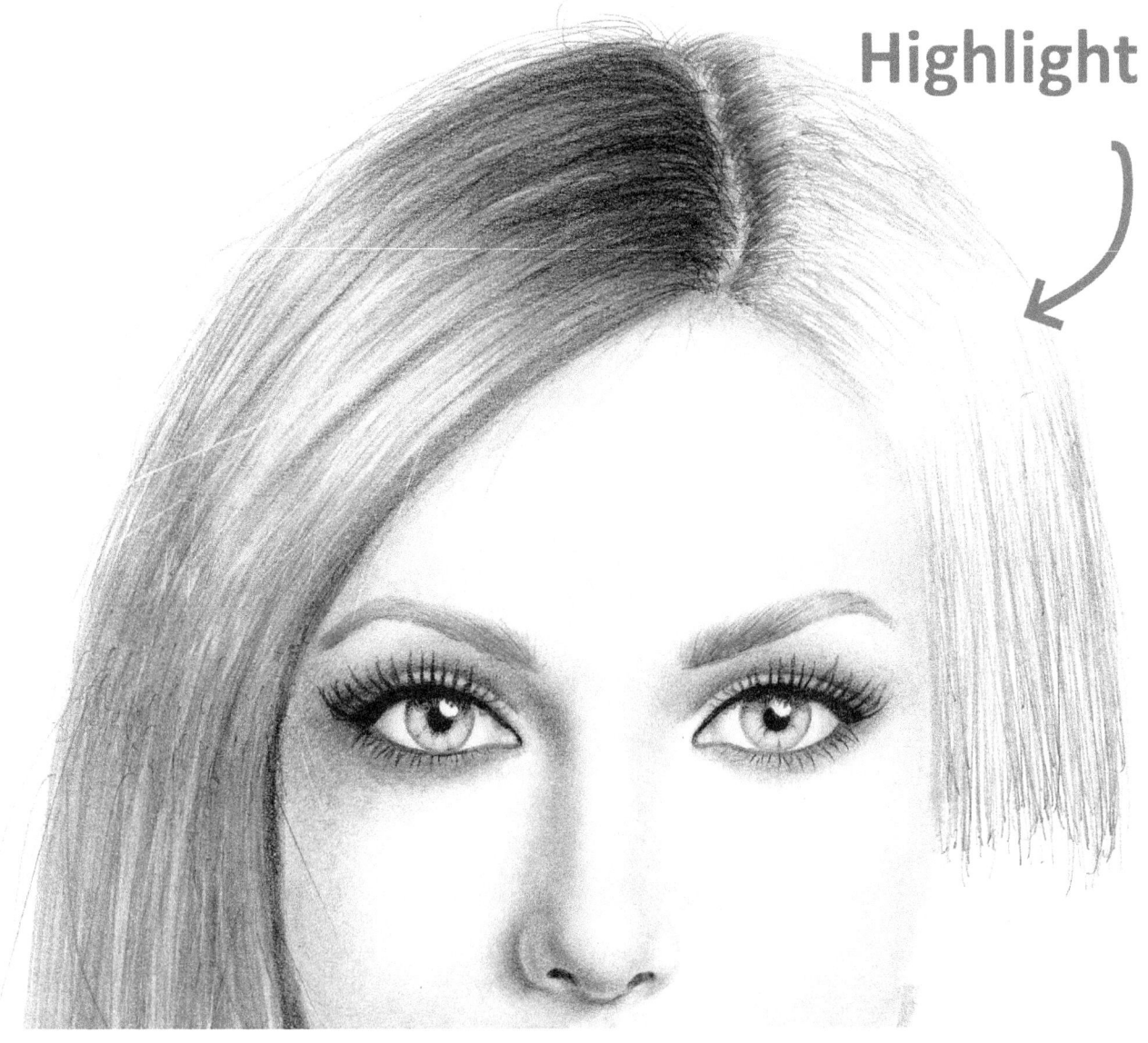

Highlight

Machen Sie sich keine Sorgen, wenn das Haar nicht gleichmäßig genug ist; wir können es jetzt mit einem Taschentuch mischen. Es ist sehr wichtig, es mit einem Taschentuch zu mischen, da das Haar ohne Mischen ziemlich grob aussehen würde und es nicht weich wäre.

Gehen Sie beim Mischen mit einem Taschentuch zuerst über den hervorgehobenen Bereich und dann weiter über die dunkleren Bereiche. Wenn Sie mit dunklen Bereichen beginnen, können Sie viel mehr Graphit auf die hervorgehobenen Bereiche auftragen, die Sie aus dunklen Bereichen verteilen würden. Beginnen Sie also immer mit hervorgehobenen Bereichen und bewegen Sie sich dann einfach in Richtung der dunklen Bereiche. Oder Sie können ein sauberes Taschentuch für Highlights und ein schmutziges für die Schatten verwenden.

Wie Sie sehen können, sieht das Haar auf der rechten Seite sehr weich aus.

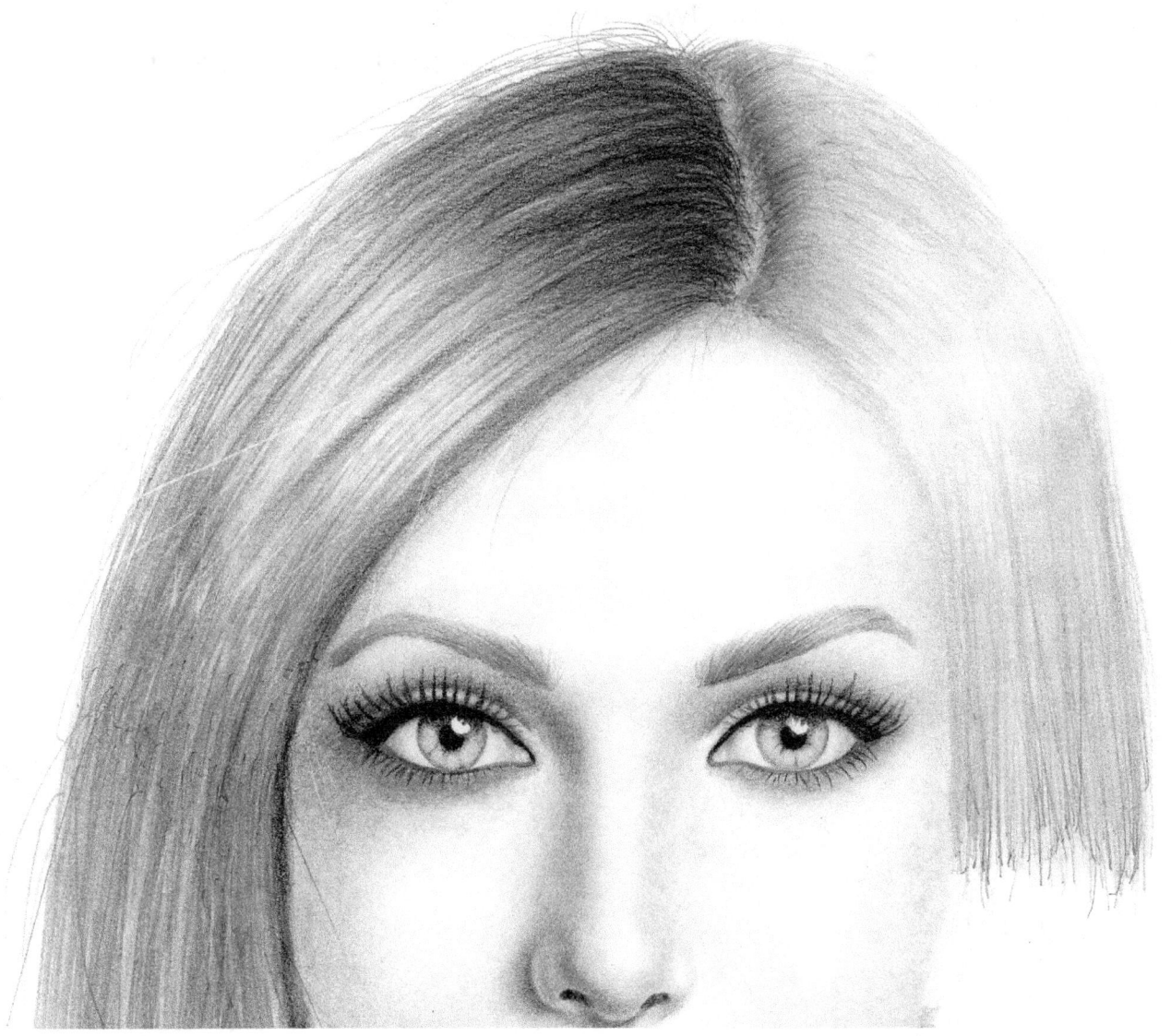

Vergessen Sie nicht, dass wir jedes Mal, wenn wir mit einem Taschentuch vermischen, die hellen Bereiche abdunkeln und die dunklen Bereiche aufhellen. Nach dem Mischen müssen wir also wieder an den Abschnitten arbeiten. Zum Beispiel müssen Sie die hellen Bereiche aufhellen und die dunklen Bereiche abdunkeln.

Lassen Sie uns nun einige dunklere Farbtöne wie HB oder B verwenden, um das obere und untere Ende des zuvor erstellten Abschnitts weiter abzudunkeln.

Jetzt können wir nach dem Zufallsprinzip einige dunklere Zwischenräume zwischen den Strähnen einfügen. Außerdem möchten Sie den Schatten durch die Haare neben dem Gesicht oder tatsächlich über die rechte Stirnseite werfen lassen. Mit einer HB-Mine im Druckbleistift schattieren und mit einem Papierwischer vermischen. Das ist also entweder der Schatten, den das Haar auf die Haut wirft, oder es ist das Haar, das weniger hell wird. Deshalb sollte der Bereich zwischen Stirn und Haar etwas abgedunkelt werden.

Erstellen Sie auch einige Ausreißer, indem Sie einen HB mit schnellen sicheren Bewegungen leicht auftragen..

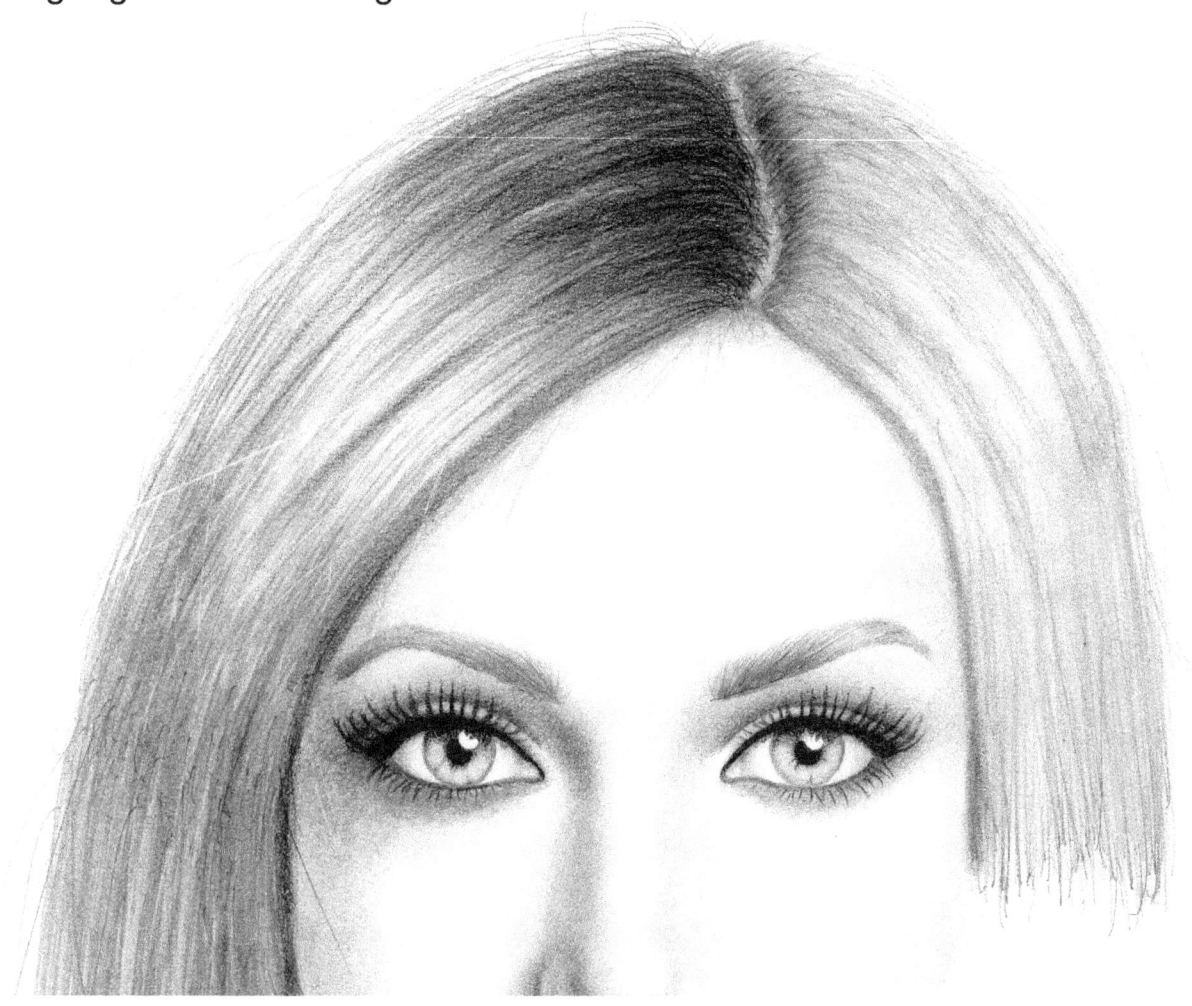

Als nächstes müssen Highlights erzeugt werden, indem der hervorstehende Bereich wegradiert wird. Verwenden Sie eine stumpfe Spitze Ihres Radiergummis und platzieren Sie ihn auf der Mitte des Highlights. Bewegen Sie sich dann einfach in Richtung der schattierten Bereiche nach oben und unten. Machen Sie einige hervorgehobene Ausreißer mit einer scharfen Spitze Ihres Radiergummis.

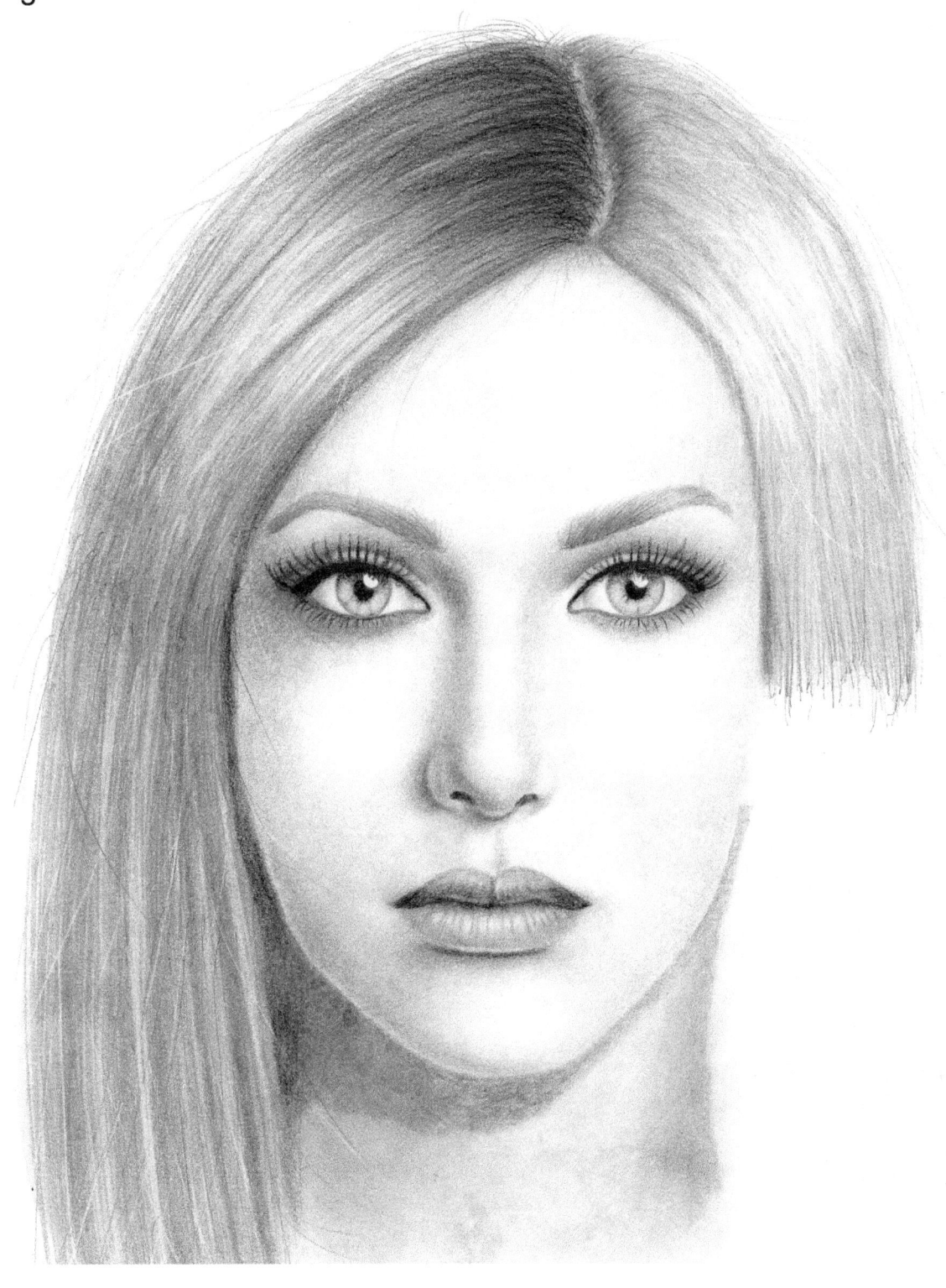

Wir haben nur den Bereich auf der rechten Seite übrig. Ich verwende eine HB-Bleistiftmine in meinem Druckbleistift und zeichne die vertikalen Striche. Ich wollte das Ohr bedecken und die Haare zeichnen, die neben dem Gesicht und neben dem Hals herunterfallen.

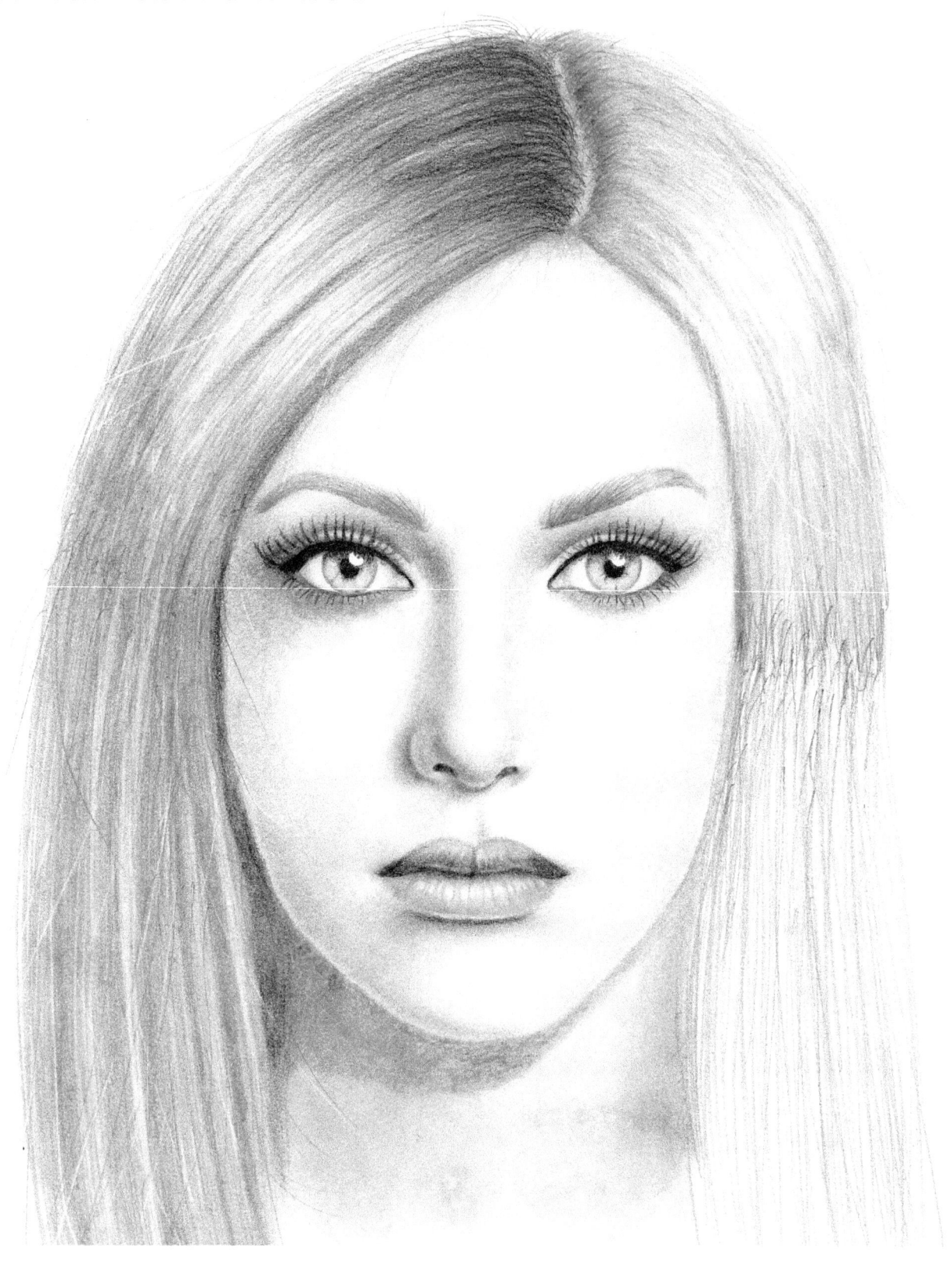

Wie immer alles mit einem Papiertaschentuch vermischen.

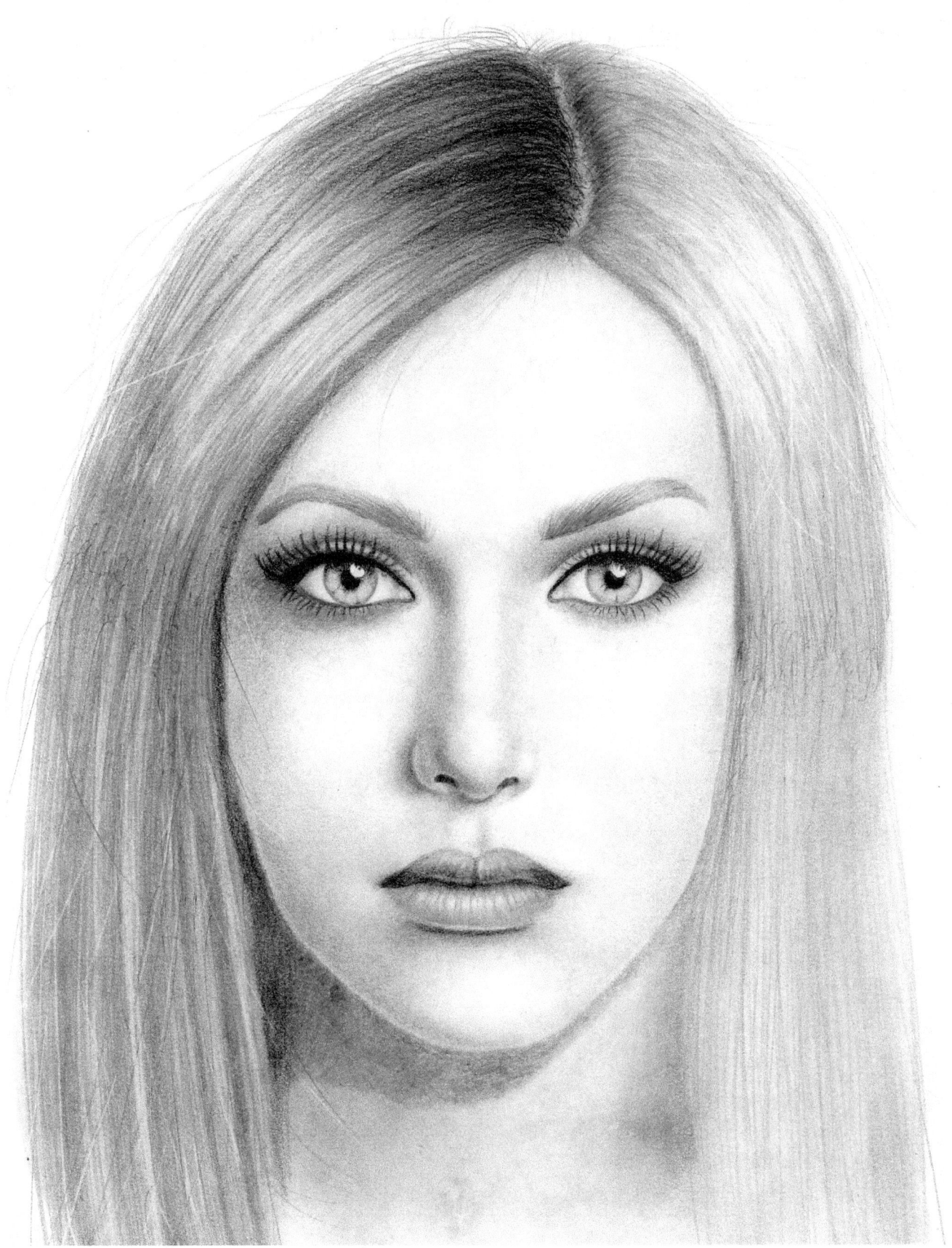

Lassen Sie uns hier einige Strähnen durch Schattieren mit einem B-Stift trennen. Im nächsten Bild können Sie sehen, wie ich einige Strähnen schattiert habe, die sich von den Strähnen auf der linken Seite unterscheiden.

Verwenden Sie einen dunkleren Stift, z. B. 4B oder einen weicheren, um den Raum zwischen den Haaren und der Haut von Gesicht und Hals auszufüllen.

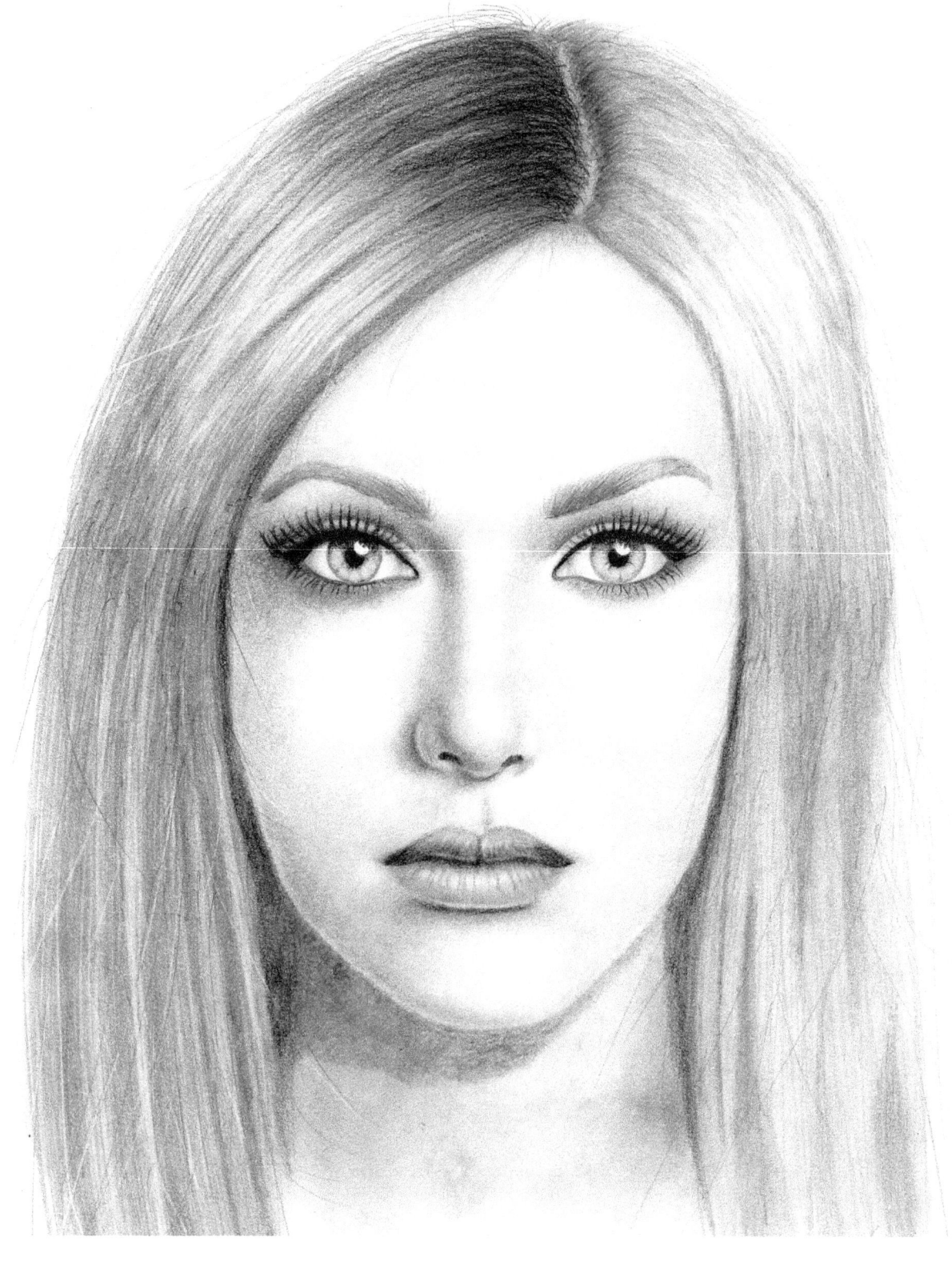

Jetzt können wir einige Highlights aufhellen und dunklere Haare erzeugen, so wie wir es mit den anderen Abschnitten gemacht haben. Fügen Sie wie immer mit einem HB-Stift und einer scharfen Spitze eines Radiergummis einige Ausreißer über dem Haar und über den Hintergrund hinzu.

Okay. Das ist also mein Porträt von Grund auf neu. Jede Ähnlichkeit mit jemandem ist ein Zufall. Ich hoffe, dass Sie den Schritten gefolgt sind und ein schönes Porträt erstellt haben.

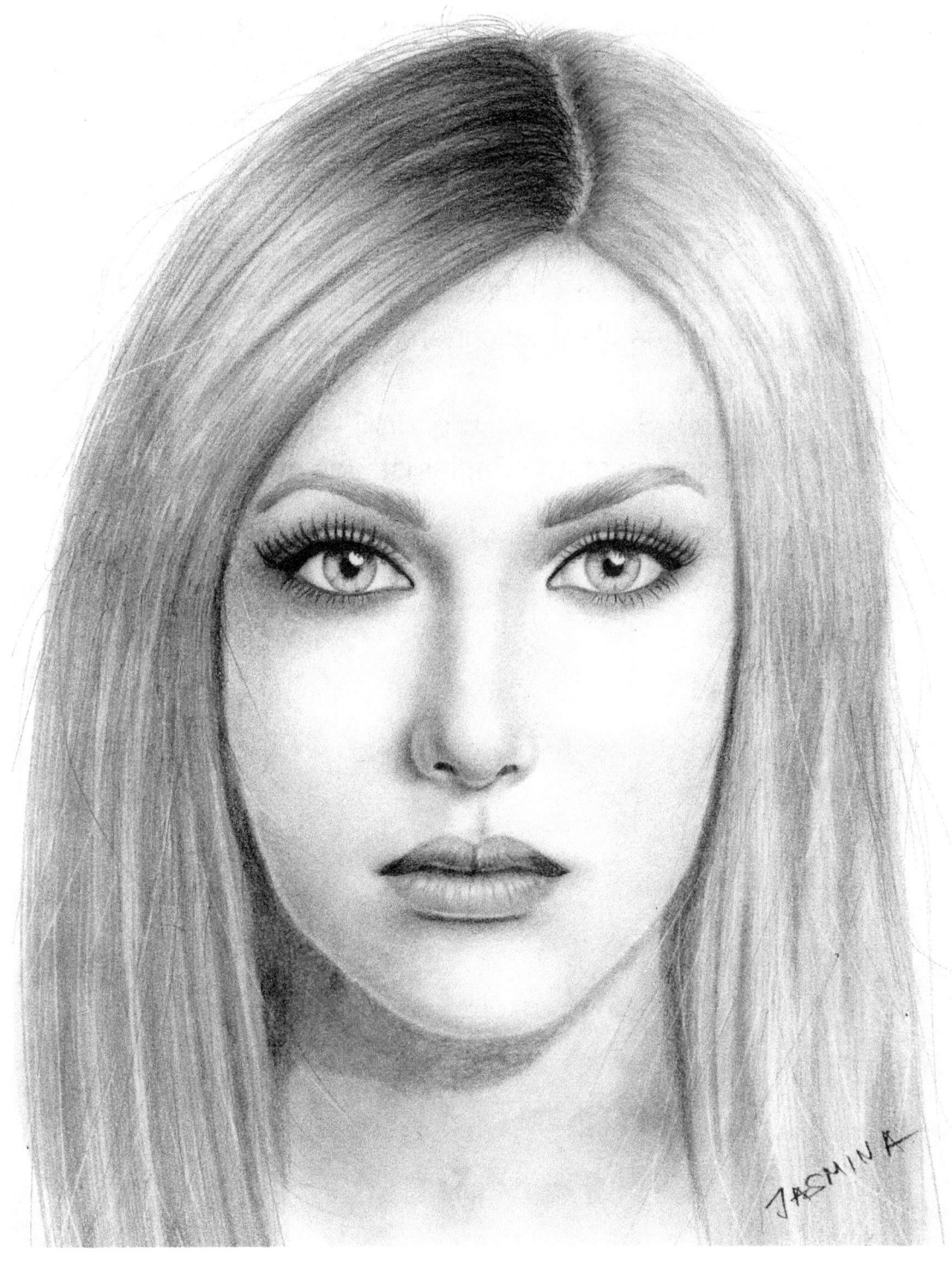

WIE MAN LOCKIGES HAAR ZEICHNET

Bevor wir anfangen, den ganzen Kopf mit Haaren zu zeichnen, wollen wir nur ein kleines Beispiel zeichnen. Nämlich eine Haarsträhne und dann werden wir es ausdehnen. Ich benutze meinen Druckbleistift mit einer HB-Mine. Ich beginne mit dem oberen Teil eines Büschels (wie Sie im nächsten Bild sehen können) und übe mehr Druck aus, wenn ich die Linien beginne. Ich lasse den Druck nach, wenn ich den Punkt erreiche, an dem meine Highlights sein sollen.

Zeichnen Sie das Haar mit schnellen sicheren Bewegungen in Richtung des hervorgehobenen gebogenen Bereichs. Egal welche Farbe Sie zeichnen möchten, es wird immer über dem verbundenen Teil hervorgehoben, um mehr Licht zu reflektieren. Bei blonden Haaren ist das Highlight in der Regel absolut weiß. Ich möchte hellbraunes Haar zeichnen, deshalb benutze ich einen HB für dunklere Teile des Haares.

Im nächsten Bild können Sie sehen, wie groß der gezeichnete Teil meines Büschels im Vergleich zum gesamten Papier ist, das etwa 15 x 9 cm misst.

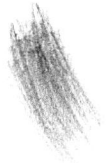

Jetzt können wir dasselbe tun, aber aus der entgegengesetzten Richtung, von unten zur Mitte. Wo der Boden ist, hängt davon ab, wie klein oder groß Sie die Strähnen zeichnen möchten. Wenn Sie kleinere Strähnen zeichnen möchten, beginnen Sie näher an dem zuvor gezeichneten Bereich. Erstellen Sie also die dunkleren Teile näher beieinander und erzeugen Sie ein Highlight, in dem sich die Striche treffen. Die Strähne erscheint dann gebogen.

Zeichnen Sie die Haare mit schnellen sicheren Bewegungen in Richtung des Highlights. Sie können ein wenig über das Highlight gehen, aber es würde dunklere Haare andeuten und ich möchte es in einer hellbraunen Farbe halten. Aber Sie sollten auf jeden Fall versuchen, nach dieser Anleitung verschiedene Haartöne zu zeichnen.

Als Nächstes habe ich den Anfang des nächsten Büschels dieser Strähne hinzugefügt. Der schattierte Bereich sollte also mit dem Bereich übereinstimmen, mit dem wir begonnen haben. Schließen Sie ihn einfach an den oberen Teil des ersten Büschels an.

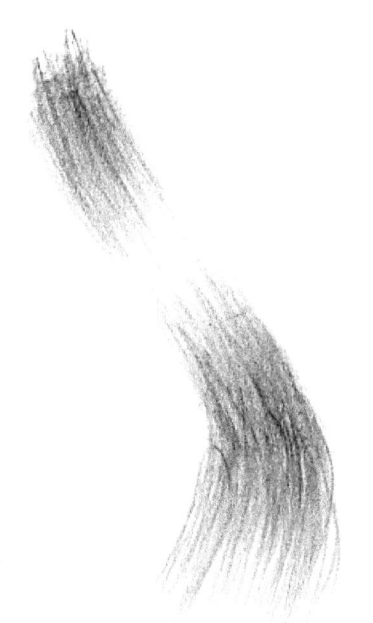

Hier können wir erneut beginnen, um den nächsten Büschel zu erstellen.

Wir müssen schließlich einen sehr dunklen Bereich für das Gleichgewicht schaffen, aber wir können dies später noch einmal überprüfen.

Im Moment wenden wir den Mittelton an und fügen Highlights und Schatten hinzu.

Beginnen Sie aus der entgegengesetzten Richtung auf der anderen Seite des Büschels und lassen Sie den Druck nach, während Sie die Striche zum Highlight zeichnen. Wahrscheinlich möchten Sie Ihr Highlight irgendwo in der Mitte haben.
Diese Strähne ist nur ein Beispiel dafür, was wir auf dem gesamten Papier erstellen werden. Sie können sie alle auf einmal anfangen, aber machen Sie sie nicht alle gleich, weil es unecht aussehen würde. Die Zufälligkeit ist sehr wichtig. So wird der Rest des Haares auf die gleiche Weise gemacht. Ich wollte Ihnen nur die Grundlagen des Erstellens einer einzelnen Strähne zeigen, damit wir den gesamten Bereich so gestalten können.

Das Nächste ist, alles mit einem Papiertaschentuch zu vermischen. Sie können auch die Highlights durchgehen, aber versuchen Sie, einen sauberen Teil des Gewebes für die Highlights zu verwenden. Auf diese Weise vermeiden Sie, dass Sie den Graphit vom dunkelsten Teil aufheben und über die Highlights verteilen. Beginnen Sie immer zuerst mit dem Vermischen der hervorgehobenen Teile, da Sie sonst häufig das Tuch wechseln können.

Im folgenden Bild können Sie sehen, wie es sehr weich und glänzend aussieht. Nach dem Mischen sieht es viel realistischer und auch irgendwie verschwommen aus.

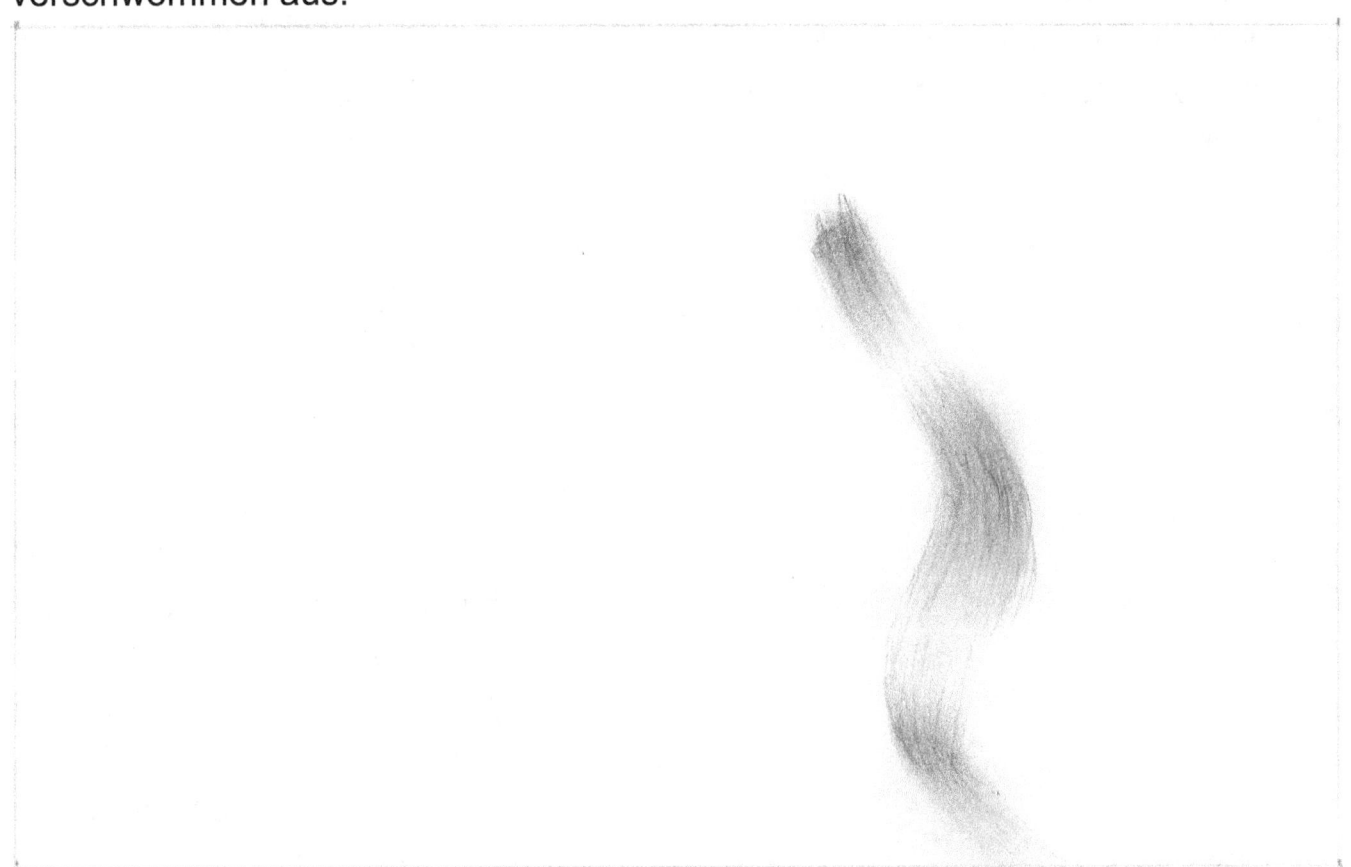

Jedes Mal, wenn wir die gezeichneten Bereiche vermischen, müssen wir die hellen Bereiche abdunkeln und die dunkelsten Bereiche aufhellen. Wie Sie sehen, wurden meine dunkelsten Stellen viel heller, und jetzt muss ich sie wieder abdunkeln, indem ich denselben Bleistift auftrage, einen HB, wie ich ihn beim Zeichnen dieser Striche verwendet habe.

Jetzt können Sie die Highlights über dem hellsten Bereich erzeugen, indem Sie die winzigen Teile entlang der Mitte der Büschel radieren.

Sie müssen die Spitze Ihres Radiergummis genau in der Mitte der Highlights platzieren, wo Sie wollen, und ihn einfach zu den dunkleren Stellen, den Enden des Büschels, bewegen.

Da der Kontrast zwischen Schatten und Highlights immer noch zu stark ist, möchte ich einen Ton zwischen HB und den Highlights erzeugen. Ich benutze dafür einen 2H. Also müssen wir die Striche über den HB zeichnen und tiefer in das Highlight eintauchen.

Der Kontrast zwischen Schatten und Highlights sollte nicht zu stark sein, sondern sie sollten ineinander fließen. Deshalb ist dieser Zwischenton sehr wichtig.

Jetzt können wir das ganze Haar auf die gleiche Weise erstellen.

Die Büschel können breiter oder schmaler, länger oder kürzer sein oder in verschiedene Richtungen verlaufen. Versuchen Sie einfach, sie alle nach dem Zufallsprinzip ohne Reihenfolge zu machen.

Analysieren Sie das folgende Bild, um festzustellen, wo ich die Büschel und Strähnen platziert habe, damit Sie dieselben oder ähnliche erstellen können.

Für den ersten Schritt können Sie eine HB-Mine mit einem Druckbleistift verwenden, es kann aber auch ein anderer Graphitton sein, der nicht gut angespitzt werden muss. Es ist einfach einfacher, mit einem Druckbleistift zu zeichnen. Das heißt aber nicht, dass dieses oder ein anderes Werkzeug nicht mehr oder weniger erfolgreich sein kann. Ich habe immer herausgefunden, dass ein HB der perfekte Bleistift ist, um so viele Dinge zu kreieren. Er ist nicht zu dunkel, aber auch nicht zu hell. Er ist einfach perfekt für den Schatten des hellbraunen Haares, das ich zeichnen möchte. Dieser Schritt ist sehr zeitaufwendig, aber es ist sehr wichtig, also nehmen Sie sich Zeit.

Grundsätzlich haben Sie, nachdem Sie die Enden der Büschel erstellt haben, mehr als die Hälfte der Zeichnung erstellt. Jetzt müssen Sie entscheiden, welche Formen die Büschel und Strähnen haben sollen. Auf dem folgenden Bild können Sie sehen, dass es momentan ziemlich grob aussieht, aber machen Sie sich darüber keine Sorgen. Studieren Sie einfach meine Striche und versuchen Sie, dasselbe nachzubilden. Das Wichtigste ist, den Druck nachzulassen, wenn Sie sich dem Highlight nähern. Sie sollten auch ein paar Haare über das Highlight zeichnen.

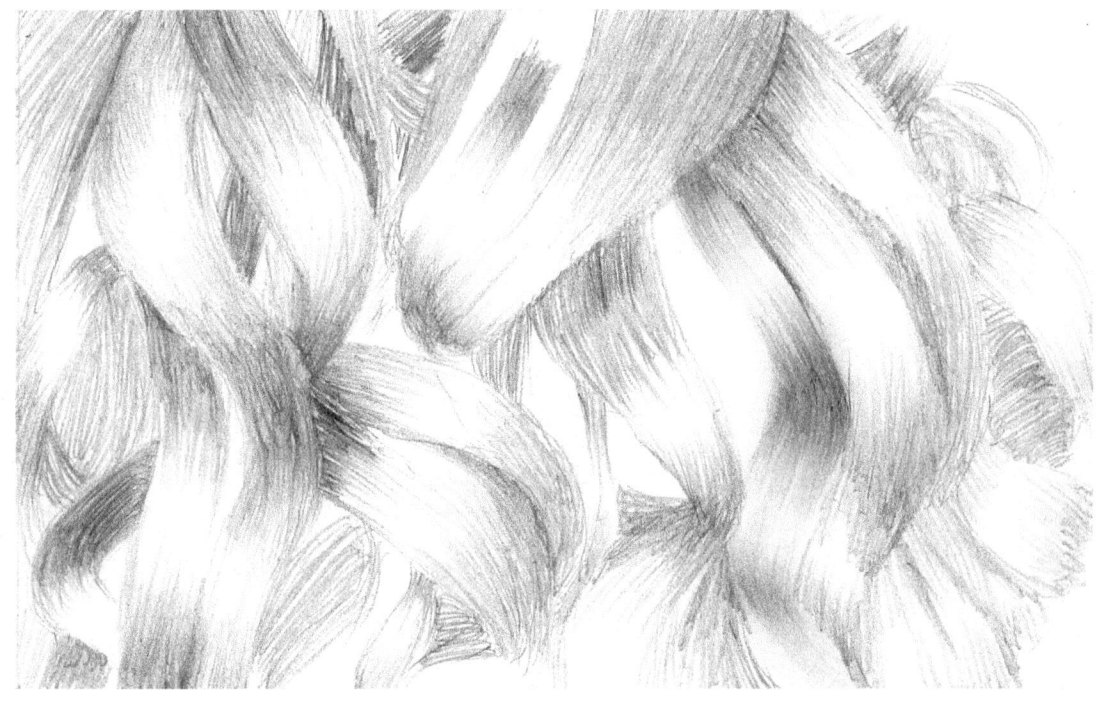

Erinnern Sie sich an die Beispielsträhne, die wir erstellt haben, als wir mit einem HB von beiden Seiten in Richtung des Highlights gezeichnet und mit einem Taschentuch vermischt haben? Jetzt machen wir das mit dem ganzen Bereich. Beginnen Sie immer auf den Highlights, damit Sie nicht den Graphit auftragen, den Sie für die dunklen Bereiche über den Highlights verwendet haben. Um das zu vermeiden, können Sie das zu reinigende Gewebe auch häufig wechseln. Sie können sogar ein Wattepad oder einen Q-Tip zum Mischen verwenden. Wenn Sie einen Papierwischer verwenden, benötigen Sie viel Zeit, um den gesamten Bereich zu vermischen. Seien Sie also vorsichtig. Also, die Taschentücher sind dafür am besten. Sie können die Taschentücher durch Toilettenpapier oder Papiertücher ersetzen. Es ist jedoch wichtig zu beachten, dass Sie bei der Auswahl von Tüchern oder Handtüchern keine feuchtigkeitsspendenden oder geruchsintensiven Tücher verwenden sollten, da diese Flecken auf Ihrem Papier hinterlassen können.

Wenn Sie sowohl das vorherige als auch das folgende Bild vergleichen, sehen Sie, welchen Unterschied das Mischen macht und wie wichtig es ist, immer den Graphit für Texturen wie Haar zu mischen.

Jetzt erstellen wir die dunkelsten Teile mit einem 8B oder einem anderen dunklen Stift, den Sie haben.

Wir müssen die unberührten Bereiche ausfüllen. die winzigen Dreiecke und andere Formen, die unter den Haaren zu finden sind. Das sind die Stellen, an denen das Haar so tief ist, dass es überhaupt kein Licht bekommt. Füllen Sie sie daher vorsichtig mit dem dunkelsten Ton des Graphits aus. Haben Sie keine Angst davor, einen sehr dunklen Stift wie einen 6B oder einen dunkleren zu verwenden. Es mag für Anfänger unheimlich aussehen, solche dunklen Farben zu verwenden, aber auf dem folgenden Bild können Sie sehen, wie es dem von mir gezeichneten Haar Tiefe verleiht und es viel besser aussieht.

Fast jedes Bild sollte sowohl absolute Schwarz- als auch absolute Weißtöne enthalten. Sie können die schwarzen Teile so ziemlich überall einsetzen, wo Sie wollen. Zum Beispiel, wo immer Sie nichts gezeichnet haben, keine Strähne oder Büschel, füllen Sie es einfach mit einem 6B oder dunkler aus.

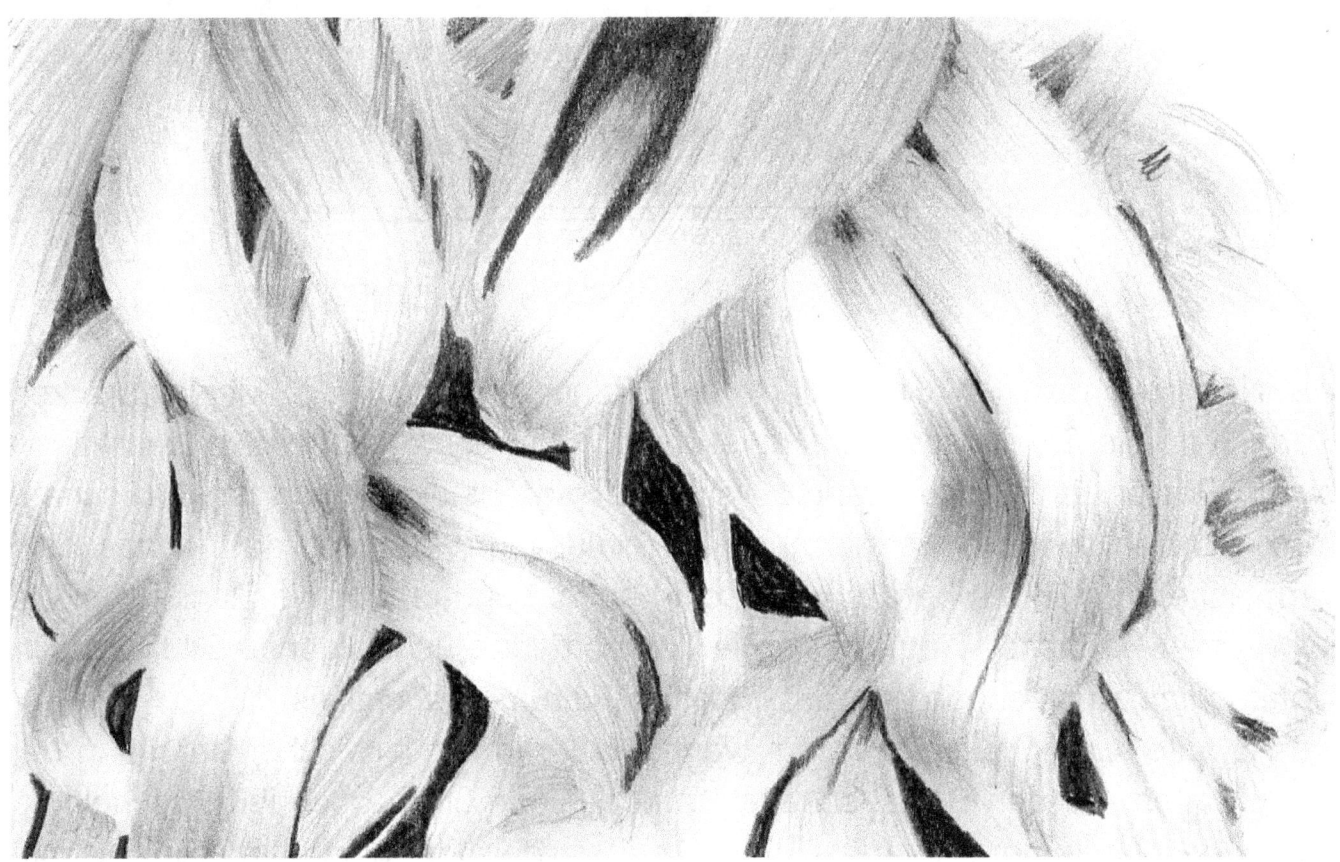

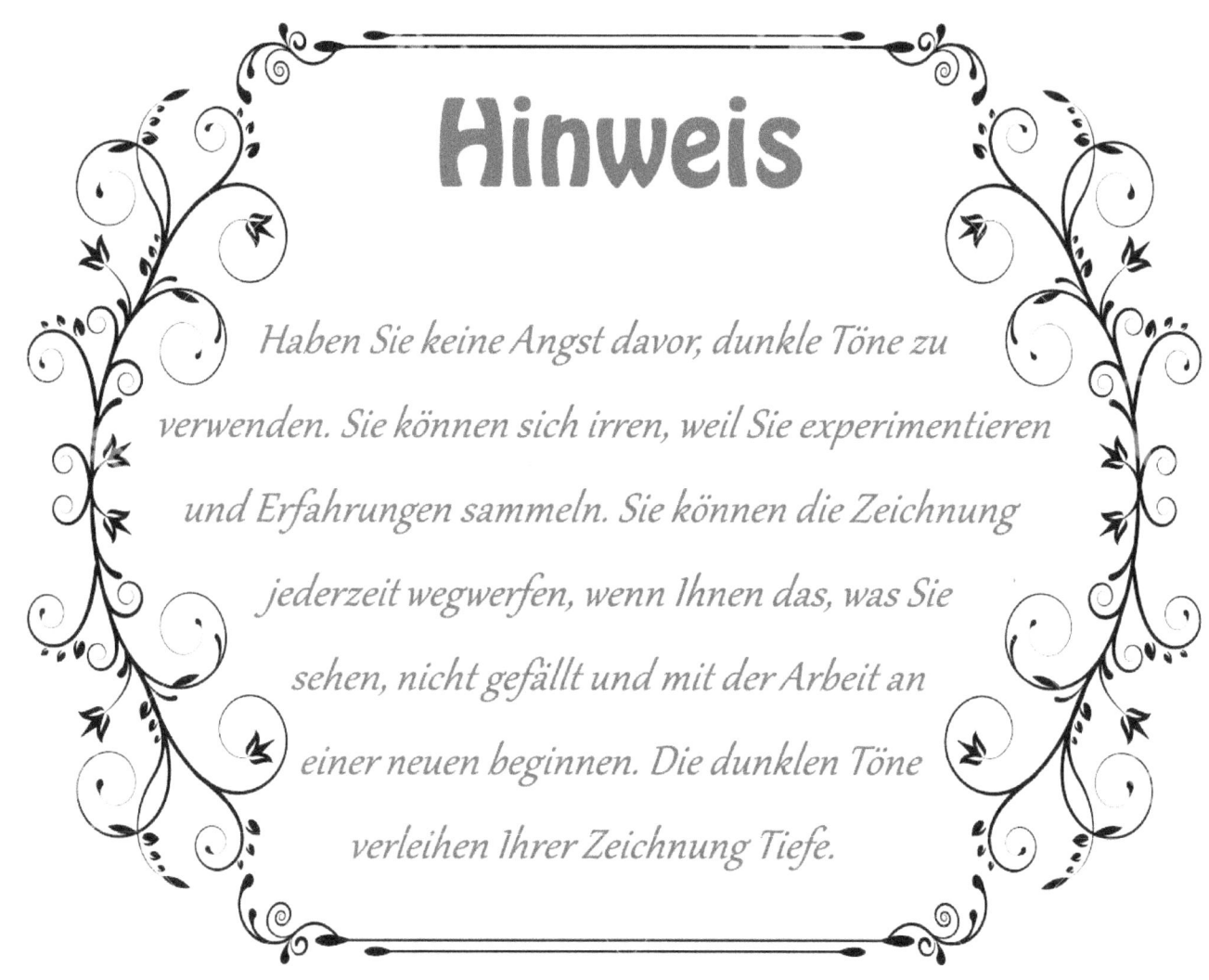

Hinweis

Haben Sie keine Angst davor, dunkle Töne zu verwenden. Sie können sich irren, weil Sie experimentieren und Erfahrungen sammeln. Sie können die Zeichnung jederzeit wegwerfen, wenn Ihnen das, was Sie sehen, nicht gefällt und mit der Arbeit an einer neuen beginnen. Die dunklen Töne verleihen Ihrer Zeichnung Tiefe.

Als Nächstes mischen Sie einfach den Rand zwischen den sehr schwarzen Bereichen, die Sie gerade gezeichnet haben, und den umgebenden Haaren mit einem Papierwischer. Der Rand zwischen diesen beiden Tönen ist sehr scharf, also müssen wir ihn vermischen. Hier müssen wir nicht das ganze Bild vermischen, da wir es bereits vermischt haben, sondern nur die Ränder um die schwarzen Bereiche. Vergleichen Sie das vorherige und folgende Bild, um den Unterschied zu erkennen und zu verstehen, warum es wichtig ist.

Das Zweite, was Sie tun müssen, wenn Sie Ihren Papierwischer bereits in der Hand halten, ist, den Schlagschatten unter einigen überlappenden Büscheln zu erzeugen. Wo immer Sie einen Büschel sehen, der über einen anderen Büschel geht, erzeugen Sie einfach den Schatten darunter, auf dem darunterliegenden

Haar. Dadurch heben sich die überlappenden Büschel hervor. Sie müssen viel Graphit auf der Spitze Ihres Papierwischers haben. Wenn das nicht der Fall ist, tauchen Sie ihn einfach in das Graphitpulver, um die Schatten zu erzeugen. Sie müssen nicht einmal mit einem Papierwischer arbeiten, Sie können es auch mit einem Bleistift mischen.

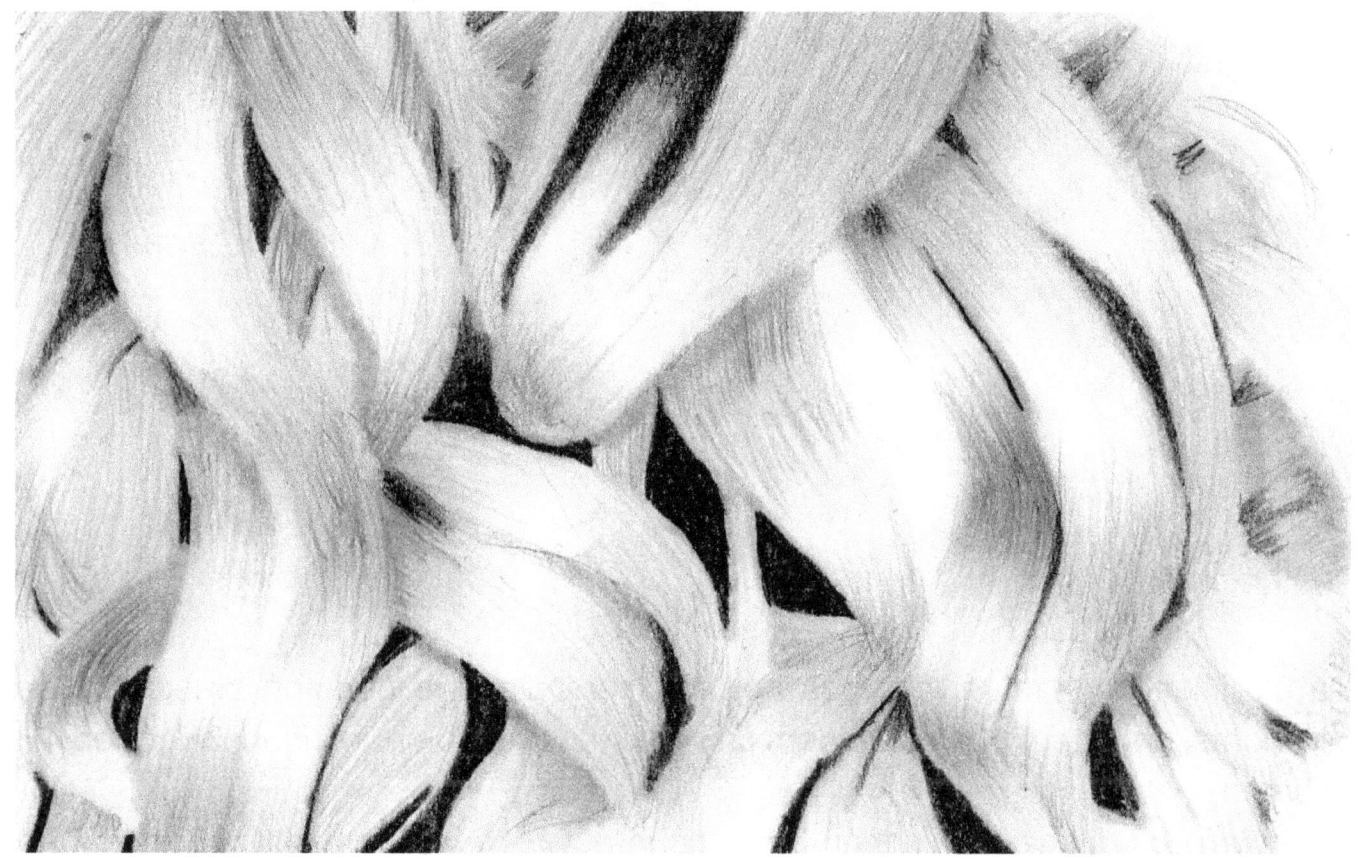

Da wir viele der Bereiche, die wir im ersten Schritt erstellt haben, mit einem Taschentuch aufgehellt haben, bauen wir diesen Ton mit einem HB wieder auf. Drücken Sie diesmal nicht zu fest auf, sondern erstellen Sie einige Haare erneut und drücken Sie mehr auf die Bereiche, die weiter vom Highlight entfernt sind. Diejenigen, die von der Lichtquelle weniger betroffen sind. Wenn Sie einige der Haare erzeugen, sollten Sie mehr Druck ausüben, um überall unterschiedliche Haartöne zu erzeugen.

Sie müssen nicht den gesamten Bereich schattieren, da wir das im ersten Schritt getan haben. Zeichnen Sie hier einfach wieder einige Haare auf den Grundton.

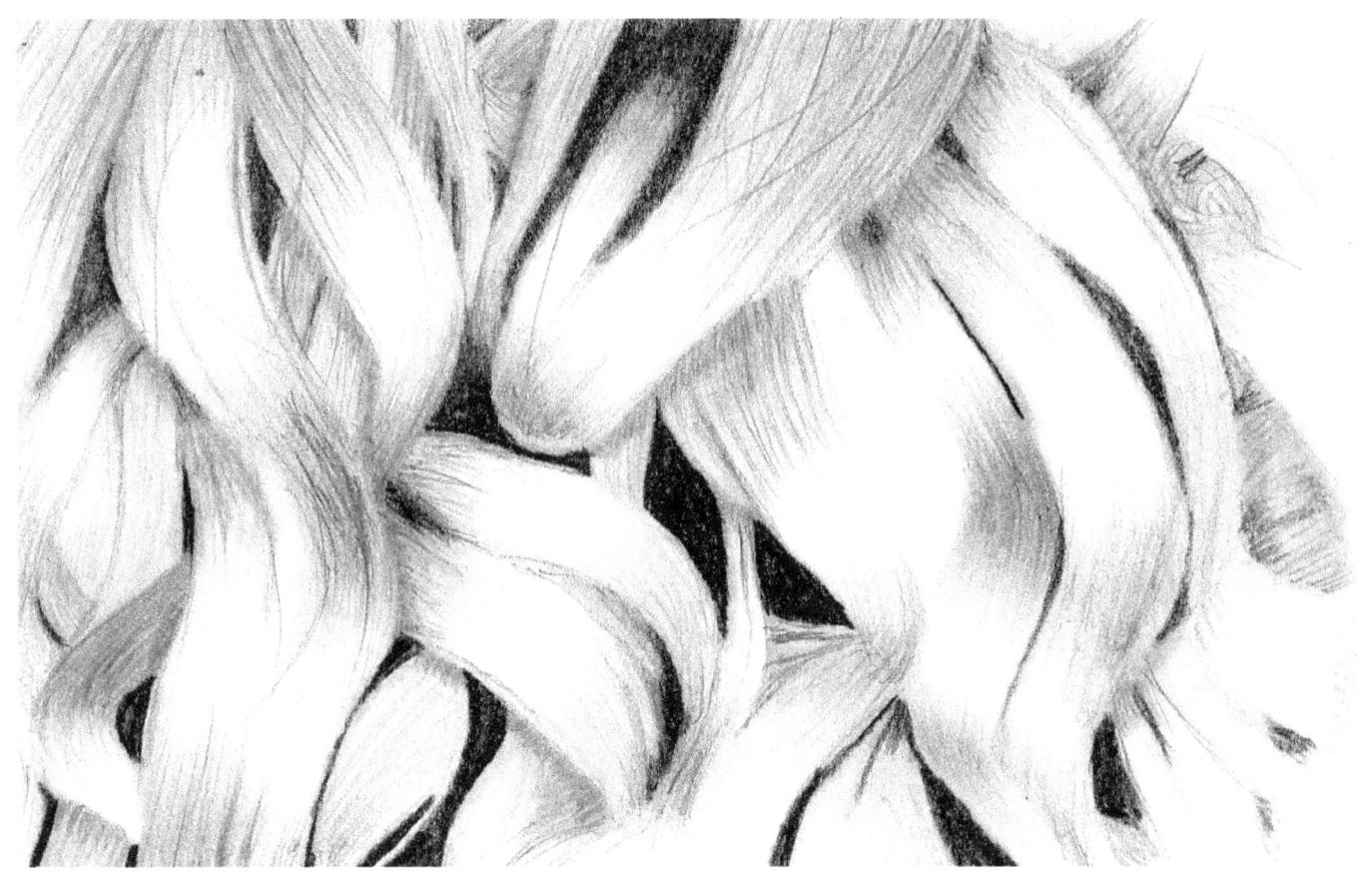

Da die Highlights immer noch zu hell sind, erstellen wir den Ton zwischen den Highlights und dem HB mit einem 2H. Sie können hierfür einen 3H oder 4H nehmen.

Beginnen Sie mit dem Zeichnen der Striche auf dem HB-Bereich und gehen Sie zum Highlight. Hier müssen Sie entscheiden, wie viel von dem Highlight Sie abdecken möchten. Auf diese Weise können Sie die Farbe bestimmen, die Ihr Haar haben soll. Wenn Sie die Highlights mit einem 2H-Stift vollständig durchgehen, sehen die Haare braun oder rot aus. Wenn Sie leicht darüber gehen und nicht das ganze Highlight abdecken, wird es eine Art blondes oder hellbraunes Haar werden. Ich schlage vor, mit beiden zu experimentieren, um herauszufinden, welches Ihnen am besten gefällt. Versuchen Sie, Ihre nächste Zeichnung anders zu gestalten, um zu üben und zu sehen, wie Sie unterschiedliche Haartöne erzielen können. Trennen Sie außerdem einige Haare in einem Büschel, indem Sie sie mit einem 2H-Strich schattieren. Wenn Sie einige Highlights länger machen, wird der Büschel gestreckt und wenn Sie die Highlights kürzer machen, wirkt der Büschel gebogener.

Gehen Sie daher, wie bereits erwähnt, in einigen Fällen das Highlight vollständig durch und hören Sie manchmal auf, bevor Sie die Highlights erreichen, um verschiedene Büschel zu erzeugen und mehr Haartöne zu erhalten. Folgen Sie einfach dem Fluss des Büschels und drücken Sie fest auf die schattierten Bereiche auf und lassen Sie den Druck nach, während Sie in Richtung des Highlights zeichnen.

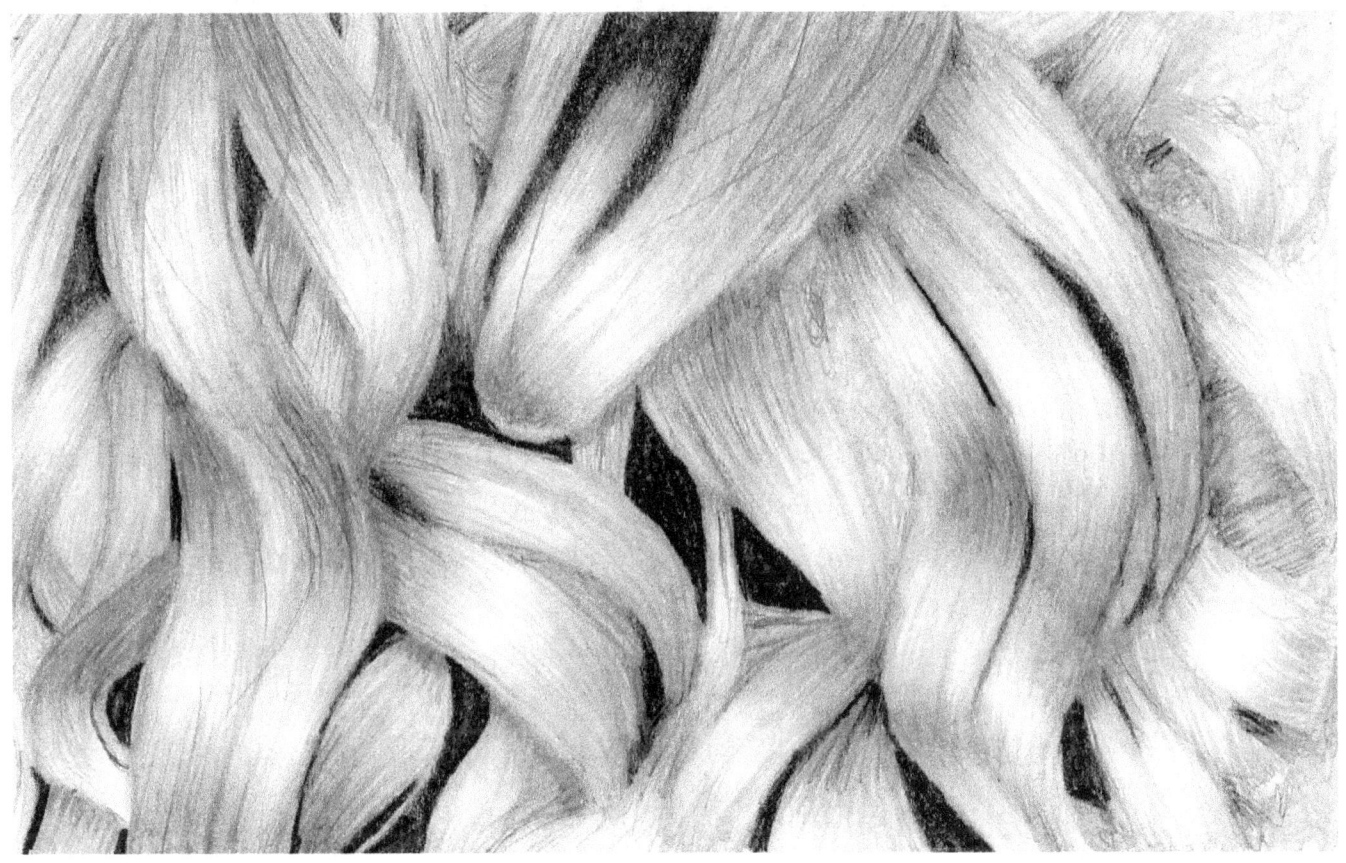

Mischen Sie nun die Linien, die Sie gerade erstellt haben, mit einem Q-Tip, aber gehen Sie nicht über die dunkelsten Bereiche, sondern nur über die Haare, die Sie im vorherigen Schritt mit einem 2H gezeichnet haben. Alles, was wir zeichnen, sollte vermischt werden, da – wie Sie sehen – das Haar nach dem Mischen weicher erscheint; was wir brauchen, damit das Haar realistisch aussieht. Wir müssen sichtbare Linien haben, aber sie sollten weich sein. Im folgenden Bild können Sie sehen, wie das Haar jetzt noch glänzender aussieht. Stellen Sie nur sicher, dass Sie nicht mit einem schmutzigen Q-Tip über die Highlights gehen.

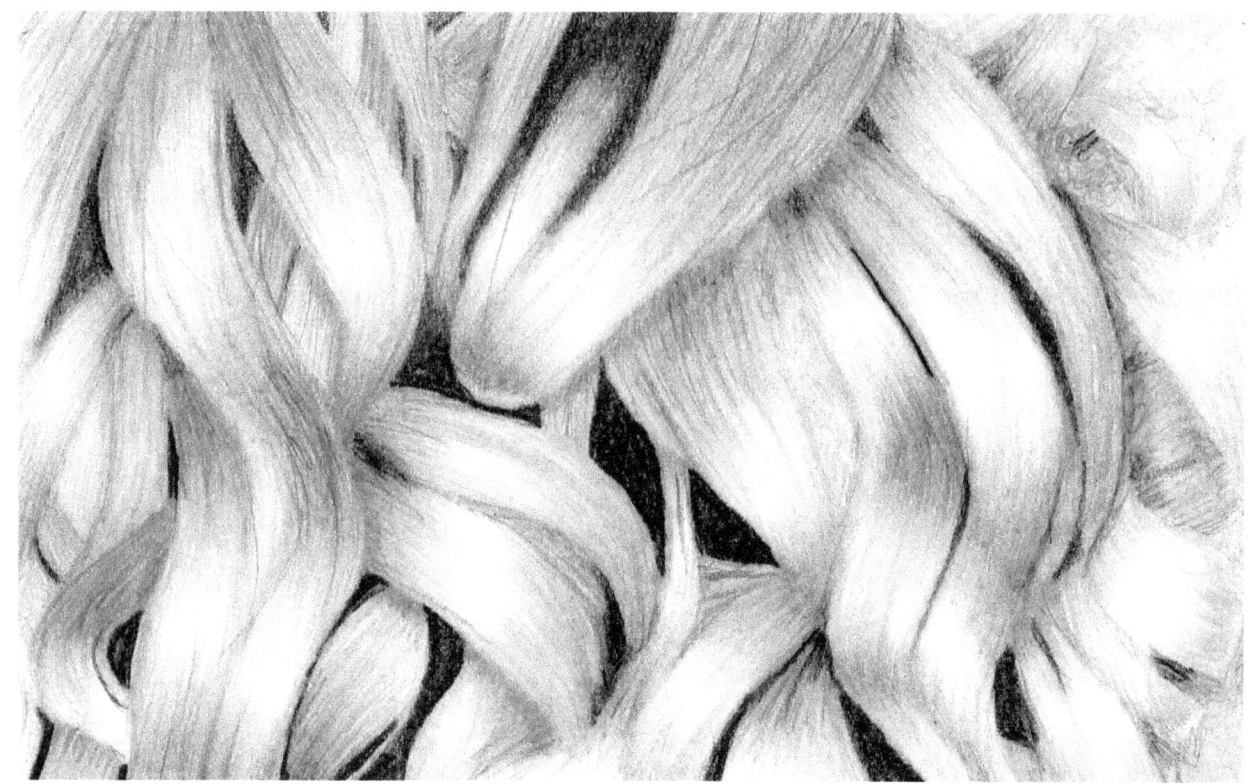

Ich muss mehr von den Bereichen abdunkeln, was natürlich nicht bedeutet, dass Sie es müssen, aber ich möchte sie nur in einigen Bereichen, die ich mit dem Mischen und durch Berühren mit einem Stückchen Taschentuch in meiner Hand aufgehellt habe, ein bisschen dunkler machen.

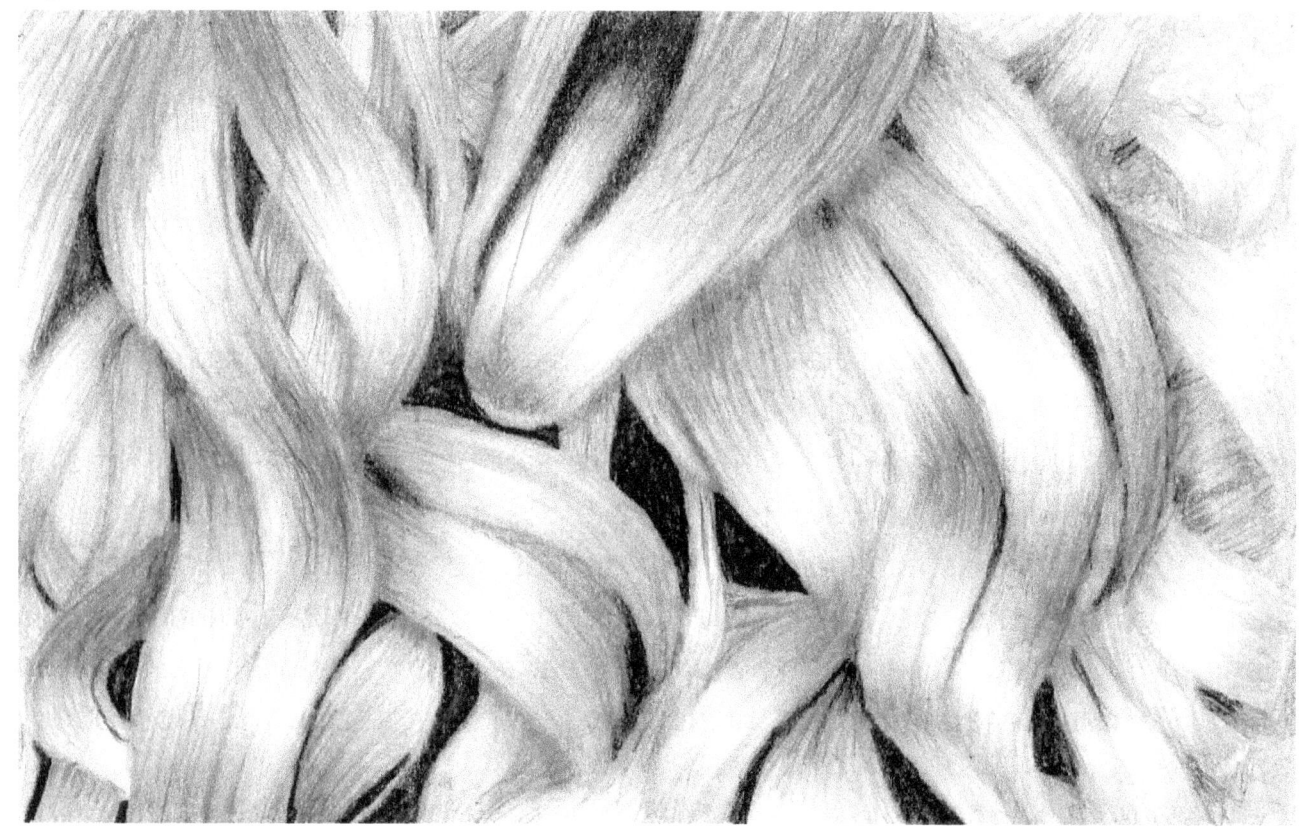

Jetzt können wir einige Highlights über den hervorstehenden Teilen der Büschel erzeugen, die wir bisher ausgelassen haben.

Platzieren Sie die Spitze Ihres Radiergummis auf dem gebogenen Bereich, der am hellsten ist. Drücken Sie ganz leicht auf das Highlight auf und bewegen Sie ihn in Richtung des schattierten Bereichs, um den Druck dort nachzulassen. Drücken Sie nicht zu fest auf, wenn Sie nicht zu viel Graphit entfernen möchten. Wenn Sie übertrieben haben, gehen Sie einfach mit einem Q-Tip oder einem Papierwischer darüber und verdunkeln Sie es dann wieder. Ich meine, wenn Sie dieses Highlight nicht mögen, wenn Sie es beseitigen oder nur abdunkeln möchten, dann gehen Sie mit einem Q-Tip darüber. Verbessern Sie die Highlights, indem Sie sie überall dort radieren, wo Sie sie haben.

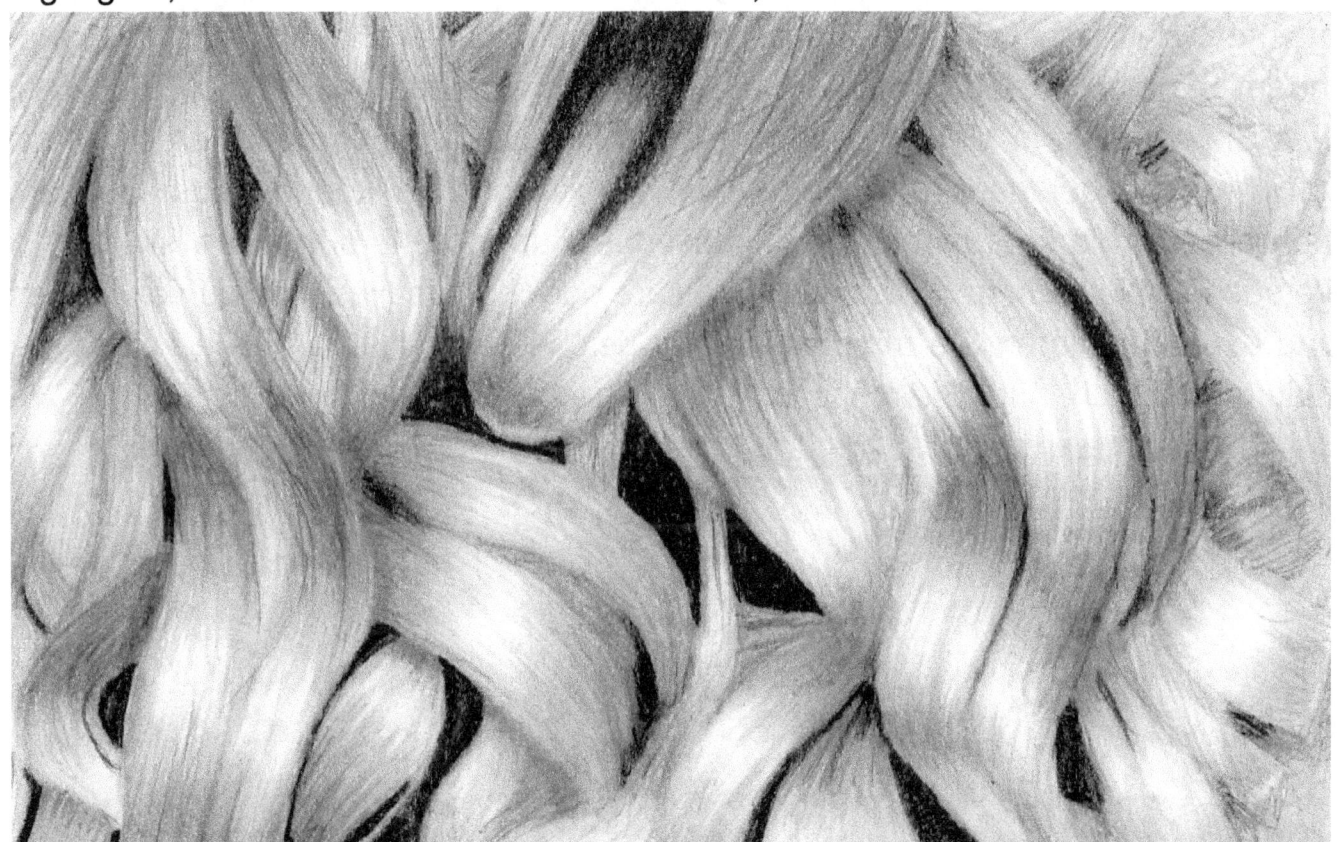

Jetzt können wir einzelne Haare oder „Ausreißer" erstellen, da es immer einzelne Haare gibt, die zu keiner Strähne gehören oder von dieser getrennt sind. Sie können das mit einem sehr spitzen Radiergummi machen. Ich verwende einen mechanischen Radierer von Tombow, den Sie im Kapitel „Werkzeuge" sehen können, aber Sie können einen gekneteten Radierer oder einen anderen verwenden, mit dem Sie gerne arbeiten. Kreieren Sie nach dem Zufallsprinzip überall winzige Haare. Schauen Sie sich das folgende Bild an, um zu sehen, wo ich meine platziert habe. Drücken Sie nicht zu fest auf Ihren

Radierer, da Sie ihn sonst zu dick machen könnten. Machen Sie schnelle sichere Bewegungen, wenn Sie die Haare mit einem Radiergummi erstellen, und machen Sie einige davon kürzer, andere länger. Es ist wichtig, eine saubere Spitze eines Radiergummis zu haben und nicht zu fest aufzudrücken. Sie können sehen, wie es jetzt natürlicher aussieht.

Aber Sie werden sie nicht wirklich auf den absolut schwarzen Bereichen erstellen können, die wir zwischen den Strähnen erstellt haben. Verwenden Sie dazu einen weißen Stift, einen Gelstift mit weißer Tinte oder sogar eine Gouache. Ich empfehle die Verwendung eines weißen Markers von Uni Posca. Wenn Sie übertreiben oder die Linien zu dick machen, können Sie mit einem X-Acto-Messer einfach dazwischen gehen und zwei parallele Haare daraus machen. Selbst wenn dieser Marker austrocknet, können Sie ihn dicker machen, indem Sie einen Teil des Markers entlang der Linie entfernen. Wenn Ihnen das, was Sie mit diesem Marker erstellt haben, nicht gefällt, entfernen Sie es einfach mit Ihrem Nagel oder einem X-Acto-Messer, und Sie können das machen, während der Marker noch feucht ist, besonders aber, wenn er trocken ist.

Versuchen Sie beim nächsten Mal, dunklere oder hellere Nuancen zu verwenden und experimentieren Sie mit diesen. Das Zeichnen der Haare nimmt immer viel Zeit in Anspruch, aber Sie müssen geduldig zeichnen.

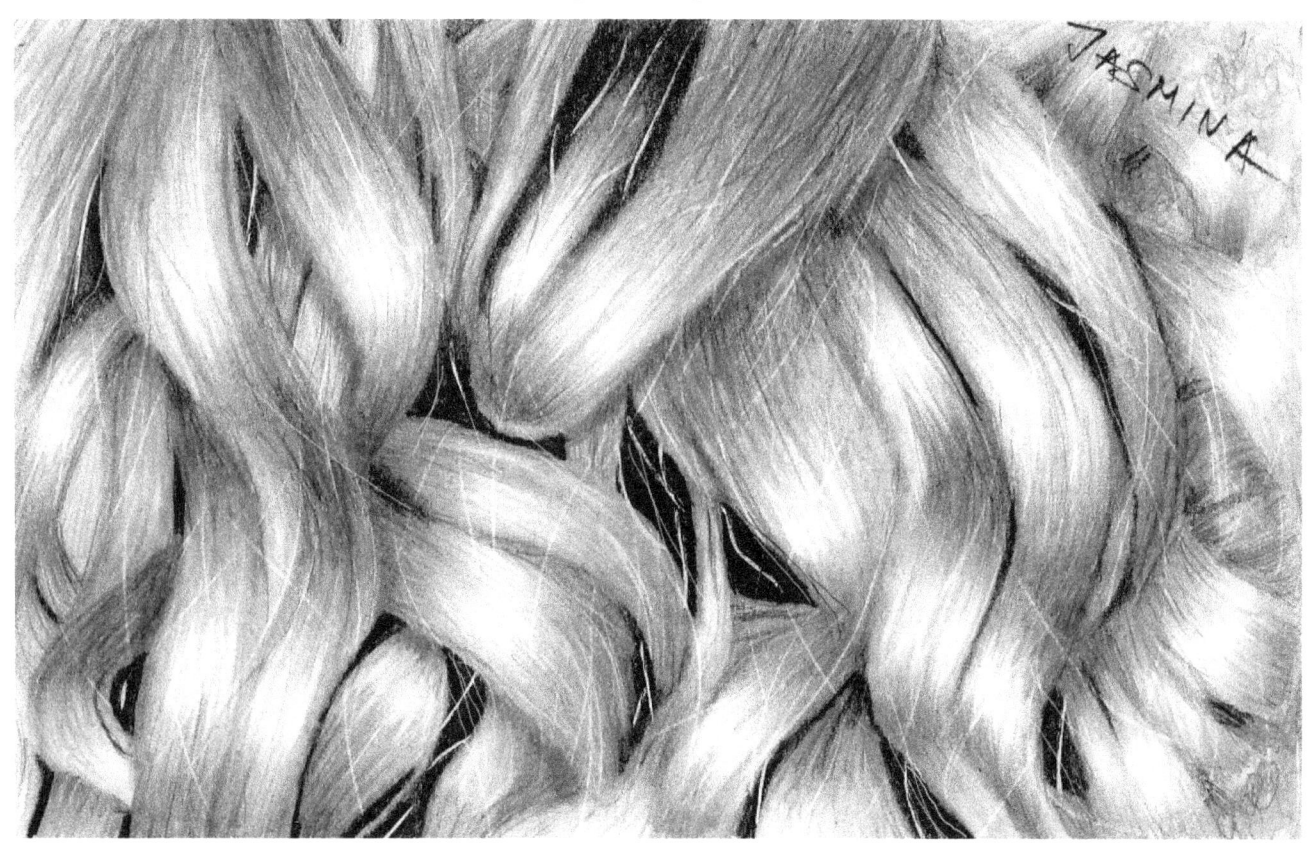

EPILOG

Ich hoffe, dass Sie meinen Anweisungen gefolgt sind, dass Sie mit meinen Tipps und Ratschlägen angereichert sind und dass Ihnen das gefällt, was Sie bisher erstellt haben. Ich hoffe auch, dass Sie weiter üben. Wenn Sie weiter zeichnen, werden die großartigen Ergebnisse und Gefühle erst noch kommen. Vergleichen Sie immer Ihre alten und neuen Zeichnungen, um zu sehen, wie sehr Sie Ihre Fähigkeiten entwickelt haben und um ermutigt zu werden.

Wenn Sie das Gefühl haben, dass Ihre Zeichnung nicht wie erwartet verläuft, zerreißen Sie das Papier und beginnen Sie eine neue. Jeder Fehler wird Ihnen etwas beibringen. Jeder Künstler – auch ich – hat einige Zeichnungen begonnen, die im Papierkorb landeten. Daran ist nichts auszusetzen. Was wichtiger ist, wenn Sie in der Lage sind, Ihre Fehler zu sehen, sind Sie auf dem richtigen Weg. Gehen Sie dieser Fähigkeit nach, anstatt sie zu ignorieren. Ich habe gesehen, wie Leute mit ihren schlechten Zeichnungen zufrieden waren. Sie schaffen es nicht auf die nächste Stufe, weil sie denken, dass es nichts gibt, was sie verbessern sollten. Seien Sie kritisch mit sich selbst, aber auch in der Lage, Ihre Verbesserungen zu bemerken, die Sie motivieren werden. Seien Sie ein geduldiger und beharrlicher Perfektionist, der hart arbeitet und nicht erwartet, dass Wunder über Nacht geschehen.

Bitte schauen Sie sich meine Zeichnungen in der „Inspiration Gallery" an, die meine alten und neuen Graphitzeichnungen enthält. Sie können mich auch in den sozialen Medien über meine Website www.jasminasusak.com oder per E-Mail an jasminasusak00@gmail.com kontaktieren, Fragen stellen, Ihre Gedanken zu diesem Buch mit mir teilen und mir Ihre Zeichnungen zeigen. Ich kann es kaum erwarten, Ihre Ergebnisse zu sehen!

INSPIRATIONSGALERIE

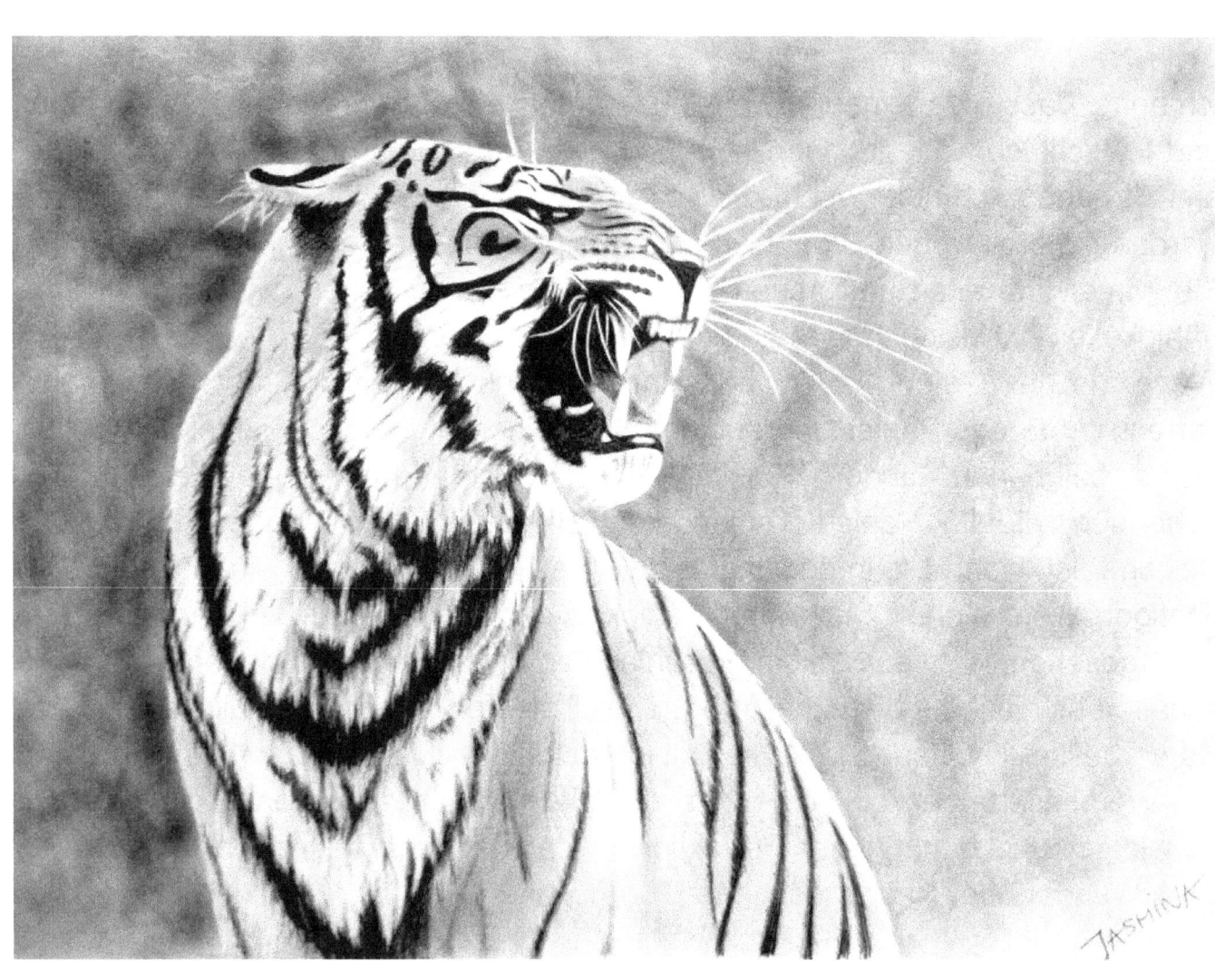

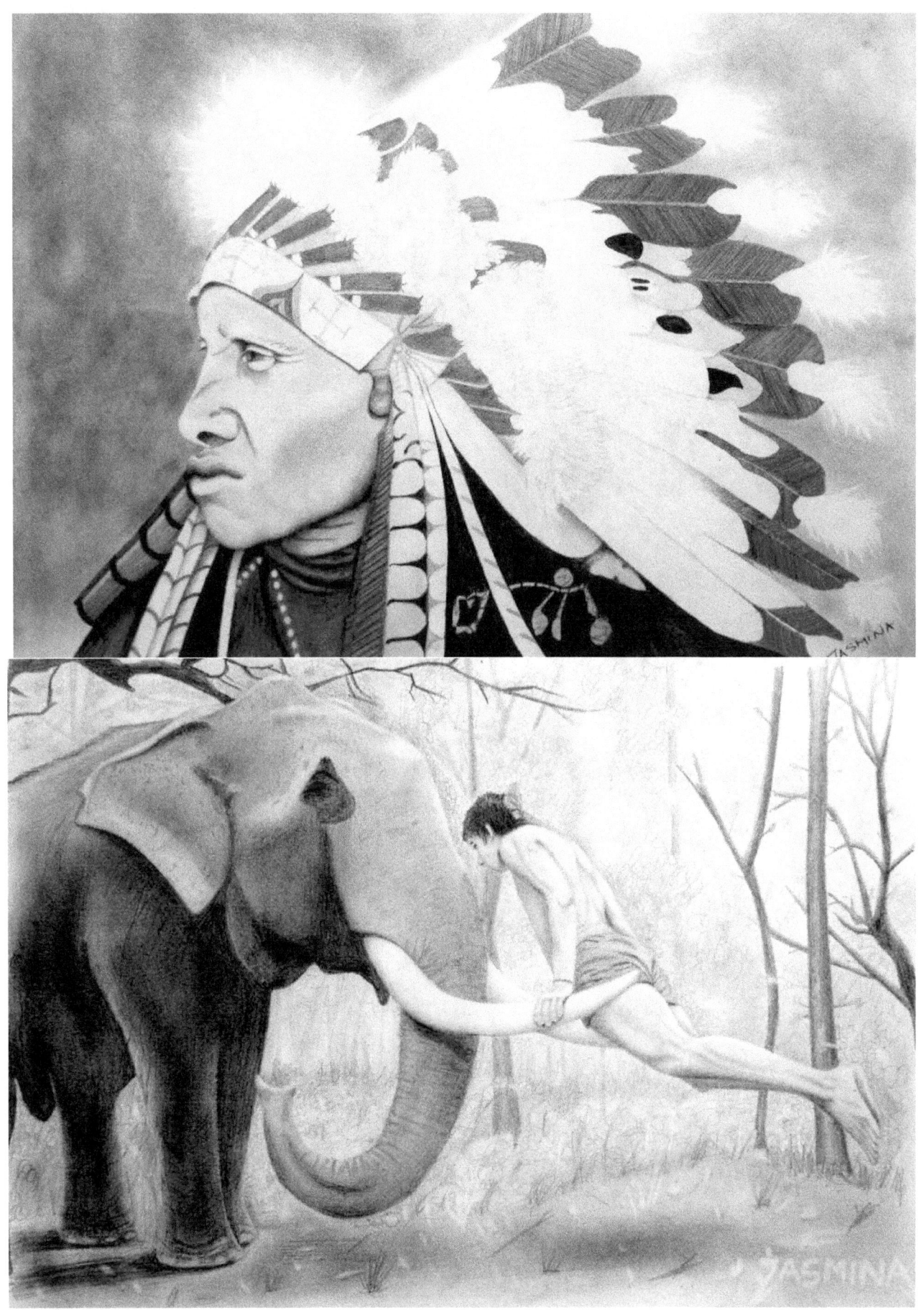

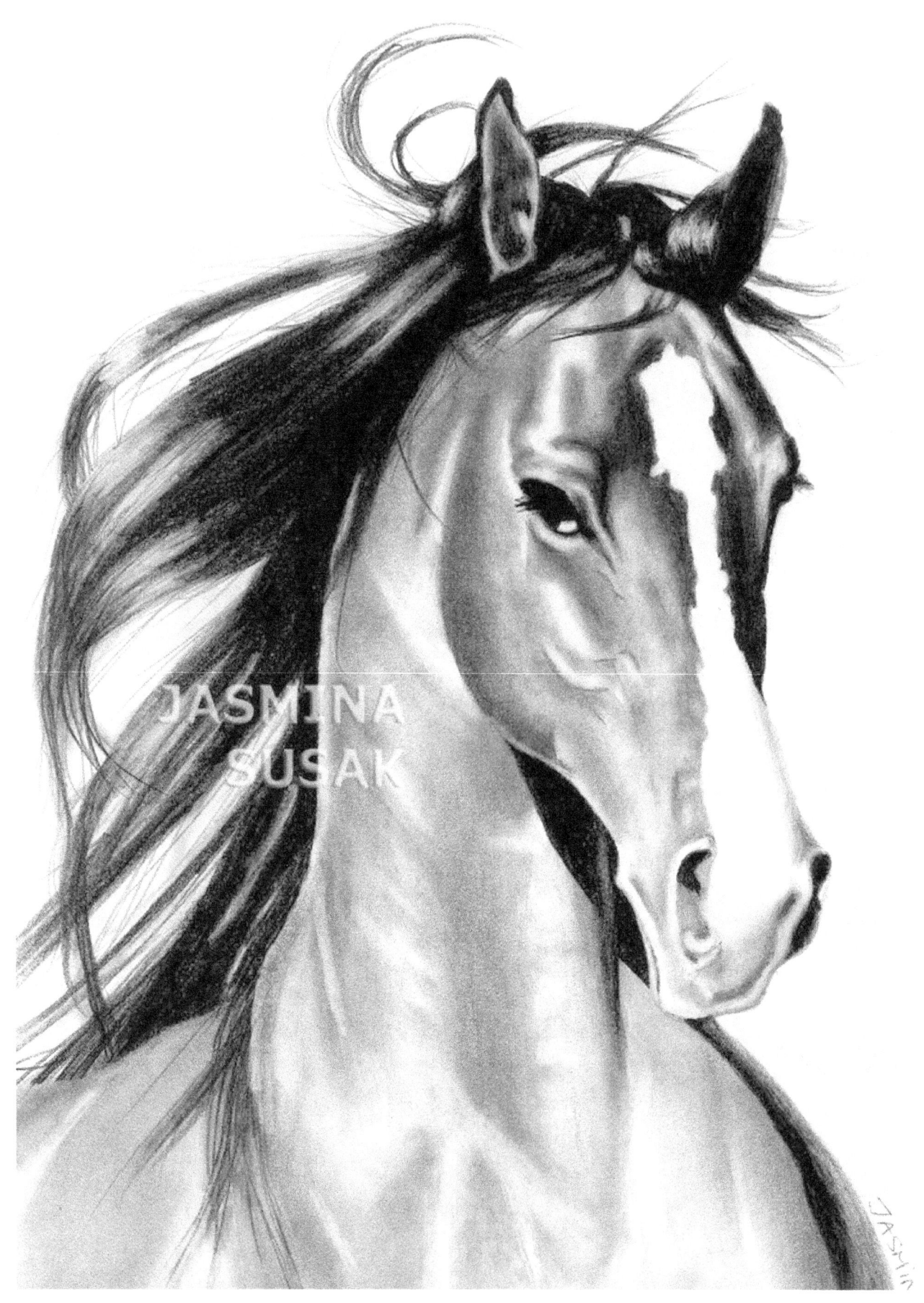

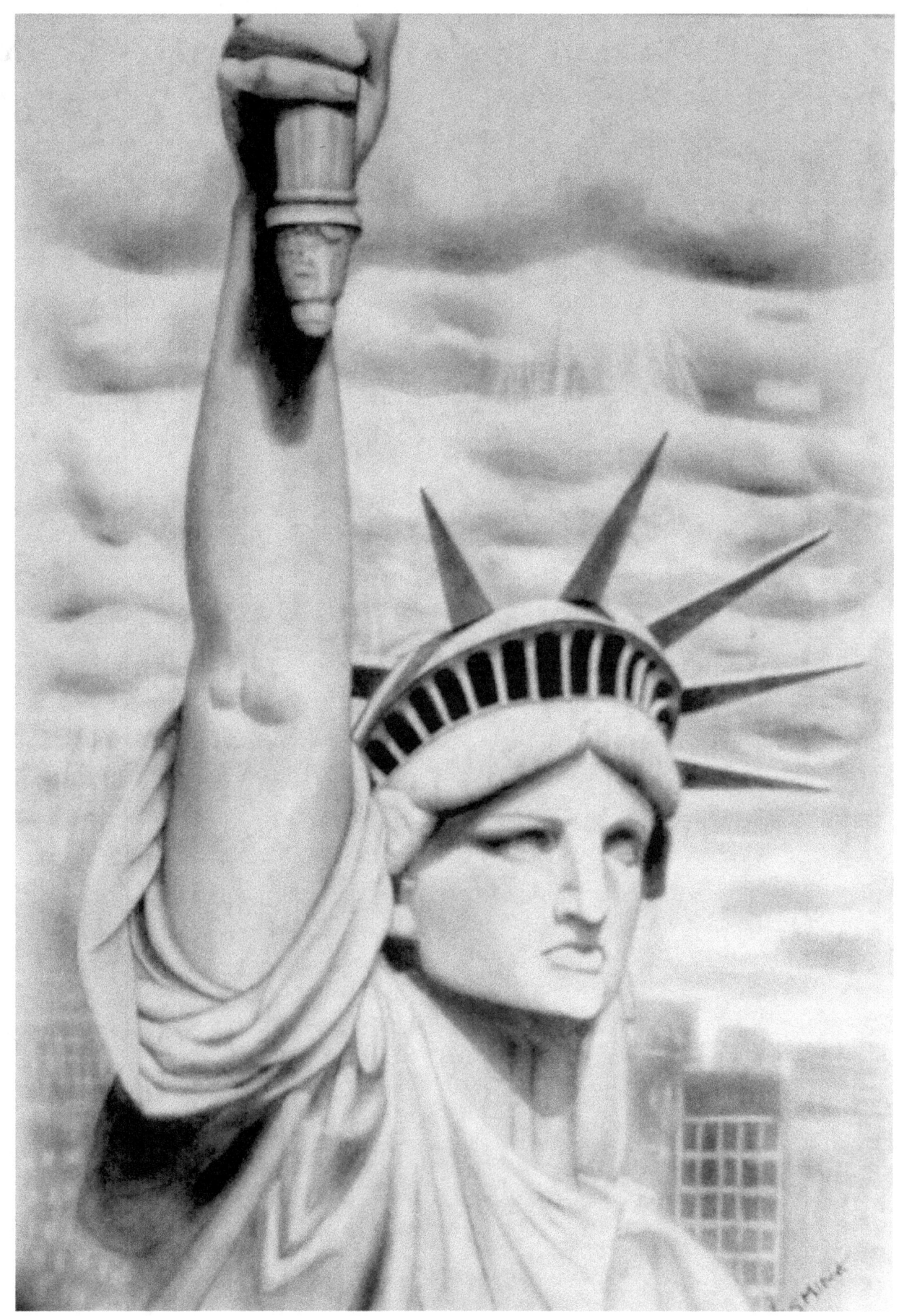

219

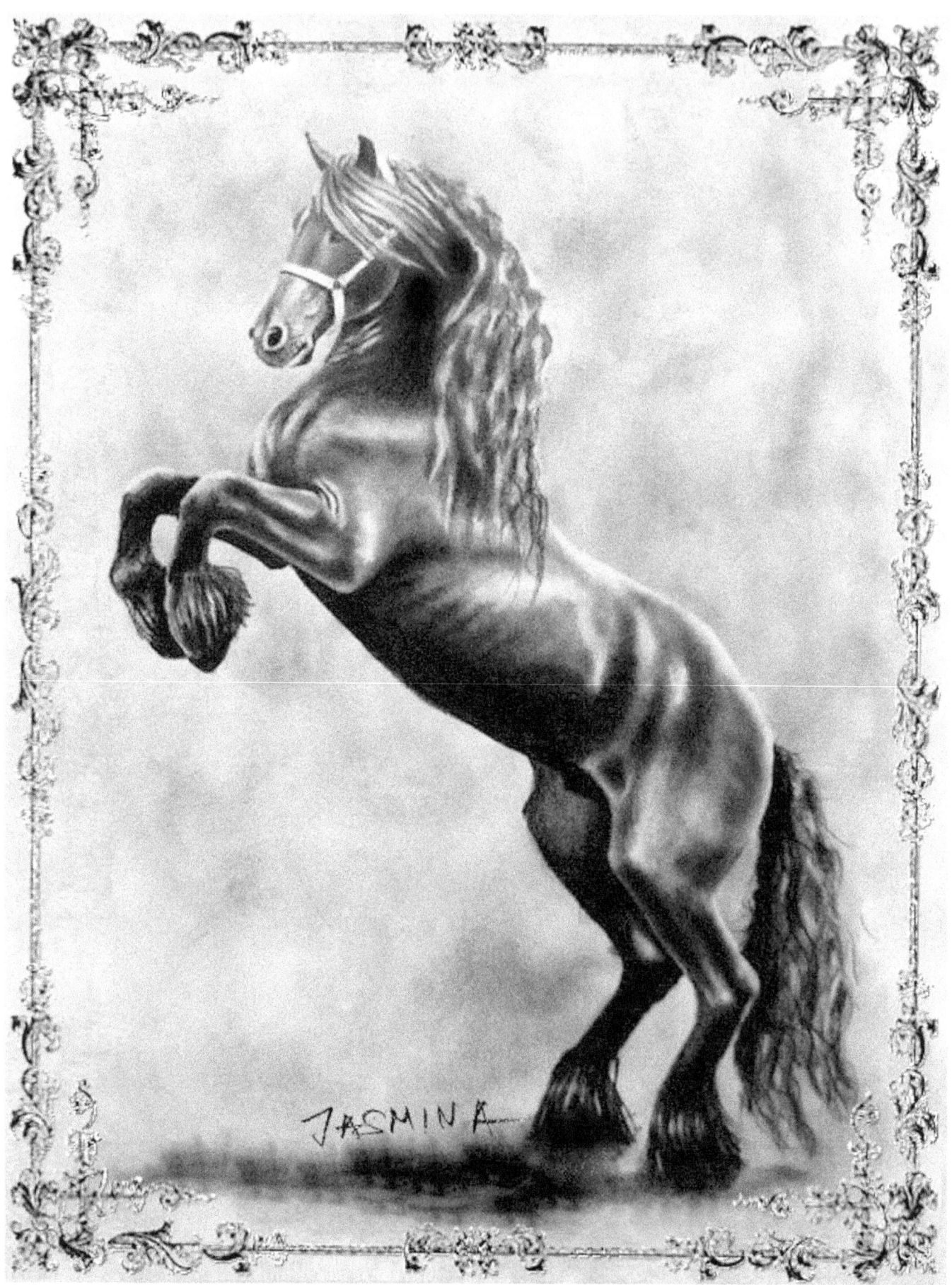

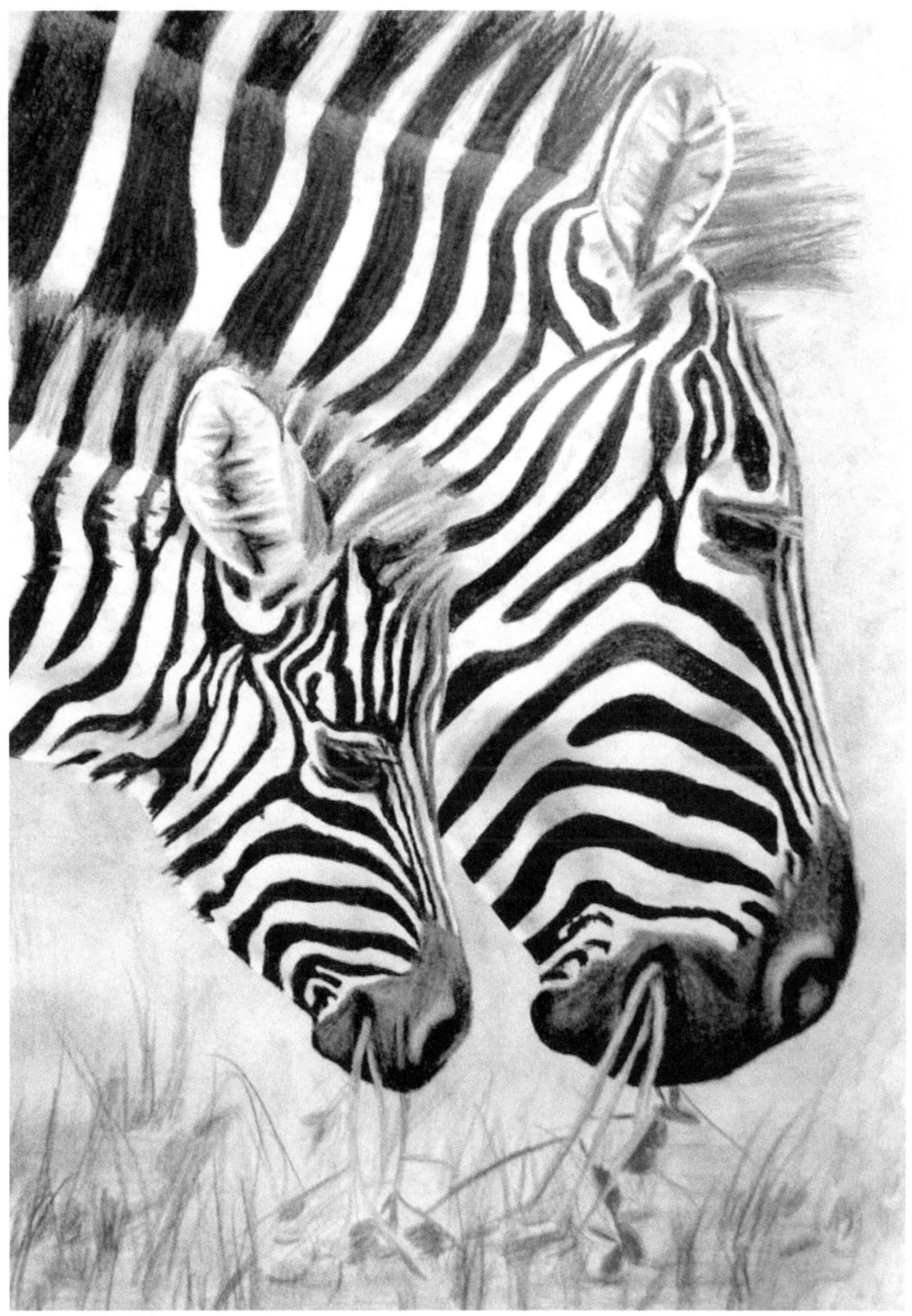

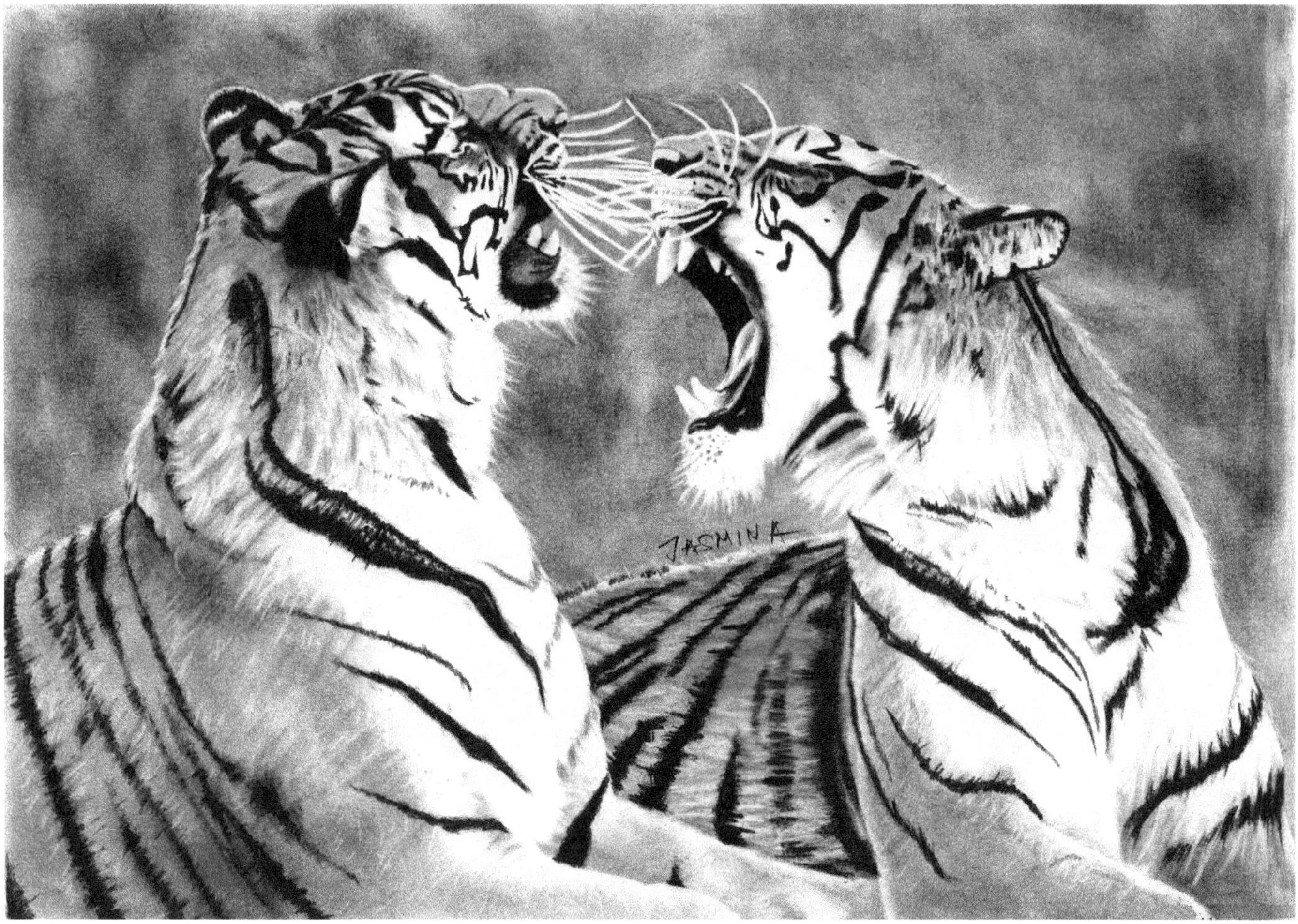

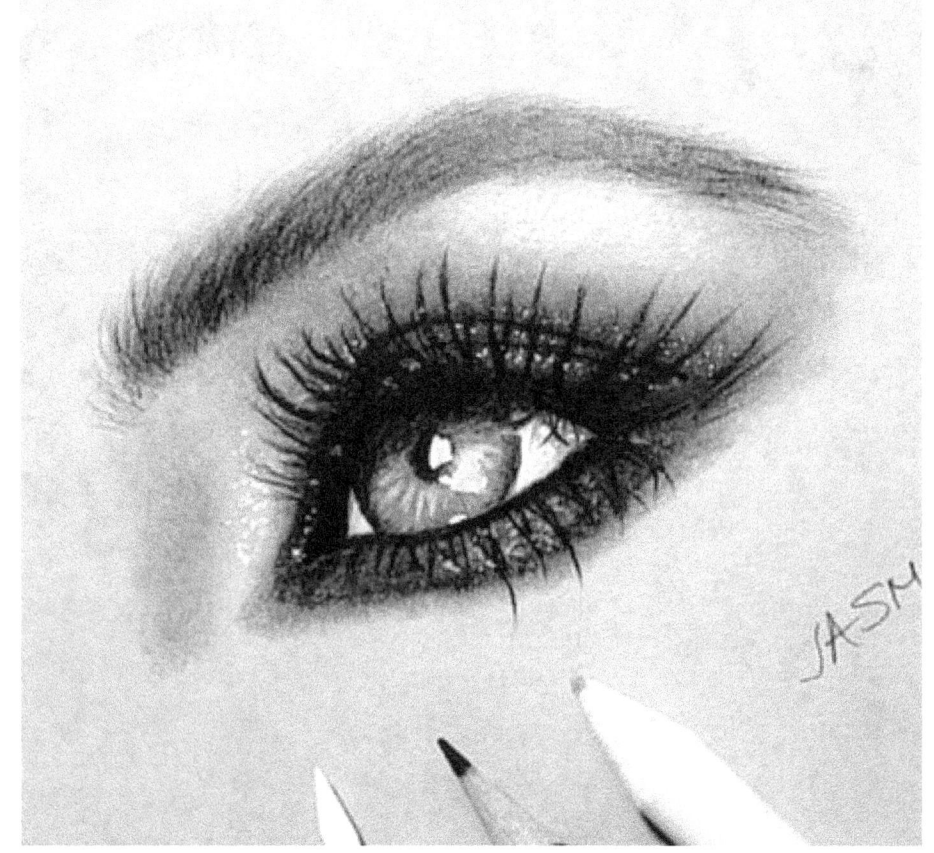

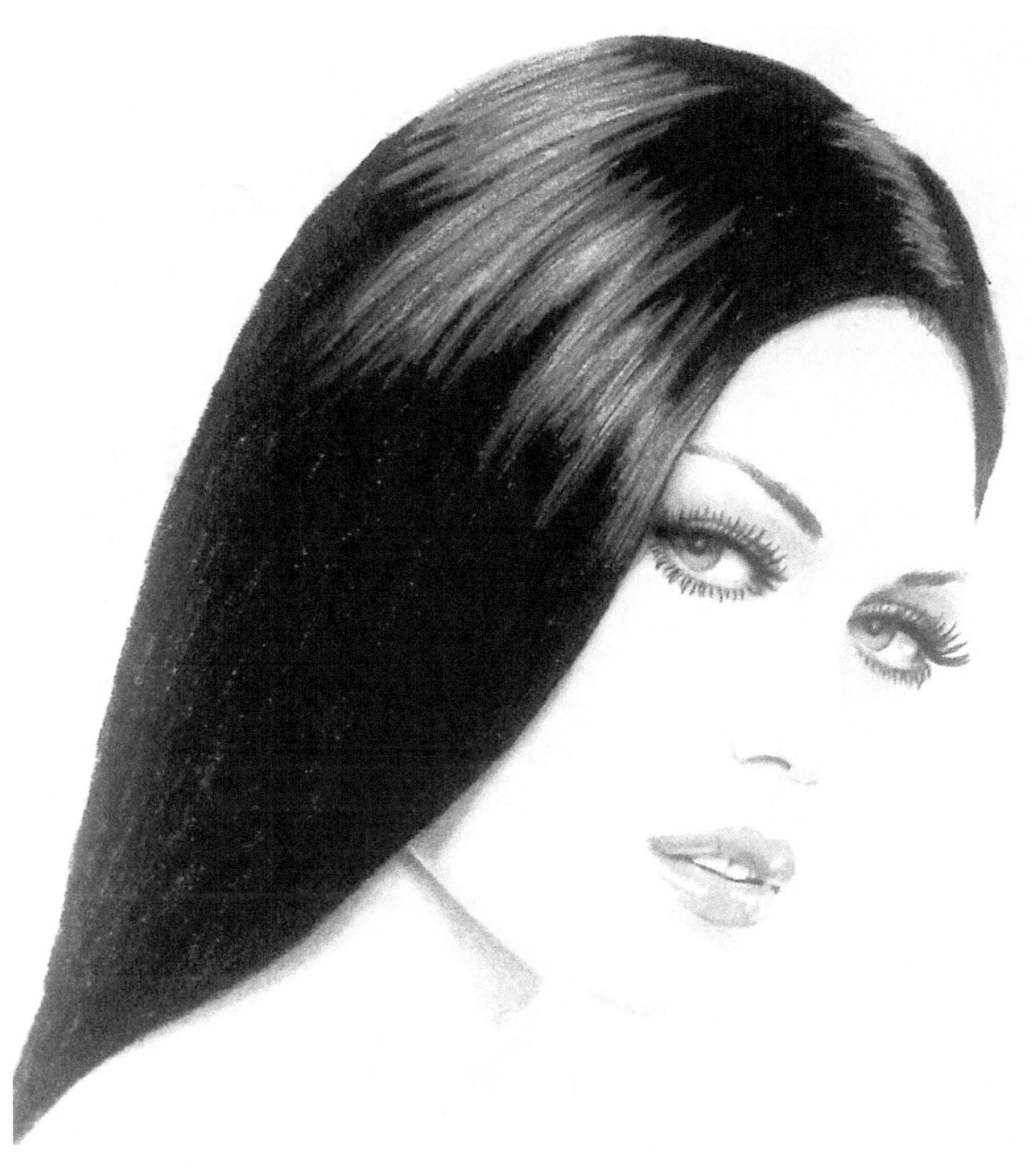

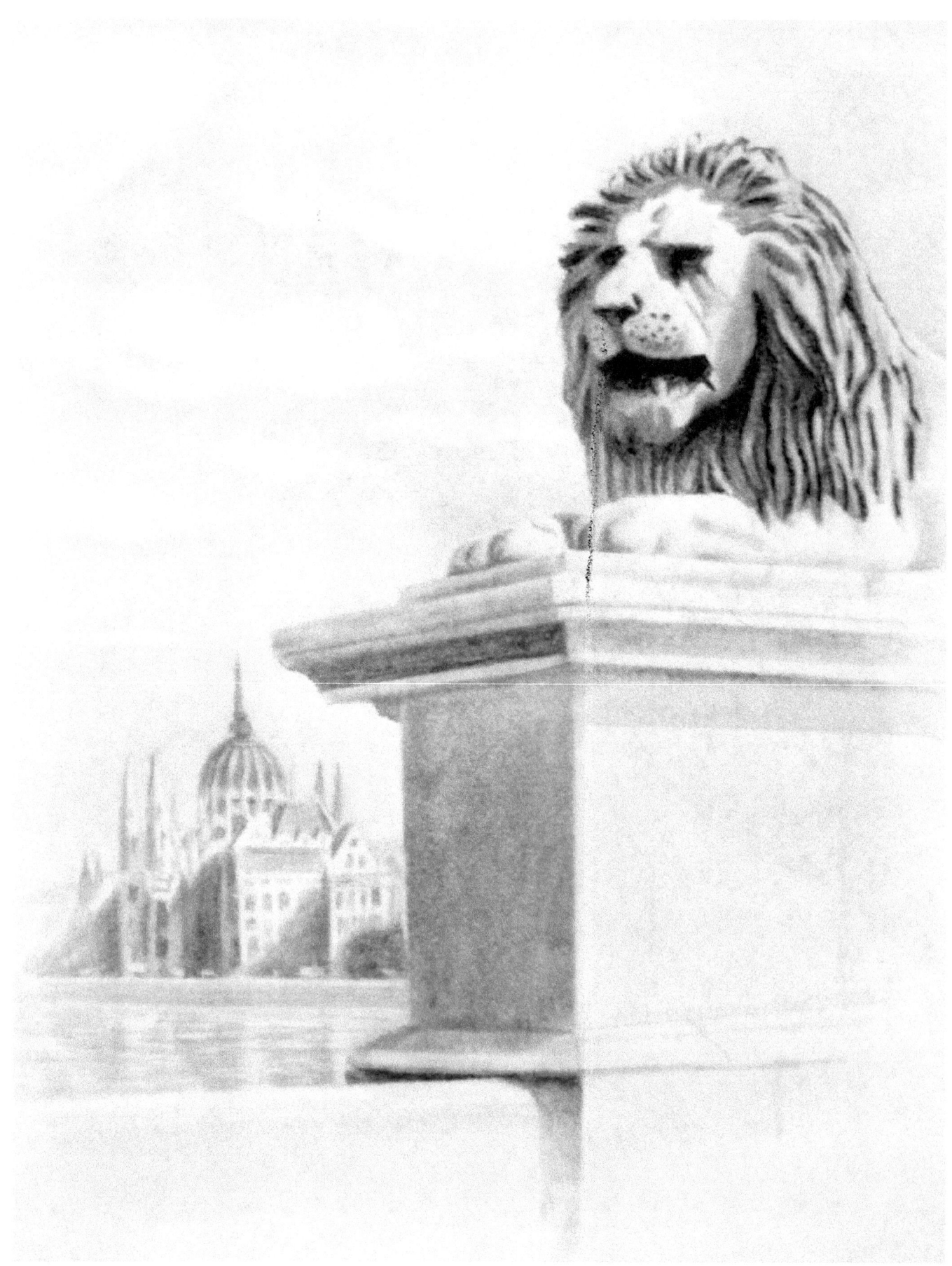

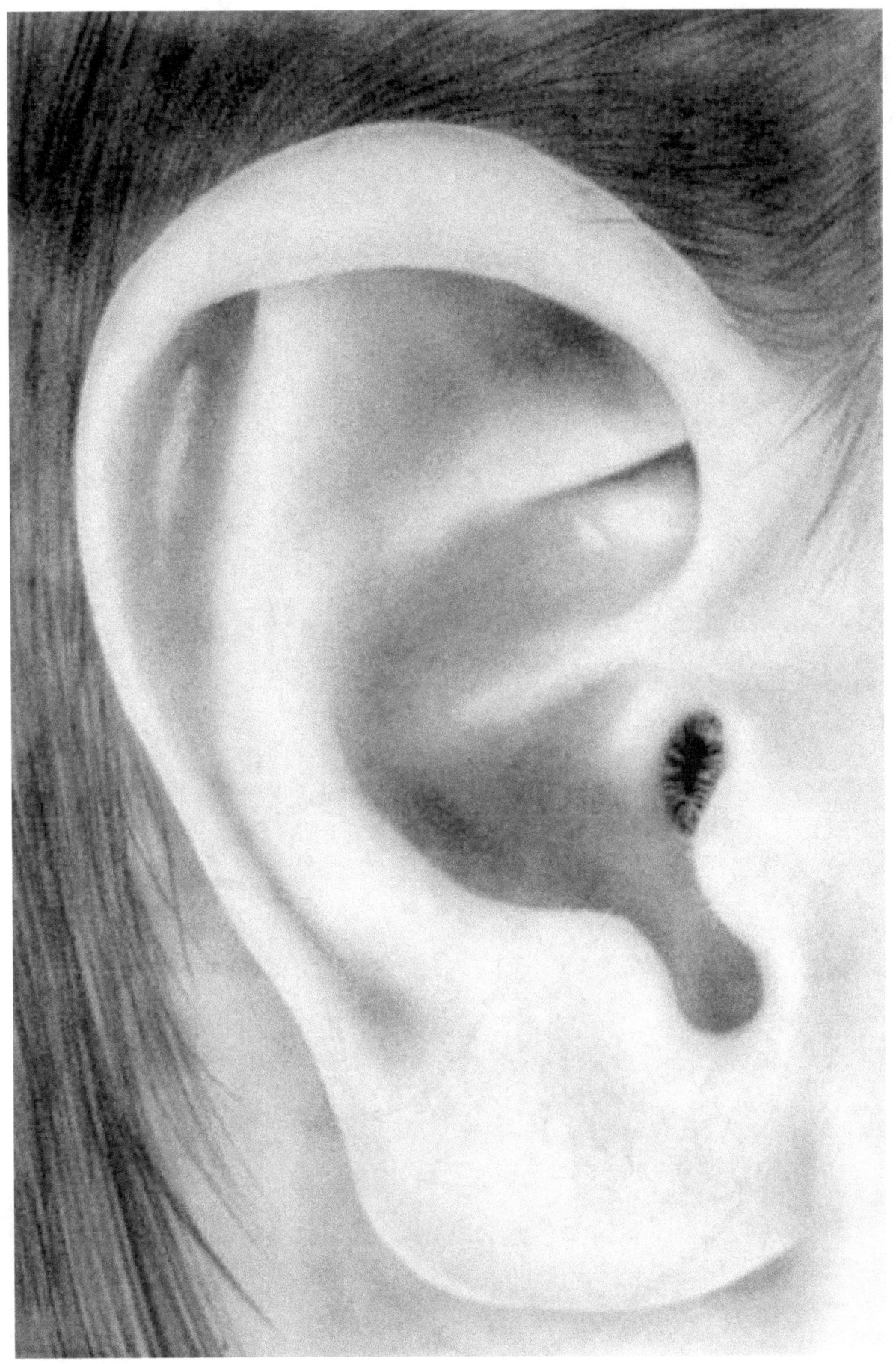

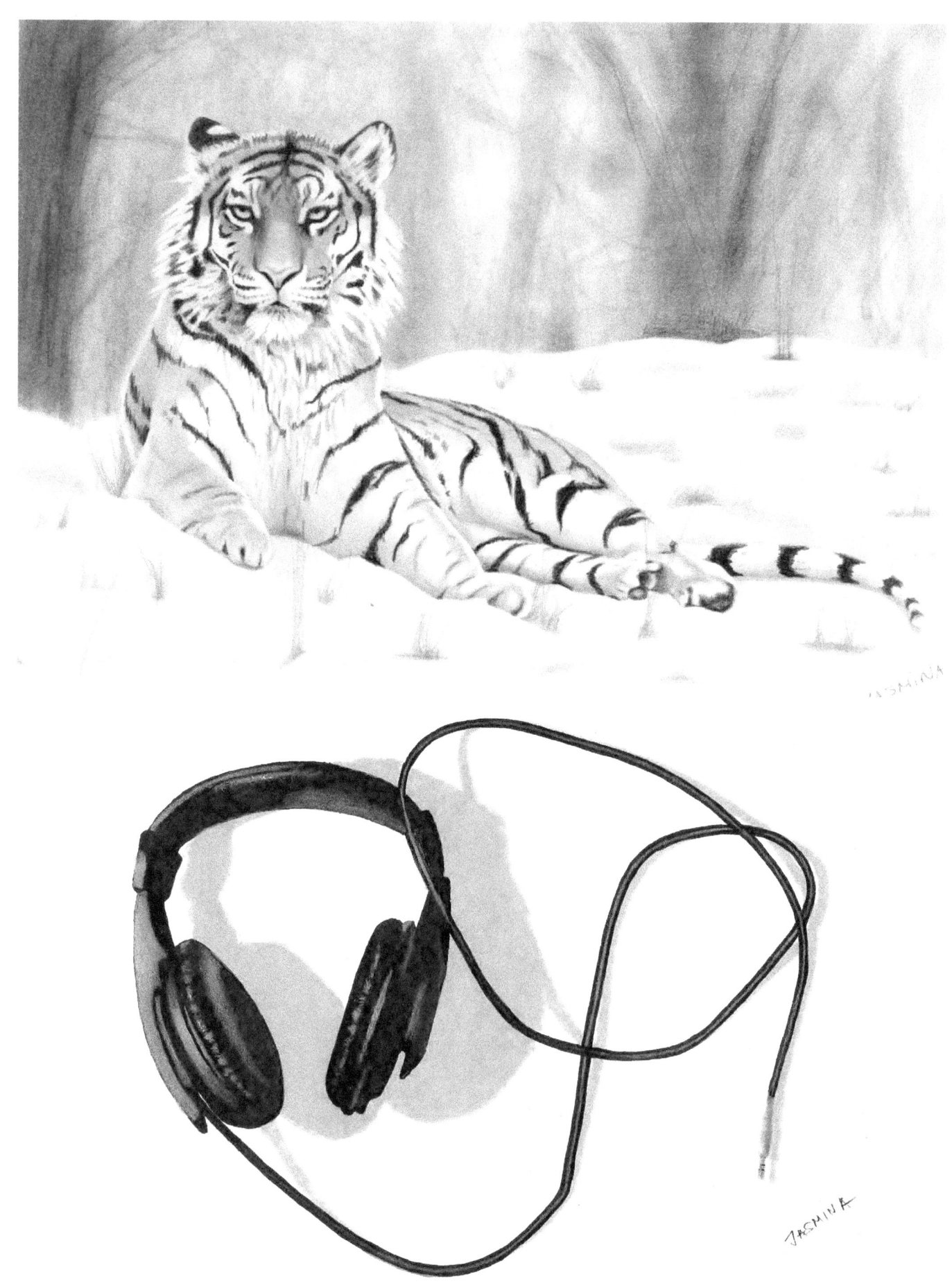

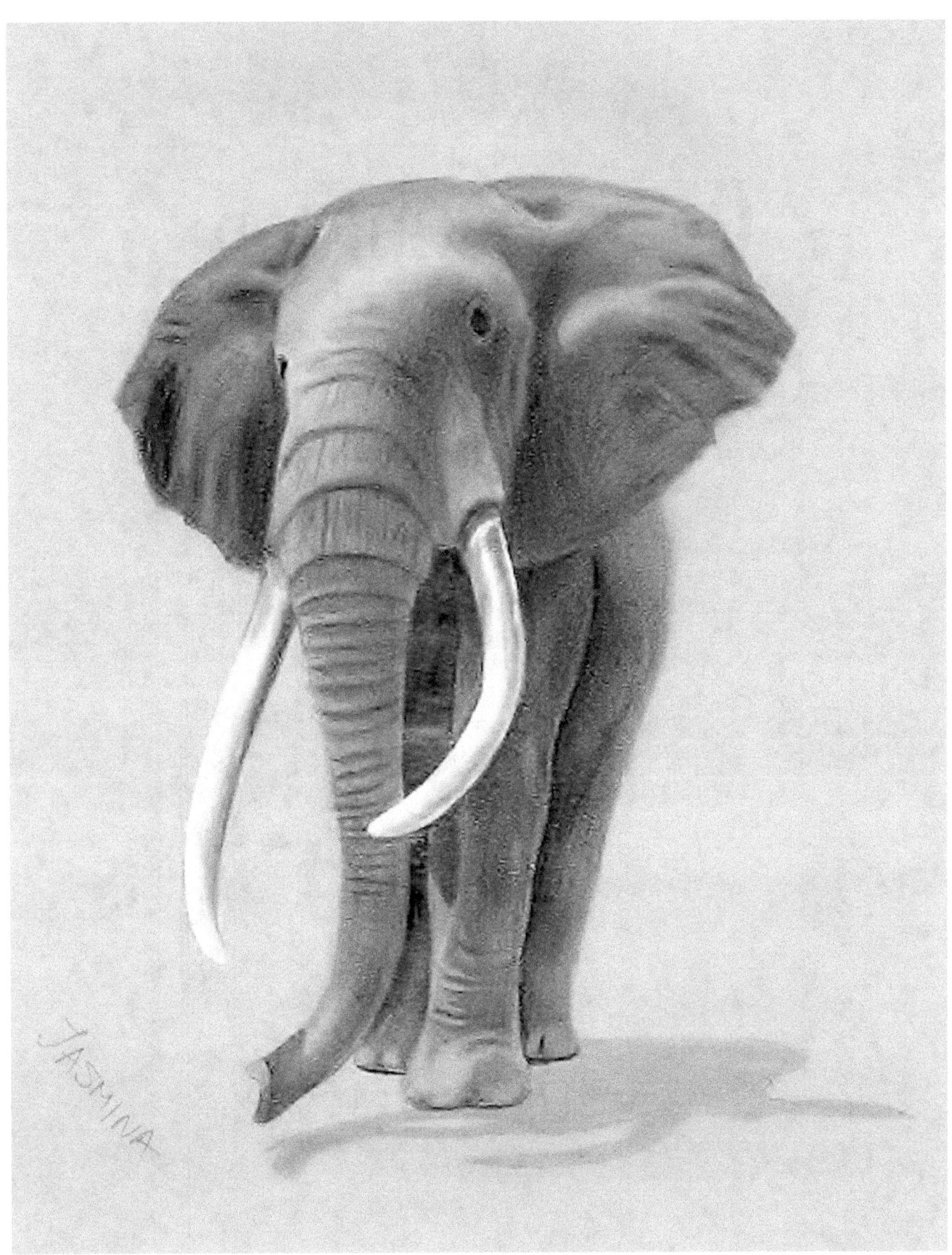

227

Über die Autorin

Jasmina Susak ist Autodidaktin, Graphit- und Buntstiftkünstlerin,
Kunstlehrerin und Autorin von mehr als 17 Zeichnungen. Sie ist
spezialisiert auf fotorealistische Zeichnungen von Tieren,
Menschen, Superhelden und Alltagsgegenständen.
Jasmina absolvierte eine Schneiderlehre und arbeitete viele Jahre
als Schneiderin. Jetzt ist sie eine freiberufliche selbstständige
Künstlerin. Es ist ihr Vollzeitjob, und sie macht ihn seit 2011
professionell.
Jasmina hat Hunderttausende von Followern und Abonnenten in
sozialen Medien und ihre Zeichnenvideos haben weltweit Dutzende
von Millionen Ansichten.
Jasmina liebt Tiere, Wissenschaft, Astronomie, Technologie,
Webdesign, Lesen, Musikhören.

Besuchen Sie ihre Website für
weitere Tutorials, ihre
Zeichnungsgalerie, Kunstdrucke
und vieles mehr.

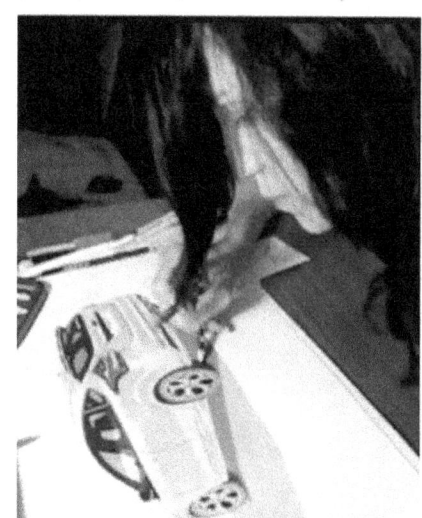

www.jasminasusak.com

GRAPHITTONWERT-VIEWER

(THE GRAPHITE TONE VALUE VIEWER)

Im nächsten Bild sehen Sie den von mir erstellten Graphittonwert-Viewer (The Graphite Tone Value Viewer), wenn Sie aus Referenzfotos zeichnen möchten.

Wie verwende ich den Graphite Tone Value Viewer?

Drucken Sie Ihr Schwarzweiß-Referenzfoto aus und drucken Sie den Graphite Tone Value Viewer aus. Schneiden Sie die winzigen Löcher aus dem Graphite Tone Value Viewer aus und platzieren Sie sie auf Ihrem Referenzfoto. Vergleichen Sie den Farbton des Referenzfotos, das Sie durch das winzige Loch sehen können, mit der Farbe des Graphittonwert-Viewers, in dem sich das Loch befindet, und verwenden Sie den dort angezeigten Bleistift.
Wenn Sie ein Taschenbuch haben, habe ich die Rückseite dieses Bildes leer gelassen, reißen Sie diese Seite einfach heraus und schneiden Sie die Löcher aus.

9H	HB
8H	B
7H	2B
6H	3B
5H	4B
4H	5B
3H	6B
2H	7B
H	8B
F	9B

www.ingramcontent.com/pod-product-compliance
Lightning Source LLC
Chambersburg PA
CBHW080908170526

45158CB00008B/2038